营建新型共同体

YINGJIAN XINXING GONGTONGTI

陆军 等著

中国城市社区治理研究

北京大学出版社
PEKING UNIVERSITY PRESS

图书在版编目(CIP)数据

营建新型共同体：中国城市社区治理研究/陆军等著. —北京：北京大学出版社，2019.6

ISBN 978-7-301-30368-9

Ⅰ.①营… Ⅱ.①陆… Ⅲ.①城市—社区管理—研究—中国 Ⅳ.①D669.3

中国版本图书馆 CIP 数据核字(2019)第 034325 号

书　　　名	营建新型共同体：中国城市社区治理研究 YINGJIAN XINXING GONGTONGTI: ZHONGGUO CHENGSHI SHEQU ZHILI YANJIU
著作责任者	陆　军　等著
责 任 编 辑	尹　璐
标 准 书 号	ISBN 978-7-301-30368-9
出 版 发 行	北京大学出版社
地　　　址	北京市海淀区成府路 205 号　100871
网　　　址	http://www.pup.cn　新浪微博：@北京大学出版社
电 子 信 箱	zpup@pup.cn
电　　　话	邮购部 010-62752015　发行部 010-62750672　编辑部 021-62071998
印 刷 者	北京虎彩文化传播有限公司
经 销 者	新华书店
	730 毫米×980 毫米　16 开本　28.25 印张　450 千字 2019 年 6 月第 1 版　2023 年 8 月第 4 次印刷
定　　　价	76.00 元

未经许可，不得以任何方式复制或抄袭本书之部分或全部内容。
版权所有，侵权必究
举报电话：010-62752024　电子信箱：fd@pup.cn
图书如有印装质量问题，请与出版部联系，电话：010-62756370

社区:城市治理中的新型微观共同体(代序)

在 19 世纪末期的中西方文化交流中,"社区"的概念进入中国。1933 年,在译介西方社会学经典著作时,燕京大学社会学系将英文单词"community"译作"社区",作为社会学研究的通用术语并沿用至今。然而,在计划经济时期,囿于条块分割、封闭管理的基本运行模式,城市社区作为企业集体所有制和单位"大院式"管理的虚拟组织而存在,社会服务功能和居民自治能力严重退化。肇始于改革开放,及至 20 世纪 90 年代,在快速城市化的历史背景下,伴随城市人口规模攀升、城市基层治理组织重获法律地位、住房制度改革、政府职能转型等一系列物质条件和体制环境的重大变迁,"社区建设"最终上升成为中国城市发展的核心内容之一。

对照西方国家城市治理的历史经验发现,从 20 世纪 70 年代起,社区发展项目(community development projects)大量出现,政府通过一系列向社区赋权的政策操作,使社区逐步具备并承担了相应的责任。由此,城市社区的功能在几个维度上得到了重塑和延伸。例如,在西方国家中,向社区和个人赋权、改革地方和区域治理制度,被视为促进经济更新的重要手段。西方国家认为,社区发展是地方政府现代化和第三部门再造的重要内容;社区的扩张与能力建设,是推进"参与式治理",影响社群决策过程的重要方式;社区参与是解决社会排斥和制定街区更新政策的重要主题之一。英国政府曾专门制定了"社区新政"(New Deal for Communities)计划和"街区重建的全国战略"(National Strategy for Neighborhood Renewal)。西方的社区主义(communitarianism)强调个体与社区的联系,旨在形成责任和权利相互融合的积极公民意识。当前,西方国家社区规划关注的重点是,社区内部连通、领导合法性和行为主体间的连通,以便以政策方式明确未来的合作方式。著名政治学家帕特南(Robert D. Putnam)还曾指出,社区性协会是社会资本的主要来源,对现代民主的有效运行至关重要。及至 21 世纪初期,如何提升社区凝聚力(community cohesion)成为社区发展领域的重要政策议题。

从古代中国原子化的"编户齐民",到中华人民共和国成立后计划经济时期的"单位大院",再到住房改革后的"商品房小区",再到高品质多元文化的新型国际化社区,中国社区占地规模虽小,但始终是一个内部人口密度高、社会成分多元、主体间关系复杂、功能目标高度复合的新型共同体。尤其当中国城市化和经济社会发展进入新阶段后,城市社区呈现出一系列新的职能与特征:一是城市人口密集度高,居委会、居民小组等自治组织规模猛增,基层自治主体的地位逐步发育完善,城市社区已经成为中国最活跃的城市基层社会单元;二是城市社区已经成为实现公共产品供求匹配,协调和平衡城市居民利益,实现各利益相关者共同参与的平台型城市组织;三是城市社区已经成为有效激活市场化机制与经营手段,提高社会资源配置效率与开发水平,提升城市现代化治理能力的重要规划与管理单元;四是城市社区已经成为构建"党—居—站—社""四位一体"的社会工作网络化体系,围绕非政府类的公共产品,培养积极公民,集聚社会资本,呼唤第三部门社会责任的重要场域。

总体上,中国社区治理面临四步走的阶段性策略:第一,完善设施、环境、安全、技术等硬件领域的建设,令城市社区具有齐备的生活保障功能;第二,提升城市社区在高层次公共产品和公共服务上的供给能力与效率,实现对人民美好生活的需求服务能力;第三,在城市社区激活体现中国特色的和睦、文化、精神和创造力等软性的内生价值,为社区治理注入灵魂;第四,通过顶层设计、战略定位和统筹规划等手段,构建上下衔接、内外圆融的网络化治理体系,最终完成新时期中国城市与社会治理的体系塑造。

家庭是社会的细胞,社区是城市的细胞。历史条件的变迁,使得社区成为一种有别于传统形态的新型微观共同体。社区维度的发展和治理研究,已然成为中国城市、国家治理能力现代化的体系基石,作用不可替代。

未来,诸如政府如何鼓励相关利益方结成合作关系,共同参与社区公共政策;如何形成基于市场驱动的社区发展政策工具体系;如何通过赋权来凝聚积极公民意识,消弭日益严重的社会不平等现象;如何激励中国城市居民和基层民众关心并参与社区公共事务;如何提升城市居民的自治能力;如何从"自治"和"他治"两个维度构建中国特色的城市社区治理模式,必将成为营建中国城市社区新型共同体进程中亟待破解的重大命题。

时不我待,盼与中国城市社区理论与实践研究的所有关注者和践行者共识、共勉、共商、共进。

陆　军

于北京大学廖凯原楼

2019 年 5 月

目 录

第一章　城市社区研究综述　001
第一节　社区的基本概念及相关理论　001
第二节　城市社区的基本概念及相关理论　004
第三节　西方社区研究的主要历程及理论流派　011
第四节　中国社区研究的主要历史发轫　021
主要参考文献　022

第二章　城市社区实践综述　025
第一节　社区经济发展　026
第二节　社区服务供给　030
第三节　社区民主自治　034
第四节　社区文化建设　039
主要参考文献　041

第三章　中国城市社区的问题与对策　045
第一节　中国城市社区发展中的主要问题　045
第二节　中国城市社区的发展对策与治理思路　050

第四章　城市社区治理结构　055
第一节　社区利益相关者　055
第二节　社区利益相关者多重委托代理关系分析　061
第三节　在"权力—权利"视角下构建网络化社区治理结构　068
第四节　构建社区服务网络的激励机制　080
主要参考文献　084

第五章　城市社区治理中的市场力量　　087
第一节　城市社区治理引入市场力量的必要性　　087
第二节　城市社区治理的市场关系与市场主体　　088
第三节　城市社区治理的市场运行机制　　092
第四节　城市社区治理的市场化工具箱　　101
第五节　城市社区治理的市场路径优化　　110
主要参考文献　　112

第六章　社会组织与城市社区治理　　115
第一节　社会资本时代的社会治理　　115
第二节　社会资本时代的社会组织　　118
第三节　社会组织参与社区治理的问题、原则与类型　　127
第四节　社会组织如何参与社区治理　　132
第五节　小结　　144
主要参考文献　　145

第七章　城市社区治理的法治化　　151
第一节　中国城市社区治理的立法现状　　151
第二节　发达国家社区治理的法制经验　　159
第三节　中国城市社区治理法治化建议　　163
主要参考文献　　166

第八章　社区治理能力评价指标体系　　169
第一节　社区治理与治理能力　　169
第二节　社区治理能力的评价　　171
第三节　评价指标体系构建　　178
第四节　总结与改进方向　　195
主要参考文献　　199

第九章　营建平安社区　　203
第一节　社区治安管理　　203
第二节　社区应急管理　　215

主要参考文献 227

第十章　营建美丽社区　231
第一节　美丽社区的内涵　231
第二节　营建美丽社区的历程及现状　235
第三节　营建美丽社区的"点""线""面"设计　247
第四节　营建美丽社区的保障措施　257
主要参考文献　261

第十一章　营建智慧社区　265
第一节　智慧社区概述　265
第二节　我国智慧社区的现状及问题　274
第三节　我国智慧社区的规划与营建　281
第四节　我国智慧社区的运营、维护与保障　289
主要参考文献　293

第十二章　营建和谐社区　297
第一节　和谐社区的内涵　297
第二节　营建和谐社区的现状及问题　301
第三节　营建和谐社区的路线规划　312
第四节　营建和谐社区的重要举措　319
第五节　营建和谐社区的保障措施　328
主要参考文献　331

第十三章　营建人文社区　335
第一节　人文社区概述　335
第二节　人文社区的历史、现状与发展趋势　338
第三节　营建人文社区的困境　341
第四节　营建人文社区的目标、原则与措施　344
第五节　营建人文社区的机制与保障　353
主要参考文献　356

第十四章　营建活力社区　359
第一节　活力社区的内涵及评价标准　359
第二节　营建活力社区的现状及问题　364
第三节　营建活力社区的路线规划　368
第四节　营建活力社区的重要举措　373
第五节　营建活力社区的保障措施　383
　　主要参考文献　384

第十五章　城市社区治理案例　387
一、凝聚社区文化，展现玉林美学——四川省成都市武侯区玉林街道玉林东路社区　387
二、像企业一样进行公司化运营——四川省成都市武侯区玉林街道簧门街社区　393
三、公众参与助力街区更新——北京市东城区朝阳门街道东四南历史文化街区　399
四、技术创新缔造平安社区——上海市闵行区马桥镇飞碟苑社区等　408
五、社区生活服务站"邻家屋里厢"——上海市黄浦区小东门街道泛东街社区　413
六、山地社区的环境更新与文化改造——重庆市渝中区上清寺街道嘉西村社区　419
七、以社区党建引领和促进社区营建——重庆市渝中区大溪沟街道人和街社区　427
八、打造少数民族特色的"四民"服务品牌——内蒙古自治区呼和浩特市赛罕区人民路街道兴康社区　432

后记　440

第一章

城市社区研究综述

第一节 社区的基本概念及相关理论

一、社区概念的缘起

"社区"一词最早出现于 1871 年英国学者 H. S. 梅因(H. S. Maine)出版的《东西方村落社区》一书。1887 年,德国社会学家斐迪南·滕尼斯(F. J. Tönnies)在其所著的《共同体与社会》(Gemeinschaft und Gesellschaft)一书中最早从社会学理论研究的角度频繁使用了"社区"(Gemeinschaft)[①]这一概念。[②]

之后,美国学者查尔斯·P. 罗密斯(Charles P. Loomis)在翻译滕尼斯的这一著作时,把德语"Gemeinschaft"翻译为英语"community"(公社、团体、共同体等)。"community"一词来源于拉丁文"communi",本意为关系密切的伙伴和共同体。[③]

中文的"社区"一词也是典型的舶来品。在古代汉语中,虽然有"社"与"区"这两个词汇,但二者相互分离,彼此间没有联系,并无合起来的"社区"一词。"社区"一词实际上是 19 世纪末期以来中西方文化交流的产物。1933 年,费孝通等一些燕京大学社会学系的学生在系统介绍和引入西方社会学经典著作时,把英文的"community"译成"社区"。此后,"社区"一词逐渐成为

[①] 本书认为滕尼斯的《共同体与社会》一书中,"Gemeinschaft"一词更适合译为"社区",所以本书用"社区"一词指代该书中的"共同体"。

[②] 袁秉达、孟临主编:《社区论》,中国纺织大学出版社 2000 年版,第 1—2 页。

[③] 吴开松等编著:《城市社区管理》,科学出版社 2006 年版,第 18 页。

中国社会学的通用术语,并沿用至今。

二、社区含义的变迁

在社区研究的早期,学者注重从血缘纽带和共同体价值的角度对"社区"一词进行界定。斐迪南·滕尼斯最初在《共同体与社会》一书中将"Gemeinschaft"解释为一种基于亲族血缘关系而结成的、由同质人口组成的具有共同价值观念、关系密切、出入相友、守望相助的富有人情味的社会群体。[①] 在这里,"社区"一词并无明确的地域含义,更多的是强调人与人之间的亲密关系和对社区强烈的归属感与认同感。在当时,这种社区是传统乡村社会或小农社会的代表。

随着"社区"一词传入美国,美国社会学家在使用"community"这一学术概念时,将对社区的研究从农村延伸到城市。19世纪末20世纪初,美国发生了大规模的、急剧的城市化运动。在研究城市中人际关系密切的生活共同体的过程中,美国社会学家发现这种现象与地域有一定的相关性,进而较为明确地赋予"社区"以地域方面的含义。较有代表性的观点有:美国芝加哥学派学者罗伯特·E.帕克(Robert E. Park)认为,"社区是占据在一块被或多或少明确地限定了的地域上的人群汇集","一个社区不仅仅是人的汇集,也是组织制度的汇集"。[②] 美国学者埃弗里特·M.罗吉斯(Everett M. Rogers)与拉伯尔·J.伯德格(Rabel J. Burdge)则认为,"社区是一个群体,它由彼此联系、具有共同利益和纽带、具有共同地域的一群人所组成。社区是一种简单群体,其成员之间的关系建立在地域的基础上"[③]。

中国学者在最初使用"社区"这一概念时同样注入了对中国实际的理解。由于当时中国是传统的农业社会,村落既有共同体特征又具有明显的地域特征,所以国内学者在对"社区"一词下定义时注重将共同体价值与地域性特征相结合。例如,费孝通在《社会学概论(试讲本)》一书中对"社区"概念的表述为:"社区是若干个社会群体或社会组织聚集在某一地域里形成的一个在生活上相互关联的大集体。"[④] 社会学家袁方则认为:"社区是由聚集在某一地域中的社会群体、社会组织所形成的一个生活上互相关联的社会实体。"[⑤] 即便

---

① 〔德〕斐迪南·滕尼斯:《共同体与社会》,林荣远译,商务印书馆1999年版,第52—57页。
② 〔美〕罗伯特·E.帕克:《城市:有关城市环境中人类行为研究的建议》,杭苏红译,商务印书馆2016年版,第131页。
③ 〔美〕埃弗里特·M.罗吉斯、拉伯尔·J.伯德格:《乡村社会变迁》,王晓毅、王地宁译,浙江人民出版社1988年版,第164页。
④ 《社会学概论》编写组:《社会学概论(试讲本)》,天津人民出版社1984年版,第213页。
⑤ 袁方主编:《社会学百科辞典》,中国广播电视出版社1990年版,第19页。

是在政府文件中,"社区"也被界定为"聚居在一定地域范围内的人们所组成的社会生活共同体"①。

综上可知,虽然学者们对"社区"基本含义的理解不完全相同,但综合多种定义可见,共同体价值与地域性特征是"社区"一词的基本内涵。

三、社区的基本构成要素

对于构成社区的基本要素,国内外学者提出了包括三要素论、四要素论、五要素论等在内的不同观点。② 综合国内外学者的看法③,可将社区的基本构成要素总结如下:

(1) 社区是以一定的社会关系为纽带组织起来的具有一定数量的人口群体;

(2) 社区具有一个相对明确、相对稳定、相对独立的地域空间;

(3) 社区具有共同的社会生活、行为规范和社区意识;

(4) 社区具有各种社会活动与人际互动关系;

(5) 生活在社区中的人们在心理上具有对社区的归属感和认同感;

(6) 社区具有维护公共利益与秩序的公共服务设施与社区组织机构;

(7) 社区具有一定的社区文化。

四、社区的主要特征

综合国内外学者的观点④,可将社区的基本特征总结如下:

(1) 社区是一个社会实体,是社会的缩影;

---

① 《中共中央办公厅、国务院办公厅关于转发〈民政部关于在全国推进城市社区建设的意见〉的通知》(中办发〔2000〕23 号文件)。

② 张永理:《社区治理》,北京大学出版社 2014 年版。

③ 〔美〕罗伯特·E. 帕克等:《城市:有关城市环境中人类行为研究的建议》,杭苏红译,商务印书馆 2016 年版;〔美〕乔治·希勒里:《社区的定义:一致的地方》,载《乡村社会学》1955 年第 6 期;徐震:《社区与社区发展》,正中书局 1980 年版;袁方主编:《社会学百科辞典》,中国广播电视出版社 1990 年版;郑杭生主编:《社会学概论新修》,中国人民大学出版社 1994 年版;袁秉达、孟临主编:《社区论》,中国纺织大学出版社 2000 年版;徐永祥:《社区发展论》,华东理工大学出版社 2000 年版;吴开松等编著:《城市社区管理》,科学出版社 2006 年版;王思斌主编:《社会学教程》,北京大学出版社 2010 年版;钟金霞:《当代城市社区治理改革》,湖南大学出版社 2012 年版;张永理:《社区治理》,北京大学出版社 2014 年版。

④ 〔美〕罗伯特·E. 帕克等:《城市:有关城市环境中人类行为研究的建议》,杭苏红译,商务印书馆 2016 年版;吴开松等编著:《城市社区管理》,科学出版社 2006 年版;唐忠新:《现代城市社区建设概论》,上海交通大学出版社 2008 年版。

(2) 社区以聚落作为自己的依托或物质载体；
(3) 社区是人类活动的产物；
(4) 社区具有多重功能；
(5) 社区处于不断的变迁之中；
(6) 社区是人们参与社会生活的基本场所；
(7) 生活在社区中的每一个人都处于一种相互依赖的互动关系中。

第二节　城市社区的基本概念及相关理论

一、城市社区的定义

目前，学术界一般认为，城市社区是指在一定地域范围内，以从事非农产业或第二、三产业的一定规模的人口组成的，规模较大、结构较复杂的生活共同体。比较有代表性的定义有：袁方提出，"城市社区是指在特定的区域内，由从事各种非农业劳动而有各种社会分工的密集人口所组成的社会"[①]；唐忠新则认为，"城市社区是以非农产业或二、三产业为基础的，规模较大、结构比较复杂的地域性社会生活共同体"[②]；王思斌将社区界定为"在一定地域范围内、大多数从事工商业或其他非农产业的、一定规模的人口组成的人类生活的共同体"[③]。

二、城市社区的主要特征

综合各学者的观点[④]，可将城市社区区别于其他类型社区的主要特点总结如下：
(1) 城市社区的人口数量大、密度高、异质性强、流动性强；
(2) 城市社区的地域规模较大；
(3) 城市社区中人际交往的感情色彩较为薄弱；

---

① 袁方主编：《社会学百科辞典》，中国广播电视出版社1990年版，第19页。
② 唐忠新：《现代城市社区建设概论》，上海交通大学出版社2008年版，第37页。
③ 王思斌主编：《社会学教程》，北京大学出版社2010年版，第175页。
④ 袁方主编：《社会学百科辞典》，中国广播电视出版社1990年版；徐永祥：《社区发展论》，华东理工大学出版社2000年版；吴开松等编著：《城市社区管理》，科学出版社2006年版；唐忠新：《现代城市社区建设概论》，上海交通大学出版社2008年版；王思斌主编：《社会学教程》，北京大学出版社2010年版。

(4) 城市社区中居民的价值观念、生活方式和社会活动呈现多元化的特点；

(5) 城市社区中各种群体、制度和社会组织日趋复杂，职业日益增多，分工日益细密；

(6) 城市社区是第二、三产业的集聚地，是空间集中的经济载体；

(7) 城市社区中生活水平和生活质量的现代性较强。

三、城市社区的类型

根据不同的分类方法和分类标准，城市社区可以被进一步划分为不同的类型。通过对研究文献的综述，现将目前学界主要的分类方法总结如下：

（一）一般性的分类方法

1. 按空间特征分类

根据是否具有明显的地域空间特征，可将社区分为空间性社区和非空间性社区。空间性社区具有明显的地域空间特征，它包括三类：(1) 法定社区，即国家依法划定的地方行政区；(2) 自然社区，即人类在生产和生活中自然形成的社区；(3) 专门社区，即人们由于从事某种专门活动而在一定地域空间内聚居形成的社区。非空间性社区也叫精神社区，这种社区没有明显的地域空间界限，主要依靠成员共同的价值观念、生活方式和信仰等维系在一起，如宗教社区。[1]

2. 按功能分类

按照社区功能的差异，可将社区分为经济型社区、行政型社区、文化型社区、宗教型社区等。同时，上述社区又可以就其活动特征作更具体的分类，如经济型社区可进一步分为工业型社区、商业型社区等，文化型社区可进一步分为文化教育型社区、民间文化型社区等。[2]

3. 按形成方式分类

根据社区的形成方式，可将社区划分为自然社区和法定社区。自然形成的社区被称为"自然社区"，它是由于人们聚地而居、共同生活，而从内部自然

---

[1] 吴开松等编著：《城市社区管理》，科学出版社2006年版；王思斌主编：《社会学教程》，北京大学出版社2010年版；张永理：《社区治理》，北京大学出版社2014年版。

[2] 同上。

而然地产生出共同意识,并形成人们对居住地的归属感和认同感的社区。在这种社区中,共同体的特征比较突出。法定社区则一般是由政府基于管理的需要而人为划定的社区。在这种社区中,社区的边界十分清楚,社区中自上而下的权力关系作用较强,而居民的社区意识、认同感和归属感则不如自然社区强烈。①

4. 按规模分类

社区规模主要表现为人口数量的多少、地域面积的大小等,按照规模这一空间尺度,可将社区分为巨型社区、大型社区、中型社区、小型社区和微型社区。巨型社区是指聚居的人口很多、地域面积很大的社区;微型社区则是指人口数量很少、地域面积也比较小的社区。②

5. 按完整性分类

根据社区反映的社会结构的完整性及社会生活的完整性差异,可将社区划分为整体性社区和局部性社区。整体性社区是指具有相对独立意义、基本上具备了人类社会所包含的主要方面,并且能够解决绝大多数居民主要生活需要的社区,如一个城市、一个集镇等。绝大多数社区成员的经济、政治和文化活动都是在本社区范围内进行的。局部性社区只是整体性社区的一部分,它虽然也包括构成社区的主要因素,但不能解决绝大多数成员的各种生活需要,不能完整地反映社会结构体系。局部性社区作为城市社区的组成部分,主要是社区成员的日常生活基地,其中许多人的职业生活、交往活动、文化活动等都在本社区以外进行。③

6. 按原住民比例分类

从人类学的视角出发,以原住民的比例作为划分标准,可将社区分为原住民社区、混态社区和移民社区。其中,原住民是指世代主要生活在社区及邻近区域的居民。原住民人口超过或等于社区总人口数2/3的社区被称为"原住民社区";将原住民人口少于或等于人口总数1/3的社区被称为"移民

---

① 吴开松等编著:《城市社区管理》,科学出版社2006年版;王思斌主编:《社会学教程》,北京大学出版社2010年版;张永理:《社区治理》,北京大学出版社2014年版。
② 于燕燕:《社区和社区建设(二):城市社区的界定及类型》,载《人口与计划生育》2003年第8期。
③ 同上。

社区";原住民人口介于总人口 1/3 到 2/3 的社区被称为"混态社区"。①

7. 按认同感、互动性和连接性分类

美国城市社会学家沃伦夫妇将居民对社区的认同感、居民间的互动性、居民与外界的连接性作为分类标准,将社区分为整合型社区、教区型社区、散漫型社区、躁动型社区、暂时型社区和紊乱型社区。紊乱型社区与整合型社区形成鲜明的对比,紊乱型社区在认同感、互动性和连接性这三个维度上的得分都比较低,往往是一些经济条件落后、居民素质不高的混乱社区。②

8. 按地域特点分类

按地域特点可将社区分为中心社区和边缘社区。中心社区是指在空间布局上处于城市中心的社区,城市商业、交通、信息、人口等都比较集中;边缘社区则是指空间布局上位于城市边缘、多在城乡接合部的社区,它多是在城市扩展进程中由农村转变而来的单位住宅小区、物业开发小区等。③

(二) 特殊性的分类方法

1. 西方学者对城市社区的分类

内城通常是指伯吉斯(E. W. Burgess)同心圆带模式(concentric zone model)中紧邻中央商务区的过渡带。甘斯(H. J. Gans)根据对内城居民群体特征和需求取向的分析,将内城分为寄宿区、种族村、贫民窟(黑区)和灰区四种不同的社区类型:寄宿区主要由世界主义者、未婚或无小孩者组成,其社会互动往往在很大程度上表现出匿名性、非人情化和表面化的特点,居民对当地社区服务和设施的数量与质量的关心程度较低;种族村是有色人种大规模集中居住而产生的社区类型,一般只有在若干大城市才能形成,他们重视亲属关系和首属集团,社会互动缺乏匿名性和次属联系;贫民窟是穷人、失业者、丧失就业能力者和移民的集中居住区,居民收入低微,住房拥挤不堪,卫生、教育等社区公共设施极度匮乏;灰区主要是陷入困境者和地位下降者的

---

① 熊常君:《人类学视角下社区分类新标准及其运用的研究》,载《厦门广播电视大学学报》2014年第1期。
② D. I. Warren, Explorations in Neighborhood Differentiation, *Sociological Quarterly*, Vol. 19, No. 2, 1978;郭彩琴、卢佳月:《沃伦夫妇"三-六"社区分类理论对我国城市社区治理的启示——基于苏州工业园区社区分类治理的实践》,载《山西农业大学学报(社会科学版)》2017年第6期。
③ 高永久、刘庸:《西北民族地区城市社区多元类型及演化趋势》,载《城市发展研究》2005年第6期。

集中居住区。①

2. 中国学者对城市社区的分类

(1) 根据城市社区特征和功能的空间关系进行分类

张鸿雁把中国社区分为六种类型：传统式街坊社区、单一式单位社区、混合式综合社区、演替式边缘社区、新型房地产物业管理型社区、"自生区"或移民区。此外，随着时间的推移，还出现了"飞地型社区"。② 王颖将上海社区分为五种类型：传统街坊社区、单位公房社区、高收入商品房社区、中低收入商品房社区和社会边缘化社区。③ 王胜本、张涛将中国城市社区划分为传统街坊式社区、单一单位式社区、综合混合式社区、城市扩建式社区和新型物业式社区五种类型。④ 原珂将中国社区划分为传统街坊式社区、单一单位式社区、综合混合式社区、过渡演替式社区（主要包括"城中村"社区、"村改居"社区和城郊边缘社区三种类型）和现代商品房式社区五种类型。⑤

(2) 根据社区居民的构成结构进行分类

郭彩琴、陈鸣珠、卢佳月以社区的外在物质表现形态与居民身份为依据，即根据城市社区居民的构成结构进行分类，将中国城市社区分为传统居民社区、农转非社区、商住社区和单位社区。与此相联系的社区治理类型，表现为老新村社区治理（针对传统居民社区和单位社区）、安置房社区治理（针对农转非社区）和商品房社区治理（针对商住社区）。⑥

(3) 根据地理区位进行分类

李东泉、蓝志勇根据地理区位的差异将城市社区划分为旧城社区（historical area）、单位社区（work unit）、城中村（urban village）和城乡接合部的边缘社区（urban-rural fringe community）四类，并认为后两类社区比较相

---

① H. J. Gans, *Urbanism and Suburbanism as Ways of Life: A Reevaluation of Definitions*, Oxford University Press, 1977；秦瑞英、周锐波：《国内外城市社区分异及类型研究综述》，载《规划师》2011 年第 S1 期。

② 张鸿雁：《论当代中国城市社区分异与变迁的现状及发展趋势》，载《规划师》2002 年第 8 期。

③ 王颖：《上海城市社区实证研究——社区类型区位结构及变化趋势》，载《城市规划学刊》2002 年第 6 期。

④ 王胜本、张涛：《社区发育视域下的城市治理问题研究》，载《河北工程大学学报（社会科学版）》2012 年第 3 期。

⑤ 原珂：《中国不同类型城市社区内的冲突程度比较研究》，载《中国行政管理》2017 年第 9 期。

⑥ 郭彩琴、陈鸣珠、卢佳月：《城市社区分类治理存在的问题及应对建议——基于苏州工业园区社区治理视角》，载《唯实（现代管理）》2017 年第 11 期。

似,因为现在的城乡接合部的边缘社区很可能就是未来的城中村。①

（4）根据社区居民的收入水平等综合因素进行分类

吴启焰、崔功豪根据社区居民的职业差别、收入和财产差别、教育与知识层次差别、人口密度与家庭规模差别进行划分,将城市社区分为高级别墅区、上层居住社区、中上阶层住宅区、中低收入工薪阶层居住区、城市贫困阶层与农民工居住区。②

（5）根据社区的区位形态进行分类

杨张乔根据中国城市社区的区位形态将社区分为五种类型:小康居住型社区、旧有居住型社区、高级商住型社区、排屋别墅型社区和撤村建居型社区。③

四、城市社区的功能

综合现有的各类法律法规和城市社区的现实任务及运行实践,我们从社会管理和社区服务两大领域来概括城市社区的主要任务和基本功能,如表1-1和表1-2所示。

表 1-1 城市社区的社会管理职能

社会管理	社区民主自治	民主选举	扩大直选范围
		民主决策	居民会议
			议事协商
			民主听证
		民主管理	/
		民主监督	居务公开
			民主评议
		财政独立	/
	社区服务供给	/	

---

① 李东泉、蓝志勇:《中国城市化进程中社区发展的思考》,载《公共管理学报》2012年第1期。
② 吴启焰、崔功豪:《南京市居住空间分异特征及其形成机制》,载《城市规划》1999年第12期。
③ 杨张乔:《我国城市社区结构和治理的人文区位学分析》,载《社会科学》2007年第6期。

(续表)

社会管理	社区文化建设	1. 开展社区教育，加强对社区成员的社会主义教育、思想政治教育和科学文化教育 2. 组织具有社区特色的社区文化活动 3. 完善社区文化设施建设 4. 利用社区内的各种专栏、板报宣传社会主义精神文明 5. 制定融合社会主义核心价值观的居民公约 6. 建立健全社区道德评议机制，发现和宣传社区道德模范、好人好事，大力褒奖善行义举，引导社区居民崇德向善 7. 组织开展文明家庭创建活动
	社区环境治理	1. 通过宣传等提高社区居民的环境保护意识 2. 赋予社区居民对社区环境的知情权 3. 加强城乡社区环境综合治理，做好城市社区绿化美化净化、垃圾分类处理、噪声污染治理、水资源再生利用等工作，着力解决农村社区垃圾收集、污水排放、秸秆焚烧以及散埋乱葬等问题 4. 广泛发动社区居民参与环保活动

资料来源：《城市居民委员会组织法》《民政部关于在全国推进城市社区建设的意见》《关于加强和改进城市社区居民委员会建设工作的意见》《中共中央、国务院关于加强和完善城乡社区治理的意见》。

表1-2　城市社区的社区服务职能

城市社区服务体系	社区服务机构	/	提供基本公共服务
	社区服务内容	社区公共服务	社区就业、社会保障服务
			社区医疗卫生和计划生育服务
			社区社会服务
			社区文化、教育、体育服务
			社区法律、安全服务
		社区便民利民服务	社区物业服务
			社区短途通勤公交服务
			社区公用事业服务
			社区生活服务
		社区志愿服务	以家政服务、文体活动、心理疏导、医疗保健、法律服务、交通安全宣传教育等为主要服务内容，以低保对象、空巢老人、留守老人、留守儿童、残疾人为主要服务对象
		社区专业社会工作服务	以精神慰藉、资源链接、能力提升、关系调适、社会融入、社区照顾、社区矫正、社区戒毒、社区康复等为主要服务内容

(续表)

城市社区服务体系	社区服务设施	社区综合服务设施	街道社区服务中心建设
			社区服务站建设
		社区专项服务设施	/
		社区服务网点	/
	社区服务人才队伍	社区服务人才来源	以社区党组织、社区自治组织成员为骨干,社区社会工作者和其他社区专职工作者为支撑,社区志愿者为补充
		社区服务人才培养与使用	社区服务人员任职培训、在职培训和专门培训;支持和鼓励社区服务人员参加社会工作等各种职业资格考试和学历教育考试;制定社区工作者管理办法,建立健全社区工作者职业序列
	社区服务信息化	社区公共服务综合信息平台	/
		智慧社区	/
	社区服务机制	社区自我服务机制	社区服务型党组织
			社区自治组织
			社区群团组织
			社区社会组织
		政府购买社区服务机制	/
		社区"三社联动"机制	以社区为平台、社会组织为载体、社会工作专业人才为支撑

资料来源:《城乡社区服务体系建设规划(2016—2020年)》。

第三节　西方社区研究的主要历程及理论流派

一、西方社区研究的主要历程

(一)欧洲社区研究的主要历程

西方的社区研究起源于欧洲。一般认为,斐迪南·滕尼斯撰写的《共同体与社会》一书标志着社区研究的开端。在滕尼斯之后,20世纪20年代的德国还出现了许多研究社区(共同体)的优秀作品,如普勒斯纳尔(H. Plesner)的《共同体的界限》、格尔达·瓦尔特(Gerda Walther)的《社会的共同体的本体论》等。① 在 20 世纪 30 年代,欧洲的社区研究主要侧重于对太平洋地区等原始部落社会人类学方面的研究。

(二)美国社区研究的主要历程

20 世纪初期,社区研究由欧洲传入美国,并在美国得到很大发展。总的来看,美国的社区研究经历了兴盛—衰落—复兴三个主要阶段。

1. 兴盛时期:20 世纪 20 年代至 20 世纪 50 年代

这一时期的主要成就是芝加哥学派(人文区位学)、林德夫妇(社区综合研究)和弗洛伊德·亨特(Floyd Hunter,社区权力研究)等的社区研究。

在社区研究史上,开创城市社区研究之先河并对之进行深入研究的当数芝加哥学派。芝加哥学派对社区研究有两大突出贡献:一是开创了参与观察法,对社区进行综合性实证研究;二是借用生物学概念,提出了都市社区增长的人文区位学(human ecology)理论(或称"古典区位理论")。20 世纪 20 年代,芝加哥学派对都市化过程中的社区研究主要集中在对城市社区贫民的生活状况和社会问题方面。

在芝加哥学派蓬勃发展的同时,罗伯特·林德与海伦·林德(Robert Lynd and Helen Lynd)先后两次对当时美国印第安纳州的一个小市镇进行了详细考察,开创了运用定性方法和定量方法对某一地区的变化情况进行动态性研究的成功范例,其成果见于 1929 出版的《中镇》和 1937 年出版的《转变中的中镇》。在后一本书中,林德夫妇提出了著名的精英控制模式,在一定程度上诱发了社区权力研究。

1953 年,美国社会学家弗洛伊德·亨特出版了《社区权力结构》一书,提出精英控制模式的观点,标志着社区权力研究的正式开始。此后,其他一些学者提出了社区权力结构的其他模式,如罗伯特·达尔(Robert A. Dahl)在《谁统治——一个美国城市的民主和权力》一书中提出的多元权力模式等。

2. 衰落阶段:20 世纪 50 年代至 20 世纪 60 年代

20 世纪 50 年代以后,美国的社区研究越来越注重应用性及对政府、政党、社会团体和居民的指引作用。同时,社区研究也呈现出两大特征:一是对社区进行跨学科综合研究的趋势逐渐加强;二是对社区的研究更加专业化,如开始出现社区组织研究、社区移民研究等。

---

① 张永理:《社区治理》,北京大学出版社 2014 年版,第 51 页。

但在这一时期,由于"大众社会"(mass society)在欧美的兴起以及城市化对社区的冲击,在社区研究领域出现了有关城市社区存亡问题的争论,主要观点有社区消失论、社区幸存论和社区解放论等。

3. 复兴阶段:20世纪70年代至今

20世纪70年代,社区研究复兴的主要表现有:1971年,阿布-鲁格霍德(Janet L. Abu-Lughod)提出社区结构模型;1972年,美国社会学协会重组社区研究分会;1975年,格林伍德(Michael J. Greenwood)提出社区增长模型;1982年,社区研究分会规模大幅度增加;1982年,卡普洛(Theodore Caplow)等人对中镇进行了第三次调查,开始将电子计算机与网络分析方法等应用于社区研究。[1]

目前,美国的社区研究已经超越社会学的范围,呈现出多学科综合化与相互融合的趋势。

二、西方社区研究的主要理论

(一)类型学理论

类型学(typology)理论,即对现实的社会关系进行高度抽象,确立两个极端的类型(如农村—城市),再进行对照与比较。这是社区研究中最基本的理论,反映了社会变迁。[2] 类型学理论的代表人物有:滕尼斯、涂尔干(Emile Durkheim)、马克斯·韦伯(Max Weber)、齐美尔(Georg Simmel)等。

1887年,滕尼斯出版了《共同体与社会》一书,论述社会的变迁。在这本书中,滕尼斯提出"社区"与"社会"这两个对立的概念来分别表示人类共同生活的两种表现形式。"社区"主要存在于传统的乡村社会中,它是人与人之间靠共同习俗和价值取向来维系的关系密切、守望相助、富有人情味的社会团体,连接人们的是血缘、感情和伦理纽带,人们基于情感动机形成了亲密无间、相互信任的关系。这种"社区"的外延主要限于传统的乡村地区。而"社会"则是以个人的意志、理性契约和法律为基础形成的缺乏感情交流和关怀照顾的社会团体。其外延是人口异质性特征鲜明、价值取向多元化的城市社会群体。滕尼斯认为,在人类发展的进程中,社区必然会向社会转化。但同

---

[1] 张永理:《社区治理》,北京大学出版社2014年版,第56页。
[2] 同上书,第61页。

时,滕尼斯也指出,尽管传统的社区必然被新兴的社会所取代,但社区的生活方式、价值观念以及人际关系中的精华部分还将继续持久地存在于社会的生活方式内部。①

法国社会学家涂尔干在其1893年出版的《社会分工论》一书中,提出了基于传统社区的机械团结和基于现代社会的有机团结(mechanical and organic solidarity)的观点。他认为,传统农村社区建立在机械团结的基础上,它们自给自足,彼此不相依存。而城市社区建立在有机团结的基础上,因为城市发达的社会分工使人们相互依存,构成了有机整体。他认为,与机械团结相比,有机团结是一种历史进步。②

德国社会学家马克斯·韦伯在其《新教伦理与资本主义精神》《经济与社会》《宗教社会学》等著作中把人类社会分为两种类型:一类是社区,在社区中人们的关系是非理性的;另一类是社会,在社会中人与人之间的关系是法理性的。由于理性化的提高,传统社会将向现代社会转变。③

德国社会学家齐美尔注重研究大都市社区,他认为社区是社会和社会制度的最小单位,是社会结构中的原子和原始因素;社会可以被分解到社区的层次上,从而在社区的各种关系上探索社会存在的基础。④

(二) 区位学理论

区位学(ecology)理论是一种以空间方位为基础的分析人类行为与社会关系的理论,其进一步可以被细分为古典人文区位学理论、社会文化区位学理论和新正统区位学理论。

1. 古典人文区位学理论

古典人文区位学理论由美国芝加哥大学教授罗伯特·E.帕克于1921年首先提出,该理论是借用生物学进化论原理来研究社区环境的空间格局及其相互依赖关系的学说,又被称为"人类生态学"。古典人文区位学在研究方法上注重深入社区进行实地观察,进行实证研究;在理论模式上强调区位对于人类组织形式和行为的影响。

这一理论把社区视为社会活动的空间单位,通过研究社区居民及其活动

---

① 张永理:《社区治理》,北京大学出版社2014年版,第7页。
② 唐忠新:《现代城市社区建设概论》,上海交通大学出版社2008年版,第15页。
③ 张永理:《社区治理》,北京大学出版社2014年版,第61页。
④ 同上。

的区位分布来反映和透视社会关系。"竞争"和"共生"是古典人文区位学理论分析社区的两个核心概念。人类在社区中生活,存在着共生关系和竞争关系。共生意味着人们要生存就必须依赖他人,与他人发生各种各样的关系;竞争意味着人们为了生存就要同彼此依赖的个体或群体争夺匮乏的资源。古典人文区位学认为共生和竞争,特别是竞争决定着社区区位的变迁。此外,芝加哥学派还运用古典人文区位学理论分析都市社区发展的区位结构,提出了数个较有影响的城市区位理论模型,如伯吉斯的同心圆理论、霍伊特（Homer Hoyt）的扇形理论、哈里斯（Chauncy Harris）和乌尔曼（Edward Ullman）的多核心理论等。[1]

2. 社会文化区位学理论

古典人文区位学理论在被提出后受到了不少批评,不少学者认为古典人文区位学理论在解释社区空间形式时忽视了文化因素,由此逐渐发展出了社会文化区位学理论。这种理论认为,只有把文化和价值作为区位学理论的核心,才能合理地解释城市社区的结构和发展。这种理论的主要代表人物是美国学者怀利（W. Wylie）。他在20世纪40年代研究了波士顿的土地使用情况,结果发现,波士顿的居民不愿意把他们的居住区卖给商业界,因为他们一向认为住在这里是社会地位较高的象征。同时,他还发现,居民们之所以要坚持保留波士顿中心的一个公园,是因为他们对这个公园怀有一种特殊的感情。据此,怀利认为,罗伯特·E.帕克等人创立的古典人文区位学理论,用竞争来解释社区土地的使用状况,并不足以说明波士顿的空间格局,在他看来,包括思想感情和价值观在内的文化因素对城市空间格局具有重要影响。[2]

3. 新正统区位学理论

社会文化区位学理论的主要缺陷是它在研究社区的空间分布时过于强调文化因素,为克服该缺陷,新正统区位学理论应运而生,这一理论的主要代表人物有霍利（Amos Hawley）和邓肯（O. D. Duncan）等。

1950年,霍利出版了《人文区位学:一个关于社区结构的理论》一书,标志着新正统区位学理论正式被提出。霍利把社区看作社会所有要素得以显现的一个较小而又较易于研究的社会分析单位。他认为,社区是被建构的具

---

[1] 张永理:《社区治理》,北京大学出版社2014年版,第52页。
[2] 唐忠新:《现代城市社区建设概论》,上海交通大学出版社2008年版,第20页。

有地域性和地方化的功能关系系统,是人类聚居适应环境所形成的相互依赖的复杂系统。由此出发,他认为支配社区的主要区位学原则是"相互依赖",而非帕克等人强调的竞争。他所关注的重点在于社区成员如何通过集体适应来达到社区的平衡。他把技术、文化和社会组织视为关键的适应机制,主张把文化包含在区位研究之中。[①]

在霍利的基础上,邓肯以"人文区位复合体"模式补充了新正统区位学理论。邓肯认为,人文区位问题可以用四个变量及其相互关系来加以解释、分析和说明。这四个变量分别是:人口(population)、组织(organization)、环境(environment)和技术(technology),简称"POET变量"。区位系统中的这四个变量相互影响,任一变量发生变动都必然会作用到其他变量。在他看来,区位系统是一个不断变化的体系,它不断进行自我调整,且在调整之后的一段时间内保持相对稳定。[②]

(三) 社区综合研究

在区位学理论不断演进的同时,美国社会学家林德夫妇开创了另一种形式的社区研究——以小市镇为研究对象的综合研究。所谓综合研究,就是描述社区的各个不同部分并解释这些不同部分之间的相互关系。

林德夫妇运用参与观察法、档案分析法、文献法、访谈法和问卷法等对当时美国印第安纳州一个约有3.5万居民的小市镇,即中镇进行了综合研究,详细记录了中镇人的谋生手段、住房与家庭、子女教育、闲暇时间的利用、宗教生活、参与社区活动等六大方面的生活及其变迁,并分析了中镇社区的生活特点及变化的原因。他们于1929出版的《中镇》一书是这次调查研究的成果。

几年后,林德夫妇又重返中镇进行追踪调查,并于1937年出版了调查研究的成果——《转变中的中镇》一书。在这次调查中,林德夫妇发现当时美国的经济危机对社区权力结构产生了深刻影响,使社区中的某个家族垄断了全社区的经济命脉,从而控制了整个社区。这种社区权力分配的不平等状况被进一步归纳为精英控制模式,成为之后社区权力研究的前奏。

---

① 唐忠新:《现代城市社区建设概论》,上海交通大学出版社2008年版,第20页。
② 同上书,第21页。

（四）社区权力研究

1. 精英控制模式

继林德夫妇对中镇权力状况的调查研究之后，1953年，美国社会学家弗洛伊德·亨特出版了《社区权力结构》一书，标志着社区权力研究的正式开始。亨特运用声望研究法、面对面访谈法等方式，调查研究了亚特兰大城市社区的权力结构。结果发现，决定整个亚特兰大社区命运的40人中有36人是在本地政府中没有政治职位的商人。由此，他认为，这个社区的权力被控制在少数商人手中，民主形同虚设，由选举产生的社区官员对本社区的一些重要决定影响甚微。亨特进一步指出，像亚特兰大这样的地区性城市存在着一个多层次的权力结构，经济实力较强的商人组成了顶层权力群体，多层权力结构中的其他层次群体主要是听从和执行顶层的意志。[①] 这一模式也被称为"精英控制模式"（或称"一元权力模式"）。

2. 多元权力模式

针对亨特提出的精英控制模式，不少学者提出了质疑。罗伯特·达尔使用决策途径法，即通过分析决策的参与过程来反映权力结构的方法，对康涅狄格州的纽黑文（New Hovern）社区进行了研究，并于1961年出版了《谁统治——一个美国城市的民主和权力》一书，得出了与亨特截然不同的结论。达尔发现，在纽黑文社区中，并不存在一个集中、单一的权力群体，而是一个多中心、分散的社区权力体系。除市长对所有问题的决策都发挥至关重要的影响外，其他领导者只是在各自不同的领域里发挥作用。达尔还通过考察纽黑文社区的历史，发现社区权力结构的变革存在着一个从寡头政治向多元化政治的发展趋势，并由此提出了球状结构、集中式结构、多个权力竞争式结构等不同的社区权力结构模式。[②]

3. 其他模式

由于社区的实际情况千差万别，以上两种权力模式理论各有其局限性，因而一些学者在研究社区权力结构时提出了其他模式。

例如，罗斯（P. H. Rossi）把社区的权力模式划分为四种类型：一是金字塔型，即由一个人或极少数人最终掌握社区权力；二是委员会型，即由一定数

[①] 唐忠新：《现代城市社区建设概论》，上海交通大学出版社2008年版，第18页。
[②] 同上书，第19页。

量的人掌握社区权力,其决策取决于这群人之间的意见是否一致;三是多元分布型,如社区政府的权力由专业政客掌控,社区服务机构的权力由工商业组织和专业协会掌控;四是无定型,即没有固定的权力分布模式。罗斯认为,在现代民主社会中,社区权力结构的演变呈现如下特点:在中产阶级聚集的同质性社区,易于出现寡头控制的权力模式,因为在这样的社区中没有政治权力的制约平衡机制;在多元阶层混居的社区中,政府组织和各种非政府、非正式组织都试图限制对方的影响力而增加自身的影响力;在低层人士占明显优势的社区,富有阶层和专业团体往往通过从政府中引进一些结构性变革来削弱低层人士的优势;在寡头模式的社区中,由于没有正常的冲突表达方式,一些小的事件可能会被成倍地放大,社区冲突往往以大众反抗的方式出现。[1]

（五）城市社区存亡问题研究

进入20世纪四五十年代,随着"大众社会论"的兴起,美国的一些学者认为城市社区正在消失,开始提出"社区消失论"。这种观点认为,随着现代化的发展和城市规模的扩大,城市社会不可能继续存在丰富且富有人情味的人际关系,人们不可能有社区共同体感和社区团结感,地方性小社区的自主性和团结程度明显降低,整个社会呈现为一种标准化的、同质性的、种族和阶级区别不明显的大众社会。

另一些学者在20世纪五六十年代通过一些实地调查结果断定,美国城市居民之间仍然保持着邻里关系,仍然存在着地方社区感,仍然利用邻里关系来进行社会交往和获得社会支持。在这些研究的基础上,"社区幸存论"开始盛行,这种理论认为城市中的社区仍然比较繁荣。

虽然社区消失论和社区幸存论针锋相对,但它们都是把社区视为邻里基础上的地域性概念,都只是从有限人口聚居地域的角度回答社区存亡问题。与此不同,20世纪六七十年代兴起的"社区解放论"则试图将社区从邻里地域的限制中解脱出来。这种理论从社会网络的角度来研究社区,认为大规模的现代化已经改变了社区的性质,当代城市居民不再完全是一个地域性共同体或亲属群体的成员,而是众多特殊化的、以兴趣为基础的社区的成员。[2]

---

[1] 蔡禾主编:《城市社会学:理论与视野》,中山大学出版社2003年版,第87—88页。
[2] 唐忠新:《现代城市社区建设概论》,上海交通大学出版社2008年版,第17—18页。

（六）社区体系理论

社会体系理论把社区视为一个集中于某一地方而又比较持久的社会体系，考察这个体系中各部分、各要素之间的关系以及这一体系与其他体系之间的关系。社区体系理论在分析社区这一社会体系时强调以下四方面内容：一是范围性。包括物理的和地理的、社会的和心理的等。二是结构性。形成社区结构的主要元素包括角色、地位、群体、组织。其中，角色与地位是最基本的结构单位，角色与地位的有机结合构成了群体，数个群体的有机结合形成组织，组织与组织的结合形成社区。三是互动性。强调社区体系与体系之间或体系内各部分之间的互动性，其互动方式包括强制性互动、协商性互动、规范性互动等。四是关联性。强调社区内各要素、各部分之间以及社区体系与外部体系之间的相互联系。有些学者把社区内各部分之间的联系称作"内模式"，而把社区与外部体系之间的联系称作"外模式"。①

在社区体系理论领域，交往场地理论和社区副体系理论具有较大的影响。交往场地理论把社区视为交往互动的场地，实质上是研究以社区为基础的交往体系。这一理论的代表人物是美国学者W.萨顿和J.柯拉渣。他们强调个人交往和由此产生的非疆域性社区（共同体）概念。社区副体系理论将社区视为大社会的副体系，代表人物是美国学者沃伦（R. L. Warren）。沃伦认为，社会的发展导致了社会宏观体系对社区副体系的影响力增强。一方面，地方社区各单位与社区之外不同体系的联系日益增强；另一方面，社区的内聚力和自主性逐渐下降。在此基础上，沃伦又提出了社区纵向格局和横向格局的概念。前者是指地方社区与社会宏观体系以及其他社区之间的联系；后者是指社区内各单位、各组织间的联系，这种联系是一个社区形成和发展的重要条件，是一个社区存在的内聚力。但他意识到，现代社会的发展趋势是社区横向格局相对减弱，纵向格局相对加强。②

（七）社区行动理论

20世纪五六十年代以来，以直接服务于解决社区实际问题为己任的社区行动理论逐渐形成。这种理论把社区看作一个社会互动的复合体，注重分析社区的领导层、决策过程、社区参与等问题与社区变迁的关系，强调社区行

---

① 唐忠新：《现代城市社区建设概论》，上海交通大学出版社2008年版，第21页。
② 于显洋主编：《社区概论》，中国人民大学出版社2006年版，第95—99页。

动的社会关联性。

多数学者认为,社区行动是指发生在社区,与社区生活有直接联系的具有广泛参与性的社会活动或互助行为。社区行动的主要特征有:(1)社区成员广泛参与;(2)行动目的在于试图解决涉及社区成员的共同生活问题。研究社区行动的美国学者根据不同标准将社区行动分成不同类型。例如,根据社区行动的组织形式将其划分为自发式、常规式、发起式;根据社区行动目标的性质将其划分为经济行动、政治行动和整合行动。①

(八)社会互动理论

社会互动理论的主要代表人物是美国社区理论专家桑德斯(I. T. Sanders),该理论将社区视为在某一特定地域上的一系列社会互动过程和互动系统。桑德斯对社区互动关系的研究主要从以下三个层面展开:一是研究社区的群体组织、主次体系等结构与功能,以及社区成员和社区组织之间的相互作用;二是研究社区内人与人、人与群体、群体与群体的互动关系;三是从人们活动的社会范围和社会互动的场域,考察和研究人们的社区互动。社会互动理论关注的是社区中的竞争、合作、冲突、解体等互动过程,及其与家庭、宗教、政治、教育、经济等制度的关系。②

(九)社区冲突理论

社区冲突是指社区内的个人或者团体为各自的利益和目标而产生的相互对抗。社区冲突理论认为,社区是一些人聚集在一起追求各自利益的地方,必然会产生社区冲突。③

1957年,美国学者科尔曼(J. S. Coleman)出版了《社区冲突》一书,认为经济争端、政治争端、价值观的冲突是社区冲突的根源,导致社区冲突的各种事件会相互强化,因此在冲突一开始就应该制止这种恶性循环。

20世纪60年代,美国学者葛木森(W. A. Camson)研究了新英格兰地区18个社区的54起争端,并把它们归类为积怨的冲突和常规的冲突。积怨的冲突的特点是不择手段,与政治上的不稳定密切相关;常规的冲突则是用公

---

① 唐忠新:《现代城市社区建设概论》,上海交通大学出版社2008年版,第22页。
② 张玉枝:《转型中的社区发展:政府与社会分析视角》,上海社会科学院出版社2003年版,第57—58页。
③ 张永理:《社区治理》,北京大学出版社2014年版,第65页。

认的政治表达手段来表达争议。

1975年,美国学者桑德斯出版了《社区》一书,把社区权力结构置于社区冲突的范围内,认为社区冲突包括对立的关系、不同的权力分配、社区居民某种激烈的情绪三个要素,并且社区冲突与社区变迁密切相关。

（十）文化人类学理论

文化人类学也称"社会人类学",它是研究人类文化的起源、发展变化过程、文化差异与类型的学科。文化人类学在研究社区时,注意对社区文化和生活方式的考察,认为社区生活是一种文化现象,有自己的内部结构和变化规律。通过对社区文化类型的总结和比较,可以深刻认识社区的特点和变迁。①

第四节　中国社区研究的主要历史发轫

中国的社区研究是20世纪30年代首先由以吴文藻先生为首的燕京大学社会学系师生发起的。吴文藻先生是中国著名的社会学家、民族学家和人类学家,他在这方面的主张和贡献主要有:(1)通过积极开展社区研究以促进社会学中国化;(2)主张用英国功能主义学派的理论和方法来研究社区;(3)鼓励和指导学生开展社区实地调查。在吴文藻先生的倡导下,包括费孝通先生等在内的众多学者亲身前往社区参与实地调查研究,并产生了众多优秀的成果,如费孝通先生的《江村经济》《禄村农田》等。纵观20世纪30年代至40年代,中国社区研究的主要特点有:(1)"社区"概念基本上定位在乡村,社区研究基本上属于或侧重于乡村社区研究,对城市社区的研究较少;(2)对乡村社区的研究大多建立在实际调查的基础上,具有非常明显的实践性特征。

中华人民共和国成立后,自1952年至1978年,社会学学科被取消。其间,"社区"概念在中国基本消失,学科意义上的社区研究基本没有开展。1979年,社会学学科恢复重建,中国的社区研究重新开始。在改革开放早期,恰逢农村经济体制改革,社区研究仍然主要集中于乡村社区。但受改革

---

① 王思斌主编:《社会学教程》,北京大学出版社2010年版,第171页。

实践的推动,20世纪90年代以来,对城市社区的研究有了明显发展,并在一定程度上推动着城市社区建设的实践。但纵观中国社区研究的历程,可以发现中国的社区研究尚未形成系统的理论流派。

主要参考文献

[1] D. I. Warren, Explorations in Neighborhood Differentiation, *Sociological Quarterly*, No.2, 1978.

[2] H. J. Gans, *Urbanism and Suburbanism as Ways of Life: A Reevaluation of Definitions*, 2nd ed., Oxford University Press, 1977.

[3]〔美〕埃弗里特·M.罗吉斯、拉伯尔·J.伯德格:《乡村社会变迁》,王晓毅、王地宁译,浙江人民出版社1988年版。

[4] 蔡禾主编:《城市社会学:理论与视野》,中山大学出版社2003年版。

[5]〔德〕斐迪南·滕尼斯:《共同体与社会》,林荣远译,商务印书馆1999年版。

[6] 高永久、刘庸:《西北民族地区城市社区多元类型及演化趋势》,载《城市发展研究》2005年第6期。

[7] 郭彩琴、陈鸣珠、卢佳月:《城市社区分类治理存在的问题及应对建议——基于苏州工业园区社区治理视角》,载《唯实(现代管理)》2017年第11期。

[8] 郭彩琴、卢佳月:《沃伦夫妇"三-六"社区分类理论对我国城市社区治理的启示——基于苏州工业园区社区分类治理的实践》,载《山西农业大学学报(社会科学版)》2017年第6期。

[9] 李东泉、蓝志勇:《中国城市化进程中社区发展的思考》,载《公共管理学报》2012年第1期。

[10]〔美〕罗伯特·E.帕克等:《城市:有关城市环境中人类行为研究的建议》,杭苏红译,商务印书馆2016年版。

[11]〔美〕罗伯特·S.林德、海伦·梅里尔·林德:《米德尔敦:当代美国文化研究》,盛学文、马春华、李筱鹏译,商务印书馆1999年版。

[12]〔美〕乔治·希勒里:《社区的定义:一致的地方》,载《乡村社会学》1955年第6期。

[13] 秦瑞英、周锐波:《国内外城市社区分异及类型研究综述》,载《规划师》2011年第S1期。

[14]《社会学概论》编写组:《社会学概论(试讲本)》,天津人民出版社1984年版。

[15] 唐忠新:《现代城市社区建设概论》,上海交通大学出版社2008年版。

[16] 王胜本、张涛:《社区发育视域下的城市治理问题研究》,载《河北工程大学学报(社会科学版)》2012年第3期。

[17] 王思斌主编:《社会学教程》,北京大学出版社2010年版。

[18] 王颖:《上海城市社区实证研究——社区类型区位结构及变化趋势》,载《城市规划学刊》2002年第6期。

[19] 吴开松等编著:《城市社区管理》,科学出版社2006年版。

[20] 吴启焰、崔功豪:《南京市居住空间分异特征及其形成机制》,载《城市规划》1999年第12期。

[21] 熊常君:《人类学视角下社区分类新标准及其运用的研究》,载《厦门广播电视大学学报》2014年第1期。

[22] 徐琦等编著:《社区社会学》,中国社会出版社2004年版。

[23] 徐永祥:《社区发展论》,华东理工大学出版社2000年版。

[24] 徐震:《社区与社区发展》,正中书局1980年版。

[25] 杨张乔:《我国城市社区结构和治理的人文区位学分析》,载《社会科学》2007年第6期。

[26] 于显洋主编:《社区概论》,中国人民大学出版社2006年版。

[27] 于燕燕:《社区和社区建设(二):城市社区的界定及类型》,载《人口与计划生育》2003年第8期。

[28] 原珂:《中国不同类型城市社区内的冲突程度比较研究》,载《中国行政管理》2017年第9期。

[29] 袁秉达、孟临主编:《社区论》,中国纺织大学出版社2000年版。

[30] 袁方主编:《社会学百科辞典》,中国广播电视出版社1990年版。

[31] 张鸿雁:《论当代中国城市社区分异与变迁的现状及发展趋势》,载《规划师》2002年第8期。

[32] 张永理:《社区治理》,北京大学出版社2014年版。

[33] 张玉枝:《转型中的社区发展:政府与社会分析视角》,上海社会科学院出版社2003年版。

[34] 郑杭生主编:《社会学概论新修》,中国人民大学出版社1994年版。

[35] 钟金霞:《当代城市社区治理改革》,湖南大学出版社2012年版。

第二章

城市社区实践综述

进入 21 世纪,中国城市社区的发展不断加快,在社会治理体系中的重要性不断增强,也愈发得到相关政府决策部门的高度重视。简要归纳发现,2000 年以来,关于城市社区发展的重要会议包括:2005 年民政部在吉林省长春市召开的全国社区建设工作会议、2008 年在杭州召开的和谐社区建设理论研讨会暨首届全国城区论坛、2009 年召开的全国和谐社区建设工作会议、2018 年召开的全国基层政权建设和社区治理工作会议。中国在社区服务方面出台的重要文件包括:《"十一五"社区服务体系发展规划》(2007)、《关于推进社区公共服务综合信息平台建设的指导意见》(2013)、《社区服务体系建设规划(2011—2015 年)》(2011)、《城乡社区服务体系建设规划(2016—2020年)》(2016)等。作为城市社区发展的行政主管部门,国务院和民政部先后颁布了《民政部关于在全国推进城市社区建设的意见》(2000)、《国务院关于加强和改进社区服务工作的意见》(2006)、《中共中央办公厅、国务院办公厅关于加强和改进城市社区居民委员会建设工作的意见》(2010)、《中共中央、国务院关于加强和完善城乡社区治理的意见》(2017)等一系列重要的社区建设工作指导意见。

综合各类会议决议、发展规划、指导意见等,中国城市社区的基本职责或主要任务包括:提供物业服务、社会保障、社会救助、住房保障、公共卫生、社区治安、计划生育、优抚救济、社区教育等社区服务;推进社区居民自治;繁荣社区文化;美化社区环境等。除了社区服务、经济发展、民主自治和文化建设四个主要任务以外,社区工作还包括社区信息化建设、社区减负、社区协商、社区网格化管理、建立社区基金(会)、发展社区社会企业、建立社会组织促进会、建立社区工作者协会和推进社区服务社会化及产业化等其他重点工作。

在此，我们从经济发展、服务供给、民主自治和文化建设四个方面，综述国内外城市社区的实践活动和有益经验。这是基于：第一，伴随中国城市管理和行政管理领域的体制改革的不断深化，街道办事处原有的招商引资、协税护税、经济创收等经济功能和任务指标已经被取消，且在推进社区减负后，中国社区的工作任务已集中转向社会管理和公共服务。但城市社区发展与治理的国际经验表明，社区包含提供经济性服务、创造经济收入和增加就业岗位等任务，社区具有丰富的经济功能和经济活动。社区经济是社区建设的重要物质资本。第二，社区的公共服务、便民利民服务、志愿互助服务和救助服务等的规模、质量和空间布局，以及如何实现社区服务的有效供给，是中国以民生需求为导向，实现社区服务专业化、精细化、标准化和政府购买服务的必然要求。第三，完善社区民主自治，实现社区居民自治和基层群众自治，是加快建立社区自治组织及自治体系的必然路径，也是社区逐步实行民主选举、民主决策、民主管理、民主监督，保障社区居民自我管理、自我教育、自我服务、自我监督的重要保证。第四，加快推进社区文化建设，发展和繁荣社区公共文化，是增强社区归属感和认同感，提升社区凝聚力的重要手段。

第一节　社区经济发展

一、社区经济发展的目标

社区经济是指在特定的区域范围内，以社区居民作为服务主体和组织主体，调动社区内外可利用的资源，以灵活多样的运行机制配置资源，为实现社区居民福利最大化[①]和为社区履行职能提供经济保障而开展的经济活动的总称[②]。

发展社区经济主要基于以下几个任务和目标：(1) 提供经济性服务，满足社区成员需求。在当前城市建设与发展的过程中，服务职能逐步转移到社区。社区服务通常可分为经济性服务与公益性服务两大类。[③] 其中，经济性

---

① 段丹、徐莉：《城市社区经济的结构功能分析》，载《湖北社会科学》2002年第10期。
② 贺雪娟、刘红宇、曹立村：《社区经济职能及发展动力研究》，载《湖南医科大学学报（社会科学版）》2004年第4期。
③ 周建顺、陈胜宣：《社区经济发展思考》，载《嘉兴学院学报》2003年第S1期。

服务是社区经济的主要内容,主要遵循价格规律,具有营利性,运行依靠市场机制。通过经济发展,社区可以有效整合与匹配内外部的经济性服务资源,向有需求的居民提供经济性服务,提高社区生活质量与福利水平。(2)有效组织与配置资源,创造经济效益。获取可持续的资金支持是社区发展经济的目的之一,一方面可以充分挖掘、盘活社区内外资源,避免闲置浪费;另一方面,以市场机制对资源进行优化组合配置,可以提高资源利用效率,提高社区经济回报率,增加社区收入。(3)增加岗位解决就业与再就业问题。根据城市经济规律,产业结构转型升级将引起传统行业出现大量结构性失业。城市社区经济作为一种以第三产业为主的服务型经济,具有就业容量大、社会需求广、技能要求低等优势,能为不同年龄、性别、文化技术程度等的就业者提供广泛的就业机会。

二、社区经济发展的模式

世界各国和地区为发展社区经济设计了不同的路径与方法,现将代表性模式和经验总结如下:

(一)美国:社区经济发展公司

美国社区普遍设有"社区经济发展公司",这是一种介于公有部门和私人部门之间的非营利组织,专门负责管理社区经济发展。社区经济发展公司的绝大部分领导和工作人员都聘自社区居民,不仅解决了社区居民就业问题,还加强了社区居民参与社区事务的积极性。在经营上,社区经济发展公司采用企业化运作方式,以市场机制有效组织与配置社区内外资源,赚取经济收入。根据美国税收法,社区经济发展公司的收入只能用于社区发展,而不得用于任何私人发起者或个人。此外,在整合资源的基础上,社区经济发展公司还为社区居民提供各种经济性服务。[1] 例如,美国许多州依靠社区经济发展公司为社区中低收入者提供长期稳定且廉价的住房。[2]

---

[1] 严陆根:《社区经济学》,中国发展出版社2013年版;程又中、徐丹:《美国社区发展公司:结构、模式与价值》,载《江汉论坛》2014年第1期;张思祺:《中美社区管理比较研究》,湖北大学2016年硕士论文。

[2] Tony Robinson, Inner-city Innovator: The Non-profit Community Development Corporation, *Urban Studies*, No. 9, 1996.

（二）英国：慈善银行和社区发展金融机构

为解决社区资金难以满足社区经济发展需求的问题，英国在社区中设立了慈善银行和社区发展金融机构。通过给予个人和公司投资者一定的税收减免优惠，英国鼓励社会力量向社区慈善银行和社区发展金融机构投资，金融机构将吸收到的资金提供给社区中无法从其他渠道获得资金的企业，支持其发展。① 通过这种方式，社区吸引了大量投资资金，弥补了社区建设的资金缺口，还促进了弱势社区的经济发展和社区生活质量的提高。

（三）日本：基层社区经济自立

日本发展社区经济时首先强调基层社区经济自立，这既包括产业自立也包括财政自立。日本社区产业自立的主要策略有：(1) 招募外来工厂、企业和商场等消费设施进入社区，增加社区经济资本；(2) 发展本土社区经济产业，发挥本地经济优势；(3) 将看护、育儿等社会事业产业化，在补充社区福利的同时扩展资金来源渠道。日本社区的财政自立主要体现在：社区吸纳地方政府、社会企业、社区经济团体、社区居民的投资作为社区经济发展资金。社区资金由社区自治组织"町内会"或居民联合组织独立管理，资金来源主体无权干涉社区资金的使用。② 日本的基层社区经济自立模式打破了传统自上而下配置资源的行政型管理模式，一方面，社区能自由有效地针对社区居民的需求组织与配置资源；另一方面，也拓展了社区经济资金的来源渠道，增加了社区发展的经济实力。

（四）中国香港：社区经济发展计划

中国香港在发展社区经济中制订了不同的社区经济发展计划，如创建小型企业、成立生产及消费合作社、建立社区借贷网络、推行社区货物及服务交换等。③ 其中，社区经济互助计划是一种操作性较强且实践效果良好的模式。社区经济互助计划强调发掘、利用社区内既有资源及潜能，建立社区自主解决问题的能力。④ 社区经济互助计划在社区内设立以劳动时间作为交换单位

---

① 叶莉娜：《英国社区投资税收优惠制度评析与借鉴》，载《税收经济研究》2014年第1期。
② 李升：《日本基层社区治理的实践及启示》，载《团结》2017年第1期。
③ 廖文伟：《社区资本与社区发展：以香港社区经济互助计划为例》，载《学海》2017年第3期。
④ Kretzmann John, Mcknight John, Building Communities from the Inside out: A Path Toward Finding and Mobilizing a Community's Assets, *C. H. A. C. Review*, No. 2, 1995.

的社区"货币"——"时分券",以此进行服务及货品交易。社区内参与该计划的成员可在定期出版的《时分报》上刊登广告,陈列自己可以提供的服务(如送小朋友上课、陪伴病人求诊等)和愿意交换的物品(如一些一手及二手货物等)。需要这些服务或货品的居民可与出售者自行议价,以时分券进行交换。此外,社区经济互助计划还设有来"墟"活动交易日,由管委会提供场地及物资,居民在集市上提供服务或买卖货品,也可以当场寻找工作。[①] 通过这种方式,社区居民的才能、技术与经验被市场手段充分调动起来,用以服务社区内的其他成员。这不仅提高了社区资源的利用效率,增加了社区经济收入,也促进了社区内各种经济性服务活动的开展,改善了社区居民的生活质量。[②]

(五) 小结

综合代表性国家和地区社区经济的成熟经验和做法,可以发现用于发展社区经济的路径与方法包括:(1) 建立经济性服务交易平台。这样可以使得原本零散分布在社区中的服务供给资源和客户需求能够被有效地识别、整合与匹配,最终达成交易。另外,建立交易平台可以更好地满足社区居民对经济性服务的个性化需求。(2) 推动社区社会事业产业化。采用市场化手段运营社区内的一些公共事业可以拓宽创收渠道,增加社区收入。例如,出租社区内被闲置的公共场所,或者允许育儿和看护服务通过收取一定合理费用来产业化。(3) 发展社区产业与引进经济资本。一方面,依托社区特色,开发社区具有比较优势的产业和项目;另一方面,招商引资,吸引外部资本、外来企业入驻或吸引商场等消费设施进入社区,在社区内部创造需求,刺激经济发展。(4) 建立社区借贷和融资管理机构。社区成立专门管理借贷和融资的机构,承担起"基金会"的职责,可以克服社区企业因规模小、信用体系不健全等原因,无法通过资金申请资质审核而难以获得融资支持的问题。(5) 鼓励社区企业吸纳居民就业。一方面,社区引导和鼓励企业优先雇用本社区居民作为工作人员;另一方面,建立就业信息流通网络,减少搜寻工作过程中信息不对称导致的就业者和雇佣者双方无法有效匹配的问题。

---

① 黄洪:《以资产为本推行社区经济发展——香港的经验与实践》,载《江苏社会科学》2005年第2期;廖文伟:《社区资本与社区发展:以香港社区经济互助计划为例》,载《学海》2017年第3期。

② M. S. Sherraden, W. A. Ninacs, Introduction: Community Economic Development and Social Work, *Journal of Community Practice*, No. 1-2, 1998.

第二节 社区服务供给

一、社区服务供给的目标

社区服务是社区针对居民的物质生活和精神生活需求提供的各种社会福利与服务。① 社区服务并非指社区内的所有服务活动,它提供的主要是福利性服务而非商业化服务。福利性是社区社会服务的根本属性。② 社区社会服务的核心目标是:为社区提供不同类型的社会服务活动,满足居民不同层次、不同方面的需求,提高社区居民生活质量,解决社区中的社会问题,提升社区福利水平。

二、社区服务供给的任务

根据服务对象、服务性质的差异,社区需提供以下四种类型的社会服务:(1)社区公共服务。这类服务面向全体社区成员,以公共性为特征,主要是社区居民均有权享受的基本服务,如社区的安全服务、环境综合治理服务、保障服务、公共设施服务、医疗卫生服务等。(2)社区便民利民服务。这类服务面向全体社区居民,以微利低偿为特征,是在满足居民基本需要的基础上,以便利社区居民生活、提高社区居民生活质量为目标的服务活动,如社区家政服务等。(3)社区志愿互助服务。这类服务的主要对象也是全体社区居民,它是由志愿者为社区居民提供的各种社会服务活动,具有义务性和自愿性的特征。(4)社区救助服务。这类服务主要面向社区的特殊群体和困难群体,如向社区内的老年人、儿童、残疾人、失业人士、社会贫困户、优抚对象等提供的社会救助和福利服务。

三、社区服务供给的模式

现将代表性国家和地区的具有典型性的社区社会服务供给模式总结如下:

---

① 冯桂平:《社区服务功能及实现的理论综述》,载《学理论》2011年第3期。
② 关信平、张丹:《论我国社区服务的福利性及其资源调动途径》,载《中国社会工作》1997年第6期。

（一）美国的社区服务供给模式

美国社区社会服务的供给得益于政府、非营利组织和社区居民的共同参与和协作。在各主体的功能上，美国政府通常不直接为社区提供社会服务，其主要负责规划指导、提供必要的资金支持以及对社区服务进行监督和评估，具体的社区服务设施和服务活动均由非营利组织运行和实施。在组织的类型上，与社区有关的非营利组织大致分为三类：一是社区基金会，这是一种公益慈善机构，负责吸收社会捐赠和地方政府拨款，并以资金改善社区服务。二是社区委员会（美国社区的一种自治组织），其主要职能是制订社区服务计划、处理居民对社区服务的反馈意见等。三是志愿服务机构。这类机构为社区内有困难的社会群体及个人提供义务性服务与救助活动。志愿服务机构又分为两大类：一类是由社会工作者、社区委员会、居民自发组建的综合性服务组织，它们提供的服务项目非常广泛，既包括各种文体娱乐服务活动也包括居民所需的各种生活服务；另一类是由具备专业知识技能的志愿者组成的专业性服务组织，这类机构是为解决某些特定需要而产生的服务团体，如为失足少年、老年人和残疾人提供义务服务等。[①]

社区服务供给的过程包括：首先，开展服务前，社区委员会收集社区居民的意见和要求，整合和论证通过后，向政府提出建议；其次，政府会按法定程序进行公开招标；再次，满足竞标条件和能力要求的非营利组织制订规划和工作方案参与竞标；最后，政府与中标的非营利组织签订服务合同，政府按照合同并听取社区委员会和社区居民的意见进行监督和评估。[②]

（二）英国的社区服务供给模式

英国的社区社会服务是一种以政府为主导，由营利组织、非营利组织、志愿者机构等非正式部门共同参与的多元化供给模式。在英国当前的社区服务供给体系中，政府负责评估社区居民的服务需求，制订计划书，并提供部分特殊社区服务，同时接受社区居民的监督和建议。政府向社区的营利组织、非营利组织、志愿部门购买绝大部分服务，并进行管理、监督和评估。政府购买并向社区居民提供的通常属于基本公共服务。英国居民还可以向众多社

---

① 韩央迪：《英美社区服务的发展模式及对我国的启示》，载《理论与改革》2010年第3期；宋香丽：《美国社区服务模式经验与启示》，载《重庆第二师范学院学报》2011年第4期。
② 同上。

区服务供应商自主选购社区服务。①

除了政府和第三部门之外,学界、企业界也积极参与社区服务供给过程。一方面,学者利用社会科学方法对社区服务进行调查和评估,将成果以政策建议的形式反馈给政府。这不仅推动了实践与研究的双向互动,也对社区服务的开展形成了一定的社会监督和改进作用。另一方面,企业界为社区提供专业服务援助,如财经服务、商业策划服务、法律咨询服务等。这些服务形式既包含免费的专家援助,也包括需少量津贴或以打折形式提供的专业服务。商界的资金捐助也是社区服务获得资源的重要途径之一。②

(三) 日本的社区服务供给模式

日本的社区服务是由政府、社区自治组织、非营利组织、社区居民等相互配合共同完成的,主要有三个特征:

第一,形成了以政府为主导、社区组织为主体的社区服务供给模式。在日本,政府并不直接参与社区服务供给,而是主要负责指导和规划社区服务的整体布局及发展方向,统筹各类可用社会资源,以资金支持等手段促进社区服务主体和社会各方力量通力合作。绝大部分社区服务的具体事务由社区组织,如町内会(日本社区的一种自治组织)、自治会(日本社区的一种自治组织)和非营利组织来完成。③

第二,坚持以人为本,推行个性化的社区服务。日本在提供社区社会服务时,以改善民生为目标。无论是社区服务的规划、实施还是具体运行,日本社区都会充分考察社区居民多方位多层次的需求,因需设计,力求使社区服务满足居民的个性化需求,同时日本社区也很强调服务的专业性。④

第三,以社区居民的广泛参与为依托。日本在提供社区服务时,特别注重培养社区居民参与的积极性和能动性,让居民参与到社区服务的设计和运营中来;另外,日本社区还成立专门部门来发展社区志愿服务活动,吸引大量社区居民加入社区服务义工团队,有力地保障了社区服务供给。⑤

---

① 王燕锋:《去机构化的多元服务:英国城市社区治理现状与经验》,载《浙江学刊》2008年第5期;韩央迪:《英美社区服务的发展模式及对我国的启示》,载《理论与改革》2010年第3期。
② 同上。
③ 冯源:《太原城市社区服务建设研究》,山西财经大学2014年硕士论文;李伟:《完善西安市社区服务的对策研究》,长安大学2014年硕士论文。
④ 同上。
⑤ 同上。

(四）中国香港的社区服务供给模式

总体上，中国香港社区服务供给工作的成功经验主要体现在三个方面：

第一，形成了以政府为主导、非政府组织为主体、社区居民广泛参与的社区服务运营模式。政府在社区社会服务中主要扮演政策制定、财政支持和服务监管的角色。政府不直接参与社区服务的提供和运营，只是根据居民对社区服务的需求信息确定服务项目，再以购买服务的形式承包给通过资质认定的非政府组织来具体实施，并为其提供经费支持以及进行监督与评估。非政府组织负责承接社区服务项目，按政府的规定为居民提供服务。非政府组织直接接触居民，在把握服务需求和改善社区服务方面具有信息优势，能为社区服务规划提供反馈与协助。除政府与非政府组织之外，香港社区还成立了社区居民互助组织，为居民提供教育、医疗及赈灾等服务。[1]

第二，社区服务讲究"以人为本"，按需定供，专业化程度较高。以人为本是香港社区服务工作的核心价值理念。香港社区在提供社会服务之前，会对社区内不同群体的需求进行充分调研，以使服务活动和服务设施能够真正符合服务对象的特点。这种按需定供、因人服务的供给模式使香港社区服务的专业化程度相对较高。[2]

第三，注重社会工作者（包括专职社工和志愿者）队伍的建设。在香港，专业社会工作者被称为"社工"，这是一项专业化很强的职业，从事社工职业的人员除必须接受专业培训外，还要到政府部门登记注册，遵守专门的行为规范，并接受监督。社工队伍主要负责为有需要的人士提供专业性的社会服务，协助其处理社会问题，并致力于推动社会福利政策的制定、完善和实施。此外，香港还拥有一批高质量的志愿服务队伍，志愿服务人员被称为"义工"，义工为非政府组织的社区服务贡献了诸多支持。[3]

(五）小结

综合代表性国家和地区社区服务供给的成功经验和做法，可以发现有助于社区服务供给的路径与保障包括：（1）社区供给服务需要多方主体共同参

---

[1] 张巧玲：《香港社区服务60年》，载《社区》2007年第16期；朱红权、王凤丽：《英美国家及中国香港地区成功社区服务经验启示》，载《经济研究导刊》2011年第27期。

[2] 同上。

[3] 张巧玲：《香港社区服务60年》，载《社区》2007年第16期；朱红权、王凤丽：《英美国家及中国香港地区成功社区服务经验启示》，载《经济研究导刊》2011年第27期。

与,相互协作。为了避免各主体之间因角色定位不清而出现工作交叉、推诿责任等情况,政府应出台法律法规,对社区社会服务中各主体的权利、义务及相互关系进行规范和管理,做到权责清晰,各司其职,提高社区社会服务供给的效率。(2)社区社会服务有赖于众多社区组织(社区自治组织、社区非营利组织、社区志愿组织等)共同发挥作用。政府应在资金支持、税收优惠、荣誉鼓励、舆论宣传等方面,给予从事社区服务的社会组织和工作人员更多支持,以增强其积极性和服务提供能力。(3)政府应建立有效的监管制度,加强审查和监督社区组织;制定统一的项目建设要求和服务质量标准,采取科学的评估方法,对社区服务的质量和效果进行科学评估。(4)政府应为社区服务供给提供必要的财政资金支持,并对资金使用方向及其效果进行监管和评估。

第三节 社区民主自治

一、社区民主自治的目标

城市社区自治是指在不需要外部力量强制性干预的条件下,社区的各种利益相关者(政府组织、社区自治组织、非营利组织、市场组织、社区居民等)合作处理社区公共事务的过程。①

社区民主自治的目标是让社区可以自主地管理社区公共事务,能够切实反映和落实社区居民的利益诉求。为此,需要从两个方面努力推进社区民主自治:一是社区公共事务非常复杂,任何一个组织单独处理都很困难,因此应构建和谐的社区治理体系,绝不能把各社区治理主体相互割裂或对立起来;应按需设立多层次多样化的社区治理组织,合理确立各组织内部的组织架构,提高运行效率;还应在社区内建立完善的社区自治制度,各社区治理主体之间应合理分工,明确责权。二是应在社区居民中培育自治观念和自觉参与意识,健全和完善社区参与机制,真正落实社区居民参与社区治理的权利。

二、社区民主自治的模式

各国和地区社区在自治程度、自治方式上不尽相同,具有典型意义的民

---

① 陈伟东:《社区自治:自组织网络与制度设置》,中国社会科学出版社 2004 年版,第 156 页。

主自治模式与经验包括：

（一）美国的社区民主自治模式

美国社区的自治程度很高，社区公共事务基本实现完全自治。参与社区治理的主体包括地方政府、社区委员会、社区居民等，各主体分工明确，权责清晰，统筹协作。

在社区治理组织上，美国政府不直接干预社区公共事务管理，而是通过出台各种法规、政策以规范和监督社区内不同利益主体的行为，或设立相关制度保障社区成员的民主参与，且政府一般不会在社区设立基层组织或派出机构。美国社区公共事务一般由社区委员会具体负责。社区委员会是社区的主要议事和决策机构，其职责包括制订社区发展规划、参与编制预算和资金使用计划、决定社区重大事项、分派社区日常事务工作、监督和评估社区服务质量、收集社区居民意见等。社区委员会由若干成员构成，其成员必须是本社区居民，或是在本社区就业，或是在本社区有重大利益的市民。社区委员会成员由区议员提名，经社区居民直接选举产生，再由区长任命，由此产生的成员享有社区重大事项决策的表决权。社区委员会主席由委员会成员选举产生，领导社区委员会工作。此外，社区委员会还任命社区主任一名，接受委员会的直接领导，主要负责履行委员会的决策，执行预算和资金使用方案，向委员会提出建议，与政府官员、立法机关和行政区的区长就本社区福利和与居民有关的问题进行协商合作等。[1]

在管理社区日常事务时，社区委员会通常会按照社区的实际需要把工作划分成若干方面，组成各种专业委员会进行管理，如环境保护委员会、儿童福利委员会、社区服务委员会等。各专业委员会的领导人由社区委员会成员担任，其他成员可由社区居民竞选担任。此外，有些城市社区还设有"顾问委员会"，作为社区管理与社区服务的咨询机构，对社区自治进行监督。[2]

在社区居民参与上，美国社区居民依法享有选举权、表决权等自治权利。社区居民直接参与社区自治的方式包括参加社区会议、社区听证会，竞选社区专业委员会委员，参加志愿服务工作等。参与社区委员会成员选举是居民

---

[1] 郑晓东：《美国城市社区自治的现状与趋势》，载《浙江学刊》2008年第5期；朱敏：《美国社区自治的有益做法》，载《浦东开发》2014年第3期。

[2] 同上。

间接参与社区自治的方式。社区会议定期召开,主要由社区委员会主席向居民汇报工作情况和工作计划,向居民传达涉及本社区利益的政策变化。社区听证会主要就涉及本社区公共利益或与社区居民日常生活密切相关的问题展开讨论,以求消除分歧,达成共识。社区会议和社区听证会的时间、地点、议题等都必须事先通过各种渠道告知每一位社区居民,时间一般安排在非工作时间,地点一般在社区辖区内的某个公共场所,以保证和便利社区居民的参与。[①]

(二)英国的社区民主自治模式

在社区治理组织上,英国社区每年召开一次全体社区大会,由社区居民选举出新一届社区委员会,再由委员会负责社区公共事务的治理。委员会委员一般由社区主席、财务管理员和志愿者构成。委员会主席经选举产生,其职责包括:为社区筹款、制订社区发展战略及规划和开展社区项目等。财务管理员也通过选举产生,主要负责社区资金的出纳。社区委员会的其他成员是志愿者,主要负责为社区居民提供服务、在社区内组织活动、经营某些社区商店等。除上述三类委员外,有些社区还设有其他的社区委员会委员,比如有些社区选举一些有专业技能的社区居民担任社区委员会副主席,以加强对某些专业性较强的社区事务的管理。此外,许多英国社区还会自筹款项建立一个社区中心,作为社区委员会的办公处所和社区居民商讨社区事务、举办各类活动的场所。社区中心由社区委员会主席负责管理,主席还可能担任社区中心的协调人员,并为社区中心的使用者提供支持和建议。社区中心的日常运行则由志愿者负责。[②]

在社区居民参与上,英国社区居民参与社区自治的主要途径有:参与社区委员会选举、作为志愿者提供服务等。此外,英国的许多社区都建有自己的网站,网站上有社区论坛,是社区居民自由表达观点、对社区委员会的工作提出意见和建议的重要平台。[③]

---

① 郑晓东:《美国城市社区自治的现状与趋势》,载《浙江学刊》2008 年第 5 期;朱敏:《美国社区自治的有益做法》,载《浦东开发》2014 年第 3 期。
② 王燕锋:《去机构化的多元服务:英国城市社区治理现状与经验》,载《浙江学刊》2008 年第 5 期。
③ 同上。

（三）日本的社区民主自治模式

日本的社区治理以自治为主、行政为辅，尚未实现完全自治，是一种混合型的社区治理模式。

在社区治理组织上，日本政府较少直接介入社区事务，基本上采取规划、指导、监督以及提供经费等间接手段，帮助社区自治组织实现其社区治理目标。日本社区事务的具体治理是由町内会、自治会等社区自治组织来负责的。其中，町内会是城镇中老住户社区的自治组织，自治会是新住户社区的自治组织。町内会或自治会具有法人资格，其成员皆由社区居民直接选举产生，同时兼有居民自治和行政辅助的职能。町内会或自治会的居民自治职能体现在：町内会或自治会在社区公共事务的治理中享有相当大的自主性，其财政经费是自主筹集并自主管理的，人事安排基本都是自主选举和自主决定的，可以不受干扰地根据社区居民的利益诉求来处理社区公共事务。町内会或自治会的行政辅助职能体现在：町内会或自治会在代表社区居民利益的基础上，必须协助政府完成一定的行政管理活动。此外，为提高各町内会之间的协作能力，町内会与邻近的其他町内会共同组成"町内会联合会"，并自下而上地成立地市联合会、县联合会乃至全国联合会。町内会与各级联合会之间相互协作，同时还会接受来自企事业单位、第三部门等的财政和技术支持。[1]

在社区居民参与上，一方面，社区居民可以通过参与町内会或自治会成员选举的方式来间接参与到社区公共事务的治理之中；另一方面，社区居民也可以通过向地方议会、审议会、听证会和市民会议等提出建议和意见，加入社区志愿组织，成为町内会干部成员等方式来直接参与自治。[2]

（四）中国香港的社区民主自治模式

中国香港政府在社区民主自治中主要扮演政策制定、资源提供和服务监管的角色。目前，香港分为18个行政区，每个区下设400个选区。民政事务局负责统筹社区建设和管理事务，在全港18个行政区各设一个民政事务分

---

[1] 刘志鹏：《城市社区自治立法：域外比较与借鉴》，载《国家行政学院学报》2012年第3期；卢学晖：《日本社区治理的模式、理念与结构——以混合型模式为中心的分析》，载《日本研究》2015年第2期。

[2] 同上。

署和一个区议会。区议会由 400 名区议员组成,每名区议员来自 400 个选区中的一个。区议员由社区居民直接选举产生,实行一人负责制。区议会在地区事务方面担任非常重要的咨询角色,并致力于筹办和赞助社区活动,同时对政府和非营利组织的社区活动进行监督。①

在社区内部,香港主要依靠为数众多的具有自治性质的非政府组织和民间团体等来管理社区公共事务。目前,香港社区自治组织管理体系既包括官民合办即政府资助,民间主办的半行政性社区组织,如社会福利署、各社区中心等,还包括完全民办的非行政性社区组织,如东华三院、圣雅各福群会等。这些机构及其人员负责管理和监督社区的各项工作,同时把社区居民的意见向有关部门反映。②

社区居民既可以通过民主选举区议员等方式间接参与到社区治理中来,也可以参加义工(志愿者)组织,直接参与社区的管理与服务工作。③

(五)小结

构建合适的社区自治结构和动员社区居民广泛参与是当前国际社区民主自治的主要任务。(1)在构建社区自治体系上,政府通常不直接干预社区公共事务,而是通过在社区设立派出机构或基层组织让政府进驻社区的方式,解决信息隔离问题。但作为政府下属机构,派出机构和基层组织无法完全独立自主地处理社区公共事务。因此,政府应仅仅发挥其在立法和政策制定上的优势,以规划、指导和支持社区自治的运行,并对社区自治组织进行有效监管。为保证自主性和解决信息不对称,应在社区设立相对独立的自治组织具体负责社区公共事务管理。一方面,自治组织须采用民主选举方式,由社区居民直选产生,确立恰当的民主决策制度,社区重大事项决策由全体组织成员共同讨论协商和投票决定;另一方面,社区自治组织应建立有效的内部监督措施,保持与居民的紧密联系,及时反映社区居民的利益诉求,同时接受政府和社区居民的监督。(2)在调动社区居民参与方面,政府应以立法的

---

① 曾宇青:《香港与深圳社区自治制度比较研究》,载《中国行政管理》2006 年第 1 期;颜节:《"有为而治"彰显高效"无为而管"考量智慧——香港基层治理体制及社区建设启示》,载《贵阳市委党校学报》2012 年第 5 期;刘志鹏:《城市社区自治立法:域外比较与借鉴》,载《国家行政学院学报》2012 年第 3 期。

② 同上。

③ 同上。

形式明确赋予社区居民以自治权利,同时制定规范的民主选举制度,健全和完善社区居民参与制度,建立畅通无阻的民意反馈和监督渠道,实现社区自治组织事务透明公开。

第四节　社区文化建设

一、社区文化建设的目标

城市社区文化是指城市中聚居在一定地域范围内、具有成员归属感的人群所组成的一个相对独立的社会生活共同体中的居民,在社会生活和社会活动中创造出来的物质文化和精神文化的总和。[①]

社区文化建设的目标是:第一,加强社区文化设施建设,为发展社区文化提供物质基础和坚实保障;第二,开展多样化社区文化活动,满足社区居民的精神文化需求,提高社区的生活质量;第三,营造良好的文化氛围,培育社区公德,树立良好的社区风尚,增进社会和谐与稳定;第四,融洽人际关系,增强居民对社区的归属感、认同感以及社区的凝聚力;第五,高度重视文化人才队伍和群众文化社团组织等的培育。

二、社区文化建设的模式

(一)美国的社区文化建设模式

美国很重视社区文化活动设施建设,每年的投入非常大。美国社区文化设施配备较为完善,有公园、图书馆、社区文化中心、体育馆等。美国社区还通过制定合理的文化设施管理和使用制度,有效地提高了社区文化设施的利用效率。[②]

开展文化活动时,美国社区根据居民的文化层次、收入状况、年龄差异等,按需开展形式多样的社区文化活动,以满足不同人群的精神文化需求。

[①] 周保垒、陈君:《关于城市社区文化建设的思考》,载《合肥工业大学学报(社会科学版)》2003年第1期。

[②] 李慧:《天津城市社区文化建设与发展研究》,天津大学2012年硕士论文;周晓丽:《论美国社区文化活动及其经验借鉴》,载《商丘师范学院学报》2013年第8期;李晓刚:《陕西社区文化管理研究》,长安大学2014年硕士论文;张宗贺:《城市社区文化建设中的政府责任研究》,河南大学2015年硕士论文。

如按内容开展体育类、文艺类、技能类等活动;按照目标群体分别开展老年活动、成年活动、青年活动和儿童活动等。这些文体活动,部分请社区外的专业文化团体来实施,其余由社区居民自行组织,如社区创办报纸、论坛等。社区文体活动满足了社区居民的文化生活需求,提升了社区的整体文化环境。在美国,除某些特殊的文化活动实行收费外,社区文化活动基本都是免费的。[①]

在社区文化队伍建设方面,美国社区吸纳众多志愿者承担相关工作,志愿者既包括专业的文化工作人员也包括一些自愿参与的非专业人士。此外,在美国社区内部,居民根据兴趣爱好自发成立了很多社区文化社团组织,并经常开展各种活动,拉近彼此间的距离,融洽社区人际关系。[②]

(二)法国的社区文化建设模式

法国社区的一大特点就是社区文化设施建设良好,博物馆、图书馆、体育场、文化艺术馆、电影院、剧院以及公园等文化设施随处可见,且文化设施和文化资源的使用都是免费的。法国的社区文化建设还十分强调以户外公共空间作为文化载体,为社区居民营造一个良好的文化交流空间,有利于增进彼此间的互动。[③]

此外,法国社区常年在多个领域开展文化活动,在为社区居民提供丰富多彩的文化服务的同时还提高了居民的文化品位,营造了良好的社区氛围。特别地,巴黎社区十分注重对古文化的保护,不仅对社区文物不遗余力地进行整修和维护,还经常开展以传统文化为核心的文化活动。[④]

在社区文化活动的参与及组织方面,由于法国向来有文化建设的悠久传统,因此社区居民对社区文化工作的热情和参与程度都较高。此外,社区内部成立的各种文化团体经常组织各类文化活动,有利于增进社区居民间的交流,在社区构建和谐的人际关系。[⑤]

---

① 李慧:《天津城市社区文化建设与发展研究》,天津大学2012年硕士论文;周晓丽:《论美国社区文化活动及其经验借鉴》,载《商丘师范学院学报》2013年第8期;李晓刚:《陕西社区文化管理研究》,长安大学2014年硕士论文;张宗贺:《城市社区文化建设中的政府责任研究》,河南大学2015年硕士论文。
② 同上。
③ 李晓刚:《陕西社区文化管理研究》,长安大学2014年硕士论文;张宗贺:《城市社区文化建设中的政府责任研究》,河南大学2015年硕士论文。
④ 同上。
⑤ 同上。

（三）日本的社区文化建设模式

优越的公共文化设施和充足的文化场所是日本城市社区建设的亮点。日本每个社区中都有图书馆、音乐厅、文化馆等，设施十分齐全，供居民日常生活使用，且都是免费的。日本社区会定期或不定期地举办各式各样的文化活动。此外，每逢节日庆典，日本社区还会组织各种节庆活动。如日本夏日最大的节日活动，以焰火晚会和纳凉会为主导，活动地点都是在社区内的公园搭建临时舞台，在各种节目演出的同时还会有烟花和焰火表演。纳凉会往往持续一周，通宵达旦，在此期间，人们相互交流，增进邻里之间的感情。①

在社区文化队伍建设上，社区自治组织町内会和社区内的各种文化兴趣小组是主力。町内会一年四季都会举办各类文化活动，这对推动日本社区文化发展发挥了重要作用。社区内的各种兴趣小组则是居民根据自己的需求自发组织和成立的，它们经常举办各种类型的、不同主题的文化活动，营造了良好的社区文化氛围。②

（四）小结

综合代表性国家和地区社区文化建设的成功经验和做法，可以发现有助于社区文化发展的路径与做法，包括：（1）社区应充分挖掘和盘活现有文化活动设施，并根据需求合理开辟新的活动设施及场所；社区还要建立有效的文化设施管理和使用制度。（2）应注重挖掘本社区的特色，开展易于与社区居民产生共鸣的文化活动，提高居民参与度。（3）要建立健全培养人才、引进人才、留住人才的机制，还可探索和建立社区群众文化社团组织制度，鼓励社区居民自我组织。

主要参考文献

[1] Kretzmann John, Mcknight John, Building Communities from the Inside out: A Path Toward Finding and Mobilizing a Community's Assets, *C. H. A. C. Review*, No. 2, 1995.

[2] M. S. Sherraden, W. A. Ninacs, Introduction: Community Economic

---

① 李慧：《天津城市社区文化建设与发展研究》，天津大学 2012 年硕士论文；张宗贺：《城市社区文化建设中的政府责任研究》，河南大学 2015 年硕士论文。

② 同上。

Development and Social Work, *Journal of Community Practice*, No. 1-2, 1998.

[3] Tony Robinson, Inner-city Innovator: The Non-profit Community Development Corporation, *Urban Studies*, No. 9, 1996.

[4] 陈伟东:《社区自治:自组织网络与制度设置》,中国社会科学出版社 2004 年版。

[5] 程又中、徐丹:《美国社区发展公司:结构、模式与价值》,载《江汉论坛》2014 年第 1 期。

[6] 段丹、徐莉:《城市社区经济的结构功能分析》,载《湖北社会科学》2002 年第 10 期。

[7] 冯桂平:《社区服务功能及实现的理论综述》,载《学理论》2011 年第 3 期。

[8] 冯源:《太原城市社区服务建设研究》,山西财经大学 2014 年硕士论文。

[9] 关信平、张丹:《论我国社区服务的福利性及其资源调动途径》,载《中国社会工作》1997 年第 6 期。

[10] 韩央迪:《英美社区服务的发展模式及对我国的启示》,载《理论与改革》2010 年第 3 期。

[11] 贺雪娟、刘红宇、曹立村:《社区经济职能及发展动力研究》,载《湖南医科大学学报(社会科学版)》2004 年第 4 期。

[12] 黄洪:《以资产为本推行社区经济发展——香港的经验与实践》,载《江苏社会科学》2005 年第 2 期。

[13] 李慧:《天津城市社区文化建设与发展研究》,天津大学 2012 年硕士论文。

[14] 李升:《日本基层社区治理的实践及启示》,载《团结》2017 年第 1 期。

[15] 李伟:《完善西安市社区服务的对策研究》,长安大学 2014 年硕士论文。

[16] 李晓刚:《陕西社区文化管理研究》,长安大学 2014 年硕士论文。

[17] 廖文伟:《社区资本与社区发展:以香港社区经济互助计划为例》,载《学海》2017 年第 3 期。

[18] 刘志鹏:《城市社区自治立法:域外比较与借鉴》,载《国家行政学院学报》2012 年第 3 期。

[19] 卢学晖:《日本社区治理的模式、理念与结构——以混合型模式为中心的分析》,载《日本研究》2015 年第 2 期。

[20] 宋香丽:《美国社区服务模式经验与启示》,载《重庆第二师范学院学报》2011 年第 4 期。

[21] 王燕锋:《去机构化的多元服务:英国城市社区治理现状与经验》,载《浙江学刊》2008 年第 5 期。

[22] 严陆根主编:《社区经济学》,中国发展出版社 2013 年版。

[23] 颜节:《"有为而治"彰显高效"无为而管"考量智慧——香港基层治理体制及社

区建设启示》,载《贵阳市委党校学报》2012年第5期。

[24] 叶莉娜:《英国社区投资税收优惠制度评析与借鉴》,载《税收经济研究》2014年第1期。

[25] 曾宇青:《香港与深圳社区自治制度比较研究》,载《中国行政管理》2006年第1期。

[26] 张巧玲:《香港社区服务60年》,载《社区》2007年第16期。

[27] 张思祺:《中美社区管理比较研究》,湖北大学2016年硕士论文。

[28] 张宗贺:《城市社区文化建设中的政府责任研究》,河南大学2015年硕士论文。

[29] 郑晓东:《美国城市社区自治的现状与趋势》,载《浙江学刊》2008年第5期。

[30] 周保垒、陈君:《关于城市社区文化建设的思考》,载《合肥工业大学学报(社会科学版)》2003年第1期。

[31] 周建顺、陈胜宣:《社区经济发展思考》,载《嘉兴学院学报》2003年第S1期。

[32] 周晓丽:《论美国社区文化活动及其经验借鉴》,载《商丘师范学院学报》2013年第8期。

[33] 朱红权、王凤丽:《英美国家及中国香港地区成功社区服务经验启示》,载《经济研究导刊》2011年第27期。

[34] 朱敏:《美国社区自治的有益做法》,载《浦东开发》2014年第3期。

第三章

中国城市社区的问题与对策

本章旨在概述中国城市社区发展背景的基础之上,扼要总结中国现阶段城市社区发展与社区治理进程中存在的主要问题,并归纳基本的对策与思路。本章与后面阐述具体战略对策和解析社区发展规划的各个章节,前后呼应,形成了"总""分"的架构。

第一节　中国城市社区发展中的主要问题

一、中国城市社区发展的背景

1987年,民政部提出了城市"社区服务"的概念。20世纪90年代,"社区服务"被扩展为"社区建设"。伴随中国城市化进程的不断加快,城市人口规模迅速攀升。1998年,中国实物分房制度历史性地终结了,新建商品房小区如雨后春笋般涌现,以商品房小区为基础,以拥有房屋产权的商品房业主为主体,通过业主委员会聘请的物业管理公司,开展的社区业主自治模式大行其道。2000年11月,中共中央办公厅、国务院办公厅转发了《民政部关于在全国推进城市社区建设的意见》,标志着城市社区建设运动在全国范围内正式启动。街道办事处与居委会是社区建设的主要承担者。社区建设的目标包括安全、清洁、民主、文明、和谐等,建设内容则包括人口登记与管理、就业、养老、卫生、居民自治、治安保卫、文化娱乐等许多方面。城市社区建设的开展使社区服务设施数量迅速上升,社区服务的质量也不断提高。尽管实施单位制后,居委会在城市基层治理中的作用被弱化。但改革开放,尤其是1989年重新获得法律地位以来,居委会在社区建设和管理中的功能和作用重新凸显出来。据《2016年社会服务发展统计公报》的数据显示,截至2016年年底,中国城市社区居委会有10.3万个,居民小组有142万个,居委会成员达54万人。当前,中国城市社区有三重基本含义:一是政府提供公共产品和基本公共服务的规划单元;二是实现社会和谐目标,完善基层社会治理的社会单元;三是居民参与公共事务、维护权益、实现公民自治的管理单元。

二、中国城市社区面对的主要问题

1. 居民委员会的城市基层社区治理主体地位体现得不充分

伴随社会经济进步和城市化进程加快,中国城市社区建设进入了一个新的历史发展阶段。当前,街道、居民委员会成为中国城市基层社会结构的组织基础和社区治理结构的中坚力量。在宪法意义上,社区居委会是实现基层民主的重要组织形式。然而,在现实中,社区居委会的行政化倾向尤为严重,未能发挥居民和政府之间的纽带作用,而是以协调和平衡多元主体的利益,成为一种呼应街道办事处领导、延伸行政管理体制的准政府组织。社区居委会的这种行政化倾向,一方面,抑制了社区居民的主体意识、参与意识和法治意识,导致社区多元共治的格局难以形成;另一方面,职能的行政化造成社区居委会的工作内容和压力增大,行政负担沉重,办公编制人员冗余、财政开支压力上升,严重抑制了居委会满足社区居民的多样化需求的能力和促进政社关系和谐的能力。

在当前的社区治理结构中,居委会存在一些明显的治理机制与治理能力问题。根据《城市居民委员会组织法》的规定,城市居委会的性质是基层群众性自治组织。然而,该法第3条"居民委员会的任务"规定,除了宣传宪法、法律、法规和国家政策,维护居民合法权益,开展精神文明建设,办理公共事务和公益事业,调解民间纠纷,以及协助维护社会治安等基本职能之外,居委会还要协助人民政府或政府派出机关做好公共卫生、计划生育、优抚救济、青少年教育,以及向人民政府或政府派出机关反映民意等工作。第一,作为群众自治组织,居委会面对领域广泛、项目繁多、内容重要的规定任务,已经显现出严重的行政化倾向。第二,根据《城市居民委员会组织法》第6、7条的规定,居委会由五至九人组成,工作人员数量相对不足,但每个居委会要面向一百至七百户居民规模范围设立,即使按照核心家庭的人口统计,每位居委会成员的平均服务工作量将达到200居民/人左右,工作压力显而易见。第三,在资金来源上,该法第17条规定,居委会的工作经费和来源,居委会成员的生活补贴费,由不设区的市、市辖区的人民政府或者上级人民政府拨付。经费来源的行政拨付制,在自治、共治和政府管理的目标和手段发生冲突时,必然造成偏狭性的影响。

2. 城市社区中的几项重要治理机制尚未完全建立起来

一是城市社区公共服务的供给机制不健全。一方面,缺少反馈社区居民、服务受益者、社会组织有关服务项目、需定类型、品质要求的和偏好显示的专业性的渠道和调查机制。对社区服务供给的种类和标准不清晰,反应不及时,不能保证社区公共服务供给的品质保障。另一方面,社区公共服务具有一定的公共产品的福利属性,面对社区公共服务需求规模和种类的不断变化,应尽快对社区服务的采购程序、质量标准、采购价格、资金回报率、成本核算、服务质量的标准等进行严格的界定。二是城市社区的监督与评价机制不健全。当前,在社区层面,缺乏独立的社会第三方组成的专业评估和监督机构,评估人员的技术专业性、队伍稳定性都存在问题。现实中,多以行政化的检查、评比,或者主观性判断,来弥补科学客观的监督体系的缺位。三是不同产权性质社区的管理机制不健全。总体上,按照物业产权划分的社区物业管理模式主要包括:组建业委会聘请物业公司提供社区服务的商品房小区管理模式、自我管理的自管房管理模式、原房管所转制形成物业公司的管理服务模式,以及由部分老旧公房组成的开放式小区的无物业公司管理模式,最后一类小区仅由市属房修公司负责修理维护。不同的社区管理模式效果迥异,导致社区的公共服务供给规模和质量大相径庭。

3. 城市社区治理的组织、平台与机制尚未完全构建好

社区是城市的基础单元,涉及政府、社区主体组织、社区居民、社会组织、物业公司等众多的利益相关者主体。当前,中国城市社区治理组织与治理结构方面存在以下一些基本问题:一是在理论上,众多的社区治理主体可以区分为确定型、预期型和潜在型三类利益相关者,分别形成了"政府、社区居委会与居民""业主委员会、物业公司与居民""社区居委会、业主委员会与物业公司"等多重委托代理关系,错综复杂,链条多层,互相嵌套,存在诸多掣肘。二是受计划经济下"强行政权力主导模式"影响,中国基层社会和社区的治理一直被视为政府行政工作的延续,作为改革举措的城市管理"大部门制"在行政体系的纵向整合、横向协作、区域联动和公私合作等方面仍存在盲区和缺失,细化分工整合运作的目标有待进一步完善。三是以社区为平台,以各类

社会工作机构为载体,旨在全面优化社区治理体制机制的"党—居—站—社""四位一体"的网络化社区治理结构仍未完成。四是多层次、多主体的监督体系仍未形成,一方面,针对城市基层社区公共治理的绩效评价体系和反馈机制尚未形成,治理组织结构仍未成为闭合的循环体系;另一方面,除政府部门和派出单位之外,群团组织及社会舆论对城市社区治理的监督作用还不明显。五是对城市社区治理中针对特殊主体、重点领域的系统性研究不够深入,对策研究和制度创新的前瞻性不足,进展滞后。如缺乏倡导"企业社会责任"的制度设计、鼓励营利企业参与城市社区协同治理的激励机制弱化等。

4. 市场化机制与市场力量在城市社区治理中的运用不充分

市场作用发挥不充分源于一个认识上的误区,即现阶段中国城市街道与社区不再承担经济规划和产业发展的职能,因此市场机制与社区治理之间似乎是相互排斥性的,社区治理理应忽略市场的作用。当前,市场作用的短板主要体现在以下方面:一是市场经济体制完善与否是衡量城市经济发达程度的重要标准。整体上,中国市场经济欠发达的城市地区,普遍存在政府强势主导公共管理、社区发展程度空间不均衡、公共服务市场具有垄断特征、公共产品供给的规模种类和品质相对较低等问题。二是社区服务是一种融合福利属性和经营属性的特殊产品。市场化机制滞后,导致直接参与社区服务的个体、企业和专业机构等,无法形成具有收益保障的运营模式,经济上的激励机制缺位。三是市场机制是社会资源配置的普遍规律。当前,市场化机制不足,限制了社会劳动分工体系向社区基层的细化和延伸,导致无法充分满足社区居民日益多样化的个性化的发展型生活服务需求,阻碍了人民对美好生活向往的实现。四是遵循市场化经营理念的组织与机构发育滞后,不仅严重限制了面向城市社区的专业化的技术人才、营销和管理人才、服务人员队伍的组建,限制了自身服务能力,同时也阻碍了城市社区在中国快速城市化阶段作为劳动力和外来人口就业安置地的作用发挥。五是丰富的市场化手段与经营工具是城市社区治理效率的重要保障。然而,如民营化、用者付费、合同外包、特许经营、补贴、凭单制等诸多市场化工具尚未在当前中国城市社区治理的实践中被充分使用。一方面无法有效激活市场化治理工具,另一方面无法有效开发、利用社区外资源,无法改善社区服务质量、提高社区治理效率,从而影响了社区治理现代化进程。

5. 社会组织发育滞后,参与城市社区治理的力度偏小

进入社会资本时代,社会组织的积极参与是加快形成科学有效的社会治理体制的重要前提。当前,在中国社会组织参与城市社区治理的过程中存在以下方面的基本问题:一是现阶段中国城市社区发展面临着环境动态性、功能复杂化、人民需求多样化、居民构成分层化等一系列新趋势的挑战,完全依赖社区内部力量的传统社区治理模式的能力缺口日益彰显,亟待发展社会资本,动员社会力量参与社区公共事务治理,强化社区集体行动能力。二是目前中国城市社区治理的透明度不足,社区内部公共事务的公开化、民主化和社会化进程尚未形成机制,政府部门、社会组织、社区及社区民众之间也未形成良好的互动机制,多元主体的协商互助与伙伴关系的建立滞后,甚至各自的边界依然模糊不清,严重抑制了社区多中心治理网络的形成。三是受中国城市社区强行政管理模式路径依赖的影响,目前中国尚未形成面向社会组织以及保障社会组织、社会企业在参与社区治理中获得相关权益的保护性立法,因此影响了中国社会组织的合法性、认可程度、法律地位,特别是抑制了社会企业家队伍的形成及其在社区中的行动效率。四是目前,一方面,"一老一小"成为社区治理的参与主体,年轻人、社会团体参与的积极性不高;另一方面,社区居民之间缺乏互信,缺少信息交换机制和情感交流空间,社区居民之间呈现了不同程度的原子化的隔离状态,既无法带动广大民众参与社区治理,还容易造成内部居民出现矛盾和冲突,亟待重点关注解决。五是中国社会组织参与社区治理总体上处于发展起步阶段,政府应针对资金保障、对外协调、资源配置和政策措施等方面的短板给予支持和扶助。

6. 城市社区治理法律体系不健全,权威性和操作性较弱

中华人民共和国成立以来,国家、部委和地方各级政府就基层社会管理和城市社区发展出台了大量的法律、法规、规定、条例、指导文件,基本理顺了体制机制,指明了社区法治化治理的正确发展方向。当前,中国城市社区治理的法制化进程中存在以下一些基本问题:一是总体上,社区法律颁布早、数量少、范围小、操作性低,而规定、条例、纲要、建议、指南等规范类政策文件占了主要位置,导致社区治理的立法强制力和权威性不足。二是城市社会经济迅猛发展,现有法律法规调整滞后,未能随环境变动及时修订,如重要的基础性法规《城市居民委员会组织条例》还是 20 世纪 90 年代初颁布的。三是法律内容规定落后,作为城市社区治理中的核心主体,社区自治组织、社会组

织、社会工作者等的功能、职责、组织形式、作用途径等新内容,尚未在重要法律文本中得到及时体现。四是社会公众、社区居民在法律上的自治主体地位不突出,基本权利和利益保障机制不坚实。五是现有法律对非营利组织、第三方机构等社会组织参与社区治理的责任、权利、义务,及其程序、保障等缺少有力的支持。六是现有法律对社区治理所需的办公场所、工作经费、人员报酬、专项经费、社区设施、社会资源、财政投入等必备条件仍然缺乏明确、稳定的保障。

7. 智慧社区方兴未艾,创新性技术支撑存在短板

国际上智慧化社区建设是大势所趋,相应的理论、工具、方法、案例和对策、实践研究蔚然成风。现阶段中国智慧社区建设存在以下方面的基本问题:一是中国智慧社区建设处于快速发展阶段,当前一方面在国家层面上,尚未出台兼顾地方差异的宏观的顶层战略设计和中观的地方整体发展规划,总体上各城市的智慧化社区实践呈现分散主导的格局;另一方面,在微观上,智慧化社区建设行业的服务标准和产品标准尚未统一,处于不同行业各自为政的局面。二是中国城市智慧社区蓬勃发展,但建设目标各有千秋,建设内容不统一,整体规划和技术标准也各有不同,亟待明确行政主管部门,加快对行业规划、技术标准、建设导则等出台规划或指南,还要兼顾对经济不发达城市的引导和扶持。三是当前智慧社区建设中行政机制、社会机制和市场机制三者的有机融合与合作治理均处于探索阶段,社区的技术运用和公共服务供给流程也在建设和完善中,整体上智慧化社区的多元主体协同力较弱,治理效率较低。四是现阶段,中国城市社区已经确立了利用信息技术以智能和智慧的方式,提升城市管理精度和效率的发展思路。但在管理数据和服务数据的源头获取、信息过滤、分析预测系统构建等方面还处于初步整合阶段,也未能借助智能网络将人、服务、资源和信息整合到一个全面解决方案中,同时在技术和方法的集成上也处于探索阶段。五是当前既精通信息化技术又熟悉城市复杂系统运行特征、懂得城市公共管理的高素质的社区管理复合型人才十分稀缺,相应的教学培育体系也相对滞后,急需顶层设计和统筹规划加快发展。

第二节 中国城市社区的发展对策与治理思路

基于前一节论述的中国城市社区发展中存在的主要问题,本节将就未来社

区的发展对策和治理思路提纲挈领,并对本书的内容结构和逻辑体系进行简要的概括。

1. 以"目标导向＋问题导向"双轮驱动为源头策略

目标导向与问题导向两者相辅相成,前者明确城市社区治理的远期目标和发展愿景,后者提出为了完成既定目标和任务所必须克服的具体困难与障碍。现阶段,中国城市社区治理的愿景是努力实现对社区的精治、善治、共治。三个目标分别对应于城市社区治理的精细化、人性化和协同化。现阶段,中国城市社区治理进程中阻碍实现上述目标的问题如前所述,主要包括治理主体存在现实约束、治理组织与平台建设滞后、市场化机制运用不充分、社会组织参与治理深度不够、法制化进程落后、智慧技术应用与创新不足等核心问题。

2. 强化"党建引领",保持党领导下的社区制度底色

应贯彻《中共中央、国务院关于加强和完善城乡社区治理的意见》等中央文件的指示精神,坚决以党的建设为纲领,将党的领导覆盖城市社区治理的全过程。在党的领导下,各级政府应做好社区治理的组织领导、宣传发动、指导协调等各项工作,加快培育和践行社会主义核心价值观。社区党员应带头实施民主监督,在党的领导下组建社区协商议事委员会和居务监督委员会,落实民主评议、居务公开、民主听证会等各项监督机制与框架,实现党对社区公共事务、公共利益的全面统筹和正确引导。

3. 构建"政府—社会—市场""三位一体"的社区治理框架

在理论上,治理即是借助协商、共治等途径,解决"市场失灵""政府失灵"问题,降低成本,提高效率,达成目标,促进政府与市场有机融合的重要工具。作为城市的基层社会组织单元,社区承载着建立相互信任,凝聚社会共识,增强社区居民集体认同感的重要责任。然而,在社会转型期间,相对于社区发展的需要,中国的社会组织整体上还处在孕育阶段,社会资本积累程度不高,社会结构仍不稳定,因此,亟待政府引导、政策扶持,并引入市场化机制、市场经营工具,由此聚起三方合力,在城市社区与城市基层社会治理的体制层面上,构建起"政府—社会—市场""三位一体"的治理框架,以确保组织、技术、资金、政策、人才、法律法规等,在机制和实施层面上能够有效融合,发挥作用。

4. 加快法制化进程保障,提升城市社区治理权威性

城市社区治理的法制化是中国社会治理的重要内容和全面依法治国的

重要基础。囿于现阶段中国城市社区治理过程中法律和制度短板，中国必须尽快健全城市社区治理的法律法规体系，制定全面详尽、易于实践的实施细则，提高法制化程度，不断规范执法流程，以及对执法主体的具体职责与工作流程进行比较详细的规定。总之，应加快推进社区服务供给和公共管理的标准化，在此基础上，强化管理的规范化进而实现全面法制化，以此保障社区治理的权威性和获得充分的法律依据。

5. 以能力测度作为科学标准，改善社区治理精确度

作为城市最基础的管理单元，社区治理对推进国家治理体系和治理能力现代化具有重要的现实意义。社区管理主体多而复杂，资源禀赋、发展规划等各有差异，亟待紧扣推进多元治理和优化治理结构两个核心目标，构建一套基于完整数据的满足综合评价和横向比较需要的中国城市社区治理能力测度指标评价体系，对社区治理能力进行量化分析，以评价与监督社区管理工作，全方位、多角度考量社区治理水平，及时反馈并解决治理中的问题，提升社区治理效率和居民满意度。

6. 践行"六个社区"营建策略，统筹做好发展规划

社区占地规模虽小，但是一个内部人口密度高、社会成分多元、主体间关系比较复杂、功能目标随环境不断变化的复合体。一个成熟完善的社区包括多个可以观察的侧面和内在属性。这些属性涉及美丽、平安、智慧、和谐、人文、活力等六个具体特征，涵盖从设施、环境、安全、技术等硬件领域，到和睦、文化、精神和创造力等软性的内生价值，包罗万象，关山重重，精妙复杂，因此，必须做好顶层设计、战略定位和统筹规划、分步实施等一揽子工作。

7. 融汇社区经典案例，撷取成功经验，注重推广应用

总体上，尽管中国城市社区的规模、功能和运行模式大体类同，但社区之间也具有很多差异，因此，典型性社区的成功经验、实践历程、案例分析等具有非常重要的借鉴和启发意义。基于中国的社会经济体制、城市发展模式及城市化特征，在中国具有较强推广价值的社区治理经验包括：党建如何引领基层社会发展、民族特色地区如何创立社区服务品牌、特色文化与大众美学的作用、市场化工具怎么应用、公众如何有效参与治理、技术创新如何发挥作用、邻里生活互助的模式、社区如何开展文化环境改造等。

针对中国城市社区发展中的主要问题，我们将未来社区的发展对策和治理思路，以及本书的内容结构和逻辑体系概括如图3-1所示：

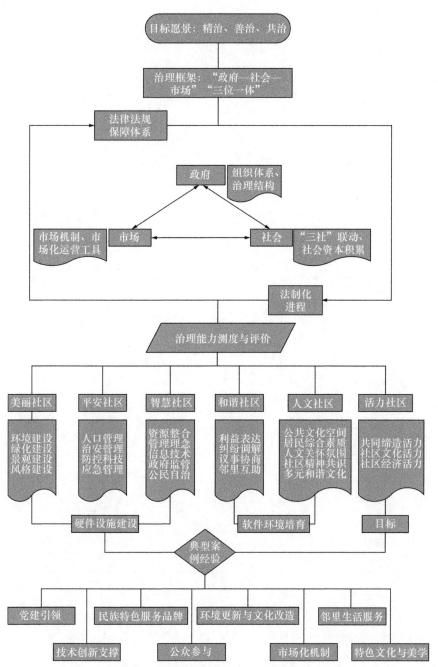

图 3-1 中国城市社区的发展对策、治理思路和主要内容
资料来源：本书作者根据前述内容自行整理、绘制。

第四章

城市社区治理结构*

社区是城市的基层单元,政府、社区主体组织、社区居民、社会组织、物业公司等主体在社区中都发挥着重要的作用。这些主体在社区中应该以何种方式组织、参与社区治理,就是社区治理结构的构建。本章采用利益相关者理论来分析社区各个主体的角色定位,并从委托代理理论的视角出发,分析其相互关系,最后沿着"国家权力"与"社会权利"之间良性互动的脉络,构建网络化的社区治理结构,以使社区各主体充分参与到社区治理过程中。

第一节 社区利益相关者

一、利益相关者理论

利益相关者理论(stakeholder theory)起源于20世纪60年代,是在英美等长期奉行外部控制型公司制模式的国家中发展起来的[1],最初是为了回答"企业所有权归属"的问题。20世纪80年代中期以前,股东中心理论是回答这一问题的唯一答案,该理论认为股东投入的实物资本形成了企业,股东承担了企业的风险,应当享有企业剩余索取权和控制权,企业是股东的企业。[2] 20世纪80年代中期以后,利益相关者理论开始与股东中心理论发生分歧,认为企业利益相关者应拥有企业的所有权,不仅仅包括股东、债权人等对公司利益有要求权的人,还包括直接或间接受公司决策影响的任何人,由于分担

---

* 本章图表均由本书作者自行整理、绘制。
[1] 贾生华、陈宏辉:《利益相关者的界定方法述评》,载《外国经济与管理》2002年第5期。
[2] S. J. Grossman, The Costs and Benefits of Ownership: A Theory of Vertical and Lateral Integration, *Journal of Political Economy*, No. 4, 1986.

了一定的企业经营风险或者是为企业的经营活动付出了代价,因而共享企业所有权。①

关于"利益相关者"的概念,从1963年到1997年大约有27种具有代表性的概念界定②,其中弗里曼(R. E. Freeman)提出的最具代表性,他认为"利益相关者是一个组织中能够影响目标实现或者受到目标实现过程影响的人"③,这意味着股东、债权人、员工、供应商等属于利益相关者,其他的组织外部环境中的环境、个体、群体等对组织会造成直接、间接影响的对象都是利益相关者。利益相关者理论认为,为了保证企业的持久生存和长远发展,企业必须恰当地考虑并满足各类利益相关者的利益要求,在公司治理结构中给股东以外的其他利益相关者留有足够的话语权。④

利益相关者类型划分方法,多使用多维细分法和米切尔评分法。弗里曼按照所有权、经济依赖性、社会效益进行分类⑤;弗雷德里克(W. C. Frederick)将与企业存在直接市场交易关系的利益相关者定义为直接利益相关者,包括股东、债权人、员工、供应商等,与之相对,与企业存在非市场关系的利益相关者为间接利益相关者,包括政府、社会组织、媒体、公众等⑥。克拉克森(M. Clarkson)将利益相关者分为自愿的和非自愿的,区分标准是承担企业经营活动的风险的主动性。⑦ 米切尔(R. K. Mitchell)根据合法性(拥有法律、道德赋予的企业索取权)、权力性(拥有影响企业决定的地位、能力、手段)、紧急性(拥有立即引起决策者关注的能力)三大属性,通过分析利益相

---

① R. E. Freeman, Strategic Management: A Stakeholder Approach, *Journal of Management Studies*, No. 2, 1984; M. M. Blair, *Ownership and Control: Rethinking Corporate Governance for the 21 Century*, Brookings Institution Press, 1995; M. M. Blair, For Whom Should Corporations Be Run? An Economic Rationale for Stakeholder Management, *Long Range Planning*, No. 2, 1998.

② R. K. Mitchell, D. J. Wood, Toward a theory of stakeholder Identification and Salience: Defining the Principle of Who and What Really Counts, *The Academy of Management Review*, No. 4, 1997.

③ R. E. Freeman, Strategic Management: A Stakeholder Approach, *Journal of Management Studies*, No. 2, 1984.

④ 徐延辉、龚紫钰:《城市社区利益相关者:内涵、角色与功能》,载《湖南师范大学社会科学学报》2014年第2期。

⑤ R. E. Freeman, Strategic Management: A Stakeholder Approach, *Journal of Management Studies*, No. 2, 1984.

⑥ W. C. Frederick, Business and Society, Corporate Strategy, *Public Policy*, No. 6, 1988.

⑦ M. Clarkson, A Stakeholder Framework for Analyzing and Evaluating Corporate Social Performance, *Academy of Management Review*, No. 1, 1995.

关者满足其中几项属性来确定其类型。①

利益相关者理论延伸至城市治理领域,可以看到,城市中的利益相关者就是在城市规划、管理过程中,受重大利益影响而以一种或多种方式参与其中的人、团体和组织。② 利益相关者理论进一步被广泛应用于社区治理研究领域。徐延辉、龚紫钰认为城市社区利益相关者,是指那些能够影响城市社区发展目标的实现,并且能被社区实现目标的过程影响到的任何个人和群体。③ 按照这个定义,目前中国城市社区的利益相关者包括政府、社区组织、社区居民、辖区单位、社区非营利组织等。陈伟、李雪萍认为,社区治理主体是社区利益相关者,即与社区需求及需求满足存在直接或间接利益关联的个人和组织的总称,包括政府组织、社区组织、社会中介组织、驻社区单位、居民等。治理社区公共事务需要社区利益相关者贡献资源,分摊成本,共享利益,这需要建立一种平等协商机制,以实现资源倍增效应。④

二、社区利益相关者分类

徐延辉等根据米切尔的利益相关者评分法,按照合法性、权力性、紧急性的原则,将社区利益相关者分为三类,即确定型利益相关者、预期型利益相关者及潜在型利益相关者。⑤

(一) 确定型利益相关者

确定型利益相关者包括政府、社区主体组织、社区居民及物业公司,这是与社区发展关系最为密切的利益相关者。⑥

1. 政府

在中国,城市社区是一种自上而下建构起来的、实施城市基层行政管理和社会控制的社会治理单元,政府在社区的运作过程中居于主导地位。具体

---

① R. K. Mitchell, D. J. Wood, Toward a Theory of Stakeholder Identification and Salience: Defining the Principle of Who and What Really Counts, *The Academy of Management Review*, No. 4, 1997.
② 王佃利:《城市治理体系及其分析维度》,载《中国行政管理》2008年第12期。
③ 徐延辉、龚紫钰:《城市社区利益相关者:内涵、角色与功能》,载《湖南师范大学社会科学学报》2014年第2期。
④ 陈伟东、李雪萍:《社区治理主体:利益相关者》,载《当代世界与社会主义》2004年第2期。
⑤ 徐延辉、龚紫钰:《城市社区利益相关者:内涵、角色与功能》,载《湖南师范大学社会科学学报》2014年第2期。
⑥ 陈伟东、李雪萍:《社区治理主体:利益相关者》,载《当代世界与社会主义》2004年第2期。

而言,政府负责制定政策、提供公共资源和服务以及指导社区自治等。①

首先,政府为社区发展制定相关政策。一方面,政府制定政策法规,如《民政部关于在全国推进城市社区建设的意见》,中共中央办公厅、国务院办公厅发布的《关于加强和改进城市社区居民委员会建设工作的意见》等,明确社区发展的基本原则和指导理念,理顺政府与社区的关系,提供具体的政策建议。同时,各省市政府部门制定符合当地实践的规章制度,作为对宏观层面政策的细化与补充。其次,政府为社区发展提供公共资源和服务,政府是社区发展所需的物质资源、人力资源和精神资源最为重要的提供者之一,政府通过直接配置或以规章制度的方式引导资源向社区集聚。此外,政府也可采取直接提供或者购买服务的方式,向社区提供公共服务。最后,政府对社区自治进行宏观指导。从社区自治组织的建立到自治组织功能的履行,再到对社区自治工作的规范和监督以及对冲突的协调,都需要在政府的指导下进行。

2. 社区主体组织

社区主体组织是指社区党组织和社区居民委员会等。社区党组织通过履行政治领导、利益协调和文化导向三大功能,在社区中发挥着领导核心的作用。社区居民委员会是居民自我管理、自我教育、自我服务、自我监督的基层群众性自治组织②,各级政府或其派出机关对居民委员会的工作给予指导、支持和帮助。作为社区自治的组织者、推动者和实践者,社区居民委员会应依法组织居民开展自治活动;作为党和政府联系社区居民群众的桥梁,社区居民委员会应依法协助基层人民政府或其派出机关开展工作;作为社区居民利益的维护者,社区居民委员会应依法组织开展相关监督活动。社区居民委员会应通过多种方式代表和维护社区居民的利益,开展与社区有关的活动,反映社区居民的意见、建议和要求,及时处理居民之间的矛盾和冲突,维护社区和谐,成为政府实施社会管理、提供公共服务的得力助手。③

---

① 陈伟东、李雪萍:《社区治理主体:利益相关者》,载《当代世界与社会主义》2004 年第 2 期。
② 《城市居民委员会组织法》,http://www.gjxfj.gov.cn/xffg/2012-05/03/c_131566265.htm,2018 年 7 月 17 日访问。
③ 徐延辉、龚紫钰:《城市社区利益相关者:内涵、角色与功能》,载《湖南师范大学社会科学学报》2014 年第 2 期。

3. 社区居民

社区居民作为最重要的利益相关者,对于社区的形成和发展具有实质性作用。社区居民通过加入社区居民代表大会、业主委员会等组织,参与社区决策;通过加入社区志愿者队伍,服务社区居民;通过加入社区文体类组织,拓展交流渠道;通过承担公共责任,成为社区公共服务的提供者之一。

社区居民也是社区的重要监督者。在社区居民委员会的组织下,社区居民参与涉及自身利益的公共政策听证活动,监督基层人民政府及其派出机关的职责履行情况,评议驻社区单位参与社区共建的力度和方式,监督供水供电、园林绿化等市政服务单位在社区服务的质量,通过这些方式,确保政府社会管理和公共服务覆盖到社区,推动社区自治制度的丰富和发展。①

4. 物业公司

在《物业管理条例》的框架下,物业公司被赋予社区物业实质管理者的身份。这种特殊的居住区管理模式实质上是单位制度的拟制与延续,它超越了对"物"的管理范围,演化为对人和社会的管理工具。同时,大多数小区都是建管合一,开发商和物业公司之间形成天然的"父子兵体制"。在这种体制下,物业公司控制了水、电、气、暖等小区的生活命脉,利用物业保安来维护安全。②

但是,开发商—物业公司实际形成了专制垄断统治,小区实质上沦为开发商—物业公司的"殖民属地",它们可以联合起来对小区肆意进行吸附式盘剥。陈鹏将"前期物业管理阶段的体制"称为"市场专制型—他治政体",将"正常物业管理阶段的体制"称为"业主主导型—自治政体"。③

(二)预期型利益相关者

预期型利益相关者主要指社区所辖行政单位和企事业单位以及社区非营利组织,它们对于社区发展有所预期,又能利用自身资源推动社区发展。

1. 辖区单位

辖区单位包括社区范围内的行政单位和企事业单位,如学校、医院、派出

---

① 徐延辉、龚紫钰:《城市社区利益相关者:内涵、角色与功能》,载《湖南师范大学社会科学学报》2014年第2期。
② 陈鹏:《城市社区治理:基本模式及其治理绩效——以四个商品房社区为例》,载《社会学研究》2016年第3期。
③ 同上。

所、超市以及受街道管理的企业等。辖区单位在完善社区基础设施、拓宽社区服务内容、活跃社区文化、优化社区环境等方面发挥着重要作用。辖区单位拥有资源优势,能够为社区建设提供必要的人力、物力和财力扶持。

2. 社区非营利组织

所谓社区非营利组织,是指独立于政府之外,处于政府和社区居民之间的,以联系和动员社区居民参与社会活动、支持社会发展为主要目标的社区层面的各类非营利组织。社区非营利组织的根本目标是促使社区公共利益的最大化。社区非营利组织能够有效回应社区居民的服务需求。此外,社区非营利组织还是沟通宏观外部环境与社区居民的中介者。[1]

(三)潜在型利益相关者

1. 外部社会组织

外部社会组织是指社会团体、民办非企业单位和基金会等非营利性组织,社会组织的特点使其在解决一些社会问题上具有无可比拟的优势。社会组织一般以维护特定群体的利益作为工作目标,它们关注社区弱势群体的独特需求,为弱势群体提供各方面援助,缓解社区由于人力、财力、物力等各方面限制而无法满足相关弱势群体需求的困境。

2. 高校

高校最大的优势资源是拥有各类受过高等教育的人才,可成立志愿者队伍进驻社区,丰富社区文化生活;实行大学生社区挂职锻炼,充实社区工作者队伍;高校教师还可以为社区管理者开展培训,提升后者的专业能力等。[2]

三、社区利益相关者分层及联系

社区利益相关者根据上述特征,可以分为三个层次。第一层是核心层,包含确定型利益相关者,是社区活动的行动主体、中坚力量;第二层是支持层,包含预期型利益相关者,为社区发展提供资源支持;第三层是扩展层,包含潜在型利益相关者,有选择性地参与社区事务。

---

[1] 徐延辉、龚紫钰:《城市社区利益相关者:内涵、角色与功能》,载《湖南师范大学社会科学学报》2014年第2期。

[2] 同上。

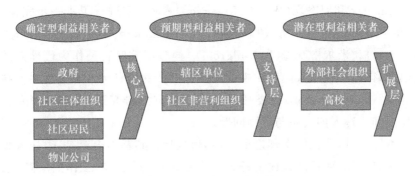

图 4-1 社区利益相关者关系

第二节 社区利益相关者多重委托代理关系分析

前面明确了社区利益相关者包含哪些主体,但是对各个主体之间的关系,以及社区利益相关者之间存在着何种联系,并没有完全说明。以下在委托代理理论的视角下,对社区利益相关者中的政府、社区主体组织、社区居民、物业公司相互之间的委托代理关系进行分析,最终将其整合到一个由多层委托代理关系构成的网络中。

一、委托代理理论

委托代理理论是 20 世纪 60 年代末兴起的经济学理论,最早是由威尔逊(Wilson)[1]、史宾斯(M. Spence)和泽克豪森(R. Zeckhauser)[2]、罗斯(S. A. Ross)[3]在研究"状态空间模型化方法"时提出了数学模型,模拟股东和职业经理人之间的行为关系。在此之后,莫里斯(J. A. Mirrlees)[4]、格罗斯曼(S.

---

[1] 赵蜀蓉、陈绍刚、王少卓:《委托代理理论及其在行政管理中的应用研究述评》,载《中国行政管理》2014 年第 12 期。

[2] M. Spence, R. Zeckhauser, Insurance, Information, and Individual Action, *American Economic Review*, No. 2, 1971.

[3] S. A. Ross, The Economic Theory of Agency: The Principal's Problem, *American Economic Review*, No. 2, 1973.

[4] J. A. Mirrlees, The Optimal Structure of Incentives and Authority Within an Organization, *Bell Journal of Economics*, No. 1, 1976.

J. Grossman)①和罗杰森（W. P. Rogerson)②对模型进行了进一步完善,推广了委托代理模型。弗登伯格（D. Fudenberg）、霍姆斯特姆（B. Holmstrom）和米尔格罗姆（P. Milgrom)③构建了政府官员作为代理人的参数化模型,得出了代理人能够比委托人拥有更多的信息优势和灵活性。在此之后,萨平顿（Sappington）在委托代理模型中重点研究道德风险,研究普遍的委托人和代理人的关系与激励问题。

从本质上讲,委托代理理论是一种契约理论,其基本内容是：委托人聘用代理人完成工作,而代理人比委托人拥有更多的有关此项工作的信息（信息不对称),委托人可能无法观测到代理人努力工作的水平,而代理人也知道委托人无法确定其努力工作的程度,代理人可能为了使自身效用最大化而采取机会主义行为,损害委托人的利益。

作为一种契约理论,委托代理关系得以成立的前提包括：第一,所有权与经营权分离,代理合约建立在自由选择和产权明晰化的基础之上。委托人和代理人双方签订的合约是在自由选择的基础上订立的,代理人是由市场竞争产生,委托人与代理人之间可以相互选择,而且进出自由。委托人虽无法观测到代理人的具体经营行动是否符合委托人的利益,但是可以行使退出权对代理人形成强制约束力量。第二,委托人和代理人在根本利益上是一致的,但是在具体的经营活动中,二者在效用目标上存在冲突,主要体现在代理成本的承担和代理收益的分配上。第三,存在风险和不确定性,信息不对称,产权和剩余索取权可以转让。在具体的经营活动中,是存在市场风险的,委托人必须给代理人一定的经营自主权。委托人授权与代理人行使权利的范围明晰,代理人所得与其行为结果直接挂钩,委托人要求得到产权的收益,代理人也可从剩余索取权中得利。④

---

① S. J. Grossman, O. D. Hart, An Analysis of the Principal-Agent Problem, *Econometrica*, No. 1, 1983.
② W. P. Rogerson, The First-Order Approach to Principal-Agent Problems, *Econometrica*, No. 6, 1985.
③ D. Fudenberg, B. Holmstrom, P. Milgrom, Short-Term Contracts and Long-Term Agency Relationships, *Journal of Economic Theory*, No. 1, 1990.
④ 杨博睿：《试析委托—代理理论在我国行政管理领域的应用》,吉林大学 2004 年硕士论文。

二、社区委托代理关系

在社会分工日益专门化的形势下,委托代理关系同样适用于公共管理领域。委托代理机制本身涉及资源利益分配、授权、分权以及权力监督等问题,社区治理同样可以放在委托代理机制下进行研究。① 在中国城市社区治理过程中,确定型利益相关者——社区居民、基层政府、以居委会为代表的社区主体组织、物业公司与预期型利益相关者——社区非营利组织等之间形成了多重委托代理关系。

首先,在民主政体下,政府作为公共利益的代表,行使公共权力和表达公众的意愿,公民将自己的部分权力委托给政府,以提高资源的配置效率。因此,公民与政府之间形成了第一层委托代理关系。但在一段较长的时间里,政府扮演着一个全能政府的角色,将包括公民委托的权力在内的大部分资源都控制在自己手中,对国家社会事务实行无事不管、无事不包。其次,随着中国市场经济的发展和政治体制改革的深入,中国政府逐渐向有限政府、有效政府角色转变。社会发展客观上也需要政府专注于掌舵而非划桨,致力于服务而非控制。这就要求政府将一部分资源特别是权力资源逐级下放直至社区,委托居委会和其他社区组织进行治理。这样,政府与社区组织之间形成了第二层委托代理关系。② 此外,由于居民是一切社区权力的来源,居民与社区主体组织、物业公司之间也存在明确的委托代理关系。可以说,中国社区治理中的委托代理关系是一个多层的链条。

(一)政府、社区居委会与居民

政府与社区之间的委托关系较为模糊,它们之间没有明确的责权利关系,以街道办事处为代表的城市基层政府与社区居委会之间是长期的领导与被领导的关系,但并没有真正形成委托代理模式。居委会虽名为群众自治组织,但是"仍以政府赋予的行政权为主",是政府的"行政末梢"。

在实际过程中,街道办事处为了完成上级政府分配的工作和实现"业绩",利用自己所掌握的政治和经济资源,控制了居委会的人事任免、财政资

---

① 张会霞:《城市社区政府与社区组织之间的新型互动关系》,载《中国集体经济(下半月)》2007年第4期。
② 解红晖:《城市基层政府与社区自治组织的良性互动关系》,载《社会科学家》2013年第1期。

金分配、工作任务安排等权力,将居委会"改造"为自己的"派出机关",并将大量琐碎的行政事务交付给居委会执行。从此,居委会在一定程度上进入了"行政化"轨道,逐渐变成街道的执行机构,将主要精力用于应付基层政府层出不穷的行政事务上,却与居民的实际需要相脱离。①

从理论上讲,居民是社区居委会权力的初始委托人,作为居民利益的代理人,社区居委会的主要职责是向居民提供最优质的公共产品和公共服务,同时接受居民的监督。但因社区居委会在很大程度上受制于政府意志,单纯向政府负责,而忽视居民的意愿和要求,或者以管理者身份自居,把服务对象(居民)作为管理对象对待,导致居民监督社区管理者行为的能力非常有限而没有充分的控制监督权,社区居委会很难按照居民利益最大化和社区福利最大化的目标履行职责,提供优质的公共产品和公共服务,难以达到预期的代理效果。②

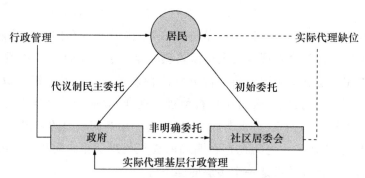

图 4-2 政府、社区居委会、居民委托代理关系

(二)业主委员会、物业公司与居民

物业管理是物业管理经营人受业主委托,依照国家有关法律法规,按照合同或契约行使管理权,运用现代管理科学和先进的维修养护技术,以经济手段对物业实施多功能、全方位的统一管理,并提供高效周到的服务,使物业发挥最大的使用价值和经济价值。③

---

① 蔡小慎、潘加军:《制度经济学视角下的城市社区管理体制创新探析》,载《求实》2005 年第 3 期。
② 同上。
③ 朱保全:《物业服务发展之万科思考》,载《中国物业管理》2011 年第 12 期。

《业主大会章程》规定,业主大会是小区物业管理的最高权力机构,其常设机构是业主委员会。业主委员会的主要职责是召集业主大会并执行其决议,聘用、监督、解聘物业管理企业,必要时代表业主进行维权。此外,《物业管理条例》规定,业主大会和业主委员会的所有决定需告知居委会并听取居委会建议,解聘和选聘物业公司需经相应物业建筑物面积2/3以上业主且人数达到总人数2/3以上业主同意。①

城市社区中物业公司与社区居民之间的关系是一种经济委托代理关系,是建立在法律和经济平等基础上的商品交换关系。然而,他们拥有的信息是不对称的。业主支付费用获得服务,能观察到服务项目、效率、收费等外在形象,却无法直接观察到物业公司的管理行为,处于信息劣势;物业公司提供管理并收取费用,在补偿工作成本后获得最大效用,它清楚地知道自己的行为。

业主通过业主委员会来集中自己的权利以约束物业公司,业主委员会行使自己的权力来激励管理公司,将物业公司的收入、信誉跟它的经营行为相挂钩,促使其努力改善经营质量。在转型中的城市社区,由于社区自治尚不完善,因此,这种代理不同于企业中的经济代理,也不同于行政代理,只能算作行政代理向经济代理过渡的阶段。

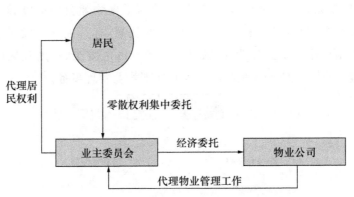

图4-3 业主委员会、物业公司、居民委托代理关系

---

① 《业主大会章程》,http://www.law-lib.com/fzdt/newshtml/65/20110225111140.htm,2018年7月6日访问。

(三) 社区居委会、业主委员会、物业公司

社区居委会、业主委员会和物业公司是城市社区的三大基本组织。业主委员会有权决定是否选聘和解聘物业公司，并需接受政府房管部门、街道办和社工委的指导和监督。社区居委会有权指导和监督业主委员会和物业公司，同时又需接受街道办和社工委的领导。物业公司受制于业主委员会，并需接受政府房管部门、街道办、社工委和社区居委会的指导和监督。

由于社区居委会、业主委员会和物业公司分别与基层政权、房屋产权和市场自治权相关，结构上分属于科层结构、网状结构和线性结构，体制上分属于行政、社会和市场，因此它们有各自不同的行为逻辑。社区居委会遵循科层制原则，业主委员会遵循社区认同原则，而物业公司则遵循等价交换原则。不仅如此，三个社区组织的利益目标和工作空间也不相同。社区居委会聚焦于处理好居民社会关系，目的在于追求社会效应；业主委员会聚焦于改善居民生活环境，目的在于寻求社区居民认同；物业公司聚焦于社区物理环境，目的在于获取经济利益。由于社区居委会主任的人事任免权和居委会经费都源于政府街道办，因而社区居委会更倾向于完成政府所交办的事务，维持与政府的良好关系，以获取更多的经济资源和政策支持。同时，社区居委会权力有限，独立完成任务时有诸多掣肘，为此需借助物业公司的资源。业主委员会代表业主利益，权力来源于社区居民的认同，有其独立的发展空间。物业公司受制于业主委员会，因而倾向于拉拢社区居委会，借助社区居委会的行政力量来影响其他社区组织的行为并处理物业管理事务。①

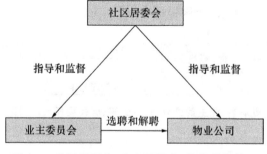

图4-4 社区居委会、业主委员会、物业公司关系

---

① 朱喜群：《社区冲突视阈下城市社区多元治理中的权力博弈——以苏州市D社区更换物业公司为考察个案》，载《公共管理学报》2016年第3期。

三、社区多重委托代理网络

对上述三组委托代理关系的分析，展现了社区四大确定型利益相关者的委托代理关系。综合来看，可以清晰地关注到居民是社区权力的根本来源，分散的居民将不同的权力不同程度地让渡于政府、社区主体组织、业主委员会以及物业公司，可以说居民是社区最基础的委托人，这构成了社区多重委托代理关系的出发点。社区四大确定型利益相关者，实则为政府、市场、社区三部门在社区层面博弈的主体，以此为出发点，将社区多重委托代理关系总结分析如下：

首先，在代议制民主制度之下，居民与政府形成了第一重委托代理关系，居民将自己的权力委托给政府，以提高资源配置的效率。最初，政府作为全能型的政府，将包括居民委托的权力在内的大部分资源都掌握在自己手中，对社会事务无事不管、无事不包。但是，随着改革开放的深化，政府将一部分权力下放给以社区居委会、基层党支部为代表的社区主体组织，政府与社区主体组织之间形成了第二重委托代理关系。由此，居民与社区主体组织之间也形成了间接的委托代理关系。同时，社区居委会委员是由居民选举产生的，所以也应对居民负责，从而形成了第三重委托代理关系。虽然第二重委托代理关系与第三重委托代理关系在权力根本来源上都是社区居民，但在实际运行过程中，政府部门对社区主体组织的约束更为强烈。由此，第二重委托代理关系的强度大于第三重委托代理关系，当居民权力与上级政府指导意见发生冲突时，社区主体组织往往以上级政府的行政命令为工作重心。

第一、第二、第三重委托代理关系被称为"行政代理"，因为这是在非市场因素选择下的委托代理关系，而社区层面的代理结构不仅存在于行政系统中，还存在于经济系统中。通常，社区主体组织受限于人员、经费等客观条件，无法完成所有公共产品和公共服务的提供，会采用政府购买等方式与企业、非营利组织等进行合作，形成第四重委托代理关系。另外，自负盈亏的物业公司与居民之间存在经济代理，即居民雇用物业公司来对社区日常物业管理工作进行管理，但是零散的居民不是自己来选择物业公司，而是把这部分权力集中于业主委员会，由业主委员会代表居民选择聘用物业公司，由此，居民与业主委员会之间形成了第五重委托代理关系。在此基础上，业主委员会与物业公司之间形成了第六重委托代理关系。

至此,我们已经将社区各个确定型利益相关者之间的委托代理关系梳理清楚。在上述多重委托代理关系中,按照行政委托和经济委托的区分,可将社区涉及的治理主体分为两个部分:一是以"政府—社区主体组织(居委会、党支部)"为核心的社区管理主体;二是以"社区主体组织—业主委员会—物业公司—营利性公司—社区非营利组织"为核心的社区自治主体。社区多重委托代理关系网络如图4-5所示。

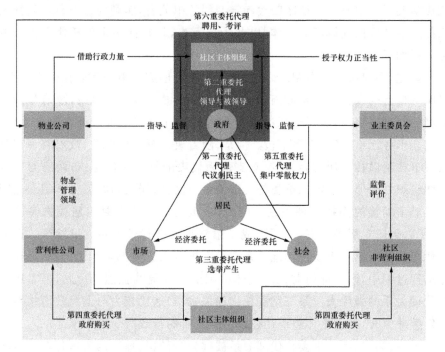

图4-5　社区多重委托代理关系网络
说明:深色方形区域表示社区管理主体;浅色U形区域表示社区自治主体。

第三节　在"权力—权利"视角下构建网络化社区治理结构

经过前述分析,现在继续探讨社区如何选择治理的组织结构。首先,在构建社区治理结构之前,先引入"权力—权利"的视角。权力和权利二者的关系,体现了社会与国家之间的相互关系。在善治理念的影响下,"政府与社会对公共事务的合作治理"越来越为社会所认可。国家治理的理想状态就是善治①，而善治强调的是权力和权利问题的变革，治理遵循的是权利扩大、权力缩减，来自国家的权力逐步从属于来自社会的权利。

当把权力和权利关系放在社区治理的发展过程中，可以特征鲜明地将社区治理结构分为国家强权模式、合作共治模式以及社区强权模式。在考虑社区多重委托代理关系的基础上，结合当前社会转型的背景，探索一种适合当前社会发展的社区治理结构显得尤为重要。

一、"国家—社会"与"权力—权利"

"权力"和"权利"是属于两个不同层面的概念，但随着社会的发展，在同一场域中又必然同时涉及这两个概念。两者之间如何博弈和权衡，对社会的长期发展有重要影响。权力主要探讨权和力量，从政治发展中可以看出权力的出现和执行都是依靠强制力作为保障的。它是自上而下对权力约束范围内的所有公民实施的一种整体性的制约力量。对于权力来说，政权是权力的性质；主权是权力的地位；国家享有权力；公民是国家权力的管理对象。而权利则主要是从法理学角度，指明主体依法享有的做一定事情或者不做一定事情的价值选择可能性，它强调各类主体之间地位的均等。但是，在权利的实际运作过程中，需要有来自政权统治者的权力的保护和认可。但这种权力的保护和认可，并不代表可以肆意滥用权力，过分放大权力会使得权利受到制约和破坏。②

权力和权利一直处于一个动态的立体变化过程中，随着国家治理能力现代化和公民自治能力的提升，总体来看，公民权利的发展趋势是不断壮大，而政府的权力则在市场机制逐渐成熟的条件下不断缩小。多元共治的核心有两个维度：一方面，治理不再是政府的"独角戏"，而是政府、市场、社会协调共治的系统化运作；另一方面，治理不再是政府自上而下、你说我做的单向指挥，而是政府、市场、社会各归其位、各尽其责，是一种良性的双向互动。③

---

① 申明昱：《经济法主体权利（权力）的界定》，载《商》2013年第10期。
② 付春华：《社区多元共治模式中主体的"权利"与"权力"研究》，载《兰州工业学院学报》2016年第5期。
③ 同上。

二、西方国家社区权力与权利关系模式

(一)美国:社会强权利下的公民自治

美国的社区治理是一种典型的公民自治模式,社区在发展和管理上,普遍采取了"政府指导并提供资金、社区负责具体管理"的方式,在社区治理过程中,发挥社会组织、公民组织等参与积极性,以社区委员会、社区主任、社区工作者、社区居民、非营利组织、志愿者为社区治理的主体,负责处理具体事务。

第一,政府通过制定政策影响社区发展。例如,联邦政府、州政府负责评估和修改社区的社会和经济政策,同时又在消除歧视、反贫困等方面采取措施。政府还制定了鼓励和支持社区组织发展的政策,并且和社区治理主体间建立合作关系,通过税收减免等引导私企参与社区建设。

第二,非营利组织是美国社区治理的中流砥柱。从20世纪90年代开始,越来越多的社区公共服务由非营利组织来提供,并且随着时代的发展,非营利组织提供公共服务的种类和数量也越来越多,并且逐步形成了一个庞大的系统,主要包括传统社区服务机构(以慈善组织为主)、支持型社区组织(承担就业培训、创业支持等其他支持型服务)、社区邻里组织(满足社区居民基本需要的组织),各个组织之间没有隶属关系,各自表现为不同的群体开展活动。

第三,社区企业为社区建设与发展提供支持。社区企业包括:社区企业孵化器,为小企业提供融资、咨询服务;社区化的投资公司,为所在社区提供资本支持;社区开发公司,为社区提供土地、厂房等长期债务融资;社区微型贷款中心,支持社区少数族裔、妇女等弱势群体。

目前,美国的城市社区治理模式是一种以社区自治为主的、各方广泛参与的"强权利"模式,强调社区及居民的自我管理、自我发展,具有民主化、组织化、多元化的特征。①

(二)英国:宽容权力下的社会强权利

英国社区公共服务是由地方政府、中央政府部门、私人机构、志愿者组

---

① 邹丽琼:《美国城市社区治理及其启示》,载《北京城市学院学报》2009年第1期。

织、宗教团体,以及基于某种兴趣、文化或特别功能而形成的其他社区组织所组成的混合体提供的。英国各类社区组织、民间组织、志愿者团体与政府多渠道、多方位地合作,共同提供和改善公共服务,这得益于英国政府宽容的支持政策。

第一,政府颁布《慈善法》和合作框架协议。英国于1601年颁布了《慈善法》,该法是世界上第一个有关民间公益组织的法规,提出了政府鼓励和支持民间慈善事业的法定框架,给出了社会组织募捐的法律依据,奠定了社会公益事业的制度基础。1998年,《政府与志愿及社区组织合作框架协议》签订,指导英国中央政府各部门和地方政府与民间公益组织建立合作伙伴关系。

第二,政府部门职能齐全,扶持社会组织发展。英国内政部负责对民间公益组织进行指导、推进、支持、协调,并负责制定和修改相关法规、政策,其中,积极社区司主要负责推动以社区为基础的民间公益活动与志愿活动的推广,通过政府采购及委托经营等方式与民间公益组织签订公共服务协议,监督和评估协议的执行情况;公民再造司主要负责推动各级政府开展新公民教育并积极推动各种形式的公民组织的建立与发展;慈善司主要负责推动慈善法的修改并推进对民间公益组织监督体系的改革与完善。

第三,慈善组织协会和慈善管理委员会监管社会组织。慈善组织协会是19世纪出现在英国伦敦的慈善管理中心,克服了社会组织间缺乏联系和合作的问题,解决了因合作不足产生的资源问题,将对社区居民的救助和帮助纳入有序的工作体系中。在全国性管理方面,慈善管理委员会是英国对社会组织实行综合管理的机构,负责社会组织的登记注册、审查监督等。慈善管理委员会通过制定统一的原则、规范,并委托专门的中介机构来对社会组织的运行进行评估。[①]

(三)新加坡:国家强权力下的基层组织法团化

新加坡社区治理是在国家强权力控制下的社区治理模式,国家通过人民协会来控制基层组织网络,将国家意志贯彻至社区治理中。

第一,基层组织的国家联合化。新加坡在社区、选区、地区都有为数众多的基层组织,形成严密的组织网络。在社区层面包括居民委员会、民众联络所及其管委会,以及社会紧急与应变委员会、民房委员会和各类慈善团体、义

---

① 曾映明、查竞春、何少东:《英国的社区治理》,载《特区实践与理论》2010年第2期。

工团体等。虽然有纷繁复杂的基层组织,但是很多社区组织都纳入人民行动党成立的人民协会的管理范围内。人民协会是一个法定机构(半官方组织),作为全国性的基层组织,承担着促进社会和谐、架起政府与人民桥梁的功能。

第二,基层组织联合团体的合法化与排他性。人民行动党对基层组织及其联合团体具有严格的控制,首先国家通过立法,树立了人民协会作为基层组织的国家代表的合法地位,人民协会本身不具有独立性,是国家体制的一部分。尽管人民行动党还通过其他渠道联络社区,比如设立社区基金会等,但是这些组织并没有建立全国性的联合体,这也意味着人民协会是国家与基层组织间的"唯一"桥梁,它对基层组织的代表性不受其他类似组织的威胁。人民行动党通过人民协会管理基层组织实际上采取的是将基层组织国家化的模式。

第三,基层组织管理的严格制度化。人民协会对基层组织有着严格的管理制度,居民委员会、民众联络所管委会、公民咨询委员会的委员由人民协会主席或副主席委任,且后者可以随时终止任何委员的职位。上述三个委员会作为主要的基层组织,80%的基础设施费用和50%的日常经费支持,都由人民行动党通过人民协会提供。而相应地,基层组织及其联合团体为国家意图的实现提供协助,比如促进社区各族群融合、向民众推介国家意图、议员联系群众等。

总体而言,新加坡社区居民对于基层组织的参与度较低,国家强调通过基层组织进行自上而下的管理,一些社会问题由于缺乏自下而上的参与机制而被长期掩盖。①

三、中国现代社区中权力与权利关系的发展

(一) 单位制传统与国家强权力

改革开放前,中国实行单位制的社区治理模式。单位代表国家,从整体上支配着整个政治、经济和生活领域。在这种情况下,单位扮演着全能主义者的角色,不仅组织生产或承担教育、文化、医疗等方面的职能,而且负责管理居民所有相关的政治活动,是城市社会组织架构的核心。单位是国家管理部门与单位成员之间的法团化组织,既是单位成员的利益团体,又是国家的

---

① 王新松:《国家法团主义:新加坡基层组织与社区治理的理论启示》,载《清华大学学报(哲学社会科学版)》2015年第2期。

管理机构,承担着沟通、联系国家与社会的作用。①

改革开放后,单位制解体,但是在单位制传统的影响下,社区治理仍实行是以国家强权力为主导的社区管理模式。在国家权力的主导下,政府为了解决市场经济兴起和单位制解体后出现的一系列社会问题,通过社区建设加强基层管理。这种情况下,社区被视为城市基层管理单位,更多的关注点被放在社区的地域范围、人口规模、组织建设和制度建设上。国家通过带有指令性的行政系统来完善和强化基层"条""块"行政组织,在行政社区中重建政治权威的合法性,以强化国家的"基础性权力"。从政府管理的立场出发,主动制定社区发展规划,完善社区组织建设和制度建设,加强基层社区服务。这表明社区居民的需求不需要自己解决,而是通过相应的社会管理来满足。这是一种典型的全能政府管理模式。最典型的例子是上海在实行"两级政府,三级管理"改革的过程中,将社区定位于街道范围,构筑了领导系统、执行系统和支持系统相结合的街社区管理体制。由此,也就形成了"重建政治权威""基层政权建设"等基层社会管理取向的社区治理模式。②

(二)"权利意识萌发"与合作共治模式

逐渐地,随着改革的深化和利益格局的多元化,公民权利意识开始萌发,基层社会管理由于存在着内在缺陷,因而受到一系列的质疑和挑战,从而推动社区治理模式向社区合作共治模式过渡。

在社区合作共治模式下,政府管理和社区自治并非一种非此即彼的状态,而是一个持续的双向互动过程。③ 一方面,社区居民的需求越来越需要政府组织和市场组织提供资源予以满足;另一方面,社区的公共事务也由多个相关组织参与决策和执行。不难看出,居民参与社区治理与社区发展,不仅取决于自身的社会资源和行动能力,还受到国家权力和社区建设导向的决定性影响。④ 最好的例子是,湖北武汉的"江汉模式"将社区定位为小于街道、大

---

① 高克平:《华东理工大学奉贤校区图文信息中心》,载《上海高校图书情报工作研究》2011年第3期。
② 杨君、徐选国、徐永祥:《迈向服务型社区治理:整体性治理与社会再组织化》,载《中国农业大学学报(社会科学版)》2015年第3期。
③ 高瑜:《公共服务下社区:我国城市基层社会管理体制创新的路径选择》,载《中共南昌市委党校学报》2013年第3期。
④ 何海兵:《我国城市基层社会管理体制的变迁:从单位制、街居制到社区制》,载《管理世界》2003年第6期。

于居委会,通过民主协商和依法选举,构建了社区成员代表大会、社区居委会和社区协商议事会等一系列社区自治组织,并明确提出了社区自治的目标。[1] 而实现这一目标的路径选择,就是转变政府职能和培育社区自治。这是一种政府与社会共同形塑、共同合作的实践模式,由此逐渐形成了"社区行动策略模式""微观互动场景模式"和"组织权力关系"等社区合作共治模式。[2]

(三)强权利与社区自治

随着公民权利意识的进一步提升,社区治理最终将走向社区民主自治模式,导致国家权力不再直接干预社区自治活动。在社区民主自治模式下,社区治理的主要目的是随着市场经济、工业化、城市化等进程的不断深化,在现代城市社会中,寻找某种内在的团结机制,以便在特定的地域基础上重建社会生活共同体。由此,社区治理是普通市民在政府领导下,构建一定自由活动空间、相对独立于国家、具有一定自主性的"自组织空间"。在日常生活实践中,"自组织"能激发居民参与社区活动的积极性,提高居民的社区认知,并通过自发组织和志愿者行动满足每个人基本的社会服务需求。城市社区将会被建设成为一个正在形成的、与国家相分离的公共领域和市民社会。[3] 例如,辽宁沈阳的社区治理模式将社区定位于小于街道而大于居委会辖区的范围,在社区内创造性地设立了社区成员代表大会、社区协商议事委员会、社区(管理)委员会三个社区自治的主体组织。在这个主体组织体系中,社区成员代表由社区居民、驻社区单位、团体按一定规则推选或选举产生。这种模式调动了社区居民参与社区活动的积极性,形成了类似于"地域生活共同体""基层社会发育"等社区民主自治取向的实践模式。[4]

四、构建"权力—权利"良性互动的网络化社区治理结构

在当前社会转型的背景下,社区类型的多样化和居民生活的个体化共同造成了社区的碎片化。一方面,人们在市场经济社会中忙于追逐利益,实现

---

[1] 何海兵:《我国城市基层社会管理体制的变迁:从单位制、街居制到社区制》,载《管理世界》2003年第6期。
[2] 杨君、徐选国、徐永祥:《迈向服务型社区治理:整体性治理与社会再组织化》,载《中国农业大学学报(社会科学版)》2005年第3期。
[3] 同上。
[4] 何海兵:《我国城市基层社会管理体制的变迁:从单位制、街居制到社区制》,载《管理世界》2003年第6期。

各种理性价值,无暇顾及周围的人和事;另一方面,社区公共事务的纷繁复杂与居民多元化的服务需求产生脱节,导致居民公共意识和公共精神缺失①,从而共同造成了现代城市社区的异质性,形成了"分化的社区"。

这种情况下,社区应考虑如何建立一个能够保证让社区中的每一位居民参与并发挥作用,同时能调动各个社区利益相关者参与治理过程的社区治理结构。

(一)"权力—权利"良性互动的基本要求

通过前述描述可知,国家强权力领导下的基层社区管理模式把社区治理当作政府的行政工作,忽视了居民的社会参与。而社会强权利主导下的社区民主自治模式则过度强调社会要素的核心作用,强调推动社区居民参与,而忽视了政府提供基本公共服务的自身职能。这两种模式都不适合中国当前的发展阶段。应该说,"国家权力"和"社会权利"良性互动下的社区合作共治模式才是值得倡导的社区治理模式。这要求社区治理模式形成一张"横纵交织"的网络体系,保证包括政府、社区居民、社会组织等在内的利益相关者能够有效地参与社区治理。②

实现"权力—权利"的良性互动,需要做到以下三点:

第一,要保证国家权力自身运转高效。基层政府建立较少数量的大部门以强化合作,并保证彼此的政策目标连续一致,促进政策执行手段相互强化,以便进行合作的治理行动。③ 在管理理念上,政府应强调纵向权力整合、同级部门或区域的合作以及公私整合;④在宏观结构上,要求重点解决居民的公共服务需求问题;在微观上,则要求采取网络组织模式,通过授权和注重结果而非过程的绩效考核导向,以实现公共管理和公共利益、科技以及社会资源的融合。⑤

第二,要形成社会权利整合网络。在社区内部各类组织之间,要形成良

---

① 杨君、徐选国、徐永祥:《迈向服务型社区治理:整体性治理与社会再组织化》,载《中国农业大学学报(社会科学版)》2015年第3期。
② 董治佑:《整体性治理视角下的整体性社区构建》,载《华中师范大学研究生学报》2018年第1期。
③ 叶璇:《整体性治理国内外研究综述》,载《当代经济》2012年第6期。
④ 尹浩、陈伟东:《整体性社区:城市基层社会治理的可行性分析》,载《深圳大学学报(人文社会科学版)》2015年第6期。
⑤ 叶璇:《整体性治理国内外研究综述》,载《当代经济》2012年第6期。

性互动网络,主动培育社区组织,提高社区组织化水平,整合分散的社区结构,实现社会生活共同体的理想目标。① 形成社会权利整合网络是社区个体由分散走向联合的过程,也是集中行使社区权利的准备条件。

第三,要建立"权力—权利"合作关系。对于某些社会问题,政府和社会并不能完全独立实现,必须建立"权力—权利"合作关系加以解决。通过政府、居民、社会组织之间的整合运作与分工,可以使社区各治理主体之间的功能得以最大化的发挥。

(二)网络化社区治理结构的关键步骤

在建立"权力—权利"良性互动关系的前提下,要构建网络化社区治理结构,关键在于:第一,重新整合政府与社区直接相关的基层政府(街道办事处)和社区主体组织等行政委托代理关系。通过设置社区服务站对接基层政府,独立于社区主体组织,推动其公共管理职能的整合改革。第二,在加快理顺社区内各个利益相关者多重委托代理关系的基础上,推动社区公共服务职能的分工、合作、共治。第三,在网络化治理的要求下,实现政府权力和社区多主体权利的链接合作。

1. 成立社区服务站,整合政府行政管理事务

社区主体组织在实际工作中承担了大量基层政府转嫁的行政事务性工作,这使得社区的管理任务过重与工作人员较少之间的矛盾更加凸显,使得其无法有效完成组织群众自治的工作。因此,地方政府、基层政府及其派出机关给社区增加工作量,成为一种自然而然的选择,如通过成立社区综合服务平台,来承担行政管理末梢任务,承担人民群众日常所需的行政管理事项。

在社区服务站建设过程中,应规范其建设过程,实现对公共管理工作的有效承接,使得社区服务站与街道各科室、职能站所等有机衔接。社区工作站作为政府在社区层面设立的综合性服务平台,主要侧重于发挥专业化、职业化优势,将社区治安、养绿护绿、环卫保洁等社会综合管理职能与资源一起下沉到社区②,在社区干部兼任城管专职人员的同时,探索建立社区城市管理义务协助制度。遵照体现自愿申请和择优选拔的原则,遴选居民代表作为城

---

① 尹浩、陈伟东:《整体性社区:城市基层社会治理的可行性分析》,载《深圳大学学报(人文社会科学版)》2015年第6期。

② 韩佳佳:《我国现代中等城市的城市管理体制研究》,浙江大学2012年硕士论文。

管兼职人员轮流参与社区的管理工作。①

在社区服务站整合并承担政府行政管理事务延伸到社区部分的工作之后,其他社区主体组织要合理分工,明确社区党组织和社区居委会的独立功能与职责边界,按照"职责明确、分工合理、优势互补、协调联动"的原则,重新组织合理的分工系统:首先,社区党组织作为党在社区的基层组织,是党在社区全部工作的基础,是社区内各类组织和各项工作的领导核心,主要侧重于充分发挥推动发展、服务群众、凝聚人心、促进和谐的作用,以服务群众为重点,加强政治、思想和组织领导,统筹协调各方利益关系,组织动员社区内各方面力量共同推进社区建设,不断提高党组织在社区的执政能力。其次,社区居委会主要侧重于组织居民开展民主自治,以维护居民的合法权益与社区共同利益为核心,增强社区自治功能,实现政府行政管理与基层群众自治的有效衔接和良性互动,不断提高社区居民依法直接行使民主权利、管理社区公共事务的能力。②

2. 明确社区居委会职能,整合社区主体合作共治

在社区党组织的领导之下,在社区居委会的组织协调之下,包括业主委员会、物业公司、非营利组织等在内的社区利益相关者,形成社区自治综合共同体,以社区主体组织几大职能为基础,社区居委会作为领导者、监督者、促成者,来整合社区多主体合作的共治关系。

第一,社区主体组织承担服务对接职能。服务对接职能是指社区居委会要在专业社会组织与居民之间、专业社会组织与社区社会组织之间负责组织服务对接职能。一方面,专业社会组织是政府转移部分职能的承接者,将承担市场主体不愿承担、政府部门"不愿做、做不好"的任务,为社区居民开展服务。另一方面,社区居委会作为社区基层自治的组织载体,掌握着社区居民的需求信息,管理、监督本社区社会组织的实际运行,是社区社会组织与专业社会组织有效沟通的最佳组织主体。通过为专业社会组织提供详细的社区居民信息,反映社区居民的实际需求,真正实现社会组织的服务与社区居民的需求的有效对接,实现社会组织服务与满足居民需求的双赢局面。进一步提升居民与社区社会组织对社区居委会的认同感,巩固社区居委会的自治合

---

① 吴群刚:《转型期社区复合治理模式的建构:理论、实证及应用》,北京大学2009年博士后研究工作报告。

② 同上。

法性地位，有利于社区居民委员会权威、自治协调功能的加强。

第二，社区主体组织承担管理与监督职能。由社区居委会监督社区社会组织，如地方各级政府根据实际情况，以购买公共服务项目的形式，向社会组织购买服务，由各类社会组织提供满足居民需求的多样性公共产品，社区居委会作为中间机构，全程监督项目的执行。社区居委会在角色功能定位上，也由原来协助政府管理社区事务、服务个体居民的职能向社区社会组织孵化、服务、监督职能转化，从而进一步促进了社区组织化、居民组织化，有利于加强"政府—社区居委会"与社区社会组织的联动效应，提高社区服务的数量与质量。

第三，社区主体组织承担协商参与、矛盾协调的职能。面对社区社会组织之间的矛盾冲突、社区居委会与社区社会组织之间的紧张关系，社区居委会应明确树立大联合体思维下的指导、协调、服务关系，而不是共同体思维下的"社区社会组织抢走了社区居委会资源"的竞争对立关系。社区居委会应通过民主协商参与等形式，协调社区社会组织间因争夺物理空间等社区资源而引起的矛盾纠纷，化紧张关系为合作共赢，最大化地实现社区资源的有效利用。社区居委会也应及时转变思维定式，变以往对社区社会组织的直接干预或直接控制，转为提供活动场地、宣传、项目支持，帮助社区内社团组织进行协调，以服务、孵化、引导社区社会组织的发展，取得社区居民的信任与认同，为利用社区社会组织的组织载体来管理与服务社区，变社区居委会为协调中枢，以及进一步形成社会组织为社区提供具体服务的联合体格局奠定坚实的基础。

3. 建设社区服务网络，整合支持型社区组织

从社区服务的角度看，网络组织平台的整合，有助于集中资源满足社区居民个性化的各类需求。目前，有些地方政府已经意识到网络整合的必要性和重要性，北京、上海、宁波等地，不仅率先建立了社会组织公益园，整合、聚集实体性公益组织，而且还借助互联网媒体，通过建立社区服务呼叫网络平台，将企业、政府部门、居民和各类社会组织有机联系起来，丰富了社区公共服务。具体说来，社会组织网络平台的搭建，以社区残疾人、留守儿童等特殊群体为对象，提供专业类实操性服务，以缓解社区公共服务的供求矛盾局面。

另外，重点培育和发展各类专业性的社会服务机构，尤其是跨社区的，去单位化、去行政化、自治性的社会服务机构，广泛吸纳社会组织参与社区治理，充

分发挥其在提供服务、协调利益、化解矛盾、反映诉求方面的积极作用。①

（三）"权力—权利"良性互动的网络化社区治理结构

所谓"权力—权利"良性互动的网络化社区治理结构，是政府打破自上而下的传统行政性工作模式，发展新型社区管理及服务体系，建立以社区为平台，以各类社会工作机构为载体，实现"社区、社团（社会组织）、社工"的有效互动。积极构建"党—居—站—社""四位一体"的社区治理结构，即社区党组织发挥"总揽全局、协调各方"的领导作用，居于社区治理的核心地位；社区居委会一旦剥离了过去所承担的街道办事处交办的大量行政事务，可以集中精力推进基层群众自治，实行自我管理、自我教育和自我服务；社区服务站作为街道办事处行政服务中心延伸到社区的公共服务平台，主要履行提供政府公共管理和服务的行政职能；社区其余各类组织提供以服务性、公益性、互助性为主的社会化、专业化服务，从而实现资源共享的社区建设责任，参与、协同社区管理和服务。

通过优化社区治理体制机制，理顺政府、社区、机构、居民间关系，构建"权力—权利"良性互动的网络化社区治理结构，依靠多个主体进行整合性的运作，实现资源优势互补，既能对社会的再组织化的发展起到积极作用，也是实现服务性社区治理的必然途径。②

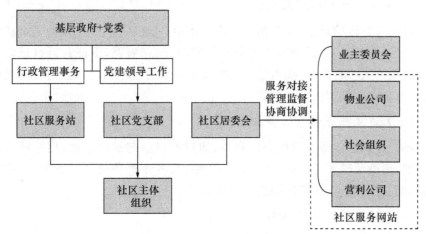

图 4-6　网络化社区治理结构

---

① 杨君、徐选国、徐永祥：《迈向服务型社区治理：整体性治理与社会再组织化》，载《中国农业大学学报（社会科学版）》2015 年第 3 期。

② 同上。

第四节　构建社区服务网络的激励机制

社区多重委托代理机制的核心是居民,在社区碎片化的背景下,如何激发居民、社会组织、营利性企业参与社区治理,就成为网络化社区治理体系构建成功与否的关键。

一、激发民众积极参与城市治理

激发民众的主人翁精神,使其积极参与城市治理过程可以采用以下几种方式:

(一) 建立源头参与机制

形成民众参与制定公共政策的制度性保障,使其能够参与城市公共政策的制定,把民众利益体现在政策制定的全过程,努力解决群体性、普遍性问题。进一步扩大民众在人大代表、政协委员中的比例,体现民众意愿,反映民众呼声。探索建立政府与民众自治组织联席会议制度,定期相互通报情况,反映群众意见和需求。[①]

(二) 建立民众诉求表达机制

发挥好各级信访室、维权站等机构的作用,完善人大代表、政协委员联系制度,完善市长热线等机制,使民众投诉有门、信访有路,保证其通过正常渠道和合法方式表达意愿,探索建立了解民众需求的工作机制,[②]及时了解民情民意,力争在政策层面解决问题。

(三) 建立社会利益协调机制

不同民众团体根据所代表的利益,通过积极参与城市治理,促进社会动态平衡,正确反映和协调各个方面、各个层次、各个群体的利益诉求,从而参与社会利益的调整,保障民众的各项利益。[③]

(四) 建立矛盾化解机制

一是努力从源头上减少社会矛盾的产生,大力向民众宣传党的政策,减

---

① 王淑玲:《人民团体要积极参与社会管理创新》,载《领导之友》2012 年第 3 期。
② 同上。
③ 同上。

少不和谐因素;二是加强民众力量的整合引导,发挥社会组织在城市治理过程中的缓冲、中介和协同作用;三是完善人民调解、行政调解、司法调解联动的工作体系,建立调处矛盾纠纷的综合平台。①

(五)建立维权服务保障机制

牢固树立党和政府的服务意识,始终把为人民服务作为首要宗旨,把民众是否满意作为基本准绳,维护好民众权益,扩大对民众保障的覆盖面,做到哪里的民众利益受到侵害,哪里就有维权的机制。②

二、培育社会组织参与城市协同治理

社会组织在城市治理过程中必须有所担当,有所作为,只有社会组织获得深入持续发展才会使社会成员的自愿参与、自我组织、自我治理成为可能。但是,现阶段社会组织在法律体系、制度建设、监督管理上还存在缺位或错位,加之自身内部的因素,公信力受到影响。因此,培育社会组织参与城市协同治理,要做到:

(一)建立和完善社会组织的政策法规

尽快制定和出台一部全面规范社会组织的纲领性法律,明确社会组织的性质地位、角色功能、范围方式,对于一般的社会组织,如行业协会、社会团体、基金会、社会企业等,在组织形式、活动方式、权利义务、管理制度和运行机制等方面进行系统明确的规定,使社会组织的行为和活动有法可依、有法必依。

同时,修改和完善现行有关社会组织的相关法规,根据社会组织的不同性质、特点和活动方式,分类规范和管理。在处理社会组织和政府关系时,要明确二者间相互独立、业务上互助合作、共同发展的伙伴关系,同时政府应适时地推出税收减免、房屋租赁补贴等优惠政策,扶持社会组织的发展。其中,关键是政府要给社会组织的发展创造良好的外部环境。③

---

① 王淑玲:《人民团体要积极参与社会管理创新》,载《领导之友》2012年第3期。
② 同上。
③ 马海韵、张晓阳:《非政府组织参与公共危机治理的研究》,载《南京工业大学学报(社会科学版)》2012年第2期。

(二) 改革和创新社会组织的监督管理体制

中国对社会组织的管理主要实行双重管理①,纵观世界各国有关社会组织管理体制的规定,都是从重视入口管控转向重视过程监督,都是在简化社会组织的登记管理的情况下,加强对社会组织动态过程的监督。首先,强调政府对社会组织进行依法监督的职责,在合理划分政府、市场与社会职权的基础上,政府不干预社会组织的合法行为,但负有对社会组织进行监督和管理的职责。其次,政府有关职能部门应加强对社会组织的常规督查,规范社会组织的日常行为。在日常监管中,建立信息公开制度,对涉及群众切身利益的事情,按照规定的时间、地点、方式、程序和要求向社会公开;建立社会组织信用档案,政府督促社会组织完善信用机制,监督其诚实守信,并进行不定期抽查等。最后,发挥社会舆论的监督力量。发挥社会舆论、新闻媒体的作用,将社会组织置于网络化、多形式的监督之下,促使社会组织高度自觉。

(三) 培育和提升社会组织能力建设

首先,明确社会组织在社区治理中的主体地位②,在现有的基础上加大改革力度,在更大范围内确立政社分开,确保社会组织能够独立行使政府让渡给社会组织的权力,使社会组织在人事、财务等方面有更大的自主权③。其次,要建立适合社会组织发展的内部治理结构。应在社会组织内部建立适合其发展的一系列规章制度和组织结构,使社会组织逐步实现自治。设立成员代表大会作为统率的决策中心,并比照企业建立和实行董事会职责的执行机构。同时,建立社会组织的议事规则和民主决策程序。此外,把高水平、具有管理经验的人才引进社会组织之中,培养专业化队伍,充实社会组织的内部力量,并建立起以服务水平、工作业绩为主的考核激励机制,形成内部的质量监督、财务公开等自律机制。最后,积极拓宽社会组织的参政议政渠道。④ 通过合法的参政议政,充分表达合法的组织利益诉求。在各级党代会、人代会和政协会议中增加社会组织代表的数量⑤,培养公民意识和民主精神,有效提

---

① 李剑怆:《发展社区社会组织,提高政府服务效能》,载《商》2013年第8期。
② 潘修华、龚颖杰:《社会组织参与城市社区治理探析》,载《浙江师范大学学报(社会科学版)》2014第4期。
③ 高胜民:《公共服务——幸福中国的平台》,载《魅力中国》2013年第23期。
④ 曲孝丽:《优化社会组织发展环境》,载《中国社会组织》2013年第3期。
⑤ 高胜民:《公共服务——幸福中国的平台》,载《魅力中国》2013年第23期。

升城市治理能力。

三、鼓励企业参与城市协同治理

（一）完善立法

完善立法，赋予企业一定程度的社会责任义务。目前，在立法实践中，企业社会责任仍然以部门法的形式存在。尽管这些部门立法正处于蓬勃发展的阶段，但仍存在以下一些不足：其一，对社会责任的建设缺乏顶层设计，迄今没有一部关于"企业社会责任"的法律存在；其二，企业社会责任建设没有牵头部门，缺乏权威推动，难以形成推动合力[①]，导致企业社会责任方面的软法虽然不少，但强制性的制度供给不足；其三，立法忽视利益相关方的诉求，过度以企业经济利益为中心；其四，对特殊主体、重点领域的研究不够系统，缺乏宏观性、整体性的深入研究和制度设计。总之，在立法上，需要进一步完善企业社会责任的相关法律法规，将有关企业社会责任的要求转化为具有可操作性的法律法规，从而赋予企业参与社区治理的责任。

（二）奖惩机制

完善企业参与社区治理的激励、惩戒机制。在激励方面，首先，政府可以定期开展"优秀企业公民"一类的评选活动，鼓励企业积极参与社区治理。其次，政府可以制定企业参与社区治理、履行社会责任的标准，并积极开展认证。对于那些通过认证的企业，政府可以在社区招投标、项目资助、社区市场准入等方面给予一定的支持。最后，基层政府可以制定一些优惠政策，对那些主动改善员工条件、保护社区环境、积极参与社区慈善活动的企业给予一定的优惠。在惩戒方面，基层政府应严格执法，对企业参与社区治理，履行社区社会责任的行为定期进行评估。对那些违反《劳动法》《环境保护法》《生产安全法》等法律法规的企业，应给予批评并进行相应处罚，以约束企业行为，引导企业转变参与社区治理的观念，积极履行社会责任。[②]

（三）强化监督

强化舆论监督，构建多主体、多层次的监督体系。社区是企业赖以生存

---

① 李新颖：《试析政府在企业社会责任建设中的作用》，载《人民论坛》2013年第29期。
② 饶冠俊：《基于法律视角下的企业社会责任》，载《商场现代化》2011年第2期。

和发展的外部环境,除了基层政府的监督之外,社区居民也应对企业参与社区治理发挥监督作用。同时,还应充分发挥消费者协会、工会等社会群体组织的舆论监督作用,形成多层次、多渠道的监督体系。①

主要参考文献

[1] D. Fudenberg, B. Holmstrom, P. Milgrom, Short-Term Contracts and Long-Term Agency Relationships, *Journal of Economic Theory*, No.1, 1990.

[2] J. A. Mirrless, The Optimal Structure of Incentives and Authority Within an Organization, *Bell Journal of Economics*, No.1, 1976.

[3] M. Clarkson, A Stakeholder Framework for Analyzing and Evaluating Corporate Social Performance, *Academy of Management Review*, No.1, 1995.

[4] M. M. Blair, For Whom Should Corporations Be Run? An Economic Rationale for Stakeholder Management, *Long Range Planning*, No.2, 1998.

[5] M. M. Blair, *Ownership and Control*; *Rethinking Corporate Governance for the 21 Century*, Brookings Institution Press, 1995.

[6] M. Spence, R. Zeckhauser, Insurance, Information, and Individual Action, *American Economic Review*, No.2, 1971.

[7] R. E. Freeman, Strategic Management: A Stakeholder Approach, *Journal of Management Studies*, No.2, 1984.

[8] R. K. Mitchell, D. J. Wood, Toward a Theory of Stakeholder Identification and Salience: Defining the Principle of Who and What Really Counts, *The Academy of Management Review*, No.4, 1997.

[9] S. A. Ross, The Economic Theory of Agency: The Principal's Problem, *American Economic Review*, No.2, 1973.

[10] S. J. Grossman, O. D. Hart, An Analysis of the Principal-Agent Problem, *Econometrica*, No.1, 1983.

[11] S. J. Grossman, The Costs and Benefits of Ownership: A Theory of Vertical and Lateral Integration, *Journal of Political Economy*, No.4, 1986.

[12] W. C. Frederick, Business and Society, Corporate Strategy, *Public Policy*, No.6, 1988.

---

① 邵兴全、胡业勋:《企业参与社区治理的角色重构与制度安排研究——基于多元合作治理的分析框架》,载《理论与改革》2018年第3期。

[13] W. P. Rogerson, The First-Order Approach to Principal-Agent Problems, *Econometrica*, No.6, 1985.

[14] 蔡小慎、潘加军:《制度经济学视角下的城市社区管理体制创新探析》,载《求实》2005年第3期。

[15] 陈鹏:《城市社区治理:基本模式及其治理绩效——以四个商品房社区为例》,载《社会学研究》2016年第3期。

[16] 陈伟东、李雪萍:《社区治理主体:利益相关者》,载《当代世界与社会主义》2004年第2期。

[17] 董治佑:《整体性治理视角下的整体性社区构建》,载《华中师范大学研究生学报》2018年第1期。

[18] 付春华:《社区多元共治模式中主体的"权利"与"权力"研究》,载《兰州工业学院学报》2016年第5期。

[19] 高克平:《华东理工大学奉贤校区图文信息中心》,载《上海高校图书情报工作研究》2011年第3期。

[20] 高胜民:《公共服务——幸福中国的平台》,载《魅力中国》2013年第23期。

[21] 高瑜:《公共服务下社区:我国城市基层社会管理体制创新的路径选择》,载《中共南昌市委党校学报》2013年第3期。

[22] 郭利平、应晓平:《关于建立城乡一体社区管理体制的思考》,载《新农村》2012第5期。

[23] 韩佳佳:《我国现代中等城市的城市管理体制研究》,浙江大学2012年硕士论文。

[24] 何海兵:《我国城市基层社会管理体制的变迁:从单位制、街居制到社区制》,载《管理世界》2003年第6期。

[25] 贾生华、陈宏辉:《利益相关者的界定方法述评》,载《外国经济与管理》2002年第5期。

[26] 解红晖:《城市基层政府与社区自治组织的良性互动关系》,载《社会科学家》2013年第1期。

[27] 李剑怆:《发展社区社会组织,提高政府服务效能》,载《商》2013年第8期。

[28] 李新颖:《试析政府在企业社会责任建设中的作用》,载《人民论坛》2013年第29期。

[29] 李政、邱德荣:《风险投资中的委托代理关系分析》,载《科教导刊(中旬刊)》2011年第5期。

[30] 刘珈宁:《浅谈现代企业管理中代理问题》,载《理论界》2012年第7期。

[31] 马海韵、张晓阳:《非政府组织参与公共危机治理的研究》,载《南京工业大学学

报(社会科学版)》2012年第2期。

[32] 潘修华、龚颖杰:《社会组织参与城市社区治理探析》,载《浙江师范大学学报(社会科学版)》2014年第4期。

[33] 曲孝丽:《优化社会组织发展环境》,载《中国社会组织》2013年第3期。

[34] 饶冠俊:《基于法律视角下的企业社会责任》,载《商场现代化》2011年第2期。

[35] 邵兴全、胡业勋:《企业参与社区治理的角色重构与制度安排研究——基于多元合作治理的分析框架》,载《理论与改革》2018年第3期。

[36] 申明昱:《经济法主体权利(权力)的界定》,载《商》2013年第10期。

[37] 王佃利:《城市治理体系及其分析维度》,载《中国行政管理》2008年第12期。

[38] 王淑玲:《人民团体要积极参与社会管理创新》,载《领导之友》2012年第3期。

[39] 王新松:《国家法团主义:新加坡基层组织与社区治理的理论启示》,载《清华大学学报(哲学社会科学版)》2015年第2期。

[40] 王志国:《试论我国社区治理中的委托代理结构》,东北大学2006年硕士论文。

[41] 徐延辉、龚紫钰:《城市社区利益相关者:内涵、角色与功能》,载《湖南师范大学社会科学学报》2014年第2期。

[42] 杨博睿:《试析委托—代理理论在我国行政管理领域的应用》,吉林大学2004年硕士论文。

[43] 杨君、徐选国、徐永祥:《迈向服务型社区治理:整体性治理与社会再组织化》,载《中国农业大学学报(社会科学版)》2015年第3期。

[44] 叶璇:《整体性治理国内外研究综述》,载《当代经济》2012年第6期。

[45] 尹浩、陈伟东:《整体性社区:城市基层社会治理的可行性分析》,载《深圳大学学报(人文社会科学版)》2015年第6期。

[46] 曾映明、查竞春、何少东:《英国的社区治理》,载《特区实践与理论》2010年第2期。

[47] 张会霞:《城市社区政府与社区组织之间的新型互动关系》,载《中国集体经济(下半月)》2007年第2期。

[48] 赵蜀蓉、陈绍刚、王少卓:《委托代理理论及其在行政管理中的应用研究述评》,载《中国行政管理》2014年第12期。

[49] 朱保全:《物业服务发展之万科思考》,载《中国物业管理》2011年第12期。

[50] 朱喜群:《社区冲突视阈下城市社区多元治理中的权力博弈——以苏州市D社区更换物业公司为考察个案》,载《公共管理学报》2016年第3期。

[51] 邹丽琼:《美国城市社区治理及其启示》,载《北京城市学院学报》2009年第1期。

第五章

城市社区治理中的市场力量

当前我国城市治理的"政府—社会—市场"三维框架中,市场力量①在多元治理结构中被长期忽视,对社区治理主体背后的市场行为与运行机制更是语焉不详。事实上,市场配置资源是市场经济的普遍规律,也是城市社区治理需要遵循的基本准则。本章主要回答如下基础性问题:城市社区治理中的市场作用机制是什么?主要的市场化工具有哪些?如何优化城市社区的治理路径?通过回答这些问题,以期丰富我国城市治理的理论和实践,构建符合社会主义市场经济规划的城市社区治理体系。

第一节 城市社区治理引入市场力量的必要性

城市社区治理实践中存在一个认识误区,即市场力量与社区治理之间存在天然的排斥性。社区治理是一项公共性的公益性行为,而市场主体逐利的本性与之"格格不入"。事实上,除了公共性质的服务事项之外,社区服务还包括可经营性服务部分,它具有福利性和经营性的双重特征。社区提供公共服务时,引入市场机制可以降低政府服务成本,构建政企合作伙伴关系。② 对可经营性服务,市场机制在提高资源配置能力和提供优质服务上,都将发挥独特的优势和有效作用。③ 无论是从需求侧还是从供给侧看,市场行为均是提高城市社区服务质量和提升城市社区治理效率的重要保障。

---

① 这里所指的市场力量,不仅包括在社区开展活动的社区内企业,还包括直接服务于社区治理的专业机构。
② 李雪萍:《论城市社区公共产品的准市场机制供给》,载《华中师范大学学报(人文社会科学版)》2009年第3期。
③ 王名:《社会组织论纲》,社会科学文献出版社2013年版,第16页。

在需求上,市场将满足居民日益多样化的发展型服务需求,深化城市经济的专业化分工体系。伴随城市化进程的加快,社区居民物质、文化和生活需求日益多元化。党的十九大报告指出,中国社会的主要矛盾已转变为人民日益增长的美好生活需求和不平衡不充分的发展之间的矛盾。上海市静安区"创新社区治理"50个金点子之中,有29个项目并非城市基本公共服务,而是涉及儿童和青少年、微型公益事业、微型志愿者、微型集市、环境保护、宠物等社区发展型服务。一方面,市场遵循"以顾客为中心"的经营理念,充分满足顾客的多元、个性化需求;另一方面,市场拥有专业化的服务技术、人员队伍、营销渠道和方案管理等,是满足社区发展型服务、提升居民获得感和驱动城市社区治理专业化的重要保障。

在供给上,市场将有效拓宽社区服务资源获取渠道,提高社区公共产品供给效率,推动城市社区治理现代化。当前,我国市场经济仍不发达,地方公共服务呈现出政府主导的单一化供给模式,市场机制面临严重挤压。即便地方公共产品供给改制较早的广东,相对于政府直接供给公共产品,由非公共部门供给的地方公共产品规模仍微不足道。[①] 然而,引入市场组织、遵循市场机制,既可有效开发利用社区外资源,解决社区建设资源不足和资源分散的问题,还可以改善社区服务质量。例如,我国在智能社区建设过程中,通过市场主体解决了物联网、人脸识别和传感器等领先技术的引入,既克服了政府购买难度较大且成本较高的问题,还促动了建立社区服务业[②]新业态,打破了政府对公共服务和管理的垄断地位,社区居民的选择权和企业的自主权得以大大提升,社区治理效率不断提高。

第二节 城市社区治理的市场关系与市场主体

一、市场关系

城市社区涉及多元化的主体,当市场场域下制度体系融入城市社区后,

[①] 郭剑鸣:《公共服务供给主体多元化的理论与现实路径——以广东公共服务业多元化发展为例》,载《汕头大学学报(人文社会科学版)》2005年第3期。

[②] 社区服务业不仅包括由社区居委会、公益组织和社区志愿者提供,并显示具有明显公共、公益和非营利特征的服务形式,还涵盖了由其他市场主体投资兴办的、以满足不同的居民需求的商业性特征服务。就其服务对象而言,不仅包括"孤老残幼、优抚对象"等特殊群体,也包括一般社区成员,兼具福利性和经营性双重特征。

通过机制运行和规范约束改变了居民的行为逻辑,重构了城市社区治理中的市场关系。城市社区包括两大类型的新市场关系:一是社区开发商(房屋建筑商)和住房所有者(购房者)之间的市场关系;二是社区治理中的所有者与物业公司之间、租户与所有者之间、各种社区服务提供者与社区居民需求者之间的交易契约关系。尽管两类市场关系都是基于平等民事关系的交易,但开发商和住房所有者间的交易维持时间长,且涉及贷款和担保等延伸性的市场行为。在我国城市住房制度改革影响下,开发商、住房所有者间的契约关系与社区治理过程中的住房所有者、物业公司间的契约关系直接相关。即使在住宅小区销售期间的物业公司早期阶段,开发商、住房所有者和物业公司之间已形成相关的合约关系。

二、市场主体

近年来,市场力量和市场主体逐渐参与到城市社区公共事务的决策和管理中。除物业公司等典型社区治理主体外,专业社区服务运营商、社区社会企业、社区非营利组织等众多主体借助市场力量参与社区治理,重构了新型社区治理的市场主体结构。

(一)物业公司

作为最重要的市场经济主体,企业是城市社区治理市场化的重要参与者。[①] 伴随我国房地产业的发展,物业公司逐步兴盛并成为城市社区治理中最典型的市场主体。单位制下,物业管理是单位为居民提供的可免费享受的社区福利。随着住房制度改革的推进,物业管理和社区管理发生了巨大的变化。[②] 物业公司在社区治理中的角色越来越重要。住房所有者(业主)作为物业所有权人,委托物业经营者按照合同或者契约方式统一管理社区并提供相关服务,在市场经济中两者是平等的主体交易关系。在社区范围内,物业公司提供的产品和服务主要有:房屋维修及设备管理、安全管理、环境管理及其他特约性或兼营性服务。目前,我国物业公司主要包括改制型、房地产商附属型、专业型三种类型(见表5-1)。

[①] 田祚雄、杨瑜娴:《主体再造:推进城市治理体系现代化的关键》,载《学习与实践》2015年第7期。

[②] 肖娟娟:《公共选择理论在社区物业管理中的应用》,载《商业时代》2011年第3期。

表 5-1 物业公司的类型

公司类型	具体内容
改制型	由政府机关和国有企事业单位直属的住房管理部门改制而来
房地产商附属型	通常是房地产商的子公司,由房地产商自己招聘,它的资金来源和运营方面主要受房地产商的影响
专业型	一般为新成立的专业物业公司,拥有独立自主的经营权,按照市场化运作机制进行管理。该类型企业一般是由房地产商进行委托,由业主或业主委员会以招投标的形式选择具体企业,并设定相应的管理费用

资料来源:本书作者自行研究整理。

(二)专业社区服务运营商

随着现代信息技术的不断成熟,为满足社区居民日益多样化的需求,企业开始转变服务理念,向专业化的服务集成商和社区服务运营商转型,并向现代服务业转型升级,对传统的物业公司通过互联网进行重组,将实体社区打造成一个基于大数据的互联网平台,形成以社区为客户端的社区服务产业群。[①] 社区服务产业的发展战略是,面向社区居民衣、食、住、行、娱、购、游七个方面的服务需求,打造社区服务全产业链,业务领域广泛,涉及社区金融服务、住宅社区服务、国际商业物业及度假村物业营运、社区文化旅游、社区养老、社区教育及其他增值服务等,力求以互联网思维和信息化谋求转型,创建综合社区服务平台(O2O),创新社区服务模式和商业模式,合理分配和优化各类社区服务资源,疏通服务渠道,满足社区业主日益多元化的需求,降低人力资源成本,创造新利润点。[②] 例如,天骄爱生活服务集团在房地产开发过程中将传统物业管理升级为社区生活服务运营商,以"物业管理+互联网"思维为基础,植根社区经营,为全国中高端社区打造"小A智慧物业平台",将业主、物业、服务商三者有机地融合在一起,营建一个共生共荣的社区生态圈。

(三)社区社会企业

社区社会企业作为一种新型的社会组织,通过企业策略和商业原则来满

[①] 王杰秀、何立军:《社区治理创新的"武汉经验"——武汉市社区治理创新调研报告》,载《中国民政》2015年第1期。

[②] 陈春兰:《沪东建设——从传统物业管理向社区服务运营商转型》,载《软件产业与工程》2015年第2期。

足社区公共利益,是具有社会、市场和公共政策"三重底线"的社会组织。[①] 在市场价值上,社会企业具有明确的竞争导向、风险意识和创新精神,以市场规则为社区提供运转资金保障;在社会价值上,通过整合市场资源,社会企业为社区弱势群体、老年人、贫困家庭儿童等提供产品、服务和工作机会,并且在自身运营过程中,通过直接支持或赞助慈善组织,增强社区居民间的社会信任,约束市场主体的功利性行为,避免市场侵蚀社区社会企业。

欧美等发达国家非常重视社区社会企业的发展,在社区治理实践中,涌现出以下类型的社会企业:(1) 社会化小企业发展中心,主要为获得资助的小企业按规定提供免费服务,也可在规定之外提供有偿性服务;[②](2) 社区化的企业投资公司,主要为社区范围内的小企业提供创业资本支持;(3) 社区开发公司,为社区范围内的社会企业提供土地、厂房等债务融资;(4) 社区微型贷款中心,主要是为了服务社区范围内的妇女、儿童、退伍军人所创办的企业提供小额债务融资[③],其对扶贫和构建社会文明具有重要意义;[④](5) 社区型的小企业担保公司,如美国鼓励社区组织和企业、政府建立合作伙伴关系,并支持社区社会企业参与和政府有关的社区开发项目。近年来,随着社会企业理念的引入,我国社区社会企业在城市社区治理中的应用不断兴起。如上海的"十二邻"剧场,该社区社会企业主要为社区提供养老服务;云南昆明的"阿布社区绿色生活馆",主要通过开展社区低碳创意活动倡导社区绿色生活。

(四) 社区非营利组织

非营利组织是社区建设的中坚力量,在社区和社会协调发展中扮演重要角色。西方发达国家非常重视社区发展公司、专业社会工作机构等非营利组织在社区治理中发挥的作用。[⑤] 一方面,社区非营利组织的蓬勃发展,能够促

[①] 〔比〕马尔特·尼森主编:《社会企业的岔路选择:市场、公共政策与市民社会》,伍巧芳译,法律出版社2014年版,第13页。

[②] P. F. Korsching, J. C. Allen, Locality Based Entrepreneurship: A Strategy for Community Economic Vitality, *Community Development Journal*, No. 4, 2004.

[③] 侯玉兰:《非营利组织:美国社区建设的主力军——美国非营利组织的调查与思考》,载《北京行政学院学报》2001年第5期。

[④] A. Das, Slum Upgrading with Community-managed Microfinance: Towards Progressive Planning in Indonesia, *Habitat International*, No. 4, 2015.

[⑤] 侯玉兰:《非营利组织:美国社区建设的主力军——美国非营利组织的调查与思考》,载《北京行政学院学报》2001年第5期。

进社区管理中政府组织、市场组织和非营利组织形成良好的互信合作关系，促使其自身在社会服务、社区参与、社区稳定等领域与其他组织相互补充，相得益彰；[①]另一方面，非营利组织具有典型的外部资源依赖特征，通过采取市场导向性战略，可降低其对外部环境要素的依赖性，并对组织绩效产生积极影响。[②] 政府在购买社区社会服务的过程中，也充分利用了市场竞争作用机制，以招投标方式将政府承担的社区服务内容转移给非营利组织；再基于服务效果和质量决定购买数量及服务基金的投资，以引导社区非营利组织的发展方向。

第三节　城市社区治理的市场运行机制

根据组织理论，机制是提升某一类社会实体整体有效性的根本途径，它更为全面地反映了主体之间深层次和本质性的联系和作用规律。在治理理论中，市场机制为社区筛选出合适主体为社区居民提供优质服务，扮演着一个使公共利益最大化和使治理效果最优化的角色。[③] 引入市场机制已经成为城市社区治理的创新之举。例如，湖北省武汉市高度重视社区治理工作，百步亭社区已经成为我国社区治理的样本，被评为"全国文明社区示范点"和"全国城市物业管理优秀示范小区"。2014年，民政部政策研究中心在武汉市社区治理调研的经验总结上指出，引入市场机制，充分发挥市场主体作用是武汉市社区治理的创新做法。进一步说，城市社区治理的市场化运作需要制度可许性、经济营利性和操作可行性。[④] 我们将应用于城市社区治理实践的市场机制概括为权力下放机制、价格与竞争机制、契约机制、信用机制、信息披露机制以及评估与监管机制等六大机制。

---

① 赵巍：《社区发展中的社区非营利组织：地位与功能》，载《燕山大学学报（哲学社会科学版）》2006年第4期。
② 胡杨成、蔡宁：《资源依赖视角下的非营利组织市场导向动因探析》，载《社会科学家》2008年第3期；胡杨成、蔡宁：《非营利组织市场导向与组织绩效的关系研究》，载《管理学报》2009年第8期。
③ 刘杰、朱格佳、邹英：《市场主体参与社区治理的机制与实践——基于百步亭"红色物业"的案例分析》，载《江汉大学学报（社会科学版）》2018年第1期。
④ 孙涛、刘凤：《转型期城市基层治理：机制、逻辑与策略》，载《学海》2016年第5期。

一、权力下放机制

(一)运行逻辑

权力下放是一个分散决策的过程,目的是将执行权力进行分解,给予被授权的下级组织更多自主权。西方发达国家中比较有代表性的是英国"下一步行动方案"和新西兰的公司化改革。福利多元主义主张"分权化",倡导将福利服务的行政权力从中央政府转移到地方政府。同时,从地方政府转移到基层政府,从公共部门转移到私营部门。[①] 这里的分权化机制不仅包括公共服务从中央向地方转移,还包括从地方政府向基层社区下放权力,凡是法律未明文禁止的都可以运用市场机制来经营运作。为保证城市社区治理主体参与社区公共服务市场,需建立中央、省、市、区县(市)、街道(镇)、社区的权力逐级下放机制,以增加基层组织对资源、服务和管理的权限,缩小政府服务半径。我国台湾地区的"多元参与主体型"社区服务体系就是一个很好的例子,权力下放使得非政府组织、市场组织在社区治理过程中具有更大的自主权与业务空间。例如,大量的大中型企业、民间团体组织与行业协会、基金会等纷纷投入社区服务领域,充分发挥各自专业人员、资金、模式、品牌、组织等方面的优势,塑造了一个别具特色的台湾社区市场参与服务的成功范例。[②]

(二)存在的问题

当前我国社区服务的提供模式仍以政府为主导,社区行政化、非专业性特征明显。例如,依托房地产开发商的物业管理企业,行业准入门槛低,因相关法律法规不完善,在公司成立、运营领域缺乏系统性监督,导致物业管理企业参差不齐,服务水平较低。此外,社区市场对品牌连锁企业(专业化的社区服务运营商等)、外资企业等的准入门槛较高;政府对参与社区公益项目的小微企业的扶持政策力度较低;工商部门对社区服务业领域的创业企业在注册资金、从业人数、办证手续等方面程序繁杂,导致城市社区治理的市场主体培育功能弱化,且未建立准入、运行与退出的联动机制。因此,必须深化政府职

[①] 彭华民、黄叶青:《福利多元主义:福利提供从国家到多元部门的转型》,载《南开学报(哲学社会科学版)》2006年第6期。

[②] 《台湾社区服务发展及其启示》,http://gzmzw.gov.cn/n111/n168/c17955/content.html,2015年1月12日访问。

能改革和基层政权建设，对社区市场主体准入门槛逐步放松管制，改变社区服务对政府的依附关系，引入市场组织承担社区服务的具体运营，以确保社区的福利性与公益性。①

二、价格与竞争机制

（一）运行逻辑

价格与竞争是最基础的市场作用机制，它通过影响消费者行为、市场结构和资源获得等途径调节资源配置。在城市社区治理中，引入价格与竞争机制能激发活力，提升档次，合理配置资源，推动社区经济发展与转型。

首先，价格与竞争机制能够降低民生服务成本。如以社区为基础的便民商业服务（如餐饮、修理等）、家政服务、养老服务、医疗服务、教育服务、中介服务、金融、法律、咨询及其他社区服务，应根据不同的服务类型和公共产品性质采取差异化定价策略。上海浦东新区罗山市民会馆的公共服务分级定价策略就具有市场合理性（见表 5-2）。此外，对维修、家政、洗衣等社区生活服务的存量市场，可引入多个市场主体提高行业的竞争关系，提高社区服务市场的透明度，敦促企业主体提高服务质量、意识和效率，达到动态调整服务价格的效果。其次，市场力量依靠自由竞争机制的作用，更加重视社区居民需求和市场的协调，有利于更合理配置资源和加快社区基础设施、社区商业设施建设。最后，市场的优胜劣汰机制具有积极效应，一方面，可针对社区当前最核心最急迫的问题进行优先组织，如创建公共市场、缓解就业、吸收社区新移民和提供健康食品等；②另一方面，为有能力为社区提供优质服务产品的生产者进一步提高激励增加保障。基于此，越来越多的政策制定者正在寻求运用市场中的价格和竞争机制，激发社区治理活力，实现社区可持续发展。③

---

① 贾维周：《福利多元主义视角下的城市社区服务》，载《重庆职业技术学院学报》2003 年第 4 期。

② 贺建军：《社区发展的角色困境及其解决路径——一种社会企业的观察视角》，载《浙江社会科学》2015 年第 4 期。

③ J. David, Hendrickson, Chris Lindberg, Sean Connelly, et al., Pushing the Envelope: Market Mechanisms for Sustainable Community Development, *Journal of Urbanism International Research on Placemaking & Urban Sustainability*, No. 2, 2012.

表 5-2　上海罗山市民会馆的社区公共服务分级定价策略

类别	具体内容
第一类 全额补贴	社区居民求助热线、服务查询、法律咨询、健康咨询、社会保障咨询、心理咨询、户外活动、体育比赛、棋牌类、书报刊阅览、唱歌俱乐部、操练、晚会等
第二类 差额补贴	老人居家护理和托老服务、下岗职工社区护理培训、文化广场生活用品调剂等
第三类 持平	家政服务、出诊、医疗站、社工培训、评弹、图书租借、有声读物等
第四类 微利	老人家庭院舍打扫、托儿服务、钟点工服务、餐饮服务、家电修理、管道装配、钥匙开锁、钢琴教育、艺术教育、文化教育、计算机培训、职业培训、生育咨询、健身房等，根据不同类型市场定价标准，制定相应的公共服务收费标准

资料来源：杨静：《公共服务产品的价格形成机制及定价策略》，载《科技创业月刊》2006 年第 5 期。

（二）存在的问题

居住社区具有集体消费性质和公共服务属性，引入价格与竞争机制的同时，离不开企业家的社会责任感。市场准则与社区公共服务经常发生冲突，加之信息不对称、不完全竞争、外部性等因素，许多商品房社区会不同程度地出现市场失灵现象。张国平研究指出，市场机制推广到社区时，往往会忽视公平、价值等目标的实现。[1] 市场主体在利润最大化、成本最小化的驱动下，只愿意提供经济利益最高的社区服务，对其他公益性、利润空间小的社区服务采取规避态度。例如，商业银行并不会因社区低收入群体的信贷要求非常强烈而降低信贷门槛；带有商业性质的老年人护理公司也不情愿对没有支付能力的社区老年群众免费提供服务。因此，基于市场化的价格与竞争机制的社区服务供给可能导致社会公共服务的等级化和公益化服务不足。

三、契约机制

（一）运行逻辑

契约（或合约）是指双方或多方之间共同签订的协议文书，一般包括契约签订各方之间的权利和义务，以规范各方行为进而形成交往秩序。在市场经济体制中，一切经济生活必须以契约的形式来呈现，社会契约机制发挥着重

---

[1] 张国平：《特征与启示：英国社区发展政策与实践》，载《北京规划建设》2016 年第 1 期。

要的杠杆作用。① 城市社区治理作为一种社会行为,也应受到市场契约机制的影响和制约。在社区存续的过程中所涉及的各主体之间的契约关系,是整个契约机制运行的基础所在。总的来说,城市社区治理的契约机制主要包括信号传递契约机制、质量契约机制、价格契约机制、道德风险和激励契约机制等(见表5-3)。

表5-3 城市社区治理的契约机制类型

契约机制类型	具体内容
信号传递契约机制	在整个城市社区中,市场主体的准入并非不加限制,为此,市场主体之间需通过竞争获得入驻社区的资格,需要向社区服务需求方和政府监管部门发出信号,以表明自己具有专业能力参与到城市社区治理中,并提供高质量的社区服务
质量契约机制	社区服务需求方希望得到高质量的社区服务,而服务供给方的高质量服务供给往往需要更高的成本支出,因此需要双方分析质量博弈行为,探讨双方质量政策决定问题
价格契约机制	价格契约机制指的是社区主体交易双方通过合理的定价策略,其中成本可作为修正契约单方或者双方行为的重要工具
道德风险和激励契约机制	道德风险和激励契约机制在政府与社区治理市场主体之间形成的委托代理关系中最为常见,由于双方的努力程度通常不可观测,所以不仅要考虑单边的败德行为也要考虑双边的败德行为,并设置可供选择的一套激励补偿方案

资料来源:本书作者自行研究整理。

(二)存在的问题

当房地产业市场化后,很多房地产开发商愈发关注物业板块,纷纷开始设立所属的物业管理子公司,使得信号传递契约机制尚未充分建立起来。尤其是物业管理行业进入门槛较低,但服务内容却极为广泛,相对于业主及业主委员会,物业公司一般都比较强势,具有话语权,不论是业主还是消费者,均处于先天弱势地位。因此,不平等的市场主体身份对于市场经济的规律与逻辑践行产生不利影响。一旦由市场主体间权利和义务支撑的市场规则不能按照市场规律运作,那么调节市场关系的制度体系也会失灵,主体之间的矛盾将不可避免地蔓延至社会。各地频繁发生的业主和物业公司之间的摩

---

① 吕俊生、杨金风:《从身份自律到契约机制——"契约信息服务"的实证分析》,载《图书情报工作》2006年第9期。

擦、矛盾、纠纷等不断升级的背后,往往就是由于市场主体之间的契约关系责任主体不平等引起的。① 此外,目前对物业公司的服务规范和标准等政策仍不完善,导致社区服务质量良莠不齐,增加了质量契约机制的构建难度。在包干制的物业管理与服务活动中,业主与物业公司建立的契约关系并不可能完全解释社区治理实践中的所有事项,常常存在不照章办事和道德风险行为,甚至还出现业主委员会和物业公司勾结谋取利益的情况。

四、信用机制

(一) 运行逻辑

信用是市场经济的基础②,信用机制不仅是经济主体在长期交往基础上形成的相对稳定的行为规则,也是社会系统对人与人之间利益关系调整的一种制度安排。③ 构建良好的信用机制可减少成本、加强合作各方的责任感,同时减少各种风险发生的可能。在城市社区治理的语境下涉及的信用主体主要有政府机关、物业公司及专业社区综合服务运营商等典型市场主体,以及社区居委会、社区业委会、社区居民等。其中,政府在社区信用体系建设中主要发挥社区组织实施、提供相关政策扶持和诚信氛围营造的作用;而市场主体主要是做好经营和管理、维护市场秩序、提供资金投入、进行项目互动和合同履行;社区居委会等主要负责提升社区居民的诚信意识、提高诚信体系建设的参与度。④ 例如,贵州贵阳高新区、白云区颁布实施《白云区社区信用体系建设实施方案》《白云区社区居民信用信息管理办法(试行)》《白云区社区居民信用评分标准(试行)》等文件,推出社区"诚信森林体系建设",以"诚信政府、诚信企业、诚信居民"为生态树主体,以"诚信卡"工程、诚信优先优惠工程、失信教育惩戒工程、诚信文化建设工程、诚信大数据工程五大工程为支撑,培育出"诚信树",最后连片成林,实现诚信森林建设。⑤

---

① 褚松燕:《城市社区治理中的关系与逻辑及其整合》,载《探索与争鸣》2017 年第 4 期。
② 汪劲:《市场经济体制下的信用制度及其运行机制——国外信用制度介绍和比较》,载《经济社会体制比较》2002 年第 3 期。
③ 郭志光:《电子商务环境下的信用机制研究》,北京交通大学 2012 年博士论文。
④ 民政部指出,2018 年年底前全国所有居委会将具有自己的统一社会信用代码,指导各地制定基层群众自治组织权责清单,这将进一步夯实社区信用体系的基础,深入推进社区减负增效。
⑤ 《高新区白云区全力推进诚信体系建设夯实社会治理基石》,http://www.gywb.cn/content/2016-04/01/content-4762669.htm,2016 年 4 月 8 日访问。

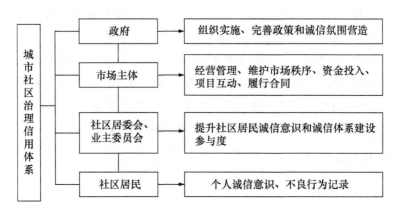

图 5-1 城市社区治理信用体系

资料来源：本书作者自行研究整理。

（二）存在的问题

目前，在我国城市基层治理的实践中，社区治理主体的职能定位不明确，各主体间的信息共享程度低、市场灵敏度不够、交易环节的信用意识淡薄，城市社区治理主体之间可能出现期望过高或者误解某一主体不作为的情况，导致主体之间信任度降低，不利于社区信用机制的良好运行。从政府角度看，一方面政府机关及其派出机构对社区问题的处理方法不灵活，未及时向服务型政府转变；另一方面，一些社区居民对政府权威及其管控行为已经形成思维定式，容易对基层政府产生误解和不信任的情况。

此外，在观念中社区居民会认为，随着市场化程度不断提高，采取市场化经营方式的服务企业（如物业公司），会强化谋利性行为，追求利润最大化而非服务质量最优化。在普通民众的价值观中已默默形成企业的逐利性与社会服务之间的认知矛盾，而认为企业无法兼顾利润导向和公共服务最大化，由此导致双方之间形成一种恶性循环。反过来，在这种漩涡中，社区服务的市场主体也因此逐渐降低了对居民的信任度，导致物业公司努力提供服务却无法收回物业费、居委会努力工作也无法令每一位居民的需求得到满足，甚至还存在少数恶意妨碍社区治理的居民，导致相互间的信任感都不断降低。[①]

---

① 萧鸣政、唐秀锋、郭晟豪：《我国城市社区治理存在的问题及其改革建议——以北京市的样本调查为基础》，载《福建行政学院学报》2017年第5期。

五、信息披露机制

(一) 运行逻辑

参与社区治理的市场主体与社区利益相关者之间往往存在信息不对称的现象,社区利益相关者对于市场主体的组织内部信息通常难以充分获得。因此,加强对物业公司、专业化的社区综合服务运营商、社区化社会企业等市场主体的信息披露,有利于利益相关者更好地进行行为决策与监督。

根据不同的披露形式,信息披露可以分为自愿性信息披露和强制性信息披露两类。自愿性信息披露是指,不同市场主体基于组织形象、管理者声誉、赢得社区消费者满意等目的,通过网站不定期活动报告、媒体新闻报道等形式,对外披露信息;强制性信息披露则是指,按照不同市场主体会计准则和有关法律法规要求进行的信息披露行为,其制度设计的总体思路需满足"激励"和"相容"两大原则,即参与社区治理的市场主体执行强制性信息披露的收益高于机会成本。颜克高、陈晓春指出,信息披露机制不仅包括不同类型的信息披露形式,而且还包括信息分析与共享、奖励与惩罚等(见图5-2)。此外,城市社区治理具有很强的社会性,这要求市场主体(尤其是社区社会企业)进行企业社会责任信息披露,提供对社区服务的履行情况,提高企业经济活动的社会效益,最大限度地实现对社会的净贡献。[1]

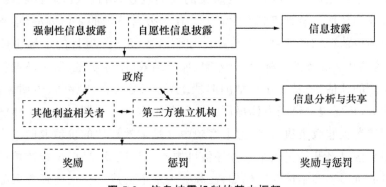

图 5-2 信息披露机制的基本框架

资料来源:颜克高、陈晓春:《非营利组织信息披露机制的理论构建》,载《华东经济管理》2010年第12期。

---

[1] 罗金明:《企业社会责任信息披露制度研究》,载《经济纵横》2007年第11期。

(二) 存在的问题

当前在物业管理服务与房地产开发混业经营体制下(少量的物业服务企业独立运营)的固有运作逻辑仍然存在。尤其是物业公司对物业管理费、装修保证金、商业设施收益等信息明细披露较少,与社区业委会的矛盾突出。随着资本与"互联网+"对企业的冲击加大,众多市场主体开始通过上市融资、收购、托管等方式加快企业转型,开展社区O2O增值服务,拓宽业务规模。但现实生活中仍然有不少上市公司在信息披露中出现信息虚假、信息披露不充分、信息披露滞后等违规现象,一旦公司管理不善,会在短时间内大量退出,导致社区管理服务变为无人接管的"烂摊子",给城市社区治理埋下很大隐患。因此,在当前社区O2O发展模式尚处于起步阶段时,应该及早引导和规范社区O2O行为,防范企业利用社区资源和市场,为了获取短期利益给城市社区带来治理风险。

六、评估与监管机制

(一) 运行逻辑

引入市场力量并不意味着可以削弱对市场主体的监管,尤其在城市社区公共物品服务领域。为维护社区居民的共同利益,增进社区成员社会福利,建立有效的评估与监管机制非常必要。作为公共管理的主体,政府本身即是社区治理价值评估的主体,其通常会对承担社区服务项目的市场主体的品质、所提供社区服务的目标、执行方案、项目绩效、服务质量、居民满意程度等进行全面的评估、考量。在评估的时段上,可以分为前置评估、中期评估、事后评估等,还要覆盖市场主体提供社区服务的全生命周期。评估主体既不是政策制定者也非政策执行者,追求客观中立是绩效评估的价值取向。当前我国很多社区已经开始引入第三方评估机构参与社区建设,以全程监控社区服务项目的进展和实施情况。例如,江苏省南京市玄武、白下、建邺等区陆续开始建立了"第三方项目质量评估机制",第三方机构对由政府进行支付的服务项目进行服务质量和效果评估。第三方机构不仅提供详细的评估总结和分析报告,还对项目运作中出现的问题提供专业指导,并及时向项目服务单位提出建议和意见。

除此之外,城市社区治理过程中的政府监管和社会监督也不可缺失,政府可以通过信息的公开和数据开放等,提高企业生产经营活动中的透明度,并调动社区居委会、业委会、社区居民等社区市场监督主体的积极性,广泛参与到城市社区治理的市场监管中。例如,四川省成都市构建了基层公开的综合服务监管平台,诸如花园社区、百花社区、和平社区、光华社区、高新区等所辖社区全部统筹纳入其中。平台聚合了政策法规、基层公开、便民服务、沟通互助、监督管理等板块,开始构建市、区、乡镇、社区四级为一体的基层公开综合服务监管网络。

(二) 存在的问题

在评估机制方面,由于缺乏系统的理论指导和技术支持,也没有具体的可量化的评估指标体系,导致许多社区服务项目效果评估流于形式。当前很多社区工作服务项目中的前置评估普遍缺失,关注较多的仅是服务产品输出环节,而缺少对资源提供环节的评估,常常使得政府和市场主体之间缺乏有效的互动沟通,造成项目服务边界模糊,风险单向化承担,未能形成共同的风险分担和应对措施。另外,我国用于城市社区治理市场化运作的相关配套制度还没有跟上,尚未形成健全的评估体制。在监管机制方面,非政府组织之间大多各自为政,独立于政府自行运转,没有形成共同的治理关系。[①] 物业管理与服务的监管配套细则制定滞后,尤其是市、城区、街道办、社区四级的物业服务管理体系不健全,社区O2O增值服务、社区社会企业等各种组织纷纷涌入市场,对此亟待出台相关监管措施以适应市场发展需要。

第四节 城市社区治理的市场化工具箱

在市场条件下,市场化工具是实现城市社区治理目标的核心手段。萨瓦斯将社会公共物品分为私人物品、公共物品、可收费物品和公共资源四种类型,并针对这些不同类型的公共物品提出了政府出售、合同承包、特许经营等十大治理工具。[②] 同理,依照产品属性来分析,城市社区公共物品主要包括私人产品、公共产品、准公共产品以及混合产品,不同的社区产品所属类型应选

---

① 文笑珠:《深圳市宝安区社区治理模式改革研究》,华中师范大学2015年硕士论文。
② 〔美〕E. S. 萨瓦斯:《民营化与公私部门的伙伴关系》,周志忍译,中国人民大学出版社2002年版,第14页。

择不同的市场化治理工具。总体上,当前我国城市社区治理的实践中,诸如民营化、用者付费、合同外包、特许经营、补贴和凭单制、政府购买服务、社区基金会等,依靠发挥市场机制激活的市场化治理工具不断增多。使用这些工具时必须充分考虑不同工具的价值属性、优缺点、适用产品与服务等,以探索多元、有效的市场化工具组合。

一、民营化

民营化是指政府通过承包或出售的方式将自身拥有的职能转交给企业或者私营机构,依靠市场的力量提高生产力。民营化在公共服务及垄断行业领域应用较多,是一种应用非常广泛的政府治理市场化工具。世界上推行民营化最为典型的国家是新西兰、英国和一些欧洲国家。[①] 社区公共产品作为典型的地方性公共产品,也可以将民营化作为市场工具应用到城市社区治理当中,通过实现社区公共事务管理的社会化,打破政府对社区公共服务的垄断,在多元治理主体的共同参与下形成科学的治理机制。

杨蓓蕾等提出[②],根据公共经济学理论,在政府权力下放的过程中,可以通过撤资或者淡出的方式,允许并鼓励私营企业以各种形式参与社区公共服务的投资、建设或经营。例如,在医疗卫生服务领域,服务能力不足是社区医疗的痛点,通过引入市场竞争,民营化已成为社区医疗市场化的重要工具和推进基层医疗社会化落地的重要手段。在我国香港地区,医疗卫生服务系统有大量的私营医院、诊所等私营机构加入,为社区居民提供大量的初级卫生保障服务,尽管收费较高,但高质量的服务使得私人开业医生广受欢迎。2014年,我国社区医疗民营化率达到23%,为社区诊所连锁化发展提供了很好的基础,成为民营社区医疗的先行者。例如,强森医疗在西安、成都、重庆等城市的150多个社区,为10余万个家庭提供36万人次的服务。

通常来说,利用市场体制的"经济原则"与"效率原则",引入私营机构为社区提供公共物品和服务具有如下优点:通过简政放权改革降低成本,缓解政府财政支出压力;提升竞争性,改善服务质量和服务效率;增加社区居民选

---

① 陈振明:《当代西方政府改革与治理中常用的市场化工具》,载《福建行政学院福建经济管理干部学院学报》2005年第2期。
② 杨蓓蕾、孙荣、田磊:《公共经济学视角下的我国城市社区服务民营化探析》,载《马克思主义与现实》2008年第1期。

择机会,增强百姓获得感。但过度依赖民营化则会导致政府公共责任的缺失与创新动力不足,损害社会公平与福利。

二、用者付费

新公共管理运动指出,引入市场价格与竞争机制,能够提高公共部门的效率和效能。在此背景下,以"谁付费谁受益"为表象的用者付费制,开始成为常用的市场化工具之一。实际上,用者付费是指受益者为了取得一定的受益权(通常是获得公共物品和服务的权利)而向公共部门支付一定费用,这是一种成本补偿。[①]

在城市社区治理的实践中,资金不足是制约社区福利性服务供给的共同难题。用者付费制的目的就是将价格机制引入社区治理,以便在参与社区治理的市场主体与政府决策部门之间推动分权的一种结构形式。当然,用者付费并不适用于所有公共物品和服务,它的使用范围存在一定的限定性,适用于准公共物品而非纯公共物品,后者通常具有有限的非竞争性、局部的排他性和部分的不可分割性等特征。例如,社区教育、社区公共图书馆、通信网络、公共交通等社区准公共产品可以根据不同的属性特点,采取用者付费的形式和定价策略,一方面弥补社区服务开支的资金缺口,另一方面也能满足不同社区居民的个性化需求。例如,浙江省温州市鹿城区探索出了一条运用用者付费工具,推进社区服务市场化的好方法。2019年4月,成立了首个投用的示范型街镇养老机构——双屿街道养老服务中心,通过政府主导、企业运作的模式,对于一些基本活动场所、用具等实行免费提供,对于吃、住等部分服务适当的采取收取部分公益性费用的办法,而对于康复护理等则采取市场化收费方式。该方法灵活地运用了市场经济规律,运用盈余资金投入到其他福利性服务,更进一步体现了社会福利的特征。[②]

总体上,用者付费市场化工具的优点是克服了免费提供社区服务所带来的资源配置不合理和浪费现象,通过发挥市场价格机制调节市场需求,提高了资源配置效率。它的缺点是对社区准公共物品和服务定价比较困难,还可

---

① 王建:《我国政府治理中市场化工具的选择与应用》,山东师范大学2013年硕士论文。
② 资料来源:《鹿城双屿新增一家养老服务中心 日常开放并设有临时照料床位》,http://k.sina.com.cn/article_1909829032_71d5ada802000g0u6.html?from=news&subch=onews,2019年4月28日访问。

能增加政府管理成本。另外,使用者的付费能力决定了其获得服务的数量和质量,一定程度上加剧了社区公共服务的等级化和不公平。

三、合同外包

合同外包是指政府与私营部门、非政府组织、非营利组织等签订合同,形成契约关系,将某些公共服务和产品的提供权转移给私营部门等组织。① 在合同承包的形式上,政府部门承担安排者的角色,私营企业等是生产者或服务供给方。通常,政府通过竞争性招标方式来选择社区公共产品生产者或服务提供者,确定哪些公共服务应具有何种生产成本和质量保证。当前城市社区中,以合同外包形式提供的产品和服务主要涉及社区垃圾处理、社区婚介服务、社区职业介绍服务、社区综合服务、呼叫网络、社区绿化等。例如,江苏无锡景渎社区欧典家园一期、二期和三期,以及景西苑等四个小区,以合同外包形式,与中国天楹股份有限公司签订合同,探索社区垃圾分类市场化运作模式。天楹公司全程负责社区垃圾分类的宣传、指导、收集和清运环节,并安排专门运营人员长期驻扎在社区,运营人员中还包括熟悉本社区的退休人员,他们会每家每户上门入户指导如何进行垃圾分类。每户居民设有垃圾分类二维码,运营人员通过扫码为每户居民进行积分,用户可以凭借积分换取礼品。通过这样的市场化运作,社区垃圾总量减少了至少三成。②

另一种常用的合同外包形式是政府保留设施和资产的所有权,允许各类社会机构运营,此种形式被称为"公办民营"。这种形式与租赁不同,私营企业代表政府进行相关的经营活动,并通过经营获得相应报酬,但是在这种情况下私营企业不能将租用的资产用于其他服务。合同外包的优点是承包组织具有更加专业化的技术,拥有更大的灵活性,节省政府开支,提高服务效率;缺点是如果合同招标规范不足会导致出现权力寻租现象,难以控制承包方的服务品质等。③

---

① 李雪萍:《论城市社区公共产品的准市场机制供给》,载《华中师范大学学报(人文社会科学版)》2009年第3期。
② 《社区垃圾分类向纵深化层次探索,景渎社区4小区率先市场化运作》,载《江南晚报》2018年6月29日。
③ 焦庆隆:《我国地方政府公共服务合同外包存在的问题与对策研究》,山东大学2017年硕士论文。

四、特许经营

特许经营在公共部门管理中的应用较为广泛,其在公共物品的生产提供中发挥着重要角色。陈天祥指出,"特许经营是指政府授予某一组织向公众出售其服务和产品的一种权利,这种权利通常是排他性权利"①。特许经营较多适用于自然垄断行业或进入受到限制的行业,在这种方式下,政府成为计划安排者,企业成为商品生产者或服务提供方,消费者(享受服务的人)向生产者或服务提供者付费。除此之外,特许经营通常在政府价格管制下进行,政府保留价格核准权。② 特许经营的方式和模式灵活多样。其中,BOT(Build-Operate-Transfer)即"建设—经营—转让"模式属于主流模式,BT(Build-Transfer)即"建设—转让"模式应用也比较广泛。对于存量项目还可采取 TOT(Transfer-Operate-Transfer)即"转移—运营—移交"模式。这种市场化工具可以运用到社区水电气供应、有线电视、社区垃圾收集和处理、社区文体馆所、公共空间经营等领域。居家养老服务中心、社区服务发展中心、社区卫生服务中心等通常采用 BOT 模式。一般情况下,这类服务中心根据《基础设施和公用事业特许经营管理办法》与项目实施方拟定特许经营协议框架、经营期限,以及期满后的资产处理方式,项目实施方从政府部门、公共部门等服务使用者那里获得资金,待合同期限结束后,资产转移给政府。

特许经营的方式能够让政府从繁杂的社会公共事务中解脱出来,还可以弥补建设资金的不足,促进有序竞争。然而,在市场化过程中,可能因为企业的逐利性行为,以及缺少评估、审计和监督的体系,导致忽视社会责任和公共利益。

五、补贴和凭单制

补贴是指政府以资金、免税或其他税收优惠、低息贷款和贷款担保等形式向生产者提供的补贴。在补贴制下,生产者是各种社会机构,政府选择特定的生产者向其提供补助,消费者从接受补贴的生产者或供应者处购买产品并支付费用。例如,对提供诸如文化、教育、卫生服务、民办社区护理、照顾服

---

① 陈天祥:《新公共管理——政府再造的理论与实践》,中国人民大学出版社 2007 年版,第 25 页。
② 钟利智:《政府治理中市场化工具的建立和运用》,载《城市管理与科技》2006 年第 2 期。

务等社区准公共服务的主体，政府可以资金、免税、低息贷款等形式给予其补贴，使居民能享受到更实惠的服务。补贴的优点是可以降低生产成本，吸引更多市场主体参与城市社区治理，完善社区治理结构；缺点是可能诱发或产生权力寻租和腐败。

凭单又称"证券""代金券""消费券"等。凭单制是一种基于市场的治理工具，通过私人市场凭单完善公共服务供应，其实质是政府公共服务产出的市场化。凭单是政府发给消费者的一种消费券，该券具有价值，但并非现金；接受人群主要是真正需要某类公共服务的特定消费者，它反映的是政府对特定产品和特定消费群体进行的补助。凭单制依据竞争性和支付方式的不同而有所不同。在凭单制下，竞争分为单竞争和双竞争两种类型。单竞争是指凭单制具有内置的竞争机制，即消费方对生产方的选择；双竞争是指除了凭单制内置的竞争机制，还包含提供方通过招投标机制选择生产者的竞争机制。从支付方式上看，凭单制下主要有预支付和后支付两种。预支付指的是以服务券的方式在消费方享受服务前提供给消费方的方式；后支付是指根据诸如消费者提供的能证明服务效果的证据资料为依据，给使用者进行报销或为其支付相应服务费的方式，使用这种方式的目的是进一步提高效率（见表5-4）。

表 5-4 凭单制工具箱

支付方式 \ 竞争性	单竞争	双竞争
预支付	单竞争性公平凭单	双竞争性公平凭单
后支付	单竞争性效率凭单	双竞争性效率凭单

资料来源：季璐，《凭单制购买工具的转换研究——基于江苏省购买农村转移劳动力就业服务个案的分析》，载《河北经贸大学学报》2017年第1期。

目前，凭单制在社区公共物品供应中应用广泛，凭单不仅可以由政府发放，也可以由非营利组织、社区组织等机构发放。凭单可用于食品、住房、医疗服务、儿童保育、家庭护理、文化和娱乐等多个领域。如对有资格享受无偿社区护理服务的老年人，政府提供老年医疗补贴，提供的食品券则可用于一般食品店。目前，我国主要关注单竞争性公平凭单，双竞争性公平凭单和双竞争性效率凭单仍处于探索阶段。在凭单制下，生产者和服务提供方对消费者的回应度高，有利于实现规模经济和培育竞争，使得消费者可以通过自由选择获得更满意的产品与服务。然而,在社区治理中,应用凭单制容易产生诸如成本和收益问题、信息不对称、"胭脂"现象(服务提供商具有偏向于选择最佳或顶尖消费者的倾向)。

六、政府购买服务

政府购买服务是指政府通过公开招标,有针对性地以委托和招标方式将原先政府承担的公共服务责任转移给社会组织、企事业单位等。政府购买服务有助于提高公共服务供给质量和财政资金使用效率,改善社会治理结构,满足公众的多样化和个性化需求。[①] 购买服务的主要运作模式为"市场运作、政府承诺、项目委托、合同管理、评估和兑现"。政府采购对促进社区服务工作市场化、专业化和系统化发展,并提高人民生活质量具有重要意义。政府购买服务既发挥了传统社区服务工作的整体性优势,又可针对每个服务对象的具体化、个性化特点,实现点对点、人对人的服务工作创新。[②] 在城市社区治理中,政府购买服务的主要领域包括:安全运营,如社区智能平台建设;低保调查、社区调研课题等;社区居民的部分生活服务,如老人护理、社区活动和家庭护理服务等。根据法律法规,政府采购服务主要使用三种方法:政府采购、公益创投和自行委托。政府采购主要针对进入政府采购目录限额标准的服务项目;公益创投主要针对民政部门通过确定资金,向社会征集服务项目的方式;自行委托主要面向金额较小且有效市场竞争不足的项目。以江苏苏州高新区为例,区民政局按照政府采购法律法规的要求制定评估标准和规范,委托招标代理机构制定了政府采购文件,通过竞争性谈判确定苏州市颐乐养老评估中心、苏州市吴中区和源养老评估中心和苏州市姑苏区银龄乐养老评估中心三家社会组织作为服务提供者。区财政局每年安排100万元财政资金举办公益创投比赛,对应用价值高、可持续强的项目予以经费支持,资金使用范围包括养老服务、救援和助残以及青年服务和社区居民能力等方面。此外,区财政局还与狮山街的狮山社区、横塘街和枫桥街联合起来,直接委托高新区心援心理服务中心专家团队为社区内老年人、困难家庭儿童和家

---

① 徐家良、赵挺:《政府购买公共服务的现实困境与路径创新:上海的实践》,载《中国行政管理》2013年第8期。

② 蓝辰祥:《政府采购与社区服务工作市场化》,上海财经大学2011年硕士论文。

长提供精神关爱服务。①

政府购买服务的优点是能够节约财政资源,降低行政成本,并为社会组织赢得发展空间,还可以加强政府与社会的伙伴关系,促进公共服务的均等化。但在实践中政府购买服务也存在一些问题:核价机制尚不清晰;购买过程中采用低成本优先法,导致服务方履行合同存在一定的风险;在很多购买过程中缺乏中介,信息沟通不畅通,而且常常忽视绩效评估。

七、社区基金会

近年来,社区基金会在城市社区治理领域的应用愈发广泛,成为新兴的市场化治理工具。作为一种新型公益性社会组织,社区基金会有效地带动了企业及社会力量参与社区治理实践,在整合社区资源、解决社区问题、促进社区融合、推动社区自治等方面发挥了重要的促进作用,成为我国社会基层治理和社区民生保障的有益补充。例如,桃源居公益事业发展基金会,是一家专门培育社区公益组织的企业型非公募公益基金会,由著名爱心慈善家发起,原始基金额1亿元,先后在天津、深圳、重庆、上海等地成立社区发展基金会。社区发展基金会的工作重心和主要职责是培育社区公益组织解决社区问题、满足社区需求。至2015年已经累积开展社区服务项目超过50个。截至2014年年底的统计显示,基金会的公益支出累计达到1.26亿元,并形成基金会管资本、公益中心管资产、社会企业(物业公司)管经营、社团组织提供专业服务的社区公益生态链。无独有偶,2017年9月,四川成都温江区柳城街道也成立了"社会救助基金",并将一定比例基金委托给第三方机构进行增资服务管理,以提升社区自我造血功能,建立造血机制,令市场真正"活"起来。②

上述几种具有应用价值的城市社区治理的市场化工具中,每一种都拥有自己的适用范围和领域,不同工具既有优势也有不足(见表5-5)。政府等公共部门应该结合社区发展的实际情况和应用基础条件,从实际出发灵活选择运用这些工具,并在此基础上创新社区治理,提升社区服务功能。但是,采用市场化工具并非意味着在城市社区治理中政府、社会等任何一方的力量可以

---

① 吴伟:《苏州高新区社区政府购买服务的实践创新》,载《中国政府采购》2016年第2期。
② 《温江区柳城街道:以"四新举措"下活社区治理一盘棋》,http://cd.newssc.orglsystem/20170923/002278544.html,2017年9月23日访问。

偏废,只有充分发挥三方力量的各自优势,形成良性互动发展格局,才能保障城市社区治理的可持续健康发展。

表 5-5 不同类型市场化工具的优点、问题和适用领域

市场工具类型	优点	存在的问题	适用的领域
民营化	降低成本,缓解政府财政支出压力;提升竞争性和服务质量;增加社区居民的选择机会,增强获得感	政府公共责任的缺失与创新动力不足;社会公平与福利损失	社区医疗卫生、社区公共图书馆等社区准公共产品
用者付费	克服免费提供社区服务所带来的资源配置不合理和浪费现象,发挥市场价格机制调节市场需求,提高资源配置效率	对社区准公共物品和服务定价比较困难,潜在地增加了政府管理成本;社区公共服务等级化	社区居民生活服务、家政服务、儿童青少年服务、微型公益、微型集市等
合同外包	承包组织具有更加专业的技术,拥有更大的灵活性,节省政府开支,提高服务效率	合同招标规范不足导致存在权力寻租现象,难以控制承包方的服务品质等事项	社区婚介服务、社区职业介绍服务、社区综合服务呼叫网络、垃圾处理等
特许经营	让政府从繁杂的社会公共事务中解脱出来,弥补建设资金的不足,促进有序竞争	企业具有逐利性行为,忽视社会责任和公共利益,在市场化过程中缺少评估、审计和监督体系	有线电视、社区垃圾的收集和处理、社区文体馆所、公共空间的经营
补贴和凭单制	吸引多方主体参与城市社区治理,优化治理主体结构;对消费者回应度高,有利于实现规模经济和培育竞争	滋生腐败和权力寻租,存在信息不对称、"撇脂"现象等问题	文教体卫、食品、住房、医疗、幼儿保健、家庭护理、文化娱乐等服务
政府购买服务	节约财政资金和降低行政成本,能够拓展社会力量的发展空间,加强政府与社会的合作伙伴关系,促进公共服务均等化	核价机制不明确可能造成履约不能的情况;购买过程缺少中介机构,信息沟通不畅,评估环节亦往往被忽视	社区智慧平台的建设;社区服务类课题研究;老年关爱、居家养老服务等
社区基金会	保障社区居民的公共利益,聚集各方力量扶贫救弱,促进社区社会资本的产生和再生产	只关注机构自身的做法,出现"重上游、轻下游"的现象	物业管理,为社区低收入者、经济困难者提供经济援助等

资料来源:本书作者自行研究整理。

第五节 城市社区治理的市场路径优化

一、构建社区服务生态圈

在保证社区服务主体具备一定资质的前提下，放宽社区化社会企业市场准入标准，简化审批手续。学习借鉴四川成都玉林街道的先进经验，积极推进社区创办自己的社区服务公司。社区服务公司可以通过企业融资、居民参股等方式发起成立，既能着力解决微课堂、微关爱、微志愿者、微集市等个性化的"微"服务需求，又能鼓励社区居民广泛参与到社区各项公益项目中。加大社区综合服务商的培育力度，将其纳入地方创新创业补贴、产业专项扶持资金等政策体系，并引导其走"专精特新"的发展道路，为满足社区居民多元化需求和城市社区治理提供良好的支撑。积极引导品牌连锁企业参与社区服务提供，简化连锁企业的许可证登记程序，鼓励其通过收购、兼并、特许经营等方式整合社区内的碎片化资源。物业公司需以社区居民多元需求为导向，不断完善物业服务供给，拓宽社区物业管理的服务领域。鼓励社会组织和民营非企业单位等非营利组织参与到社区公益事业中，并给予税费优惠等补贴。

二、激活社区治理新活力

全面开展市场化的公共服务改革，充分发挥权力下放机制、市场价格与竞争机制、契约机制、信用机制、信息披露机制等市场机制的作用，充分运用好民营化、用者付费、合同外包、特许经营、补贴和凭单制、政府购买服务、社区基金会等市场化工具，依据不同的社区服务类型选择不同的市场化工具或者工具组合。政府部门在社区公共服务领域应尽快将竞争机制纳入社区公共服务体系，鼓励和支持私营机构通过合作、参与投资等形式加入社区治理中，并运用强有力的违约处罚措施保证契约的执行，以便形成相互竞争的市场格局和信任的社区氛围。建立合理的社区服务价格体系，根据社区服务的不同服务对象和项目，可采用免费、低价收费、市场价格收费等不同定价策略，在有偿服务方式上，可建立标准化的社区服务价格体系，以改变社区服务业的低价格和不足的价值补偿状况。

三、推进服务体系精细化

加强社区综合服务基础设施的建设,加大政府投入和多方筹资力度,鼓励有条件的社区内企业集成现有"互联网+"社区信息平台系统的信息资源,打造一个集网上办事、便民生活、舆情民意、监督管理的一站式社区综合服务平台,运用大数据手段精准分析和研判社区居民(尤其是老年人、留守儿童等群体)的服务需求,推动社区治理精细化。同时,不断加强社区服务队伍建设,通过建立健全职业资格与薪酬待遇挂钩机制、社区工作者培训体系,提升社区工作者专业化水平。在这方面,各地有许多好的经验做法。例如,北京市海淀区立足公共服务均等化原则,构建与社区类型相适应的直接多样性的社区服务项目,满足社区居民个性化、多样化需求;天津市和平区在社区精心打造了社会救助、卫生服务、志愿服务、网格化服务等"社区十大服务体系"。

四、科技创新引领产业化

在现有常规服务项目基础上,城市社区可建立社会化服务、市场化运作、产业化发展的运作机制。首先,突出科技引领的作用,建设社区服务信息平台,推动电子商务、物联网、移动互联网、云计算等科技的广泛应用,促进社区服务业的发展。将现代化管理体系引入社区服务业,创建社区服务业现代化发展新模式。鼓励社区服务业(如医疗卫生、健康保健、教育发展等)与商贸服务业融合发展,积极为居民培养和提供创业指导、法律、心理咨询、电子商务等个性化、人性化的社区服务。打造"15分钟社区服务业发展圈",不断拓宽社区服务业发展空间,为社区居民提供高效优质服务。创新金融服务方式,鼓励金融机构通过债权、股权和设立社区服务产业基金等形式吸引民间资本,支持符合社区服务业发展方向的PPP项目。努力引进具有影响力的大中型企业,实施大规模、集约化的经营,提高社区服务企业的整体水平和档次,形成结构合理、功能完善、规模集中、发展势头强的社区服务业体系。

五、建立治理绩效评估体系

根据交易成本理论,政府应该更加关注社区公共服务提供的质量和效率,积极灵活地应对外部条件和不同利益的变化。城市社区作为城市基层社会治理的基本单元,是推进城市治理能力现代化的重要一环,更是社会治理的"前沿阵地"。因此,对于城市社区治理的市场化运行、目标实现等,必须坚持经济效率、公平的原则进行系统的绩效评估,并根据该绩效评估的结果在社区内有效配置资源。建立科学的社区治理绩效评估评价体系,积极探索反映社区基础服务设施建设、服务内容的管理以及社区居民的就业、需求及其满意度等信息采集和工作评估体系。评估采取定性和定量相结合的方式,以"降成本,优服务"为导向,建立一套与"投入和效果挂钩"的激励机制,形成一套完整、合理的绩效考评程序,发挥出绩效考核的"方向标"作用,促进城市社区治理水平不断提高。

主要参考文献

[1] A. Das, Slum Upgrading with Community-managed Microfinance: Towards Progressive Planning in Indonesia, *Habitat International*, No. 4, 2015.

[2] David J. Hendrickson, Chris Lindberg, Sean Connelly, et al., Pushing the Envelope: Market Mechanisms for Sustainable Community Development, *Journal of Urbanism International Research on Placemaking & Urban Sustainability*, No. 2, 2012.

[3] P. F. Korsching, J. C. Allen, Locality Based Entrepreneurship: A Strategy for Community Economic Vitality, *Community Development Journal*, No. 4, 2004.

[4] 陈春兰:《沪东建设——从传统物业管理向社区服务运营商转型》,载《软件产业与工程》2015年第2期。

[5] 陈振明:《当代西方政府改革与治理中常用的市场化工具》,载《福建行政学院福建经济管理干部学院学报》2005年第2期。

[6] 褚松燕:《城市社区治理中的关系与逻辑及其整合》,载《探索与争鸣》2017年第4期。

[7] 郭剑鸣:《公共服务供给主体多元化的理论与现实路径——以广东公共服务业多元化发展为例》,载《汕头大学学报(人文社会科学版)》2005年第3期。

[8] 贺建军:《社区发展的角色困境及其解决路径——一种社会企业的观察视角》,载《浙江社会科学》2015年第4期。

[9] 侯玉兰:《非营利组织:美国社区建设的主力军——美国非营利组织的调查与思考》,载《北京行政学院学报》2001年第5期。

[10] 胡杨成、蔡宁:《非营利组织市场导向与组织绩效的关系研究》,载《管理学报》2009年第8期。

[11] 胡杨成、蔡宁:《资源依赖视角下的非营利组织市场导向动因探析》,载《社会科

学家》2008 年第 3 期。

[12] 季璐:《凭单制购买工具的转换研究——基于江苏省购买农村转移劳动力就业服务个案的分析》,载《河北经贸大学学报》2017 年第 1 期。

[13] 贾维周:《福利多元主义视角下的城市社区服务》,载《重庆职业技术学院学报》2003 年 4 期。

[14] 李雪萍:《论城市社区公共产品的准市场机制供给》,载《华中师范大学学报(人文社会科学版)》2009 年第 3 期。

[15] 刘杰、朱格佳、邹英:《市场主体参与社区治理的机制与实践——基于百步亭"红色物业"的案例分析》,载《江汉大学学报(社会科学版)》2018 年第 1 期。

[16] 吕俊生、杨金风:《从身份自律到契约机制——"契约信息服务"的实证分析》,载《图书情报工作》2006 年第 9 期。

[17] 罗金明:《企业社会责任信息披露制度研究》,载《经济纵横》2007 年第 11 期。

[18] 彭华民、黄叶青:《福利多元主义:福利提供从国家到多元部门的转型》,载《南开学报(哲学社会科学版)》2006 年第 6 期。

[19] 孙涛、刘凤:《转型期城市基层治理:机制、逻辑与策略》,载《学海》2016 年第 5 期。

[20] 田祚雄、杨瑜娴:《主体再造:推进城市治理体系现代化的关键》,载《学习与实践》2015 年第 7 期。

[21] 汪劲:《市场经济体制下的信用制度及其运行机制——国外信用制度介绍和比较》,载《经济社会体制比较》2002 年第 3 期。

[22] 王杰秀、何立军:《社区治理创新的"武汉经验"——武汉市社区治理创新调研报告》,载《中国民政》2015 年第 1 期。

[23] 吴伟:《苏州高新区社区政府购买服务的实践创新》,载《中国政府采购》2016 年第 2 期。

[24] 萧鸣政、唐秀锋、郭晟豪:《我国城市社区治理存在的问题及其改革建议——以北京市的样本调查为基础》,载《福建行政学院学报》2017 年第 5 期。

[25] 肖娟娟:《公共选择理论在社区物业管理中的应用》,载《商业时代》2011 年第 3 期。

[26] 徐家良、赵挺:《政府购买公共服务的现实困境与路径创新:上海的实践》,载《中国行政管理》2013 年第 8 期。

[27] 颜克高、陈晓春:《非营利组织信息披露机制的理论构建》,载《华东经济管理》2010 年第 12 期。

[28] 杨蓓蕾、孙荣、田磊:《公共经济学视角下的我国城市社区服务民营化探析》,载《马克思主义与现实》2008 年第 1 期。

［29］杨静:《公共服务产品的价格形成机制及定价策略》,载《科技创业月刊》2006年第5期。

［30］张国平:《特征与启示:英国社区发展政策与实践》,载《北京规划建设》2016年第1期。

［31］赵巍:《社区发展中的社区非营利组织:地位与功能》,载《燕山大学学报(哲学社会科学版)》2006年第4期。

［32］钟利智:《政府治理中市场化工具的建立和运用》,载《城市管理与科技》2006年第2期。

第六章

社会组织与城市社区治理

第一节 社会资本时代的社会治理

一、社会资本的内涵

社会资本是非正式社会关系及其所产生的资源的总和,存在于广泛而正式的制度化的组织体系中。① 社会资本的任务是,在缺少适当的社会结构的情况下,配合解决社会的短期投机和非稳定性行为。社会组织通过开展系列活动来影响和落实组织的内部目标。通常,社会资本水平(和谐程度、信任程度、关系好坏等)高的团体,其行动效率越高,组织目标也更容易实现。表 6-1 为三个不同学科对社会资本的界定。

社区是社会基层组织的重要代表,在社区的功能复杂化、需求多元化以及构成分层化的趋势不断增强的情势下,既有的传统治理手段日渐不足。发展社会资本,动员广泛的民间力量参与社区公共事务,日益成为社区不可或缺的治理模式。党的十八届三中全会提出了"加快形成科学有效的社会治理体制,确保社会既充满活力又和谐有序"的目标。

---

① Our Global Neighborhood, *The Commission on Global Governance*, Oxford University Press, No. 23, 1995.

表 6-1 社会资本的基本含义

学科视角	含义界定
经济学	类同于物质资本、人力资本,通过自身直接促进经济增长;通过非正式制度,影响参与人的激励、预期和行为,促进经济增长①
政治学	包括公民信任、互惠合作等价值观;包括社会网络组织;考察与绩效和政治发展的关系②
社会学	表现为人与人之间的利益期望与合作的关系、体现社会信任、动态发展与优化效应、多方社会力量"投资"、维护社会稳定等③

资料来源:本书作者根据相关文献整理。

二、社会资本时代的社区治理

(一) 社会资本与社区治理的关系

"社会资本"的概念最初由哈尼范(L. J. Hanifan)提出,旨在解决乡村学校社区中心的问题。④ 后来的研究发现,社会资本还可以构建社会结构网络,形成信任、规范等规则。这些规则、网络的形成与社区治理、地方治理绩效紧密相关。

社会资本是社会的"黏合剂",其"质"与"量"的属性将决定一个组织、地区乃至一个国家的成员之间的信任与合作状况。⑤ 中国社会的血亲关系提高了陌生人之间建立信任的难度,低信任结构阻碍了社区内部形成集体行动能力。而社会资本对社区治理的价值恰好在于破除人际不信任关系的壁垒,强化社区居民的集体认同感,培育社区居民宽容、同情的品质,⑥带动社区居民提升参与公共事务的积极性,由此对社区中的组织关系进行重新定

---

① 陆铭、李爽:《社会资本、非正式制度与经济发展》,载《管理世界》2008 年第 9 期。
② 燕继荣:《民主:社会资本与中国民间组织的发展》,载《学习与探索》2009 年第 1 期。
③ 陆小成、潘信林:《社会资本视角下的社会组织参与城市社区管理的功能考察》,载《社团管理研究》2009 年第 9 期。
④ L. J. Hanifan, The Rural School Community Center, *The Annals of the American Academy of Political and Social Science*, No. 1, 1916.
⑤ 燕继荣:《社区治理与社会资本投资——中国社区治理创新的理论解释》,载《天津社会科学》2010 年第 3 期。
⑥ 闫臻:《嵌入社会资本的乡村社会治理运转:以陕南乡村社区为例》,载《南京农业大学学报(社会科学版)》2015 年第 4 期。

位,调整政府、社会组织和公民的行动模式。社会资本活跃的社区,容易借助集体行动成为一个利益共同体,进而带动各方面参与管理社区公共事务,实现共同利益,或者通过维持良好的人际关系,减少讨价还价带来的损失。①

社会内部个人特质的改善通过不断积累可以成为社会资本,丰富的社会资本能巩固良好的居民关系,降低人际交往成本,提升社区集体行动能力。社区具有天然的集体行动属性②,直接反映社区的自治绩效。通常,社会资本积累与社区治理效果成正向反馈,相互促进。在持续的集体行动中,社区自治能力不断增强,社区日益成为弘扬民主精神、开展基层社会治理的重要单元。此外,集体行动还能够使政府与社会不再分割而治,让政府越发重视其他利益相关者的实际权益。

(二) 社会资本参与社区治理

当前我国的社区治理以政府行政命令为主要手段,通过行政方式向社区供给公共服务和公共产品。但行政手段不仅无法充分探求社区内部的供求关系,也无法催生社区自发的公共行为,导致社区治理投入大、成果小、浪费多。因此,需要调动多元力量,引入外部社会组织或在社区内部组建社会组织,通过积聚社会资本,形成社区的良好互动关系和公共环境,是提高社区治理能力与水平的重要途径。

增加社会资本一定程度上将推动公民社会的形成,促进社区内部公共事务的公开化、民主化和多元化进程,有助于实现利益攸关者的协调共赢。通过在不同性质的社会组织之间、社会组织与管理部门之间,以及社区居民之间形成良好的互动机制,还有助于公民社会自动发挥作用,保障社区民众在自我组织的基础上实现治理。同时,依靠相互帮助与相互协商同政府建立伙伴关系,合作参与社区公共事务,实现政社分离,模糊公私边界,有利于进一步构建相互依赖的社区治理网络。③ 治理网络是形成社区多中心治理的标

---

① 王菁:《社区治理模式改革探索——基于新公共管理理论》,载《南京审计学院学报》2011年第4期;〔美〕曼瑟尔·奥尔森:《集体行动的逻辑》,陈郁、郭宇峰、李崇新译,上海人民出版社1995年版,第30页。

② 高红、杨秀勇:《社会组织融入社区治理:理论、实践与路径》,载《新视野》2018年第1期。

③ 张卫、董强:《多中心理论视域下社会组织参与社区管理与服务研究》,载《唯实》2012年第3期;张祥刚:《社会组织参与社区治理的路径研究》,浙江工商大学2017年硕士论文;马全中:《中国社区治理研究:近期回顾与评析》,载《新疆师范大学学报(哲学社会科学版)》2017年第2期。

志,会进一步加速协调社区组织、企业等多方力量,加快社区内部的社会资本积累。

第二节　社会资本时代的社会组织

在社会资本时代,复杂多样的社会问题需由多个主体共同解决。社区治理必须强调多元性,推广互动式的治理手段,打破政府是唯一主体的治理格局。为了从根本上避免治理效率低下和信息交流不畅等问题,必须充分发挥社会活力,促进各种非政府组织、企业结成伙伴关系。[①] 政府、市场、社会组织和公民之间的互动与合作是社会治理的关键。治理的目的是优化配置资源,实现国家与社会的良性发展。[②] 通过引导社会组织参与社区治理,并与政府、市场等其他主体形成社区治理的多元体系,既可弥补传统治理的缺陷,又能依托不同主体的自身优势,达成治理目标。在多中心治理的视角下,社会组织与其他多元主体之间构建出自发有序的均衡机制,相互间形成稳定合作的社会关系,保障社区成为熟人社会,增加居民身份认同,提升社区的社会资本积累。

社会治理由管理主体、管理目标、管理工具、管理环境等组成,是一个以互动为纽带的社会管理体系。[③] 社会组织处于民众与政府之间,发挥信息协调的枢纽功能。图6-1描述了作为中间层级的社会组织与社区政府机构、服务提供者、服务使用者之间的关系。

社会组织属于特定的社会行动者。[④] 目前,很多民间的、国际的非政府组织投身社区工作,为贫困、环保、性别歧视等项目提供服务;有些组织则通过基金方式促进相关社会组织(非政府组织)发展运作。[⑤] 来自外部的社会组织进入社区将带动社区体系建设,推动居民、家庭、邻居、社区成员、地方机构等

[①] 兰萌萌:《多中心治理理论视野下新型城市社区治理模式构建——基于三个社区治理案例的分析》,载《改革与开放》2017年第11期。

[②] Weiying Kong, Li Sun, Social Organizations' Path to Participate in Social Governance Based on the Perspective of Systematic Theory, *Canadian Social Science*, No. 5, 2015.

[③] Ibid.

[④] Brayden G. King, Teppo Felin, David A. Whetten, Perspective—Finding the Organization in Organizational Theory: A Meta-Theory of the Organization as a Social Actor, *Organization Science*, No. 1, 2010.

[⑤] Jude Howell, New Directions in Civil Society: Organizational Around Marginalized Interests, in Jude Howell(ed.), *Governance in China*, Rownab and Littlefield Publishers, 2004.

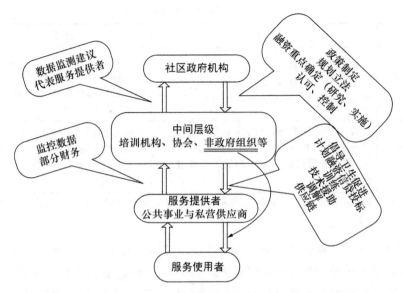

图 6-1　社区中作为中间层级的社会组织

资料来源：N. Carrard, D. Pedi, J. Willetts, B. Powell, Non-government Organisation Engagement in the Sanitation Sector: Opportunities to Maximise Benefits, *Water Science and Technology*, Vol. 60, No. 12, 2009。

说明：本书作者根据上述文献整理、归纳。

在社区中形成共同价值观和规范运作的进程，进而形成维护、实现居民利益的有效机制。[①]

一、社会组织的类型

（一）按照管理流程与模式划分

根据管理的流程与模式不同，社会组织可分为嵌入型社会组织与内生型社会组织两类(见表 6-2)。

[①] Dan Cantillon, William S. Davidson, John H. Schweitzer, Measuring Community Social Organization: Sense of Community as a Mediator in Social Disorganization Theory, *Journal of Criminal Justice*, No. 4, 2003.

表 6-2　社会组织类型

类型	内容	特征
嵌入型社会组织	以政府购买服务为牵引,依托专业社工机构,满足社会、社区多样化、个性化需求为服务对象,向社区提供专业化服务	现存大量专业社工机构,政府对社工机构有大量考核指标,强调社会组织服务人数及活动次数,注重"量"的发展
内生型社会组织	政府向社区居委会赋权,内生专业社工,依托专业社工技术和方法,以居民需求为导向,在服务居民的同时实现居民组织化,构建社区利益共同体	各种类型的民间社团内生于社区,社团成员即社区居民,主要参与社区服务和社区治理,注重"质"的发展

资料来源:陈伟东、张继军:《社区治理社会化:多元要素协同、共生》,载《社会科学家》2016 年第 8 期。

其中,嵌入型社会组织需要向当地民政部门的社会组织管理部门办理登记,材料要求比较严格,内部运行也非常规范,同时还要接受社会各界监督。另外,嵌入型社会组织通常拥有自己的经济渠道、专业化的技术团队和更丰富的社会资源等。内生型社会组织则不需要在民政部门办理相关登记,仅需要到社区委员会或街道(政府派出机构)进行相关的登记备案。内生型社会组织具备草根型组织的基本特征,主要是满足社区居民的日常生活需求,同时兼有类似社区内部社团和讨论社区公共事务的平台功能。

目前,我国未经备案和注册的社会组织的数量可能多于已经注册和登记的社会组织,通过注册的组织主要为民办非企业性质,为数不少的社会组织还处于漂浮状态。有研究发现,政府主导的社区社会组织主要负责社区计生、残障人员保障、老年人帮助等工作;民办非企业单位则主要负责培训教育、敬老机构等,并可以为社区居民提供有一定收益的工作。[①]

(二)按照社区居民需求划分

社区居民的主要需求包括生活服务、文化娱乐、教育培训、社区公务和特殊居民需要等五个方面。其中,生活服务涉及环境卫生、儿童教育、交通出行、法律纠纷等;文化娱乐涵盖社区内各类文化组织,如合唱队、舞蹈团、体育队、文化艺术服务中心等;教育培训涉及社区成立的各种居民培训机构,如夜校、老年大学、短期技术培训小队等;社区公务主要指社会组织(如计生小队、

---

① 夏建中、张菊枝:《我国城市社区社会组织的主要类型与特点》,载《城市观察》2012 年第 2 期。

残障服务队等)协助政府开展工作;特殊居民需要是指对经济困难群众、失独家庭、"五保户"等提供帮助。

依据上述需求,社会组织可以归为以下三种类型:一是民办非企业单位、基金会、社会团体,目前我国不存在街道办事处或社区层面的基金会;二是两"新"组织,即新社会组织、新经济组织;三是社会体制改革过程中新产生的各类社会组织,如卫生服务站、民办学校、各类文体协会等。[①]

(三) 按照组织性质划分

社会组织按照组织性质可划分为两类:一类为行政主导型社会组织,如我国的居委会、红十字会等,这些组织在很大程度上承担了行政的任务;另一类为非政府组织(NGO),包括国际NGO、政府支持的NGO以及民间NGO。

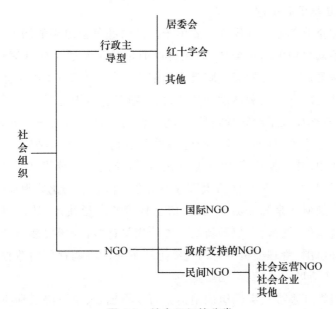

图 6-2 社会组织的分类

资料来源:Yi Lu, Jiuping Xu, NGO Collaboration in Community Post-Disaster Reconstruction: Field Research Following the 2008 Wenchuan Earthquake in China, *Disasters*, No.2, 2015。

说明:本书作者根据上述文献整理、归纳。

国际NGO有着高度专业化的运行模式,在组织内部管理效率较高,对一

[①] 夏建中、张菊枝:《我国城市社区社会组织的主要类型与特点》,载《城市观察》2012年第2期。

些重大议题,如人权、环境等,有着超凡的处理能力。政府支持的 NGO 与政府有着较为密切的联系,这些组织一般是一些官方成立的社会福利组织和公共服务组织。民间 NGO 是社区内部的民间组织,以及社区外部的社会企业基金会等。

二、社会组织的孵化发展模式

(一)"孵化园"模式

"孵化园"模式可分为两种:一是由民办非企业单位主导的社区内部草根组织的"孵化";二是面向整个社会,直接进行社区内部与外部组织力量的统筹协调。

1. 民办非企业单位主导型

民办非企业单位主导模式主要用于社区内部草根组织的培养、孵化。社区中存在不同兴趣的居民群体,居民可以通过日常沟通组建社区组织,如社区中的棋牌爱好者通过发起棋牌类活动招徕成员,组织棋牌类俱乐部。随着各类俱乐部的成立及相关活动的开展,社区精英有意识地推动俱乐部组织的联合,进而成立社区组织管理委员会,再经注册后可成为民办非企业单位。

民办非企业单位(如社区组织管理委员会)在社区中承担了内部管理枢纽平台的作用,其主要功能为"丰富居民生活,挖掘社区精英,倡导居民结社,提高公益意识"①。这种社区组织管理委员会可依据市场化原则运营,采用征收使用费增加财务来源。随着网络、信息技术的广泛使用,社区组织管理委员会能通过微信、微博、贴吧等新媒体进行相关宣传,为居民参与社区内部活动创造良好氛围,管理委员会再通过线上线下交流协调社区内草根组织相互配合,增加活动形式,提高活动质量。

社区组织管理委员会的组织结构分为核心规划、商讨决议和决策落实三个层面。核心规划层由社区内部各草根组织和社区精英构成,确定社区组织的联合活动方向;商讨决议层主要商讨活动的具体细节;决策落实层主要由具体负责场地协调、活动宣传、资金筹备等任务的小组组成,小组成员为社区居民。

在日常运行中,社区组织管理委员会可采用事业部制结构,设置不同的

---

① 廖玉华:《社区社会组织生命力探究》,南京大学 2017 年硕士论文。

职能部门,如理事组、顾问团、文书组、统筹组、监察组等。其中,理事组由社区组织代表组成,是社区组织管理委员会的大脑,负责整体决策;顾问团由社区内精英分子组成,为理事组出谋划策,处理意外情况与疑难问题;文书组负责相关文件的编写,保管重要材料与记录;统筹组功能多样,包括人力资源管理、财务管理、宣传服务管理、机构注册、项目协调等内容,负责社区公共活动的落地实施;监察组由社区居民、政府部门、外部社会组织等联合组成,负责对社区居民社会组织体系的运行进行监督。

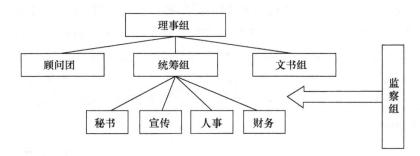

图 6-3　社区组织管理委员会内部管理框架
资料来源:本书作者根据相关文献总结、绘制。

在社区内部组织的管理架构下,社区居民组织能够合理运行与发展。居民可以先向社区组织管理委员会提出申请,管理委员会根据申请程序、申请者能力、社区的当前需求,以及该组织的相关权利义务等要求,灵活设定考核要求和考核期限,并要求负责人全职担任或在申请成功后转为全职在岗,整个组织的财务状况必须受到组织监管。①

社区组织管理委员会旨在培养社区内部的社会组织,主要负责社区基本情况调查、社区居民公共服务供需关系调查和社区民间骨干培养三项工作。其中,社区基本情况调查涉及社区的人口结构、居民人数、重点矛盾、社区组织对策日常情况、组织活跃程度、社区组织属性、社区地理空间利用情况、基础设施维护情况等。社区居民公共服务供需关系调查分析重点包括:通过实地走访调查、网络问卷、大数据分析、线上交流,展开公共服务供需关系分析;根据居民特点合理设计访谈问卷,对居民的个人情况进行更加细致的了解。社区民间骨干培养主要包括:民间骨干培养和组织建设。社区民间骨干对社

---

① 任政:《社会工作介入社区居民自治研究》,安徽大学 2017 年硕士论文。

区组织的高效化、专业化、科学化、规范化具有重要支撑作用。社区民间骨干应从专职工作人员、业委会、居委会,以及平时表现优异的社区组织中进行遴选和培养。选定人员名单后,组成线上联系群和线下交流会,鼓励社区民间骨干成立社区组织,并与社区组织管理委员会相互配合,在社区组织的活动筹备、协调合作、能力提升、成员培养、活动宣传、理念交流等方面充分合作。

2. 内外统筹型

内外统筹的孵化模式具有更加开阔的视野,该模式体现出多中心治理理念,需要政府、居民、社区组织三者共同参与,形成联动机制,建立社区级别的孵化组织。孵化组织以社区内部的供求关系为导向,对社区具有更大的影响力。孵化组织对社会组织的注册审核方式近似于民办非企业单位主导型模式,但其掌握的组织目录更丰富,当需要外部社会组织参与时,孵化组织将根据情况引入更多的登记注册的社会组织。将社会组织引入社区的途径如图6-4所示。

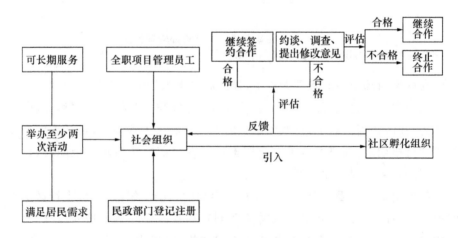

图 6-4 社会组织进入社区的引入途径

资料来源:刘明君、徐汉军:《论和谐农村视野下基层民主样式的创新》,载《三峡大学学报(人文社会科学版)》2007年第2期。

说明:本书作者根据以上资料归纳、绘制。

(二)公益创投模式

公益创投模式是指通过公益事业孵化途径,培养符合社区居民实际需求的社会组织团队,以发挥其社区服务功能。该模式更注重对老人、残疾人、孤儿、困难家庭、失独家庭、重大疾病人群等特殊群体开展社会救助服务、慈善公益宣传、就业服务、社会保障和公共卫生服务等。①

公益创投模式有两种方法：一是社会组织与政府协商，采取常规创投模式，通过扶持区域内转型项目社工来配合社会专业服务团队。② 二是进行社区调研，通过社区居民、社会组织和社会工作者等不同主体，获取社区居民的实际需求信息，孵化团队依据需求直接与已注册社会组织进行联系，并给予社会组织一定的资金、场地和人员帮扶支持。

孵化团队可对社会组织进行绩效考核，以考核机制有效解决社区的组织不作为、"僵尸组织"等问题。根据监察制度，对社区内外组织活动绩效考核的方式可根据社区情况自主决定。当前，较多的案例采用记分卡形式评定组织绩效，记分卡涵盖举行活动的频率、资金使用情况、人员构成、群众满意程度等。这些均由孵化方根据社区情况、组织特点进行设置。当社会组织的考评得分低于标准时需要与该组织进行交涉，了解深层次原因，如无法在一定时间内有效整改的，则可撤销对该组织的正式认定。

（三）政社合作模式

政社合作的孵化模式可参考北京市东城区的做法。东城区明确指定了负责社会组织孵化的相关职能部门。尚未正式注册但已在街道和社区备案的社区内形成的自发组织由民政局民政科负责；正式在民政局登记的社会组织的登记注册都由民管办负责。同时增设"东城区社会组织指导服务中心"，负责社会组织的孵化与发展。③ 社会组织可向指导服务中心申请经费、场地、人员等支持，与政府合作搭建联动平台，开展横向与纵向的交流。

社会组织的孵化成长包括四个主要阶段：第一个阶段以人力资源为主线，通过自我推荐、街道推荐和组织聘请等途径，选拔社区内部精英。最终人选应具备专业能力强、社交能力强、具有公益心、乐于参加公共活动等品质。在组织聘任上实现政社合作，政府或其委托机构对社区人员进行摸排，形成社区精英名单。在项目运作中，社区向精英发出聘请函，以项目资金作为酬劳，政府和社区还可对其开展专业培训。第二个阶段为居民自行组建社会组

---

① 高洁：《苏州工业园区社会组织参与社区治理研究》，苏州大学2017年硕士论文。
② 张祥刚：《社会组织参与社区治理的路径研究》，浙江工商大学2017年硕士论文。
③ 郭坤：《社区社会组织参与社区治理研究》，南京大学2012年硕士论文。

织。社区居民根据社会组织的不同类型,选择向街道与社区进行备案或者向民政局正式注册。第三个阶段为社会组织在社区内部开展公益性、娱乐性活动,同时关注社区的其他相关项目,根据需要进行项目申请。第四个阶段是申请获得批准的社会组织与政府进行合作,进行项目正式落地前的培训,并与其他入选的社会组织进行合作交流,商讨具体负责内容,积极配合政府部门进行项目的检测和验收。

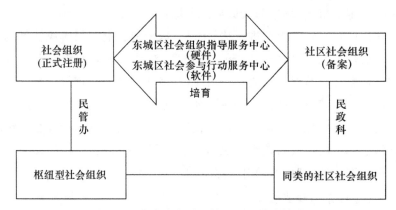

图6-5　北京市东城区社区组织培育模式
资料来源:郭珅:《社区社会组织参与社区治理研究》,南京大学2012年硕士论文。

(四)非政府组织参与的三螺旋模型

非政府组织参与的三螺旋模型涉及三个主体和一个目的。目的是社区中的各利益相关方经过协商讨论后确定的某一项具体目标。由于三螺旋模型是考虑到居民对于与政府的互动不够充分以及社区内部的资源性因素(经济实力、人力资源、技术等)的未充分发掘而提出的改进型模型,所以将社区居民、政府以及社区中的科研工作人员归为一类,社区中的非政府组织归为一类,社区中的资源性因素归为一类,之所以要注重社区中的科研工作人员因为其不仅包括了自然科学相关者也包括了社会科学相关者,在实际运行过程中更像是改进社区的力量源泉,是一种重要的社区资源。

非政府组织进入社区之后先确定其目标,随即进行实地评估,评估社区中的相关资源,包括人力资源、经济资源、社会资源、物质资源(基础设施)、金融资源(获取信贷)等,结合其目标,确定哪些是充裕资源,哪些是稀缺资源。非政府组织针对稀缺资源进行支持,如项目需要社区中的人力资源,但社区

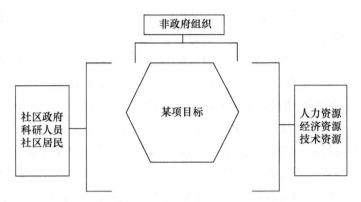

图 6-6 非政府组织参与的三螺旋模型理论框架

资料来源：Corinthias Pamatang Morgana Sianipar, Kitri Widaretna, NGO as Triple-Helix Axis: Some Lessons from Nias Community Empowerment on Cocoa Production, *Procedia-Social and Behavioral Sciences*, No. 52, 2012。

说明：本书作者根据上述文献整理、归纳。

的相关人员技术水平较低，则可以与政府共同展开人力资源的培训，在培训过程中提高相关人员素质并向社区充分阐明组织目的。

第三节 社会组织参与社区治理的问题、原则与类型

与发达国家相比，我国社区治理的整体水平，特别是在社会组织参与社区自治、激发社区活力方面存在巨大差距。美国社区高度重视多主体协作模式，关注公民、行政管理方、代议者的具体作用。2012年，美国社区组织的专业工作者已经占据总就业人口的近1/12。英国在社区志愿服务组织建设方面进行了大量投入，政府把社区治理的权力下放给志愿组织、第三方机构，行政与社区管理也相互分离。日本则鼓励社区成立"自治会"，政府对自治会提供资金、政策方面的支持。目前，日本的社区营造已从建筑物、历史街区保护，逐步拓展到市民日常生活的各个方面。[1]

我国社区治理中存在着行政化倾向严重和缺乏共同体意识两大典型问题。我国的社区发展理念体现出强烈的"行政主导"和"行政化推动"的特

---

[1] 高红、杨秀勇:《西方国家非营利组织参与社区治理的理论与实践逻辑》，载《天津行政学院学报》2018年第3期。

点。① 我国的社区建设与治理主要通过街道办事处和居委会进行,行政化的推动力在我国城市社区的建设与治理中至关重要。然而,由于社区内部功能不断丰富,继续以行政化手段进行社区治理必然增加街道办事处和居委会的工作负担。行政化色彩过于浓重,社区将在一定程度上丧失自治能力。尤其是居委会角色严重错位,成为政府在社区中的派出机构。由于行政色彩严重,当前社区中普遍缺乏共同体意识,居民群众在社区中的归属感、满足感、责任感、参与感均缺失。社区中的居民多以家庭为组织单位,原子化现象严重,缺乏充分的组织体系。不仅公民社会难以形成,而且社区内部的自治机制也缺乏支撑,还导致社区内部自治组织无法形成合理的经济规模化条件。因此,将社会组织引入社区内部治理,完善内部社会组织机制,提高治理效率,主要目标就是为了克服上述的"治理困境"。

一、社会组织参与社区治理的核心问题

首先,存在对社会组织参与社区治理时会削弱政府相关权力的认知误区。社会组织参与社区治理的过程是其与政府建立友好合作关系的过程,两者绝非此消彼长的对立关系。

其次,我国政府对社会组织实行登记注册与业务管理相分离的管理方式,二者之间缺乏相应的协调机制,而且对社会组织的登记注册条件较高,一些社会组织成立之初因无法满足该条件而无法进行登记注册,同时还导致社会组织具有官民双重身份,政社不分,社会组织行政色彩较重②,极大地阻碍了社会组织的积极性。以居委会为例,我国的居委会工作者为全职雇员,只有很少一部分是志愿者或退休人员,且一般的居委会工作者将这份工作作为家庭中收入的主要来源。③ 但是,居委会相对于其他政府部门,有着更长的工作时间、更复杂繁重的工作类型和更低的工资,居委会工作者在无法完全处理行政工作的情况下,根本无法推动群众自治,影响了人员工作积极性的提高。强压力的行政命令加之人员积极性的缺乏、时间的紧迫等因素,造成居委会在日常工作中可能出现有选择的弄虚作假、搞形式主义和应付上级派发

---

① 姚何煜:《社区治理行政化:缘由、困境及对策》,载《安徽广播电视大学学报》2010 年第 4 期。
② 李健:《公共服务化社会组织参与社区管理研究》,载《世纪桥》2017 年第 1 期。
③ Hanlong Lu, Jun Li, Comparison of Residents' Committees in Two Chinese Cities: Shanghai and Shenyang, *Social Sciences in China*, No. 1, 2008.

的各种工作任务等情况。① 例如,建设上海竹园休闲中心是上海浦东新区潍坊新村街道与社区的"好心"之举,同样也是其政绩,但是中心建设完成却用了将近八年,在建设过程中也屡次遭到当地居民的反对。② 后来,街道与社区管理者改变方式,积极征求居民意见,鼓励社区居民参与决策,最终确定了规划方案,中心建设项目才顺利落地。

再次,政府对社会组织的扶持力度不足。尽管社会组织融入社区治理是发展的必然趋势,但是我国现行的行政主导型的社区管理模式,强调以街道办事处与居委会为管理核心,辅以社区企事业单位与各类社会组织的共同参与配合。③ 尽管政府清楚需要社会组织提供有效的资源和社会服务,维护特定群体的利益④,但由于缺少政府部门对社会组织的立法和优惠政策支持,社会组织既缺乏稳定的资金来源,也欠缺专业性技术,严重制约了社会组织参与基层社会治理的能力发挥。

最后,社会组织自身也存在一定的问题,如有的社会组织可能在项目运行中忽略了社区政府领导者的能力,有的社会组织在项目的实施中有意隐藏背后的利益,有的社会组织开展相关活动并不是基于地方社区的要求,而是把社区的项目当成一项实验,对于社区居民缺少必要的责任感。表 6-3 列举了非政府组织开展社区活动中的一些限制与挑战。

表 6-3 非政府组织伙伴关系中的限制与挑战

合作者	非政府组织活动	非政府组织限制	挑战
非政府组织—捐助者	援助渠道 通信渠道 发展构架 经验分享	资金短缺 捐助依赖 缺乏控制权 管理协调问题 缺乏灵活 苛刻的条款和条件	权力关系 对话不足 捐助依赖 研究不足 决策自由度不足

---

① 杨爱平、余雁鸿:《选择性应付:社区居委会行动逻辑的组织分析——以 G 市 L 社区为例》,载《社会学研究》2012 年第 4 期。

② 王菁:《社区治理模式改革探索——基于新公共管理理论》,载《南京审计学院学报》2011 年第 4 期。

③ 张卫、董强:《多中心理论视域下社会组织参与社区管理与服务研究》,载《唯实》2012 年第 3 期。

④ 王春光:《中国城市化进程中的公民社会实践》,载《浙江社会科学》2009 年第 1 期。

(续表)

合作者	非政府组织活动	非政府组织限制	挑战
非政府组织—政府	非政府组织登记 监督和监督报告	缺乏协调 管理问题 缺乏能力	支持不足 缺乏指导 政治操纵 官僚体系 缺乏信息共享 缺乏透明度
非政府组织—非政府组织	工作关系 知识共享 研讨会/工作坊	缺乏适当的沟通 协调问题	缺乏共同利益 缺乏信任 缺乏利润分享 缺乏双向学习
非政府组织—社区	社区调查 参与计划 技能培训 研讨会/工作坊	缺乏咨询 缺乏信息共享 缺乏资金	对非政府组织的负面态度 人民的误解 贫穷 文化滞后 缺乏了解 缺乏对需求的影响 对话不充分 缺乏信任 宗教领袖不合作 非政府组织的商业动机 缺乏社区人民的参与权利 政治影响力

资料来源：M. Rezaul Islam，Improving Development Ownership Among Vulnerable People: Challenges of NGOs' Community Empowerment Projects in Bangladesh，*Asian Social Work and Policy Review*，No.3，2014。

说明：本书作者根据上述文献整理、归纳。

二、社会组织参与社区治理的原则

为保障社会组织的高效性和独立性，社会组织在参与社区治理的过程中要遵循以下原则：

第一，目标定位原则。社会组织都有自己的定位和身份特征，在参与社区治理过程中应结合社区的实际问题和自身宗旨，确定社区参与的实现目标，并就目标与定位了解社区内部情况，采集数据，结合访谈和官方信息，摸排社区具体问题，在调查的过程中进行资源的整合，确定人员分工，与目标问题相关的其他组织建立合作机制。

第二,自身能力评估原则。不同背景的社会组织优缺点不同,社会组织应在调查问题的过程中时刻进行自身能力的评估,明确自身在处理问题过程中存在哪些优势与劣势。就社区中的草根组织而言,基于自愿参与特性,在提升内部成员能力的同时应注重团建工作。草根组织成员对组织的忠诚度既受经济、社会、政治等因素的影响,也受到心理因素的干预,应使参与者充分认识到合作的重要性,"公办小事情的次数越多,人民就会在不知不觉中获得公办大事的能力"[①]。

第三,制度设计原则。绝大多数社会组织有着较为灵活的组织结构,可以应对不断变化的外部环境。灵活的组织架构和与市场化类似的组织形式,使得社会组织有能力与政府甚至是媒体网络建立一种合作机制。社会组织根据社区的具体问题确定不同的制度模式,并与政府明确合作类型、内容、程序与范围。部分社会组织有着相对自主的结构,但在社区治理的过程中出于实际需要而与政府在某些环节相融合,形成半官方的社会组织。在这一过程中,维护自主权利是重要前提,与官方融合则是社会组织获得更好动员能力以及实现自身能力的优质选择。[②] 此外,社会组织需要在内部建立有效的鼓励与问责机制,以提高社会组织的组织绩效。

三、社会组织参与社区治理的类型

我国把社会组织分为基金会、涉外社会组织、社会团体和民办非企业单位四类。[③] 但社区情况复杂,可能存在某一社会组织既属于社会团体也属于民办非企业单位的情况。社区中的社会组织按功能可以划分为行政主导型、社区成员自发型、企业逐利型以及纯公益型四种类型。

表 6-4 社会组织类型及其参与社区治理的特征

社会组织类型	参与社区治理的特征
行政主导型	主要有青联、妇联、残联、红十字会、居委会等。法律规定,居委会是官方成立的社区自治型组织,有政府管理和基层自治的双向功能,其他组织则更多地配合政府工作,承接政府的文件命令

---

① 纪莺莺:《当代中国的社会组织:理论视角与经验研究》,载《社会学研究》2013 年第 5 期。
② Yiyi Lu, The Autonomy of Chinese NGOs: A New Perspective, *An International Journal*, No. 2, 2007.
③ 资料来源:http://www.chinanpo.gov.cn/pg/index.html,2018 年 9 月 12 日访问。

（续表）

社会组织类型	参与社区治理的特征
社区成员自发型	自发型组织即草根型居民组织，不需要去民政部门进行登记，但需要到街道或社区进行备案。在不与其他组织进行合作的情况下主要开展社区内部的文化、体育类活动，有着广泛的民众基础，一般仅能容纳该社区内部的民众而不接待社区之外的成员，内部化程度高
企业逐利型	包括商会、行业协会以及其他以资本为目的的组织，这种组织在确保利润的前提下进行社区公共服务的提供
纯公益型	包括慈善机构、公益基金会、司法矫治组织，以及富有爱心、投身公益的逐利型企业等，此类社会组织纯粹以服务为目的

资料来源：由本书作者根据相关资料总结、绘制。

社会组织参与社区治理的常规模式是：围绕具体的社区服务任务与目标，逐利型企业、非营利性社会组织承接相关项目，与居委会和社区成员自发型社会组织相互配合，并严格按照社区内的各项规定和居民需求开展工作。鉴于社区成员自发型社会组织由社区普通民众构成，容易存在非专业化的短板，需要纯公益型社会组织提供专业化的培训服务，借此提高社区治理不同主体的技术能力，增强组织间的关系网络，整合社区内外资源。在社区治理的过程中，行政主导型社会组织将发挥重要的引导、协同、反馈和监督的职能。

第四节 社会组织如何参与社区治理

一、社会组织参与社区治理的模式与路径

（一）引导社区精英参与治理

在社区居委会行政化倾向较严重的情况下，引入社会组织参与社区治理，培育社区精英为骨干的自治体系具有一定的现实意义。相比普通居民，社区精英在政治资源、经济资源、文化资源方面具有比较优势。社区精英包括政治精英、经济精英和知识精英[1]，其具备三个基本特征：第一，享有一定的权利、声望和财富[2]，在社区事务管理上具有更强的资源调动能力；第二，具备

---

[1] 康晓光：《未来3—5年中国大陆政治稳定性分析》，载《战略与管理》2002年第3期。
[2] 李婵：《农村社区精英研究综述》，载《中共济南市委党校学报》2004年第3期。

较强的领导能力、交际能力、号召力和外部协调能力；第三，在社区治理结构中能够发挥决定性作用。由于社区特点不同、需求各异，内部人员和条件也千差万别。社区精英具有相当的灵活性和应变能力，面对社区的特点、实际需要和复杂的情况，社区精英是"在社区治理结构和秩序创立过程中起到决定性作用或支配性作用的人"①。

拥有优势资源的成员并不天然地具有参与社区治理的积极性，只有具备较强分利能力的社区居民才会积极参与社区行动。② 因此，要激发社区精英的公共意识，并给予其相应的社区组织地位。社会组织可以从社区居民个人信息中，得到社会精英的备选名单，并与其取得联系。社会组织通过项目合同、资源交换等与社会精英交流，提高其参与社区治理的意愿。此外，一些社区退休人员也是重点发展的对象，他们希望继续为社区发光发热。确定社区精英名单后，应在组织内部给予相应的职位安排，或者邀其参与筹建新组织。新组织在街道与社区注册，配合引入的社会组织开展工作。外部的社会组织也可与社区内部的组织联合，推动民间社会精英与政府精英形成合力。社会组织可通过社会精英团队对社区居民的实际需求进行线下调查和问卷发放等工作。在拥有先进的民意网络反应系统的社区，社会组织还可依靠大数据、云计算等工具了解社区居民的真实需求，以设计、安排社区、社会组织的目标和具体工作。

（二）社会工作者介入居民自治

社会工作者是在社会服务机构中专门从事社会服务工作的专业技术人员，是社会组织参与社区治理过程中必不可少的角色。③ 社会工作者是社区服务的主要倡议者、培训的主要参与者和社区治理的辅助者。首先，对决定成立居委会的社区，社会工作者应率先成立筹备小组，与政府积极合作。其次，筹备小组要组织活动宣传，既可使用微信、微博、贴吧，也可在线下张贴海报、举办公共集会等。

社区培训的主要参与者是指，当居委会与社会工作者合作进行社区公共

---

① 王昕、陈社英：《社区精英的概念、分类及发展路径》，载《佛山科学技术学院学报（社会科学版）》2016 年第 4 期。

② 陈万灵：《"社区参与"的微观机制研究》，载《学术研究》2004 年第 4 期。

③ 资料来源：https://zh.wikipedia.org/zh/%E7%A4%BE%E4%BC%9A%E5%B7%A5%E4%BD%9C%E8%80%85,2018 年 9 月 5 日访问。

活动规划时,社会工作者的主要任务是协助开展对社区工作人员的培训,而非直接提供居民服务。培训既可针对草根型组织,也可面向街巷长、楼长、社区居民等。社区培训工作包括:第一,确定不同的培训对象,根据人群特点拟订培训计划。第二,确定培训的时间、地点,形成若干小分队,分阶段组织,培训要注重理论与实践相结合。第三,帮助居民建设交流互助平台,促进社区培训向内部交流转变,发挥社会组织的内部活力。培训中,应针对草根组织的迫切现实问题提供解决方案。如社区公益性组织成员流失率高、激励不足、责任义务不明确、工作流程不专业等。第四,成立培训小分队,分批次对公益性组织进行推进式培训,通过理论讲解、实际操作、案例对比等提升专业性能,对重要岗位负责人还应进行团建知识讲授,或使用"时间银行"考核团队成员绩效。此外,开展灵活多样的主题活动,努力形成社区特色文化,也是社会工作者的重要工作内容。例如,设立主题活动日,邀请友好组织前来观摩;举办主题讲座、交流会、文艺活动、美食节等,激励社区居民的积极性,凝聚内外部力量,增加社区内部社会资本。

辅助社区治理是社会工作者的一项主要服务工作。首先,参与社区服务中的专业性技术指导。社会工作者开通热线电话或组建线上联系群,覆盖社区内某一领域所有社会组织的成员,遇到技术困难时协助或寻求帮助。其次,协助社区管理者、社会组织等,就内部结构、绩效考核方式、队伍团建、人员流动管理等提供技术服务与支持。对社会组织内部的行政性事务,可通过专业理论讲解、案例分析、情景模拟、分享交流等形式进行。[①] 社会工作者可就不同类型社会组织的具体结构进行模板化归类,就其内部的责任分工、职位设置等协助制定普遍性规则,供社区内部社会组织调整使用。

(三) 社会组织参与社区治理的途径

1. 社团共融

社团共融适用于社区内生型社会组织。这些社会组织已在街道或社区登记备案,但由于居民日常需求的多样性,这些组织体现出差异化的特征。内生型社会组织还可以划分为协助政府的内生型组织和活跃居民生活的内生型组织。活跃居民生活的内生型组织以满足居民文娱活动为目的,包括合唱团、舞蹈团、钢琴社、小提琴社、摄影协会,以及面向青年群体的动漫、电影

---

① 任政:《社会工作介入社区居民自治研究》,安徽大学2017年硕士论文。

社团等。协助政府开展社区工作的内生型组织的主要工作是维护社区内部秩序稳定,推进政府相关政策的实施,具体包括志愿者协会、巡逻队、知心大姐团队等。这些社区内生型社会组织,提高了居民的集体意识、参与意识,促进了居民之间的交流,促进社区形成熟人社会。社团共融是保障居民参与社区活动的末端机制,有助于提高居民之间的相互信任,增强社区的凝聚力,提高社区居民的集体意识和对社区群体的依赖感、归属感。

例如,社区合唱团是活跃社区居民文化生活的内生型组织,[①]其人员构成和文化背景是多元化的,这使得合唱团具有不同的音乐感觉和地区特色。通过参加日常排练与集体演出,不仅丰富了团员们的业余生活,还使团员间建起了类似亲人般的感情,扩大了人脉圈。[②] 作为文化类的社区组织,合唱团对活跃社区内部文化气氛、调动社区居民参与公共事务发挥着极强的号召力。

2. 志愿参与

志愿参与分为直接引进外部志愿服务组织和培养内生型组织两类。外部志愿者通过提供公益性质的社区公共服务,与社区、政府之间建立了一种交换关系。例如,苏州工业园区怡康暮年关怀服务中心向社区老人提供健康体检、健康咨询、心理辅导、健康讲堂、慢性病互助小组、老人乐活学习班等服务活动,帮助老年人提升健康管理意识和知识储备,养成科学、健康的生活方式,同时推进老年人之间的交流沟通,助力社区开展老年人"暮年关怀计划"。[③] 该服务中心通过为社区老年人提供服务活动,获得了社区党组织的高度认可,也共享了政府的一部分人力资源、关系资源。志愿者参与社区营建,有利于提升社会组织的社会知名度、社会认可度、居民接受度和服务专业化程度。社会组织承接社区公共服务项目,变相为社区发展增加了投入,还可以节约政府或社区的行政成本,实现社会资源的最大化利用。这对增加政府公信力,提高政绩考核水平,实现社区内部运转的稳定和谐具有重要意义。

志愿服务不属于社区居民义务,也没有相应的物质报偿,所以社区内部志愿服务组织的运行难度较大。目前,社区内部志愿服务组织的工作主要涉及青少年儿童服务、老年人服务、治安巡逻服务、法律援助服务、慰问探访服务、社会宣传服务等方面。志愿服务供给中,如遇到困难,社区内部志愿服务

---

① 赵博文:《城市社区治理的机制创新研究》,湖北师范大学 2017 年硕士论文。
② 同上。
③ 高洁:《苏州工业园区社会组织参与社区治理研究》,苏州大学 2017 年硕士论文。

组织可向社区社工组织求助。相关研究表明,居民年龄对其参加社区内部公益活动的意愿有着显著影响,年龄越大的人越愿意参加相关公益活动;[①]月收入高的人往往也具有较强的社区公益活动倾向,但这种倾向会受到社区内部公益活动的动员程度、宣传力度等因素的影响。

一些非政府志愿组织也会积极开展社区志愿服务活动。例如,针对国内精神卫生基础设施较为薄弱及理疗人员较缺乏的现状,斯里兰卡政府与国内社区进行合作,共同成立了"社区帮助组织",与社区公共事务管理部门合作开展关于青少年心理健康的培训与能力建设工作。根据斯里兰卡的具体国情,UKSLTG与卫生部确定了对不同专业培训的频率、内容、具体目标和培训计划,培训开始前社区部门向培训者提供社区内部数据,培训结束后进行反馈评估。[②]

3. 项目制

项目制是政府将社会组织引入社区治理的重要手段。项目是指在有限的时间和资源约束的情况下,利用特定组织形式,完成具有明确预期目标或者完成某种特定产品和服务的一次性任务。[③] 项目制已成为将国家从中央到地方的各层级关系与社会各领域统合起来的重要机制,[④]经常被用于政府与社会企业的合作。通过项目制将企业引入社区治理有两个途径:一是以市场化手段将某个社区内部的需求进行外包,居民购买服务,企业收取使用费;二是以项目制的手段,引进企业参与社区公益事业建设。

运用项目制参与社区公益事业建设的企业,要从社会的角度思考企业参与社区公益事业建设的问题。社区治理重在获得政府和民众的认可和信任,而不在于开展逐利性业务。公益行为可以扩大企业的广告宣传力度。企业通过发挥社会责任意识,为居民提供优质公益服务,既可以获得社区民心,还

[①] 章丽丹:《社区治理视角下居民参与志愿服务的影响因素研究》,华东理工大学2015年硕士论文。

[②] Rachel Tribe, Dilanthi Weerasinghe, Shanthy Parameswaran, Increasing Mental Health Capacity in a Post-conflict Country Through Effective Professional Volunteer Partnerships: A Series of Case Studies with Government Agencies, Local NGOs and the Diaspora Community, *International Review of Psychiatry*, No. 5, 2014.

[③] 于君博、童辉:《项目制:一种新的国家治理模式的文献综述》,载《南京农业大学学报(社会科学版)》2016年第3期。

[④] 渠敬东:《项目制:一种新的国家治理体制》,载《中国社会科学》2012年第5期。

可以摆脱传统治理模式下企业在社区治理中逐渐被边缘化的局面。①

企业以项目制的方式参与社区治理大致分为三个阶段:第一,初期阶段。企业协助进行配套设施和治理组织建设,为社区活动提供资金、场地与规划建设方面的支持。此外,企业还可以与物业公司积极合作,在社区内部开展协调和机制建设工作。第二,中期阶段。企业的重点工作在于与政府、党组织等公共管理机构,与居委会、志愿组织等社区自治性组织,构建多层面的协商互动机制。第三,后期阶段。企业积极参与营造良好的政策环境与社区环境,配合政府鼓励成立草根型社会组织、志愿服务类社会组织等,为与社区开展共同治理,提供人力与技术支持。

企业通常以引导性战略指引社区参与行为,通过承担大量的社区基础性事务,奠定社区基本构架,形成企业策略基础,之后逐步确立企业主导—居委会协作—志愿者参与的互动模式。当机制健全后,企业再与居民、社会组织、政府协调互动,参与协助性事务。项目成功后,企业将获得潜在收益。②

4. 行政主导型

社区居委会是社会组织参与社区治理的典型的行政主导类型。在法律上,居委会是我国的一种居民自治组织,受历史路径依赖的影响,在现实中我国的基层社会管理带有很强的国家动员、群众参与的色彩,居委会在社区治理中被作为国家权力的延伸而纳入行政体系框架之中。行政组织仍掌握着比较丰富的资源,发挥推进统治与政策执行的功能。③ 因此,我们把居委会作为社会组织参与社区治理的行政主导型模式的代表。

居委会作为行政主导型组织,被赋予了政治动员、帮助政府提供公共服务、争端和解、维护公共安全和传达公共舆论等五类大任务,以及教育、宣传、精神文明建设、体育、社会保障、公共安全等数十类小任务。④ 有的学者将这

---

① 邵兴全、胡业勋:《企业参与社区治理的角色重构与制度安排研究——基于多元合作治理的分析框架》,载《理论与改革》2018 年第 3 期。
② 田志龙、程鹏璠、杨文、柳娟:《企业社区参与过程中的合法性形成与演化:百步亭与万科案例》,载《管理世界》2014 年第 12 期。
③ 杨敏:《公民参与、群众参与与社区参与》,载《社会》2005 年第 5 期;桂勇:《城市邻里研究:"国家—社会"范式及一个可能的分析框架》,载曾示主编:《复旦社会学论坛(第一辑)》,上海三联书店 2005 年版,第 204 页;Hanlong Lu, Jun Li, Comparison of Residents' Committees in Two Chinese Cities: Shanghai and Shenyang, *Social Sciences in China*, No. 1, 2008.
④ Hanlong Lu, Jun Li, Comparison of Residents' Committees in Two Chinese Cities: Shanghai and Shenyang, *Social Sciences in China*, No. 1, 2008.

些任务归纳为政治性任务、行政性工作和居民事务三个类别(见表6-5)。

表 6-5 居委会的文本职责与实际职责对比

	文本职责	实际职责
政治性任务	宣传宪法、法律、法规和国家的政策;维护居民的合法权益,教育居民履行依法应尽的义务;爱护公共财产;开展多种形式的社会主义精神文明建设活动	党建党务、检查评比、领导慰问、代理上级慰问、道德教育、创建"五文"、上级精神传达、领导视察、学习文件、妇女工作等,共计22项职责
行政性工作	协助维护社会治安;协助政府或者其派出机构做好与居民利益有关的公共卫生、计划生育、优抚救济、青少年教育等工作	涵盖社区社会福利工作9小项、计划生育工作9小项、社区出租屋管理工作6小项、社区消防工作6小项、社区文化工作8小项、社区老年工作6小项、社区科委科协工作9小项、社区侨务工作2小项等,共计61项职责
居民事务	办理本居住地区居民的公共事务和公益事业;调解民间纠纷;向政府或者其派出机构反映居民意见、要求和提出建议	包括儿童疫苗接种、为居民开医疗证明等社区卫生工作10小项;楼院的卫生整治、检查道路保洁、垃圾清理状况以及处理居民反映乱排污水、管道损坏等社区环境工作11小项,共计21项职责

资料来源:杨爱平、余雁鸿:《选择性应付:社区居委会行动逻辑的组织分析——以G市L社区为例》,载《社会学研究》2012年第4期。

在现阶段社区治理过程中,从与居民互动的角度来看,居委会发挥了服务社区百姓、协助政府行政管理和引领带动居民草根组织的积极作用。然而,受历史影响,居委会的工作中依然存在大量的行政性工作内容。同时,居委会工作人员更倾向于完成自上而下分配的任务,在处理自下而上的任务时所占时间比例相对较少。未来,居委会要注重转型和调整,加大动员、宣传的力度,采用多渠道在社区内部建立的协调体系;制定方案培养社区离退休党员、楼门长、文艺骨干分子等成为社区积极分子,以感情、人情、互惠和信任为基础组建互动网络,获取居民的合作与支持;[①]在场地、设施、资金等方面提供支持,吸引社区内部的草根组织、社会组织与居委会合作,共建工作体系等。

---

① 姜振华:《社区参与:对社区居民与居委会互动关系的透视》,载《中国青年政治学院学报》2007年第3期。

二、社会组织参与社区治理的机制

(一) 合作协助机制

1. "三社联动"合作机制

"三社联动"是指社会组织、社区与社会工作者有机配合,建立健全"党委领导、政府负责、社会协同、公众参与"的社会管理格局。① "三社联动"需明确五个主体的职能:当地政府的规范引导、社区居民的动员参与、社会组织的服务管理、专业社工的指导带动以及社区体制的创新变革。② 作为社区联动的平台,"三社联动"以社会组织为主要载体,以社工组织为连接纽带,以人民群众为基础力量。

社会组织与社工组织应高度关注政府工作和社区群众的实际需要,根据需要确定组织发展目标,规划设计相关活动,且在策划过程中针对社区特殊群体的需求,设立意见反馈机制。政府作为社区管理者,掌握大量资源,社会组织和社工组织须积极配合政府行政工作。"三社联动"应在社区内部积极培育自治组织、草根组织,三者相互配合落实项目,围绕社区文化、卫生、维权、慈善事业等开展工作。例如,与杂志社合作打造图书馆、与高校合作开设青少年课后互动中心、与围棋学校合作向孩子们宣传围棋知识,培养孩子的兴趣与思维。③

2. 营利性与非营利性企业合作机制

社会企业通常指参与社区事务管理,提供社区公共服务的非营利性企业,它的主要目标是解决外部性和公共产品生产的市场失灵问题。④ 社会企业不追求实际盈利水平,而是更注重完成社会的责任与使命。社会企业更强调"产生并维持社会效益,而仅是为了维持组织和持续性而创造盈余"⑤,因此,社会企业需要像企业一样维持运行,虽会将部分利润分给股东,但利润的绝大部分还是用于企业自身建设。

---

① 叶南客、陈金城:《我国"三社联动"的模式选择与策略研究》,载《南京社会科学》2010年第12期。
② 同上。
③ 陈丽、冯新转:《"三社联动"与社区管理创新:江苏个案》,载《重庆社会科学》2012年第2期。
④ R. G. Holcombe, A Theory of the Theory of Public Goods, *Review of Austrian Economics*, No. 1, 1997.
⑤ A. Fowler, NGDOs as a Moment in History: Beyond Aid to Social Entrepreneurship or Civic Innovation? *Third World Quarterly*, No. 4, 2000.

图6-7梳理了社会企业家的行为理论,说明社会企业家的一系列行为和意图,受态度、主观规范和感知行为影响。这些影响因素反过来又受到社会企业家的个人心理因素、规范性信念以及对市场的了解等因素的影响。在影响社会企业家行为的因素中,环境因素被归结为"发现与识别机会、开展行动和成长"。社区中的人口因素、社区内部规划、社会学因素以及组织特点都不可忽略地决定了其行为。因此,社区原有的发展状况会影响社会企业家的行动判断,城市政府不应赋予社会企业家不切实际的希望。

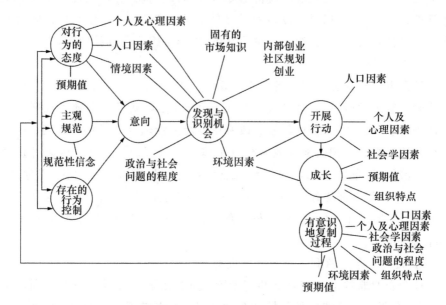

图6-7 社会企业家行为理论影响因素

资料来源:Raghda El Ebrashi, Social Entrepreneurship Theory and Sustainable Social Impact, *Social Responsibility Journal*, No.1, 2013。

进入社区后,社会企业首先要发现社区中的各类问题并归纳问题背后的原因。然后,结合企业的宗旨,明确工作目标,制订相关的工作计划。最后,将计划付诸实践,同时努力培养社区中的其他社会组织。引入社会企业参与社区治理的目的,既包括实现社区资源的合理利用,还包括雇用社区人员参与工作,增加社区居民收入。同时,通过推广社会企业的治理理念,可提高社区居民主动参与的意识。

需提及的是,社区治理中常常需要营利性企业和非营利性企业进行合作。例如,由非营利企业提供社区的公益项目发布平台,动员营利性企业参与；或者将技术设计作为公益内容，来降低合作企业的运营成本。在项目实施过程中，非营利企业还可以承担大量的接洽、协调和相关的监督工作。

3. 非政府组织与政府之间的合作框架

图 6-8 描述了在社区建设中，非政府组织与政府的一般性合作框架。其中，政府方面，以行政主导社会组织（如居委会）为代表；非政府组织包括政府支持的 NGO、民间 NGO、国际 NGO。两者之间形成了双层的协作网络。外层反映政府、社区与其他利益相关者的关系。其他利益相关者既可能是因兴趣参加社区活动的积极分子，也可能是借以参与社区服务获利的企业。社区、当地政府均可与社区内部的非政府组织联盟进行交流协商。政府支持的

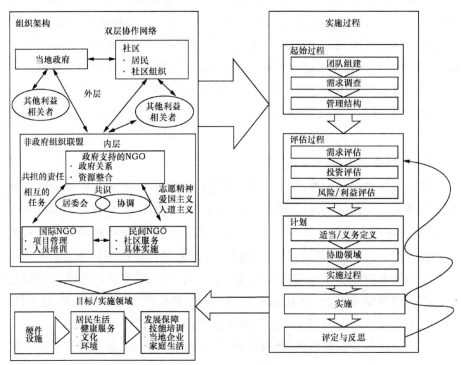

图 6-8 非政府组织与政府之间的合作框架

资料来源：Yi Lu, Jiuping Xu, NGO Collaboration in Community Post-disaster Reconstruction: Field Research Following the 2008 Wenchuan Earthquake in China, *Disasters*, No. 2, 2015。

说明：本书作者根据上述文献整理、归纳。

NGO、国际 NGO 和民间 NGO 各负其责,任务不同,可以分别与社区之间达成合作关系。通常,居委会作为中间协调人代表地方政府发挥作用。

在经验上,非政府组织与政府合作的主要领域包括:第一,就社区内部的硬件基础设施建设合作,如健康活动设施等。第二,就社区居民的生活保障合作,如居民医疗服务、社区文化建设、社区环境卫生等。第三,就社区未来的发展条件合作,如为提高居民素质、招商引资、家庭和谐度、社区软实力提供保障。在双方的合作中,应充分明确参与者的权利与义务,设置有效的绩效评定标准,考虑社区及其成员的要求,评估社会效益和经济回报,化解援助项目风险。①

在政治层面上,越南与我国存在相似性。越南的社会组织在社区中担负着社区教育、社区人力资源培训、研究与创新等责任。在越南的社区内,公共卫生是社区治理的重要内容,社会组织承担卫生项目的硬件技术及软件能力建设,以增加社区应对公共卫生事件的能力。在教育上,越南引入国际性的社会组织开展社区卫生教育。在进行项目合作时,社会组织雇用当地居民进行项目监督,并就方法创新和经验分享与政府和其他非政府组织进行讨论(见图6-9)。

(二)服务反馈机制

服务反馈机制分为两种:一是民众的服务反馈,二是对社会组织监督机制的服务反馈。政府与社会组织、社会工作者机构联手打造社区公共服务的反馈平台,该平台由线上线下以及24小时开通的反馈热线组成。反馈机制使得社区组织、社工服务者、政府等机构,可以根据社区居民对公共服务质量的直观感受及时调整工作形式与内容。群众服务反馈平台的构成人员应包括社区内的经营商户、专业社工人员、政府工作者以及相关社会组织人员。多样化的人员构成有助于防止内部的舞弊现象。

对社会组织的监督机制,需要政府牵头,政府与专家、群众协商确定社区活动中的监督机制。在结构上,我国可以依据《公司法》,借鉴国外社区社会组织机构模式,设立董事会、监事会、成员代表大会等机构,平衡各部门的权

---

① Yi Lu, Jiuping Xu, NGO Collaboration in Community Post-disaster Reconstruction: Field Research Following the 2008 Wenchuan Earthquake in China, *Disasters*, No. 2, 2015.

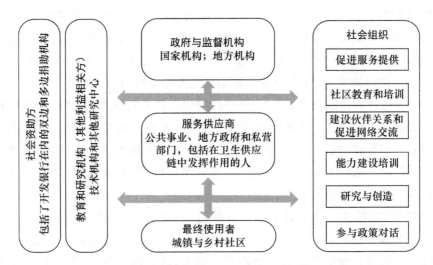

图 6-9 越南社区卫生服务中的组织配合关系

资料来源：N. Carrard，D. Pedi，J. Willetts，B. Powell，Non-government Organisation Engagement in the Sanitation Sector：Opportunities to Maximise Benefits，*Water Science and Technology*，No. 12，2009。

说明：本书作者根据上述文献整理、归纳。

责和职能，形成内在的监督和制约机制。① 政府在引入社会组织之前还应该建立相关的评价指标体系和信用评级体系，经常在社区公共平台上展示，以保持对社会组织的潜在压力与动力。

三、社会组织参与社区治理的资金保障

社会组织参与社区治理需要资金支持。目前，社会组织获得资金的渠道较为丰富，如国家提供的社会组织专项补贴与变相补贴、私人部门的资金信托，以及一些社会企业的责任倡议等。② 大体上，资金获取渠道可以概括为社区基金会提供、与外部组织合作获取、政府购买、爱心企业捐赠四类。

（1）社区基金会提供。社区基金会通常包括企业主导、居民主导和政府

---

① 严序渊：《福州市社区社会组织参与社区治理研究》，福建师范大学 2013 年硕士论文。

② Kerry Scott, Asha S. George, Steven A. Harvey, Shinjini Mondal, Gupteswar Patel, Raman VR, Kabir Sheikh, Government Helper and Citizen Advocate? A Case Study of the Multiple Roles and Pressures Facing a Nongovernmental Organization Contracted by Government to Strengthen Community Health in Northern India, *The International Journal of Health Planning and Management*, No. 24, 2017.

主导三种类型。政府主导型是指社区基金的原始资金由政府直接提供,或者由政府主导募捐获得。社区基金会成立后,应积极与相关政府部门、社区居民、爱心企业等社区内外的募捐对象进行联系,广泛寻求资金捐助来源,并负责对资金进行日常管理。[①] 我国当前的社区基金会以政府主导型为主。

(2) 与外部组织合作获取。与外部组织合作是社区草根型社会组织获取资金的主要方式。对草根型社会组织而言,专业化的管理手段、专业的组织形式和可持续的行动方略普遍缺乏,获取资金比较困难。因此,可借助社区成员广泛的人际关系、社会资源、信息网络优势,在社区内、外部组织之间不断建立联系来获取相关援助。

(3) 政府购买。政府通常以服务外包、公益投创、财政补贴等方式购买社区公共服务。政府购买领域主要集中于社工组织、老人看护服务、残疾人特殊群体以及其他的慈善救助类项目。通常,政府通过公开招标,招募相关社会组织,社会组织再通过政府购买获取资金和补贴。

(4) 爱心企业捐赠。部分爱心企业热衷于向社区捐赠。社会组织可通过捐赠方调查、展示相关活动构想、打造符合企业资助的相关条件等,积极获取企业捐赠。

第五节 小　　结

总体上,我国社会组织在开展对外协调、实现资源配置和积累自身优势等方面,尚处于发展起步阶段。治理过程也是组织内部资本积累的过程,社会组织参与治理的重要目标之一就是提高社区内部的社会资本,通过内部社会资本的积累使社区转变成为熟人社会,公民由独立的"原子"转为利益联合体。作为治理过程的参与者,社会组织嵌入社区之中,既成为社区居民活动的外部因素,也丰富了城市社会基层的社会组织关系网络。当组织进入网络化和社会化的发展阶段,组织之间的相互联系、协商讨论等机制变得日益紧密。由此,对社会组织的保护性立法以及制定保障社会组织相关权益的政策等也成为必然,以提高社会组织的合法性、认可程度、法律地位及其在社区中的行动效率。

---

① 张向丽:《社区基金会的参与治理研究》,南京大学 2016 年硕士论文。

社会资本视角下的社会组织网络有横向和纵向两种类型的合作网络。纵向(垂直型)合作网络强调管理的层级化,以减少横向管理幅度。垂直化的管理网络使社会组织容易被"上一级组织"过度干涉,导致独立性降低。因此,社会组织之间,以及社会组织与政府之间在协商制度的构建过程中,应注重水平合作网络建设,水平的社会组织更有助于形成更平等且更强健的民主结构。①

引进社会组织参与治理的目的是带动广大民众参与社区治理。社会组织可以通过承接政府项目、协助政府开展社区工作等,吸引社区居民加入社会组织,再借助组织内部和组织间的交流,提升居民之间的相互信任,打破原子化的隔离状态,通过社区内部社会资本的积累提升社区整体性,增强对社区事务的决断能力。同时,社会组织通过与政府沟通形成联动机制,社区会提升解决内部居民之间的矛盾冲突的能力,减少政府的行政负荷和财政负担,最终形成更加高效、科学的城市社区治理的新模式。

主要参考文献

［1］A. Fowler, NGDOs as a Moment in History: Beyond Aid to Social Entrepreneurship or Civic Innovation? *Third World Quarterly*, No. 4, 2000.

［2］B. Czarniawska, *Narrating the Organization: Dramas of Institutional Identity*, University of Chicago Press, 1997.

［3］Brayden G. King, Teppo Felin, David A. Whetten, Perspective—Finding the Organization in Organizational Theory: A Meta-Theory of the Organization as a Social Actor, *Organization Science*, No. 1, 2010.

［4］Corinthias Pamatang Morgana Sianipar, Kitri Widaretna, NGO as Triple-Helix Axis: Some Lessons from Nias Community Empowerment on Cocoa Production, *Procedia-Social and Behavioral Sciences*, No. 52, 2012.

［5］Dan Cantillon, William S. Davidson, and John H. Schweitzer, Measuring Community Social Organization: Sense of Community as a Mediator in Social Disorganization Theory, *Journal of Criminal Justice*, No. 4, 2003.

［6］Dan Cantillon, William S. Davidson, John H. Schweitzer, Measuring Community

---

① 程秀英、孙柏瑛:《社会资本视角下社区治理中的制度设计再思考》,载《中国行政管理》2017年第4期。

Social Organization: Sense of Community as a Mediator in Social Disorganization Theory, *Journal of Criminal Justice*, No. 4, 2003.

[7] G. de Bruijne, M. Geurts, and B. Appleton, Sanitation for All? IRC Thematic Overview Paper, *IRC International Waterand Sanitation Centre*, No. 20, 2007.

[8] Hanlong Lu, Jun Li, Comparison of Residents' Committees in Two Chinese Cities: Shanghai and Shenyang. *Social Sciences in China*, No. 1, 2008.

[9] J. S. Coleman, Constructed Organization: First Principles, *J. Law Econom*, No. 1, 1991.

[10] Jude Howell, New Directions in Civil Society: Organizational Around Marginalized Interests, in Jude Howell (ed.), *Governance in China*, Rownab and Littlefield Publishers, 2004.

[11] Kerry Scott, Asha S. George, Steven A. Harvey, Shinjini Mondal, Gupteswar Patel, Raman VR, Kabir Sheikh, Government Helper and Citizen Advocate? A Case Study of the Multiple Roles and Pressures Facing a Nongovernmental Organization Contracted by Government to Strengthen Community Health in Northern India, *The International Journal of Health Planning and Management*, No. 24, 2017.

[12] L. J. Hanifan, The Rural School Community Center, *The Annals of the American Academy of Political and Social Science*, No. 1, 1916.

[13] M. Rezaul Islam, Improving Development Ownership Among Vulnerable People: Challenges of NGOs' Community Empowerment Projects in Bangladesh, *Asian Social Work and Policy Review*, No. 3, 2014.

[14] N. Carrard, D. Pedi, J. Willetts, B. Powell, Non-government Organisation Engagement in the Sanitation Sector: Opportunities to Maximise Benefits, *Water Science and Technology*, No. 12, 2009.

[15] Our Global Neighborhood, *The Commission on Global Governance*, Oxford University Press, No. 23, 1995.

[16] Rachel Tribe, Dilanthi Weerasinghe, Shanthy Parameswaran, Increasing Mental Health Capacity in a Post-conflict Country Through Effective Professional Volunteer Partnerships: A Series of Case Studies with Government Agencies, Local NGOs and the Diaspora Community, *International Review of Psychiatry*, No. 5, 2014.

[17] Raghda El Ebrashi, Social Entrepreneurship Theory and Sustainable Social Impact, *Social Responsibility Journal*, No. 1, 2013.

[18] R. G. Holcombe, A Theory of the Theory of Public Goods, *Review of Austrian Economics*, No. 1, 1997.

[19] Weiying Kong, Li Sun, Social Organizations' Path to Participate in Social Governance Based on the Perspective of Systematic Theory, *Canadian Social Science*, No. 11, 2015.

[20] Yi Lu, Jiuping Xu, NGO Collaboration in Community Post-disaster Reconstruction: Field Rsearch Fllowing the 2008 Wenchuan Erthquake in China, *Disasters*, No. 2, 2015.

[21] 陈丽、冯新转:《"三社联动"与社区管理创新:江苏个案》,载《重庆社会科学》2012年第2期。

[22] 陈万灵:《"社区参与"的微观机制研究》,载《学术研究》2004年第4期。

[23] 陈伟东:《公共服务型政府与和谐社区建设——以武汉市社区建设为个案》,载《江汉论坛》2005年第12期。

[24] 陈伟东、张继军:《社区治理社会化:多元要素协同、共生》,载《社会科学家》2016年第8期。

[25] 程秀英、孙柏瑛:《社会资本视角下社区治理中的制度设计再思考》,载《中国行政管理》2017年第4期。

[26] 董强:《社会组织参与社区治理研究》,南京农业大学2012年硕士论文。

[27] 高红、杨秀勇:《社会组织融入社区治理:理论、实践与路径》,载《新视野》2018年第1期。

[28] 高洁:《苏州工业园区社会组织参与社区治理研究》,苏州大学2017年硕士论文。

[29] 郭珅:《社区社会组织参与社区治理研究》,南京大学2012年硕士论文。

[30] 花楷、兰自力、刘志云:《我国体育公共服务财政投入现状、问题与对策》,载《天津体育学院学报》2014年第6期。

[31] 纪莺莺:《当代中国的社会组织:理论视角与经验研究》,载《社会学研究》2013年第5期。

[32] 姜振华:《社区参与:对社区居民与居委会互动关系的透视》,载《中国青年政治学院学报》2007年第3期。

[33] 康晓光:《未来3—5年中国大陆政治稳定性分析》,载《战略与管理》2002年第3期。

[34] 兰萌萌:《多中心治理理论视野下新型城市社区治理模式构建——基于三个社区治理案例的分析》,载《改革与开放》2017年第11期。

[35] 李婵:《农村社区精英研究综述》,载《中共济南市委党校学报》2004年第3期。

[36] 李健:《公共服务化社会组织参与社区管理研究》,载《世纪桥》2017年第1期。

[37] 廖玉华:《社区社会组织生命力探究》,南京大学2017年硕士论文。

[38] 刘明君、徐汉军:《论和谐农村视野下基层民主样式的创新》,载《三峡大学学报(人文社会科学版)》2007年第2期。

[39] 陆铭、李爽:《社会资本、非正式制度与经济发展》,载《管理世界》2008年第9期。

[40] 陆小成、潘信林:《社会资本视角下的社会组织参与城市社区管理的功能考察》,载《社团管理研究》2009年第9期。

[41] 马全中:《中国社区治理研究:近期回顾与评析》,载《新疆师范大学学报(哲学社会科学版)》2017年第2期。

[42] 渠敬东:《项目制:一种新的国家治理体制》,载《中国社会科学》2012年第5期。

[43] 任政:《社会工作介入社区居民自治研究》,安徽大学2017年硕士论文。

[44] 邵兴全、胡业勋:《企业参与社区治理的角色重构与制度安排研究——基于多元合作治理的分析框架》,载《理论与改革》2018年第3期。

[45] 谭祖雪、张江龙:《赋权与增能:推进城市社区参与的重要路径——以成都市社区建设为例》,载《西南民族大学学报(人文社会科学版)》2014年第6期。

[46] 田志龙、程鹏瑶、杨文、柳娟:《企业社区参与过程中的合法性形成与演化:百步亭与万科案例》,载《管理世界》2014年第12期。

[47] 王菁:《社区治理模式改革探索——基于新公共管理理论》,载《南京审计学院学报》2011年第4期。

[48] 王昕、陈社英:《社区精英的概念、分类及发展路径》,载《佛山科学技术学院学报(社会科学版)》2016年第4期。

[49] 夏建中、张菊枝:《我国城市社区社会组织的主要类型与特点》,载《城市观察》2012年第2期。

[50] 徐永祥、曹国慧:《"三社联动"的历史实践与概念辨析》,载《云南师范大学学报(哲学社会科学版)》2016年第2期。

[51] 闫臻:《嵌入社会资本的乡村社会治理运转:以陕南乡村社区为例》,载《南京农业大学学报(社会科学版)》2015年第4期。

[52] 严序渊:《福州市社区社会组织参与社区治理研究》,福建师范大学2013年硕士论文。

[53] 燕继荣:《民主:社会资本与中国民间组织的发展》,载《学习与探索》2009年第1期。

[54] 燕继荣:《社区治理与社会资本投资——中国社区治理创新的理论解释》,载《天津社会科学》2010年第3期。

[55] 杨爱平、余雁鸿:《选择性应付:社区居委会行动逻辑的组织分析——以G市L社区为例》,载《社会学研究》2012年第4期。

[56] 杨敏:《公民参与、群众参与与社区参与》,载《社会》2005年第5期。

［57］姚何煜：《社区治理行政化：缘由、困境及对策》，载《安徽广播电视大学学报》2010年第4期。

［58］叶南客、陈金城：《我国"三社联动"的模式选择与策略研究》，载《南京社会科学》2010年12期。

［59］于君博、童辉：《项目制：一种新的国家治理模式的文献综述》，载《南京农业大学学报（社会科学版）》2016年第3期。

［60］袁懋栓：《改善社区公共服务，促进和谐社区建设》，载《北京社会科学》2006年第1期。

［61］张卫、董强：《多中心理论视域下社会组织参与社区管理与服务研究》，载《唯实》2012年第3期。

［62］张祥刚：《社会组织参与社区治理的路径研究》，浙江工商大学2017年硕士论文。

［63］张向丽：《社区基金会的参与治理研究》，南京大学2016年硕士论文。

［64］章丽丹：《社区治理视角下居民参与志愿服务的影响因素研究》，华东理工大学2015年硕士论文。

［65］赵博文：《城市社区治理的机制创新研究》，湖北师范大学2017年硕士论文。

［66］赵定东：《社会组织融入社区关键在获得居民认可》，载《中国社会科学报》2017年1月11日。

第七章

城市社区治理的法治化

社区是社会的根本,城市社区的依法治理是我国依法治国的基础。党的十八大报告第一次将"城乡社区治理"写入党的纲领性文件中。党的十八届三中全会将推进国家治理体系和治理能力现代化确立为全面深化改革的总目标,把社区治理作为社会治理的重要基础,置于国家治理的全局中来谋划。党的十八届四中全会提出从加快建设社会主义法治国家的战略高度,强调推进社区依法治理是全面依法治国的基础。党的十八届五中全会进一步为全面建成小康社会描绘了辉煌蓝图,就加强和创新社会治理作出了全面部署,强调了社区治理在社会治理中的重要基础作用。党的十八届六中全会在全面从严治党的高度提出了社区治理的新要求。①

这些重要文件深入诠释了社区治理在党和国家整体发展中的基本地位和作用,为在新的历史条件下加强和创新社区治理指明了方向。社区治理中的法治不仅是依法全面治国的实践路径,也是提高社区管理效率,维护个体社区合法权益的重要保障。

第一节　中国城市社区治理的立法现状

社区治理需要一个完整、健全的法律体系,从根本上保障社区的自治权益,从而促进社区依法治理。从目前我国的立法情况来看,关于社区治理的法律既包括宪法,也包括基于此基本大法制定的《城市居民委员会组织法》,以及相关的地方法规、部门规章和政策性文件等。在这些法律文件中,有些

---

① 秦宣:《推进国家治理现代化的方向和路径》,载《人民日报》2016年6月22日第7版。

直接具体地规范了社区管理,有些则是法律法规文件中部分内容与法律条文涉及社区管理等问题。①

一、中央关于城市社区治理的相关规定

1954年12月,全国人民代表大会常务委员会第四次会议通过了《城市街道办事处组织条例》《城市居民委员会组织条例》;1989年,国务院第四十次常务会议通过了《人民调解委员会组织条例》。② 这些有关城市居民委员会制度的法律文件,使基层社会管理得到了规范,并依法设立了街道办事处和居民委员会,标志着城市社区工作在法律规范的保障下正式开始。街道办事处和居民委员会的依法设立,为建立以街道办事处和居民委员会为主体的街居制提供了先决条件。

1982年《宪法》第111条规定:"城市和农村按居民居住地区设立的居民委员会或者村民委员会是基层群众性自治组织。居民委员会、村民委员会的主任、副主任和委员由居民选举。居民委员会、村民委员会同基层政权的相互关系由法律规定。"此条明确指出,城市居民委员会是具有基层群众自治性的组织,并对居民委员会组织的组成和地位、性质和任务,以及资金来源作出详细的规定。宪法作为根本大法为居民委员会性质和职能的确定提供了权威性的法律依据。

1989年12月26日,第七届全国人民代表大会常务委员会第十一次会议通过了《城市居民委员会组织法》(以下简称《城市居委会组织法》)。该法第1条规定,为了加强城市居委会的建设,由城市居民群众依法办理群众自己的事情,促进城市基层社会主义民主和城市社会主义物质文明、精神文明建设的发展,根据宪法,制定该法。③《城市居委会组织法》于1990年1月1日起正式施行,进一步明确了城市居委会的自治性,规范了城市居委会的任务,使城市居委会组织建设获得了法律保障,同时废止1954年12月31日全国人民代表大会常务委员会通过的《城市居民委员会组织条例》。2009年,第十

---

① 柳建闽、曾睿、汤凌燕:《法治视角下的城市社区治理》,载《福建农林大学学报(哲学社会科学版)》2016年第2期。
② 范毅:《中国基层群众自治:前行与忧思》,载《调研世界》2009年第8期。
③ 胡承武:《依法治国亟需加强社区自治立法——以〈中华人民共和国城市居民委员会组织法〉为视角》,载《领导科学论坛》2014年第24期。

一届全国人民代表大会常务委员会第九次会议决定废止《城市街道办事处组织条例》。①

2006年4月,国务院办公厅发布《国务院关于加强和改进社区服务工作的意见》,指出随着城镇化进程的加快,城市社区的地位在经济社会发展中日渐重要,相应地,社区居民对社区服务的需求不断升高。做好社区服务,对提高居民生活质量、促进和谐社会建设具有重要意义。

2010年11月,中共中央办公厅、国务院办公厅发布《关于加强和改进城市社区居民委员会建设工作的意见》,②指出我国城市社区居委会是基层群众性自治组织,要正确把握加强和改进城市社区居委会建设工作的指导思想、基本原则、目标和任务,进一步明确城市社区居委会的主要职责,不断健全城市社区居委会的组织体系,切实改善城市社区居委会服务设施逐步理顺城市社区居委会与相关组织的工作关系,进一步完善城市社区居委会的基层群众自治制度。至此,城市社区制作为一种新的基层社会管理机制逐步建立起来。

2015年7月22日,中共中央办公厅、国务院办公厅发布《关于加强城乡社区协商的意见》。这是我国关于加强城乡社区协商工作的第一份纲领性文件,也是进一步开展城乡社区协商工作的指南针。该意见指出,城乡社区协商是基层群众自治的生动实践,是基层群众自治的重要途径。③

2017年6月12日,中共中央、国务院发布《关于加强和完善城乡社区治理的意见》。这是国家层面上提出的关于城市社区治理的纲领性文件,表明了我国社区法治化治理的发展方向。该意见提出,要健全完善城乡社区治理体系,发挥基层组织作用;不断提升城乡社区治理水平,加强社区居民参与度、提高社区服务能力;完善城市社区治理,优化社区资源;强化组织机制,加大财政保障,进一步确定社区作为社会治理的基本单元。④

---

① 《全国人民代表大会常务委员会关于废止部分法律的决定》,http://www.npc.gov.cn/huiyi/cwh/1109/2009-06/27/content_1508515.htm,2018年1月1日访问。
② 王运宝:《街道办何去何从》,载《决策》2011年第10期。
③ 李立国:《推进社区治理创新,提高基层群众自治和社区工作水平》,载《社会治理》2015年第3期。
④ 《中共中央、国务院出台意见加强和完善城乡社区治理》,载《城市规划通讯》2017年12期。

二、民政部关于城市社区治理的相关规定

1986年,民政部首先提出了城市社区服务工作的要求,将"社区"概念引入城市管理。1987年9月,民政部召开"全国城市社区服务工作座谈会",确定了社区服务的内容、任务,社区服务工作开始正式在全国城市展开,并明确提出应在城市发展社区服务,并希望在全国推广。① 1991年,民政部在北京召开全国社区服务工作研讨会,提出"社区建设"的概念,并指出要全面推进社区建设。至此,中国城市基层管理机制正式进入社区建设阶段。②

1993年,民政部等14个部委联合发布《关于加快发展社区服务业的意见》,要求地方政府建立健全社会保障体系和社会化服务体系,促进社区服务业全面、快速发展。③ 为加强对全国社区服务工作的指导,探究社区服务业发展的新模式,促进社区服务发展规范化,民政部根据该意见于1995年12月发布了《全国社区服务示范城区标准》。④

1999年,民政部发布《全国社区建设实验区工作实施方案》,制定了符合中国国情的社区建设总体要求及基本原则,规定了社区建设工作的运行机制和组织管理体制。同年,民政部正式启动了"全国社区建设试验区工程",选择了26个市区作为社区建设实验区,为中国城市社区建设的全面发展提供了最有价值的探索和经验。⑤

2000年11月,中共中央办公厅、国务院办公厅向全国转发了《民政部关于在全国推进城市社区建设的意见》,明确提出社区建设是一项新任务,推进社区建设是我国城市经济和社会发展到一定阶段的必然要求,是新时期城市现代化建设的重要路径。⑥ 城市社区治理坚持以人为本为原则,将服务社区居民作为社区建设的根本,建立健全社区组织,明确组织的职责和权利,拓展社区服务,完善社区各项工作,加强社区组织和队伍建设,以更好地推动社区建设。

---

① 李春:《我国城市社区公共服务模式的发展历程与启示》,载《理论导刊》2013年第2期。
② 李迎生:《对中国城市社区服务发展方向的思考》,载《河北学刊》2009年第1期。
③ 翟启运:《民政部国家计委等14个部委联合通知各地加快发展社区服务业》,载《人民日报》1993年10月21日。
④ 张大维:《中国共产党城市社区建设理论体系研究》,载《理论与改革》2011年第4期。
⑤ 刘务勇、金一兰:《我国城市社区民主建设的现状及对策思考》,载《贵州大学学报(社会科学版)》2011年第3期。
⑥ 《民政部关于在全国推进城市社区建设的意见》,http://www.cctv.com/news/china/20001212/366.html,2018年10月21日访问。

为贯彻落实《民政部关于在全国推进城市社区建设的意见》的要求,在全国开展城市社区建设示范活动,并为推进社区建设作出规范性指导,2001年7月,民政部制定了《全国社区建设示范城基本标准》,为国家社区建设提供范例。① 2006年,国务院发布《国务院关于加强和改进社区服务工作的意见》,同时地方立法机构也出台了许多相关法律文件。2008年,民政部发布《全国和谐社区建设示范单位指导标准(试行)》;2009年,民政部发布《关于进一步推进和谐社区建设工作的意见》,推动了和谐社区建设在全国各地的开展。

2011年,民政部发布《民政部关于促进农民工融入城市社区的意见》,指出促进农民工更好地融入社区,参与社区自治,更有助于加快中国基层社会的融合。② 2013年1月15日,民政部发布《民政部关于加强全国社区管理和服务创新实验区工作的意见》,为完善社区服务制度、推动社区建设更深入发展作了进一步指示。2013年10月31日,民政部发布《民政部关于推进社区公共服务综合信息平台建设的指导意见》,指出要发挥社区信息化在提升社区自治和服务功能方面的积极作用,切实满足居民公共服务需求,促进基层社会服务管理创新。2013年11月15日,民政部、财政部联合发布《民政部、财政部关于加快推进社区社会工作服务的意见》,强调加强社区社会工作专业人才队伍建设对发展社区社会工作服务的重要性。

2014年4月9日,民政部发布《民政部关于进一步加快推进民办社会工作服务机构发展的意见》,为推进民办社会工作服务机构的发展提供法律保障。2015年,民政部与中央组织部联合发布《关于进一步开展社区减负工作的通知》,依法规定了社区工作的各类事项,为深入开展社区减负工作提出明确要求。③ 以上政策性法规文件为大力推动城市社区建设和治理提供了法律保障。

三、地方及其他部门关于城市社区治理的相关规定

1991年,北京市政府出台《北京市实施〈中华人民共和国城市居民委员会组织法〉办法》《北京市社区服务设施管理若干规定》;④1999年出台《北京市街道办事处工作规定》;2002年10月,北京市民政局印发关于《北京市社区

---

① 《全国城市社区建设示范活动指导纲要》,载《社区》2001年第8期。
② 王飞:《非政府组织促进农民工市民化的路径探究》,载《西部经济管理论坛》2013年第2期。
③ 《让行政归位 让社区归民》,载《中国民政》2015年第23期。
④ 王一程、负杰:《改革开放以来的中国基层民主建设》,载《政治学研究》2004年第2期。

服务中心管理暂行办法》的通知；2002年8月，北京市人事局印发《北京市社区专职工作者管理意见》的通知，旨在加强首都城市社区建设，提高社区居委会整体工作水平，为努力建设高素质的社区专职工作者队伍提供管理意见。2008年，北京市政府出台《北京市加强社会建设实施纲要》《北京市社区管理办法（试行）》《北京市社区工作者管理办法（试行）》等法律文件。在城市社区治理中，除了立法机关颁布的法律文件外，社区自治组织制定的民间自治条例和法规也发挥着重要作用。①

1996年，上海市委、市人民政府先后发布了《关于加强两级政府两级管理意见》《关于加强街道、居委会建设和社区管理的政策意见》，旨在加强街道和居委会的职能，组织和协调各方面的关系，促进居委会工作的社会化，建立满足社会主义市场经济体制需要的社区管理体系，并满足城市现代化管理的需要。② 2006年1月，上海市民政局发布《上海市社区居民事务工作站规范化建设要求》，为进一步规范工作站的建设，推进社会事务社会化管理，推动居民事务工作站的建设提供指导意见。同年，上海市民政局发布《上海市社区代表会议实施办法》《上海市社区委员会章程》，为进一步畅通社区民主参与渠道，规范社区代表大会和社区委员会的组织形式，为社区各主体参加社区建设的积极性提供了法律依据。2006年2月14日，上海市民政局发布《上海市居民会议制度实施办法》，推动了基层民主政治和社区建设。2007年6月，上海市人民政府发布《上海市人民政府关于完善社区服务促进社区建设的实施意见》，根据地区工作实际情况，完善社区服务、促进社区建设。

20世纪90年代末，辽宁省沈阳市政府出台了《关于在居民委员会中开展"社区建设四项工程"的实施方案》《关于加强社区建设的意见》；2000年，辽宁省人民政府办公厅发布《中共辽宁省委、辽宁省人民政府关于加强社区建设的意见（试行）》《辽宁省社区建设暂行办法》。2006年，沈阳市政府出台《沈阳市社区事务听证制度暂行办法》，通过建立决策、执行、议事和领导层面的等级管理，最终将社区中居民、社区单位、民警和物业公司等各种治理主体结合起来。③

---

① 梁迎修：《我国城市社区治理法治化探析》，载《郑州大学学报（哲学社会科学版）》2014年第2期。
② 郭圣莉：《上海社区建设强政府色彩的反思与启示》，载《城市管理》2004年第4期。
③ 汤晋苏、王时浩：《社区体制改革——沈阳模式专家论证会观点综述》，载《中国行政管理》2000年第4期。

2004年,浙江省率先颁布《城市社区政府工作申报准入实行办法》,规定除了法律法规外,政府各职能部门和有关单位原则上不得在社区内设立行政管理部门。2005年3月,杭州市人民政府发布《杭州市人民政府关于扶持发展社区服务业的若干意见》。2013年5月,宁波市人民政府出台《关于建立社区工作准入制度的意见》,明确在城市全面实施社区工作准入制度,通过此方式,可以有效减轻社区负担,为社区工作者省出更多的时间和精力为居民服务。①

自2000年以来,全国部分地区先后建立了有效的社区工作和运行机制,为推动政府职能的转变,优化社区工作环境,提高社区工作效率,增强社区自治能力,促进社区法治化治理提供了探索和实践。

表7-1 我国城市社会治理相关法律法规

立法机构	法律法规
国家层面	1954年《城市街道办事处组织条例》《城市居民委员会组织条例》 1982年《宪法》第111条 1989年《人民调解委员会组织条例》《城市居民委员会组织法》 2006年《国务院关于加强和改进社区服务工作的意见》 2010年《关于加强和改进城市社区居民委员会建设工作的意见》 2015年《关于加强城乡社区协商的意见》 2017年《关于加强和完善城乡社区治理的意见》
部委层面	1993年《关于加快发展社区服务业的意见》 1995年《全国社区服务示范城区标准》 1999年《全国社区建设实验区工作实施方案》 2000年《民政部关于在全国推进城市社区建设的意见》 2001年《全国城市社区建设示范活动指导纲要》《全国社区建设示范城基本标准》 2008年《全国和谐社区建设示范单位指导标准(试行)》 2009年《民政部关于进一步推进和谐社区建设工作的意见》 2011年《民政部关于促进农民工融入城市社区的意见》 2013年《民政部关于加强全国社区管理和服务创新实验区工作的意见》《民政部关于推进社区公共服务综合信息平台建设的指导意见》《民政部、财政部关于加快推进社区社会工作服务的意见》 2014年《民政部关于进一步加快推进民办社会工作服务机构发展的意见》 2015年《关于进一步开展社区减负工作的通知》

---

① 郭祎:《城市社区治理的法治化路径探究》,载《宁夏党校学报》2015年第6期。

(续表)

立法机构	法律法规
地方政府层面	**北京市政府** 1991年《北京市实施〈中华人民共和国城市居民委员会组织法〉办法》《北京市社区服务设施管理若干规定》 1999年《北京市街道办事处工作规定》 2002年《北京市社区服务中心管理暂行办法》《北京市社区专职工作者管理意见》 2008年《北京市加强社会建设实施纲要》《北京市社区管理办法(试行)》《北京市社区工作者管理办法(试行)》 **上海市政府** 1991年《中国共产党上海市街道工作委员会工作条例》 1994年《中共上海市委、市人民政府关于加强街道工作的意见》 1996年《关于加强街道、居委会建设和社区管理的政策意见》《关于加强两级政府两极管理意见》 1997年《上海市街道办事处条例》 2006年《上海市居民会议制度实施办法》《上海市社区居民事务工作站规范化建设要求》《上海市社区代表会议实施办法》《上海市社区委员会章程》 2007年《上海市人民政府关于完善社区服务促进社区建设的实施意见》 **辽宁省政府** 2000年《辽宁省社区建设暂行办法》《中共辽宁省委、辽宁省人民政府关于加强社区建设的意见(试行)》 2006年《沈阳市人民政府关于发展城市社区卫生服务工作的实施意见》《沈阳市社区事务听证制度暂行办法》 2007年《中共沈阳市委沈阳市人民政府关于加强社区建设的若干意见》 **浙江省政府** 2003年《浙江省城市社区建设指导纲要(2003—2010年)(试行)》 2004年《城市社区政府工作申报准入试行办法》 2005年《杭州市人民政府关于扶持发展社区服务业的若干意见》 2013年《关于建立社区工作准入制度的意见》

资料来源:本书作者根据相关资料整理。

四、我国城市社区治理法治化建设的问题

尽管我国从国家层面、部委层面、地方政府层面颁布了一系列的法律法规,为城市社区治理提供了法律保障,但在城市社区治理的法治化道路上仍存在一些突出的问题。

第一,现有立法滞后,制度不健全。改革开放后,社会倡导推行法治建设,城市社区治理法治化工作也必然要求建立健全完备的相关立法体系。在现行的法律体系中,有关城市社区治理的大部分国家层面的法律都是早期颁布的,实践中存在着涉及范围小、操作性不强等问题,而且社区治理立法中由部委机关制定的纲要、建议、指南等政策性规范类法律较多,缺乏国家立法强制力和权威性。伴随社会经济的快速发展,大部分法律已经滞后于当前城市社区治理的需要,应及时修订相关法律法规。例如,在社区治理的发展过程中,社区成为新的自治组织形式主体,但宪法和法律对这些新的组织形式并未明确其法律地位。[1] 居委会作为群众自治组织,在社区治理的自治职能中的作用越来越受到重视,但现行的《城市居委会组织法》是 1989 年颁布的,并没有这方面的规定,其法律规定已经明显不适应当前居委会的工作需要。[2]

第二,社会协同性弱,居民自治制体系不完善。城市社区治理需要社会协同,需要社会公众力量依法参与,社区主体的法律地位不明确,社区自治主体的核心地位不突出,社区自治组织、民间组织没有明确的法律地位保证,社区自治无法顺利有序地开展。社区治理以居民自治为主,但由于社区自治组织法律体系不完善,居民参与社区治理缺少明确的法律保障,对居民参与的权利、义务和程序等缺少法律支持,缺乏合法的可操作性。[3] 目前,我国居民自治只流于形式,政府部门并没有调动居民积极主动地参与到社区治理的具体事务当中,由于政府对公共事务的公开度低,对居民参与的回应度较少,这些都降低了居民参与的积极性、主动性,影响了城市社区治理中居民自治的发展。

第二节　发达国家社区治理的法制经验

一、美国城市社区自治立法

美国城市社区治理是典型的社区自治模式。20 世纪 60 年代以来,美国社区治理开始逐步形成社区自治模式,具有相对完善的法律体制。美国社区治理的特点是参与主体多元化,主要以居民自治为主,社会组织是居民参与社区治理的基本支撑,政府在社区治理中发挥协助作用,社区权利和责任多

---

[1] 吴克昌:《中国城市社区民主自治的理论与实践研究》,人民出版社 2009 年版,第 164 页。
[2] 马姝:《社区治理中的相关法律问题研究》,载《河南社会科学》2005 年第 4 期。
[3] 文红星、周文兴:《居民参与社区治理路径探讨》,载《开放导报》2015 年第 3 期。

元化。①

美国社区治理的本质是居民自治,居民参与社区事务的形式和方式多样化,居民可直接参与,也可以通过社区组织进行间接参与,社区会议和社区听证会是居民参与社区公共事务的重要桥梁,社区董事会是社区最高权力机构。非政府组织是社区实行居民自治和管理的主要载体。社区治理是多个主体自由、平等参与的过程,公民、非营利组织和政府承担着对社区治理的权利(力)和责任。②非营利组织在美国城市社区建设中发挥着重要作用,它降低了社区管理的成本,并使社区管理更加专业化。③非营利组织主要有:邻里合作组织、社区发展社团、社区理事会、邻里政府、私人邻里组织、各种居住区协会以及专门促进社区发展的非营利机构、社区基金会等。美国构建了以居民和各种社会组织广泛参与为目标的治理机制,从而形成了美国社区多中心的治理格局。④

美国政府不直接干预社区自治事务,而是通过提供资金、法律与政策支持间接参与社区的治理。⑤政府在社区治理中起协助作用,主要以间接方式管理社区,社区完全实行自治,政府不干预社区管理的具体工作。具体来说,政府主要通过制定各种法律法规来规范、协调社区内各种利益关系,为社区治理提供制度保障,⑥如美国联邦政府颁布《民权法案》(1964年)、《经济机会法》(1964年)、《国内志愿服务法》(1973年)、《住宅和社区发展法》(1974年)、《社区再投资法》(1977年)⑦、《国家与社区服务法案》(1990年)、《国家和社区服务信托法案》(1993年)、《美国社区振兴法》(1997年)等法律法规加强推动社区自治管理模式的发展。⑧

---

① 郝海燕:《美国的社区治理》,载《中国民政》2014年第6期。
② 施雪华、孔凡义:《美国社区治理及其启示》,载《山西大学学报(哲学社会科学版)》2008年第4期。
③ 李鑫华:《我国城市社区自治的法律思考》,河北师范大学2010年硕士论文。
④ 陶希东:《邻里政府:美国大都市区治理的经验与启示》,载《社会科学》2014年第4期。
⑤ 施雪华、孔凡义:《美国社区治理及其启示》,载《山西大学学报(哲学社会科学版)》2008年第4期。
⑥ 李枭:《国外城市社区治理的经验启示》,载《中国管理信息化》2014年第19期。
⑦ 刘志鹏:《城市社区自治立法:域外比较与借鉴》,载《国家行政学院学报》2012年第3期。
⑧ 高红、杨秀勇:《美英日社区治理政策变迁的历史逻辑与经验启示》,载《东方论坛》2018年第3期。

二、日本城市社区自治立法

日本的城市社区治理是典型的混合型社区治理模式,受传统文化等因素的影响,社区治理具有极强的自律性。① 日本的城市社区治理的特点是国家主导与社会自治相融合的治理模式。在政府主导下,社区治理依赖于町内会、社区民间组织和社区居民积极主动的参与。② 政府制定了大量的法律法规,使社区治理中的各项事务有法可依,同时制定了相应的法规条例作为约束居民行为的主要手段。可以说,日本城市社区治理的法律体系相当完善。

日本政府对社区的治理以间接方式管理为主,政府部门与社区自治组织分工合作。政府部门主要提供政策法规和经费的支持,而社区自治组织是政策法规制定的主要建议者,社区治理以社区组织自治为主,政府对社区的管理比较宽松和间接。③ 1991年,日本国会修订《地方自治法》,将町内会作为"地缘群体"写进法律,正式确定了町内会的法律地位。④ 1999年,日本政府实施地方分权法,将高度集中的政府权力下放到基层,推动地方社区自治,町内会变成自下而上代表居民自身愿望的组织,实现居民自治管理。在日本城市社区治理中,以町(相当于我国街道的行政区域)为单位,管理机构是町内会。町内会作为由社区居民选举产生的最基层的社区自治组织,兼具社区居民自治组织和政府协助组织的双重特性,町内会类似于我国的城市社区居委会,但其自治能力、互助能力和组织能力相对高于我国的社区居委会。⑤ 日本町内会与地方政府是职能互补、领导层互补的新型合作关系。

1998年,日本众议院颁布《特定非营利活动促进法》,指出非政府组织为居民参与社区治理提供了多元的参与渠道,促进了日本社区服务功能体系的建立和发展,且其承担了政府对社区管理与服务的诸多事务,降低了地方政府的财政支出。⑥

---

① 卢学晖:《日本社区治理的模式、理念与结构——以混合型模式为中心的分析》,载《日本研究》2015年第2期。
② 宋雪峰:《日本社区治理及其启示》,载《中共南京市委党校学报》2009年第3期。
③ 王名、杨丽:《社区治理的国际经验与启示》,载《重庆社会科学》2011年第12期。
④ 朱涛、于秀美:《日本的町内会》,载《学习时报》2011年5月15日第2版。
⑤ 李国庆:《日本街区治理的经验与启示》,载《人民论坛》2016年第13期。
⑥ 杨荣:《论非政府组织的社区功能定位》,载《社会主义研究》2008年第1期。

三、新加坡城市社区自治立法

新加坡的城市社区治理是典型的政府主导型社区治理模式，政府与社区关系密切。新加坡是一个有多元文化的移民国家，促进各种族和谐是新加坡治国的重要任务，所以在城市社区治理中，政府处于主导地位，直接对社区进行管理，居民按照政府的方案参与活动或进行管理，秉承统一指导与民主自治相并行的原则。① 新加坡城市社区治理的特点是政府部门、法定机构、基层组织之间职责明确，功能互补，能有效地聚合各层力量推动社区建设。②

政府设立专门的社区组织管理部门负责社区工作的指导和管理，社区管理行政性较强，政府可以直接管理社区的各项事务。新加坡的政府部门、社区机构、基层自治组织及社会团体之间分工明确，形成政府主导、社区自治、居民及社会组织参与的社区治理体系。③ 政府从上到下分层次地管理社区。从国家到社区，有人民协会、社区发展理事会、市镇理事会、公民咨询委员会、民众联络所和居民委员会共六类与社区相关的组织机构，但它们之间又不是完全的上下级隶属关系。④

新加坡法律对规范社区管理行为和社区居民自治组织的权利有严格的规定。根据相关立法，新加坡建立了完善的社区自治组织体系。⑤ 非政府组织为社区居民提供服务和管理，主要由志愿人士、社会名流等组成的民间社团、宗教组织、慈善组织等，承担了政府尚未承担、无法承担、不便承担的许多社会责任，在教化民众、组织民众、服务民众中发挥了积极作用。⑥

四、发达国家城市社区立法总结

根据以上对美国、日本和新加坡三个代表性国家城市社区治理立法现状的分析，可以总结以下一般规则，包括：

---

① 谢青霞、谢晓晖：《新加坡民族政策及其对我国的启示》，载《东华理工大学学报（社会科学版）》2012年第3期。
② 徐富海：《新加坡基层社会治理：以四两之力成千斤之功》，载《中国经济导报》2018年4月19日第7版。
③ 张大维、陈玉华：《新加坡社区管理的运作方式》，载《中国社会报》2006年9月21日第4版。
④ 王晖：《新加坡社区治理经验及启示》，载《特区实践与理论》2014年第4期。
⑤ 刘志鹏：《城市社区自治立法：域外比较与借鉴》，载《国家行政学院学报》2012年第3期。
⑥ 喻运鑫：《从新加坡经验看我国社会基层组织建设》，载《公安学刊》2012年第6期。

第一,政府支持,法律完善。美国、日本和新加坡是世界上发达国家的代表,在社区治理方面有着较为成熟的发展体系,不论是社区自治型治理模式、混合型治理模式,还是政府主导型治理模式,都需要政府的高度支持,确保社区治理涉及的法律体系完善、法律地位明确。政府制定各种法律法规来规范社区治理行为,保障居民权益,社区自治已经纳入宪政范围,并在居民和政府之间形成共识。法律明确规定政府在社区中的职能,政府以宏观、间接的手段参与社区治理,执行的是指导和监督作用。

第二,多元合作治理、非营利组织发展完善。上述发达国家在社区治理方式中,体现出政府以法律手段明确社区非营利组织的自治地位,政府部门和非营利组织之间不是隶属关系而是采用平行监督管理方式,非营利组织承担了社区治理的诸多事务。非营利组织作为中间桥梁发挥着反映民意、满足社区居民需求的作用。[1] 上述发达国家在社区治理中体现出政府、非营利组织与居民等多元主体合作共治的治理格局,多元主体相互协作,健康有序发展。

第三,居民参与意识强。从上述发达国家采用的社区治理模式中可以看出,社区治理以公民自主治理为价值依归,体现出全民参与的理念。政府将一部分社区治理权交给居民,充分动员居民志愿参与,社区的有效治理离不开居民的参与和监督,居民积极主动参与社区治理已成为一种传统,并有相关的法律法规保障居民参与社区治理的合法性,明确居民在社区事务治理中的权利和义务,最大程度地保障居民的权益,以提高居民对社区的归属感,推动社区治理的持续发展。

第三节 中国城市社区治理法治化建议

通过对我国城市社区治理的法治现状和发达国家城市社区治理的经验模式的分析与对比,针对我国当前城市社区治理在法治化过程中存在的问题,应关注城市社区治理的根本,更明确地通过法治化治理的途径来提高城市社区治理的能力。

第一,明确城市社区治理的法律地位。根据我国城市发展变化及社区治

---

[1] 刘志鹏:《城市社区自治立法:域外比较与借鉴》,载《国家行政学院学报》2012年第3期。

理中出现的法治化问题,应加快社区治理的立法进程,及时修订相关法律,使其能够适应社会的需要。通过法律法规明确城市社区中主体的权利(力)与责任,制定一部具有权威性的国家法律,为城市社区治理提供法律层面上的概念,明确界定社区主体及相应的法律属性及其地位;通过立法的形式明确社区机构不属于政府的职能部门,并指出社区是由民主手段形成的居民自治单位;明确社区和街道办、居委会存在的本质差异,进一步明确社区管理单位所具有的法律身份,严格做到有法可依,有章可循。[1] 社区自治组织和居民在遵守国家法律和国家政策的前提下实行自治,确定政府与社区自治组织的分工,社区自治组织具有制定自治条例等规章的权力,有效衔接政府管理与居民自治的关系,保障社区法治化治理的有序进行。

第二,建立健全社区服务体系。在城市社区治理的创新建设中,社区服务作为基层社会福利正在快速发展,坚持以城市社区作为城市社会生活共同体,推进民生事业发展。将提高社区服务生活质量,满足社区居民生活需求,实现供求结构匹配,提升生活环境质量和优化空间组织格局等作为社区立法必须优先保障的重点目标。以法制手段保障社会治理方式创新,不断满足依法治理的要求,确立社会组织、社会企业的法律定位,建立社区服务管理体系,从根本上改变社会组织参与政府公共事务和社区管理不足的现状;以法制为基础,加快建立完善社区治理机制,完善社区居民福利等服务,加强社区服务队伍建设,推进社区公共服务均等化,推动社区居民志愿服务,构建多元主体有效衔接的社区服务体系,深入推进社区治理创新。[2]

第三,改善城市社区治理的参与机制,树立居民民主参与理念。《城市居委会组织法》第 2 条规定:"居民委员会是居民自我管理、自我教育、自我服务的基层群众性自治组织。"目前,我国城市社区普遍建立了基层群众自治制度,城市社区组织自治以不同形式全面开展,已成为基层群众自治的重要途径。社区居民参与意识低不仅影响了居民参与社区活动的积极性,还影响了社区自治工作的开展。[3] 社区居民应了解社区事务与自己密切相关,社区组织机构必须做好相关工作,使居民愿意积极参与社区事务。居民自治以个人为基础,应建立依法享有立法权的地方权威机构,审查自治条例和约定的法

---

[1] 李晓蕴、朱传耿:《我国对城市社区分异的研究综述》,载《城市发展研究》2005 年第 5 期。
[2] 韩宛霖:《创新社会治理模式的法治化研究》,辽宁师范大学 2015 年硕士论文。
[3] 周阳:《浅议社区行政化问题》,载《安阳工学院学报》2011 年第 1 期。

律监督机制;既要完善社区组织制度与管理体制,为社区居民参与社区治理提供制度性保障,也要培养社区居民的民主意识和参与意识。社区居民的积极参与是社区自治的先决条件,应依法建立健全社区民主选举、管理与监督机制,动员和组织社区居民依法积极参与社区治理,进一步推进社区自治制度化、规范化。

政府、社区居民和非政府组织都是社区治理的参与者,通过培养非政府组织在法律范围内参与社区治理的积极性,可以增强社区信任和合作,实现共同的利益。同时,应制定各种针对性的规章制度去指导、规范非政府组织,例如,修订现行的《社会团体登记管理条例》等相关法律法规,使非政府组织更便于与政府和社区互动与合作。建立政府、非政府组织及社区居民之间多元互动的运作模式,充分发挥社区自治组织的职能,立法加强社区自治组织的法律地位。[1]

第四,保障城市社区治理的运营经费。目前,我国社区居民参与社区治理事务的投入保障机制不健全,必须有稳定的物质和财政支持,否则将难以开展工作。建立多种供资渠道,确保社区机构的持续运作,既需要公共政策支持,也要靠社区治理主体努力。[2] 除政府不断地加大资源投入外,可通过相应的制度激励,将市场、社会资源引入到社区治理过程中,如积极探索企业赞助、居民捐赠、社区设施的商业利用以及外界基金会的支持,作为社区治理主体的运营资金的补充来源。对于一些非营利组织,应尽量节省社区支出,使它们努力实现最大限度地利用资源并最大限度地降低成本。社区自治组织应通过多种方式,促进社区居民积极主动地关注和参与社区事务,同时在一定程度上加大财政投入,整合社区建设资金,保障社区工作经费、人员报酬、服务群众专项经费和社区服务设施经费的使用,更好地为社区居民提供有效的服务。

---

[1] 李长健、朱汉明、胡纯:《关于不同类型农村社区治理模式的思考》,载《山东商业职业技术学院学报》2009年第5期。

[2] 卢玮静、赵小平、张丛丛:《中国城市社区治理政策的困境、原因与对策——基于政策分析的视角》,载《城市发展研究》2016年第8期。

主要参考文献

[1] 范毅：《中国基层群众自治：前行与忧思》，载《调研世界》2009年第8期。

[2] 高红、杨秀勇：《美英日社区治理政策变迁的历史逻辑与经验启示》，载《东方论坛》2018年第3期。

[3] 《关于加强和改进城市社区居民委员会建设工作的意见》。

[4] 郭圣莉：《上海社区建设强政府色彩的反思与启示》，载《城市管理》2004年第4期。

[5] 郭祎：《城市社区治理的法治化路径探究》，载《宁夏党校学报》2015年第6期。

[6] 韩宛霖：《创新社会治理模式的法治化研究》，辽宁师范大学2015年硕士论文。

[7] 郝海燕：《美国的社区治理》，载《中国民政》2014年第6期。

[8] 胡承武：《依法治国亟需加强社区自治立法——以〈中华人民共和国城市居民委员会组织法〉为视角》，载《领导科学论坛》2014年第24期。

[9] 胡皓然：《国家治理现代化视阈下的村民自治》，西南政法大学2017年博士论文。

[10] 李长健、朱汉明、胡纯：《关于不同类型农村社区治理模式的思考》，载《山东商业职业技术学院学报》2009年第5期。

[11] 李春：《我国城市社区公共服务模式的发展历程与启示》，载《理论导刊》2013年第2期。

[12] 李国庆：《日本街区治理的经验与启示》，载《人民论坛》2016年第13期。

[13] 李立国：《推进社区治理创新，提高基层群众自治和社区工作水平》，载《社会治理》2015年第3期。

[14] 李枭：《国外城市社区治理的经验启示》，载《中国管理信息化》2014年第19期。

[15] 李晓蕴、朱传耿：《我国对城市社区分异的研究综述》，载《城市发展研究》2005年第5期。

[16] 李鑫华：《我国城市社区自治的法律思考》，河北师范大学2010年硕士论文。

[17] 李迎生：《对中国城市社区服务发展方向的思考》，载《河北学刊》2009年第29期。

[18] 梁迎修：《我国城市社区治理法治化探析》，载《郑州大学学报（哲学社会科学版）》2014年第2期。

[19] 刘务勇、金一兰：《我国城市社区民主建设的现状及对策思考》，载《贵州大学学报（社会科学版）》2011年第3期。

[20] 刘志鹏：《城市社区自治立法：域外比较与借鉴》，载《国家行政学院学报》2012年第3期。

[21] 柳建闽、曾睿、汤凌燕：《法治视角下的城市社区治理》，载《福建农林大学学报

（哲学社会科学版）》2016 年第 2 期。

［22］卢剑峰：《社区治理的法治思考》，载《科学经济社会》2008 年第 4 期。

［23］卢玮静、赵小平、张丛丛：《中国城市社区治理政策的困境、原因与对策——基于政策分析的视角》，载《城市发展研究》2016 年第 8 期。

［24］卢学晖：《日本社区治理的模式、理念与结构——以混合型模式为中心的分析》，载《日本研究》2015 年第 2 期。

［25］马姝：《社区治理中的相关法律问题研究》，载《河南社会科学》2005 年第 4 期。

［26］秦宣：《推进国家治理现代化的方向和路径》，载《人民日报》2016 年 6 月 22 日第 7 版。

［27］《全国城市社区建设示范活动指导纲要》，载《社区》2001 年 8 期。

［28］《让行政归位 让社区归民》，载《中国民政》2015 年第 23 期。

［29］施雪华、孔凡义：《美国社区治理及其启示》，载《山西大学学报（哲学社会科学版）》2008 年第 4 期。

［30］宋雪峰：《日本社区治理及其启示》，载《中共南京市委党校学报》2009 年第 3 期。

［31］汤晋苏、王时浩：《社区体制改革——沈阳模式专家论证会观点综述》，载《中国行政管理》2000 年第 4 期。

［32］陶希东：《邻里政府：美国大都市区治理的经验与启示》，载《社会科学》2014 年第 4 期。

［33］王飞：《非政府组织促进农民工市民化的路径探究》，载《西部经济管理论坛》2013 年第 2 期。

［34］王晖：《新加坡社区治理经验及启示》，载《特区实践与理论》2014 年第 4 期。

［35］王名、杨丽：《社区治理的国际经验与启示》，载《重庆社会科学》2011 年第 12 期。

［36］王一程、负杰：《改革开放以来的中国基层民主建设》，载《政治学研究》2004 年第 2 期。

［37］王运宝：《街道办何去何从》，载《决策》2011 年第 10 期。

［38］文红星、周文兴：《居民参与社区治理路径探讨》，载《开放导报》2015 年第 3 期。

［39］吴克昌：《中国城市社区民主自治的理论与实践研究》，人民出版社 2009 年版。

［40］谢青霞、谢晓晖：《新加坡民族政策及其对我国的启示》，载《东华理工大学学报（社会科学版）》2012 年第 3 期。

［41］谢蕴枰：《国家与社会互动视角下的社区治理》，清华大学 2016 年博士论文。

［42］徐富海：《新加坡基层社会治理：以四两之力成千斤之功》，载《中国经济导报》2018 年 4 月 19 日第 7 版。

［43］杨荣：《论非政府组织的社区功能定位》，载《社会主义研究》2008 年第 1 期。

［44］叶艇：《试论社区自治的立法完善》，华东政法大学 2010 年硕士论文。

[45] 喻运鑫:《从新加坡经验看我国社会基层组织建设》,载《公安学刊》2012年第6期。

[46] 翟启运:《民政部国家计委等14个部委联合通知各地加快发展社区服务业》,载《人民日报》1993年10月21日。

[47] 张大维、陈玉华:《新加坡社区管理的运作方式》,载《中国社会报》2006年9月21日第4版。

[48] 张大维:《中国共产党城市社区建设理论体系研究》,载《理论与改革》2011年第4期。

[49] 《中共中央、国务院出台意见加强和完善城乡社区治理》,载《城市规划通讯》2017年12期。

[50] 《中华人民共和国全国人民代表大会常务委员会公报》(2018第一号)。

[51] 周阳:《浅议社区行政化问题》,载《安阳工学院学报》2011年第1期。

[52] 朱涛、于秀美:《日本的町内会》,载《学习时报》2011年5月15日第2版。

第八章

社区治理能力评价指标体系

第一节 社区治理与治理能力

一、社区治理理念

对于"治理"概念的界定,一直是学术界争论的热点话题。克利金(E. H. Klijin)等认为治理是政府通过分权方式,构建形成的一个多元行动参与者网络。[1] 在此基础上,丹尼尔·考夫曼(Daniel Kaufmaim)等[2]与弗朗西斯·福山(Francis Fukuama)等[3]学者从治理的能力与作用角度,对这一概念进行了补充,认为治理是国家权力运行的传统与制度的统称,包括政府是如何产生的、政府执行政策能力,以及制定并实施规则和提供公共服务的能力。这种从功能角度定义治理理念的思路,也为界定和评价治理能力提供了理论基础与导向。

在治理理论的基础上,塞缪尔·鲍尔斯(Samuel Bowle)和赫伯特·金迪斯(Herbert Gintis)最早提出了社区治理理念,用以更准确地表现政府在社区维度进行治理的思想理念。[4] "社区治理"概念的兴起,标志着政府治理模式,开始从政府主导的管理向多元合作的、基于权力网络的治理转型。罗斯

---

[1] E. H. Klijn, B. Steijn, J. Edelenbos, The Impact of Network Management on Outcomes in Governance Networks, *Public Administration*, No. 4, 2010.

[2] Daniel Kaufmann, Aart Kraay, Massimo Mastruzzi, The Worldwide Governance Indicators: Methodology and Analytical Issues, *Hague Journal on the Rule of Law*, No. 2, 2011.

[3] Francis Fukuyama, What in Governance, *Governance*, No. 3, 2013.

[4] Samuel Bowles, Herbert Gintis, Social Capital and Community Governance, *The Economic Journal*, No. 19, 2002.

(Rose)提出对社区的治理是治理理性的体现,是对公共福利社会政治中的国家—社会—个人关系的重新协调。[①] 在社区治理逐渐兴起的背景下,政府需要探索如何在多元治理网络中发挥"中心协调的作用"[②]。俞可平结合中国国情为社区治理赋予了新的含义,即对于社区而言,其治理的侧重点与国家或地方层面的治理不同,更加强调在法制基础上的善治。[③] 这种善治既包括管理者提供的基础设施服务和环境营造,更体现了居民、企业、社会团体等多元主体共同参与到社区管理之中的协调与组织过程。随着现代化进程的加快,在新时代发展背景下,对"社区治理"概念又有了新层次上的认识,其内涵得到了进一步丰富:社区治理是在一定区域范围内,不同的公私行为主体(包括个人、组织、私人机构、权力机关、非权力机构、社会、市场等),依据正式的强制性法规,以及非正式的、人们愿意遵从的规范约定,通过协商谈判、资源交换、协调互动,共同对涉及社区居民利益的公共事务进行有效管理,以增强社区凝聚力、增进社区成员福利,[④]通过共治与善治实现社区的和谐、智慧、人文、平安、美丽与活力的发展愿景。

二、社区治理能力

部分学者基于西方治理理论,认为"治理"是与"统一管理"相对的概念。在这一理论框架下,治理能力是参与公共服务的各主体(政府、企业、社会组织、社区、居民)通过互动、合作和协调,寻求取得共识,共同对公共服务活动进行管理的本领,[⑤]即考虑如何促进公民参与,如何促进多中心网络建立与发展,如何在多中心中起到核心作用,结合市场、民间和社会的力量来提供公共服务[⑥]。雷纳特·梅因茨(Renate Mainz)基于组织行为学基础,认为治理能力应从工具理性角度出发,在一定程度上等同于治理技术,具体可以表现为

---

① N. Rose, Community, Citizenship and the Third Way, *American Behavioral Scientists*, No. 9, 2000.
② 黄晴、刘华兴:《治理术视阈下的社区治理与政府角色重构:英国社区治理经验与启示》,载《中国行政管理》2018年第2期。
③ 俞可平主编:《治理与善治》,社会科学文献出版社2000年版,第200—218页。
④ 史柏年:《治理:社区建设的新视野》,载《社会工作》2006年第7期。
⑤ 陈诚:《社区治理能力评估指标体系研究》,经济日报出版社2017年版,第6—15页。
⑥ 娄成武、张建伟:《从地方政府到地方治理——地方治理之内涵与模式研究》,载《中国行政管理》2007年第7期。

静态制度潜能与动态主体能力。① 胡鞍钢、魏星结合我国的管理体制,认为治理能力是由以政府为主导的主体性质所决定的,它反映了政府治理行为的水平与质量,是对政府现有治理模型稳定性、有效性和合法性的直观评价;而较高层次的治理能力,是指政府对经济社会运行具有强调节能力,能够规避市场失灵,提高社会总体福利水平。②

我国对社区治理能力的界定,主要从国家层面的治理能力角度出发,结合社区实际问题进行深化与细化。习近平总书记在十八届三中全会第二次全体会议上明确提出了国家治理能力的定义,即"运用国家制度管理社会各方面事务的能力,包括改革发展稳定、内政外交国防、治党治国治军等各个方面"。而社区治理能力是在国家治理能力基础上的微观化、具体化。社区治理能力现代化的体现,主要表现为国家、市场、社会共治且相互赋权,强调各主体能力的多元化及各种能力间的协调发展。③ 在社区治理维度下,治理能力更强调一种中心概念,可以被视为管理需要与管理能力之间的持续平衡过程,通过对各自能力的充分发挥与协同合作,以实现居民需求满意度的增加与社会福祉的提升。④

第二节 社区治理能力的评价

一、治理能力评价的概念

治理能力是衡量地方治理效果的综合体现,对治理能力的评价是治理理论体系的重要内容与组成部分,是测定地方治理能力高低、辨别地方治理成败的科学工具,也是考量地方治理水平与质量的有效手段。⑤ 通过评估社区治理能力,在基层开展自查和互查,保证社区的一般能力在正常运行基础之

---

① 张小劲、于晓红编著:《推进国家治理体和治理能力现代化六讲》,人民出版社2014年版,第192—206页。
② 胡鞍钢、魏星:《治理能力与社会机会——基于世界治理指标的实证研究》,载《河北学刊》2009年第1期。
③ 张长东:《国家治理能力现代化研究——基于国家能力理论视角》,载《法学评论》2014年第3期。
④ 俞可平主编:《治理与善治》,社会科学文献出版社2000年版,第218—238页。
⑤ 周伟、练磊:《地方治理能力评价的价值取向》,载《学术界》2014年第11期。

上,有助于开拓共建共融、守望相助的协同氛围,挖掘潜在的、核心的治理能力。① 早期城市治理模式以政府为主导,对治理水平的评估也主要集中在对政府绩效的考评上,对非政府组织的参与评价却较少也很难用指标予以量化。② 例如,美国政府颁布的《政府绩效与结果法案》(Government Performance and Results Act),重点从政府项目管理和预算计划性角度展开评价,旨在提高政府治理效率与质量,并由专业评价机构、地方政府联盟成员团体、高等院校设立的研究机构等部门共同进行测评。③ 澳大利亚政府通过设立专门的评价机构——公共服务委员会(Austrlian Public Service Commission),对包括社会保障、教育、医疗卫生服务等在内的管理领域构建治理评价体系④,并根据该委员会出具的评价报告制定相应的政策。

此后,随着对治理理念的进一步深化,对于治理能力的评估也逐渐向构建指标体系的方向发展,通过构建一套数据指标评价体系来量化政府、居民、企业与社会机构等多元参与主体的治理能力。这种评价方式目前被大多数国家广泛应用,其优点在于不仅能够有效量化不同主体的管理属性,更有助于对治理能力进行区域间的横向比较。由于数据获取相对直接与有效,目前多数国家采用对公共服务的评价来评估治理能力。例如,英国通过采用全面地区评价体系(comprehensive area assessment),对地方政府单独或合作提供公共服务进行评价。该体系以国家既有指标体系为基础,构建了组织与地区评价的两层面框架,聚焦于卫生、经济前景和社区安全等事项的评估。⑤ 俞可平结合我国城市管理体制和治理要求,构建了以公民参与、人权与公民、党内民主、法治、合法性、社会公正、社会稳定、政务公开、行政效益、政府责任、公共服务与廉政等 12 个指标为基础的评价框架。⑥ 沈荣华以昆明市为例,建立了以总体评价、具体评价和信心指数等 3 项一级指标,交通状态、治安、环境、医疗、住房、教育等 14 项二级指标组成的地方治理能力评价体系。⑦ 对社

---

① 陈诚、卓越:《基于结构与过程的社区治理能力评估框架构建》,载《华侨大学学报(哲学社会科学版)》2016 年第 1 期。
② 邬晓霞、卫梦婉:《城市治理:一个文献综述》,载《经济研究参考》2016 年第 30 期。
③ P. Hernon, The Government Performance and Results Act, *Government Information Quarterly*, No. 2, 1998.
④ 资料来源:https://www.apsc.gov.au,2018 年 4 月 25 日访问。
⑤ 包国宪、周云飞:《英国政府绩效评价实践的最新进展》,载《新视野》2011 年第 1 期。
⑥ 俞可平:《中国治理评估框架》,载《经济社会体制比较》2008 年第 6 期。
⑦ 沈荣华:《昆明样本——地方治理创新与思考》,清华大学出版社 2013 年版,第 199—228 页。

区治理能力的评估更侧重于结果导向性,不仅对社区发展的短期、中期或长期目标的完成程度进行了测度,更注重对资源、结构,以及未来发展潜能的监测,其目标重在探究如何通过政府部门、非政府部门、社区工作者(实践者),以及社区成员(项目的目标群体)之间关系的改善,以达到社区能力的持续提升。[1]

二、评价体系构建目标与意义

目前,我国相关研究主要集中于对社区治理的评估,国外研究则较多关注对社区能力的评估。我国在社区治理能力评估体系领域的专门研究一定程度上还处于空白状态。十九大报告中提出"不断推进国家治理体系和治理能力现代化"的发展要求,同时提出要"打造共建共治共享的社会治理格局",目标是"到本世纪中叶……实现国家治理体系和治理能力现代化"。[2] 这一改革目标是未来"十四五"规划中的重点问题,也为城市治理提出了更高要求,体现了在新时代背景下,治理能力提升对中国特色社会主义发展的重要性。中央对推动治理能力提升的要求,充分体现了科学发展观"以人为本"的核心理念,要求政府机关在实施管理时,要立足于新时代背景下广大人民群众日益增长的美好生活需要,使改革发展成果惠及全体人民,朝着实现共同富裕的愿景不断迈进。作为城市基层管理的重要环节,报告也为社区工作指明了方向,即实现现阶段治理目标,需要积极鼓励民众、社会组织参与,通过对社区的共建、共治与共享,打造新型治理格局。在这一思想指导下,通过建立能力评价体系,用指标将社区治理各个环节的管理水平予以量化,有助于直观地对社区管理工作进行评价与监督,及时反馈与解决居民需求。

由于社区资源禀赋、发展规划以及涉及的管理主体多而复杂,对社区制定一套完整、系统性的能力评价体系,有助于量化社区各个环节的治理水平,从而有针对性地改进现存问题,以提升社区治理的整体效率,增加居民满意度。为了全面化、多角度地考量社区治理水平,在此我们尝试从社区治理各主体角度出发建立多层指标分析,以定量与定性相结合的指标设计构架,构建一套社区治理能力评价体系。涉及的主要指标包括发展水平、管理绩效以

---

[1] Marion Gibbon, Ronald Labonte, Glenn Laverack, Evaluating Community Capacity, *Health and Social Care in the Community*, No. 6, 2002.

[2] 习近平:《决胜全面建成小康社会 夺取新时代中国特色社会主义伟大胜利》,载《人民日报》2017年10月28日第1版。

及居民满意度;评价领域涉及城市社区治理、社区服务、生态绿化、基础设施、治安安全等各个环节。在此基础上,为了有针对性地改善社区治理现状及问题,为城市居民创造人文、智慧、和谐、平安、活力与美丽的生活环境,我们提出政策改进的方向与思路。通过对各分项指标的分别测定,以及对社区治理能力的综合评价,可以在预测社区发展趋势和走向的同时,实现对社区治理能力的横向比较与纵向延伸,以此对社区治理存在的不足进行有针对性的宏观调控或微观调整,以提高社区综合治理能力,提升居民生活幸福感。

三、治理能力的评价方法

目前,国内外关于政府绩效和治理能力的评价方法,主要以指标体系评价和绩效评价为主。根据构建评价体系的依据不同,大致分为主体评价、内容评价与目标评价三类,并根据各自体系侧重点的差异,分别进行具体的指标设计。

(一)基于治理主体的评价

社区治理主体是指与社区具有利益关系的个人与组织,包括居民、政府、企业与社会组织等。[①] 居民是社区治理的效果享有者和检验者,社区治理的最终目的,就是实现居民安居乐业和满意度的提升。政府是社区治理的主导力量,履行着社区公共事务的管理职能;而居民自治组织作为社区治理主体的重要组成部分,主要充当居民与政府之间的协调沟通角色,其职能包括解决邻里纠纷、维持社区秩序等,是实施社区治理的主要途径。物业公司等营利性企业,在社区治理中对政府管理的失灵环节进行补充与支持,主要为居民提供小区绿化、治安管理、房屋维修等社区服务。现代社区治理模式强调多元主体治理,其特色在于由之前以政府为主导的"人治"转变为由政府、社区居民与第三方机构协调合作的共治模式。在这一过程中,参与社区治理的各主体职能均发生了改变,更因权力、责任与需求出发点等方面的差异,在社区治理中起到不同的作用。

然而,目前从多元主体角度评价治理能力的文献较少,更多的研究重点在于探讨基层政府及居委会、居民在社区治理中的职能与绩效,而相对忽略

---

① 陈伟东、李雪萍:《社区治理主体:利益相关者》,载《当代世界与社会主义》2004年第2期。

了社区其他利益相关者对社区治理的社会责任和成果评价。① 虽然这种评价思路具有数据来源便捷、指标量化简便的优点,得到的结论也有助于政府改进社区治理措施,但却严重忽略了其他主体在社区治理过程中所发挥的作用和能力。因此,就现代化社区治理能力评价而言,仅从单一主体角度出发进行评价的方法已经暴露出其片面性与不足。

近年来,随着我国多元化治理概念与思路的深化,学者们逐步将治理问题拓展到主体分类及其能力差异化的辨析上。陈振光、胡燕将城市治理主体划分为政府、市民、公共部门与私营机构。② 周诚君、洪银兴直接将治理主体归纳为政府与居民两类,认为治理是两者在城市发展与管理中共同决策的过程③。覃道明在对乡村社区治理能力问题的研究中,提出可以围绕政府、市场与社会三个主体构建评价体系的思路。④ 陈诚、卓越在对社区治理能力进行评估时,提出社区应至少包括社区居委会、社区组织和社区居民三类治理主体。⑤ 这种从多元参与主体角度建立指标评价体系的方法,对治理能力的体现已不再局限于单一主体自身能力的发挥,而更强调各主体通过互动、协调与合作参与,实现对社区共同管理的本领或程度。因此,着眼于产生差异的出发点,引入360度多元主体评价机制,才能更为全面、客观地反映社区治理能力与治理水平,改善目前治理行政化问题,使社区真正发挥出自治性职能优势。⑥ 由于主体分类明确,职能划定清晰,因此完全有条件从主体角度出发,融合经济学、社会学、人口学等多个学科,从经济效率、管理绩效、居民满意度等多个角度制定社区治理指标体系,对社区治理水平进行综合评价。

(二) 从治理内容角度的评价

从治理内容的角度进行能力评价也是常用思路之一。最为常见的应用方式是通过对治理内容进行细化,来设计具体的可测量指标。李文静基于社

---

① 邵兴全、胡业勋:《企业参与社区治理的角色重构与制度安排研究——基于多元合作治理的分析框架》,载《理论与改革》2018年第3期。
② 陈振光、胡燕:《西方城市管治:概念与模式》,载《城市规划》2000年第9期。
③ 周诚君、洪银兴:《城市经营中的市场、政府与现代城市治理:经验回顾和理论反思》,载《改革》2003年第4期。
④ 覃道明:《乡镇政府改革与乡村治理能力重塑》,载《社会主义研究》2008年第5期。
⑤ 陈诚、卓越:《基于结构与过程的社区治理能力评估框架构建》,载《华侨大学学报(哲学社会科学版)》2016年第1期。
⑥ 卢爱国、陈伟东:《社区行政化的反思:现实与选择》,载《内蒙古社会科学(汉文版)》2008年第2期。

区多元治理机制框架，将治理内容划分为救助弱势群体、提升居民福祉与满足生活需求（公共服务、商业服务）三类，并对每种分类所涉及的领域和内容进行了详细解释，为从治理内容角度进行能力评测提供了相对清晰的分类思路与方向。① 但她并没有给定具体化的指标。杨琛等采用定性与定量相结合的方式构建治理能力评价指标，将指标按治理内容分为六类：经济、政治、社会、文化、生态和党的建设等，并根据这些一级指标量化出产业结构分配、教育经费、植被覆盖度与政府效能等28个二级指标。② 另有学者在构建社区治理评价体系时，将治理内容划分为经济价值、社会价值与人本价值三类，在确定二级指标时具体提出了经济、效率、满意度等可量化指标，来对社区服务内容和品质进行评价。③

采用治理内容进行分类的方法在设定二级指标时非常常见。我国在构建社会治理能力评估指标体系的二级指标时，也主要采用了这种方法。由中央编译局与清华大学联合发布的"中国社会治理评价指标体系"的一级指标"中国社会治理指数"的二级指标，即按照社会治理所涉及的各个环节，被划分为人类发展、社会公平、公共服务、社会保障、公共安全与社会参与等六类。由人民论坛测评中心发布的国家治理评价指标体系，其二级指标的构建也借鉴了这一思路。在针对"社会治理能力"一级指标展开的评价指标细化中，也按社会治理的内容划分为基本保障、宏观调控、财政和基层自治能力四类。④

治理内容是对不同主体治理职能的细化，通过对治理目标的功能拆分，治理的内容划分对一级评价指标起到了进一步解释说明的作用。我们也从治理内容的角度，对不同参与主体的二级指标进行细化，力求将各主体在社区治理过程中所肩负的责任与权利（力）进行并列，作详尽的指标化描述。

（三）从治理目标角度的评价

治理目标是指治理所要达到的目的或预期通过治理所能实现的效果。以治理目标为导向的评价机制，能够有目的性地评价社区治理现状，发现当

---

① 李文静：《社会工作在社区治理创新中的作用研究》，载《华东理工大学学报（社会科学版）》2014年第4期。

② 杨琛、王宾、李群：《国家治理体系和治理能力现代化的指标体系构建》，载《长白学刊》2016年第2期。

③ 孙建华：《推进社会治理能力现代化——大庆市社区服务绩效评估指标体系构建》，载《大庆社会科学》2014年第1期。

④ 祁海军：《地方政府社会治理能力评估——以河南省为例》，载《学习论坛》2015年第8期。

前治理的问题,从而有效推动不同阶段任务目标的实现。基于治理目标进行的能力评价,大多数被运用于对短期或长期目标的具体实践验证中,适用于对目标完成进度和质量的考察。

肯尼斯·J.罗斯曼(Kenneth J. Rothman)将社区工作的目标归纳为"事工目标"与"过程目标"两大类。① "事工目标"主要指社区要解决的一些特定问题,或须满足的某些特殊需要,如救助儿童、修桥铺路等,最终实现社区社会福利水平的提升;"过程目标"主要指促进社区民众能力的提升,如自助、互助及团结行动能力等,通过构建不同参与主体的合作关系,培养居民自我管理、信心和技巧等。托马斯(D. N. Thomas)则将社区治理的目标区分为"分配资源"和"发展市民"两类。"分配资源"是指社会工作者通过组织进行资源的合理调配,以保证社区居民享有基本生活水平;"发展市民"是指在社区实践中培养居民的政治参与意识,提高居民社区治理的参与能力和积极性,进而执行对政府及社区工作的评价与监督职能。② 日本在评估地方治理能力的过程中,基于治理目标的不同导向,将评价模式划分为推动型、改善型和缩减型三类。推动型是指地方政府将治理能力评估结果,作为推进地方综合施政计划的方法,并通过评价结果管理施政计划进度;改善型是以结果为导向,通过评价地方政府与重大业务的水平,实现对机关经费和人力资源配置结构的改善;缩减型则是指根据治理能力评价的结果,对低效益的机关和业务实施经费和人员上的压缩和减少,以应对财政窘迫情况。③ 从治理目标角度构建评价体系的研究并不多见,但目标导向的思路确实为评价社区治理能力提供了一个新的方向。相对于其他的治理评价角度,在阶段性成果的考核,以及对某一时期规划完成的进度考量等方面,以治理目标为出发点进行指标设计,显得更具有针对性,相关指标的数据资料获取也更具及时性和准确性。

在总结相关研究成果的基础上,我们提出的社区治理能力评价的技术路线为:以社区治理的基点——多元治理主体作为构建评价体系的出发点,围绕主体分类构建一级指标,并根据治理内容的差异,分别设计二、三级指标。

---

① Kenneth J. Rothman, Synergy and Antagonism in Cause-effect Relationships, *American Journal of Epidemiology*, No.6, 1974.
② 李文静:《社会工作在社区治理创新中的作用研究》,载《华东理工大学学报(社会科学版)》2014年第4期。
③ 周伟、练磊:《地方治理能力评价的价值取向》,载《学术界》2014年第11期。

我国社区的治理格局在由以政府为主导进行统筹规划的人治模式，逐渐过渡到多元治理的过程中，通过从主体角度进行治理能力评价，对政府职能转变，以及其他主体（居民群体、第三方机构）在社区治理中的参与程度进行综合考评，可以保障指标数据能够对社区的治理能力进行更加全面和客观的评价。

第三节　评价指标体系构建

基于治理的主体构建治理能力评价指标体系，遵循"治理主体—治理内容—具体指标"的逻辑框架，通过分别对不同参与主体及其治理内容进行综合评价，来全面、客观地评价社区治理能力水平。一级指标是指从不同参与主体的角度来划定指标。二级指标是描述参与主体在社区治理过程中要实现的目标及治理内容。指标的综合得分越高，则表明社区的治理能力越强。三级指标是指在二级指标对治理内容划分的基础上，将指标进一步细化，以分别量化参与主体在社区治理过程中的各种能力。

一、指标体系设计的原则

（一）主体参与原则

主体参与原则是指，基于多元治理主体构建指标体系，来探究在社区治理过程中各主体职能的发挥程度与能力水平。通过对社区工作的责任与职能进行归类，将参与主体归纳为政府、社区居民与第三方机构三个基本类别，进一步根据这些参与主体的治理目标与内容来构建二、三级指标。其中，政府主要指对社区进行直接管理的基层政府，以及为社区提供服务的各类政府机关，如街道、派出所、社保局、劳保局等；社区居民主要指在社区中居住一年以上的住户，以及居委会、业委会、社区服务站等居民自治类组织；第三方机构主要指对社区治理起辅助与补充作用的营利性机构或组织，如物业公司、房地产公司等。在明确主体分类的基础上，从不同主体参与社区治理的目标与职能角度，来设计评价体系的具体指标。

（二）科学系统性原则

由于指标库可能面临进一步的筛选和检验，常被用于对社区治理能力的横向比较，因此在指标设定过程中，要遵循科学性与系统性原则。科学性是指涉及的所有指标均要具有现实依据，对各主体的治理内容与水平均需具有显著的评价能力，与主体参与社区治理的职能存在直接联系，以保证评价指标的真实性与准确性。

系统性是指设定的指标应尽可能全面，须涵盖各参与主体的所有能力评价，既包括对现状的考察，又包括对未来发展潜力的推断；既包括对当前服务质量与治理成果的评价，又包括对居民满意度、绩效以及经济效益的考察。[①] 同时，各层级指标间不能出现重复。从不同主体的角度设计评价体系，在很大程度上能够避免指标的重复性。但不同主体在一级指标下设定二、三级指标时，应注重避免细化指标间可能存在的因果关系和自相关关系。此外，为避免不同主体间可能存在的目标上的冲突或交叠，在指标选取时应按指标层级与影响程度进行相应的删选与替换。

（三）测量实操性原则

建立指标体系的最终目的是将其运用到现实检验中，通过一系列特定指标将治理能力进行量化，以对各参与主体的治理内容与水平，以及社区综合治理能力进行测评，通过找出目前存在的问题，并对社区治理提供优化建议。因此，在设置各级指标时，要满足存量实操性原则，要求指标含义明确、可量化，数据资料可收集，指标计算过程相对简单、可复制，且具有普适性，以便推广应用于评估我国不同城市社区的治理能力。对于定性指标，应通过现代科学分析方法予以量化，运用数据指标衡量被评价对象实现目标的程度，还要有助于运用计算机进行大数据分析。同时，评价指标应使用一致性标准予以衡量（如考察期长度、统计人口范围及计量单位等），以尽量消除人为可变因素的影响，使评价对象之间具有可比性。[②]

二、一级指标的选取与构建

在管理体系中，主体问题一直是比较难以把握的。[③] 由于主体的职能、权力以及对社区治理的出发点不同，使得执政理念、风格与重视程度等方面均存在差异，从而对评估指标的方向、内容、组织与具体实践的确定，甚至对最

---

① 陈诚：《社区治理能力评估指标体系研究》，经济日报出版社2017年版，第72—73页。
② 邵侃彦：《城市和谐社区的评价指标体系构建与实证研究》，浙江大学2007年硕士论文。
③ 陈诚：《社区治理能力评估指标体系研究》，经济日报出版社2017年版，第73—74页。

终评估结果、置信程度均会产生影响。新时代背景下的社区治理强调主体的多元化,要充分发挥不同主体的优势与能力,共同参与到社区治理中,以实现对人力、物力的最优化配置。因此,在综合考察相关领域的研究成果的基础上,我们立足于推进社区多元治理的根源,以多元主体在社区治理中主要发挥的职能为依据,将主体归纳为三类:政府、社区居民与第三方机构(三者在社区治理过程中的互动关系见图8-1),并由此作为一级指标分别对其进行社区治理能力评价。在此基础上,针对不同主体在社区治理过程中的治理内容与目标,进行二、三级指标的设定。

(一)政府

政府主要指对社区进行直接或间接管理,或向社区居民供给公共服务的城市基层政府、行政机关及事业单位,如街道、派出所、社保局与劳保局等。在社区治理中,政府发挥着主导作用,为社区发展提供指导思想与发展方向,提供公共产品与服务保障,同时对其他主体的治理进行组织、统筹、协调与监督。此外,有别于其他治理主体,政府还具有财政实力和强制性职能,在治理中可以发挥出对经济增长水平、社会治安稳定和供需调节的控制作用。这些是增加居民生活满意度、提高居民福祉所不可或缺的环节。因此,政府在社区治理中充当着统筹与协调的作用,把握着社区发展的整体方向,对其治理能力的有效评估是指标体系设计的重中之重。

政府治理能力评估的理论依据,可借鉴社会学中的社区行动理论。该理论兴起于20世纪50年代后期对社区行为的研究,美国社区理论专家桑德斯将社区行动定义为发生在社区,且与社会生活有直接联系的、具有广泛参与性的社会活动或互助行为,其目标是解决涉及社会成员的共同问题。[①] 与社区其他理论相比,社区行动理论侧重于从领导层、管理者和决策者角度分析决策过程、社区参与以及社会变迁问题,关注通过政策或治理手段解决实际问题。[②] 因此,在设定社区治理能力指标时,可结合政府在社区中的主要职能,从管理者行为角度出发,对其设定服务供给水平、供给数量,以及办事效率等方面的评价。同时,为了避免政府与居委会等自治组织职能间可能存在的交叠所导致的指标重复问题,我们在评价政府治理能力的一级指标框架下,

---

① 〔美〕桑德斯:《社区论》,徐震译,台湾黎明文化事业股份有限公司1982年版,第16页。
② 赵东霞:《城市社区居民满意度模型与评价指标体系研究》,大连理工大学2010年博士论文。

还要从政府主要职能角度出发，重点对其在社区管理中发挥主导职能的能力进行评价，如公共服务供给、财政支持、对其他主体参与的统筹与组织等。

（二）社区居民

社区居民是社区内居民个体和社区居民自治组织（主要包括居委会、业委会、社区党组织、社区服务站等）的统称，主要反映社区内居民及其团体间的一种交互关系模式（pattern of interrelationships）。自治组织作为社区居民自我管理、自我教育、自我服务、自我监督的基层群众功能性组织[1]，在社区管理中起到对政府管理的支持与补充作用、对居民的沟通与协调作用，是居民参与社区治理、表达意见并对政府工作进行监督的重要载体。伴随居民对社区治理参与意识的增强，社区内居民通过这种团体性的自组织、自管理形式，实现对自己权益的维护，并使日常生活与精神层面的基本需要得以满足。

从社区居民主体角度进行评估的思路，主要借鉴于社区组织理论。作为社区治理的主体之一，居民及其自治类组织的治理核心在于授权，即通过授权激发个人或群众自我管理意识与能力，强调识别、评估和解决人群健康问题的作用，动员区域内资源以共同实现目标。[2] 通过这种自管理，有助于从需求端快速切中问题要害，减少政府与居民之间的沟通与反馈成本，实现对现有社区设施与服务条件的改善，推动社区资源的有效利用，最终实现提高居民福祉的愿景。因此，考量这类社区组织治理能力的关键在于组织与办事效率，即是否充分发挥了居民与政府间沟通协调的作用，是否通过参与而实现了社区治理效率的提升等。

（三）第三方机构

第三方机构主要指除政府、社区居民及其自治组织以外的，对社区提供服务或管理的企业或其他营利性机构；代表性企业有物业公司、保洁公司与房地产开发公司等。这些机构在社区治理过程中主要从市场角度切入，关注对政府供给的辅助与补充，针对政府管理的失灵环节或对居民需求难以满足的部分提供服务或资金支持，以便在完善社区治理结构的同时，实现收益或自身影响力的提升。第三方机构参与社区治理的职能可归纳为两方面：其一

---

[1] 向德平：《社区组织行政化：表现、原因及对策分析》，载《学海》2006年第3期。
[2] 张持晨：《基于社区组织理论的空巢老人"SMG"健康管理模式研究》，山西医科大学2017年博士论文。

是为社区居民提供服务;其二是为建设与改善社区基础设施提供资金或技术支持。企业参与社区治理是其承担社会责任的体现,其治理的思路与可实施性可由企业公民理论与利益相关者理论予以论证。企业公民理论引入"公民"理念来评价企业在社区治理中的作用,认为社会不必将所有问题都委托给政府去处理。① 利益相关者理论认为,社区是企业发展的重要次级利益相关者,二者相互影响、相互作用②,以此指明企业参与社区治理的可能性和意义。企业由于享有规模化生产的成本优势,在某些领域能够提供更便捷、更贴近居民需求的公共产品与服务,能够对政府的社区治理起到辅助与支持作用。因此,企业参与社区治理的行为兼具理论依据与现实意义,通过与政府和社会组织的合作,提高社区治理效率,实现共赢。

此外,第三方机构的参与也丰富了社区治理的内容,优化了治理结构,其所具备的经济属性也进一步促进了治理的政经结合,为社区治理提供了市场化契机。由于第三方机构具有营利性特征,且在社区治理中也起到对社区服务的资金供给、调整资金结构的作用,因此以其为主体展开的治理能力评价,不仅应对这类机构的职能和参与社区治理的社会效益进行评价,还应从其自身发展角度出发,重点关注这类机构的资本效益和参与治理的可持续性。

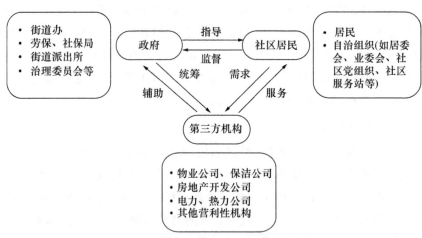

图 8-1 社区治理参与主体之间的关系

资料来源:本书作者自行整理、绘制。

---

① Sullivan H. Modernization, Democratization and Community Governance, *Local Government Studies*, No. 2, 2001.

② 邵兴全、胡业勋:《企业参与社区治理的角色重构与制度安排研究——基于多元合作治理的分析框架》,载《理论与改革》2018 年第 3 期。

三、二级指标的选取与构建

社区治理能力评价体系的二级指标设定,是在一级指标完成对主体分类的基础上,关注不同主体在社区中的治理内容,对指标进行有针对性的选取,并予以层层分析与细化,确保每层指标的选取与该层级治理主体所对应的治理职能基本相同。

(一)对政府治理能力的评价

对政府治理能力的评价,主要从其在社区治理中的基本职能入手,将政府及其职能部门的治理内容划分为满足居民需求、办事效率、政府财政收支以及保障多元治理实施等四个方面(见图8-2),并针对各方面的关注重点,分别设置指标维度。四类指标均属于对政府治理能力的正向评价,指标评价数值越高,则表明政府的治理能力越强。

1. 从满足居民需求的角度

从满足居民需求的角度评价政府治理能力,源自对居民满意度理念的解释。满意度主要指外在产品或服务供给为居民带来的主观感受;居民满意度则是指居民对所居住环境和社区宜居性的综合评价。[1] 早在1936年,David等便提出了满意度对管理能力评价的重要性,并运用满意度来评估"内部行政运作急需改革的部分"[2]。蔡立辉认为,根据公众需求进行公共产品与服务供给,并依据反馈的满意程度来评估管理绩效,有助于及时、有效地找出政府管理上的漏洞与不足,并进行有针对性的改进。[3] 吉思·L.西奥多里(Gene L. Theodori)将满意度评价引入对社区治理的评估中并建立了评估体系,以从居民需求满足角度来考察社区治理水平。[4] 刘志林等通过运用对社区居民满意度的调研结果,评估出社会资本对其具有正向促进作用。[5]

---

[1] 刘志林、廖露、钮晨琳:《社区社会资本对居住满意度的影响——基于北京市中低收入社区调查的实证分析》,载《人文地理》2015年第3期。

[2] 〔美〕戴维·H.罗森布鲁姆、罗伯特·S.克拉夫丘克:《公共行政学:管理、政治和法律的途径》,张成福等校译,中国人民大学出版社2002年版,第28页。

[3] 蔡立辉:《西方国家政府绩效评估的理念及其启示》,载《清华大学学报(哲学社会科学版)》2003年第1期。

[4] Gene L. Theodori, Examining the Effect of Community Satisfaction and Attachment on Individual Well-being, *Rural Sociology*, No. 4, 2001.

[5] 刘志林、廖露、钮晨琳:《社区社会资本对居住满意度的影响——基于北京市中低收入社区调查的实证分析》,载《人文地理》2015年第3期。

从居民对社区治理满意度的角度,以居民对社区治理的主观感受来评价社区的治理能力,即以社区所提供的居住场所、医疗与健康服务供给、社区学校、文化活动、商业设施、休闲娱乐设施和环境面貌等方面的公众满意程度,来评价社区的治理能力。这一评价角度,有助于从需求端评估当前政府社区治理水平和公共服务供给质量,通过评价结果及时、准确地把握治理症结所在,从而进行有针对性的改进。

2. 从政府办事效率的角度

从政府治理效率角度对政府治理能力的评价,主要从对居民需求的反馈、对居民诉求的解决效率等方面进行指标量化。不同于从居民需求角度对社区公共服务进行供给能力的评价,从治理效率角度进行评价,是从政府在社区中的主要职能出发,评价政府在治理过程中的统筹、协调能力,以及处理事务的及时性、服务人员的办事效率等,是对政府在社区管理层面上办事能力的考量维度。

3. 从政府财政收支的角度

对政府财政收支的评价是从经济政策和财政收益角度,对政府社区治理能力的内部评价,是政府组织、部门或公务员针对自身某项业绩而开展的评价过程。美国很早便将这一评价指标引入对政府管理的评价中,通过出台《政府绩效与结果法案》,规定所有联邦机构均须将这种内部评价设定为年度规划与绩效考察的重要一环,且评价的结果将与来年的财政预算直接挂钩。[①]将财政收支指标引入对社区治理能力的评价中,从经济角度评价政府治理水平,有助于推动社区政经结合治理理念发展,促进政府财政收支效率的提升。

4. 从保障多元治理实施的角度

推动和保证多元治理的可持续性是政府在社区治理中的另一主要职能。与上述治理内容中政府所起到的主导性职能不同,保障措施的制定与实施是政府作为社区治理的统筹与组织者,为实现多元主体参与而提供的政策和物质保障,如联合考评机制、政府的监督与保障、招标机制等,这些支持性机制是社区实现多元治理模式的基础,也是政府作为社区治理的主导性参与主体所具备的特有权利,因此,在综合评价社区治理能力时,对这一维度的评价必不可少,它既关系到多元治理的实施效果和可持续性,又有助于推动政府对

---

① 陈诚:《社区治理能力评估指标体系研究》,经济日报出版社 2017 年版,第 15—20 页。

新时代社区治理模式建设的辅助支持程度和质量提升。

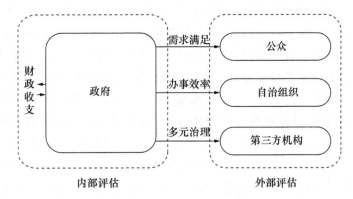

图 8-2 对政府治理能力评价的二级指标设计框架
资料来源：本书作者自行整理、绘制。

（二）对社区居民治理能力的评价

对社区居民治理能力的评价，主要依据其所包含的居民个体与居民自治类组织两方面的治理职能进行二级指标选取。居民在社区治理过程中主要起到参与和监督作用，而居民自治类组织则在此基础上还肩负着为居民争取权利与利益，搭建居民与政府之间沟通与反馈平台的作用，同时也对社区服务供给起辅助功能。因此，在评价社区居民治理能力时，应综合居民个体与社区组织在社区治理中的治理内容与环节框架，分别从可参与、可反馈与可监督，以及自治能力等角度来设计二级指标（见图 8-3），这些条件满足程度越高的社区，居民参与社区治理的程度越高，话语权越强，治理能力也越强。

1. 从居民可参与的角度

居民可参与性是保证居民参与社区治理的前提，也是居民基本政治权利的实现途径，更是对政府和第三方机构的治理工作进行评价、反馈与监督的基础。可参与性主要指居民参与社区治理的准入性和可行性，包括居民对社区的归属感、活动组织与社区会议的参与感等。这种参与权利，可以通过以居民个体的投票选举、活动参与，或向相关管理部门提出批评建议等形式实现，也可以居民自治组织为渠道，以群体模式向政府反映社区居民需求，或参与公共事务与公益事业建设等。

2. 从居民可监督与可反馈的角度

在可参与的基础上，对社区事务的可监督与可反馈是居民在社区治理中所发挥的主要职能,也是体现其治理能力的主要环节。根据我国《宪法》的规定,监督权主要指公民有监督国家机关及其工作人员公务活动的权力,是公民参政权中的一项不可缺少的内容,是国家权力监督体系中的一种最具活力的监督。在社区治理过程中,民主监督权的实现主要体现为对国家机关和国家工作人员工作的监督与建议,促进改进政策与措施的实施等,采用的监督方式或渠道主要包括听证会、信息征集平台、入户走访等。对社区治理可监督性的保证,能够从侧面促进政府执政的公正性与公开性,也有助于激发广大公民对社区治理的积极性与主人翁精神,因此选取居民可监督性作为社区治理能力的评价指标之一。同时,可反馈性体现了上级政府或组织机构对居民建议与意见的重视程度,也是对居民在社区治理中职能与重要性的间接展现,这一权利的保证,是居民进行社区治理的基础与保障。

3. 从居民自治能力的角度

居民自治能力主要指居民通过居委会、业委会、社区服务站、兴趣小组等自治类组织参与社区事务、进行社区治理的能力。随着多元治理的逐渐推进和政府权限的逐步下放,社区自治组织的权力与职能不断增加,居民通过自治组织搭建的平台来参与治理的意识也在不断加强。在这一背景下,加强自治组织职能建设、提升组织内部沟通与协调能力,对实现社区治理能力的整体提升显得尤为重要。自治类组织作为居民的代言人,其主要日常职能在于

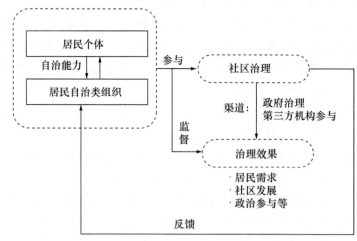

图 8-3 社区居民主体治理能力评价体系构建思路
资料来源:本书作者自行整理、绘制。

维护社区居民利益,提供公益服务和福利,在社区的多元治理中还起到对居民与政府、第三方机构等间的沟通与协调作用。因此,自治组织作为代表居民利益和职能的组织机构,从社区居民主体出发展开的治理能力评价,对这类组织的职能和治理水平发挥的综合评估不可或缺。居民自治类组织的治理能力的体现,主要从关系到社区居民利益和参与治理权利发挥的角度进行评价,如办事效率、工作人员态度和活动组织能力等。

（三）对第三方机构治理能力的评价

第三方机构主要指除政府、居民及其自治组织以外,参与社区治理的社会企业及其他营利性机构,在社区治理中主要起到对政府管理的辅助与支持作用,以弥补政府失灵所引发的公共服务供给不充足,供需不匹配等问题。第三方机构具有企业化运营机制和健全的项目体系,具有保障性的专业化供给能力,也具有规模化的成本效益运作机制,因此在某些公共服务供给,以及公共产品市场化运行中,较政府机构更具有经验和运营优势。由于这类机构大多具有营利性特征,因此在参与社区治理时不仅要实现其提升社区服务水平、增加社会效益等社区类目标,还要从其自身资本收益角度,保障其参与的可持续性。

1. 从第三方机构参与的可持续性角度

可持续性是保障第三方机构参与社区治理,实现参与规模长期保持稳定或增长的基础。对于营利性企业,这种可持续性主要体现在参与社区治理的项目能够具有稳定的正向现金流,具有正向的资本收益,并能保持所有者权益的稳定。在市场经济条件下,资本效益是社会资本进行社区建设投资、参与社区治理的动力。除对机构参与的资本效益保证外,从第三方机构自身经营与发展角度,技术革新和创新能力的保持与提升是决定企业行业竞争潜力的指标,是企业生存发展的根本,因而从长期运营角度,也决定了其参与社区治理的可持续性。因此,对第三方机构可营利性和创新性的保障,是使其可持续参与社区治理的关键。

2. 从第三方机构参与的社会效益角度

社会效益是企业在社区治理中职能的主要体现,其社区治理的参与角度包括对政府公共产品或服务供给提供补充与支持;为政府引导型社区类项目建设提供社会资金投资,以缓解财政压力;通过参与社区治理,运用自身影响力和商誉,对社会其他企业或机构产生积极的带动效应;通过参与社区慈善捐赠,将企业内部效益外部化,带动社会整体福利水平的提升;通过运用自有专利或技术创新参与社区建设,带动社区现代化、科技化发展,实现知识与科学技术的溢出效应等。第三方机构参与到社区治理中,是政府规制与市场经济相互协调、相互促进的过程,通过运用各自职能与优势,在社区建设与发展的各个环节中相互补充,实现共赢。

3. 从第三方机构治理被认可度的角度

认可度体现了其他参与主体对第三方机构的监督与制约,是企业能够长期参与到社区治理中的需求支柱。对于从事社区服务的企业或机构,其参与治理的意义在于对公共服务起到支持与补充作用,如物业公司、保洁公司等,为社区提供治安安全保障与生活环境的美化;对于参与社区建设或发展投资的企业或机构,通过资金或技术类支持,改善社区基础设施状况,进而增进社区治理的技术化与智慧化水平。第三方机构参与社区治理的主要服务对象是社区居民,公众认可度是其治理能力的间接展现,因而选取这一维度作为评价第三方机构治理能力的二级指标之一,公众认可度越高,则表明第三方机构在社区治理过程中的职能发挥水平越强。

四、三级指标的选取与构建

社区治理能力评价体系的三级指标设定,是在二级指标完成对治理主体的治理内容和主要职能指标化的基础上,对各考量维度分别进行细化和量化的过程。三级指标的设定应满足测量实操性原则,每个指标应满足可计算和可操作性,对个别难以量化的定性指标,采用工具性指标予以替代,以保证指标的可叠加性,以及社区间指标的可比性。相关数据与资料可以通过问卷调查、参与式访谈、查阅台账记录与财务报表等方式收集。

(一)对政府治理能力的评价

构建对政府治理能力评价的三级指标,主要从政府社区治理的内容角度,分别以满足居民需求、政府办事效率、财政收支与保障多元治理开展等方面出发,选取能够准确反映各自规模与效率的指标,以量化手段对治理能力的各个维度进行综合、客观的评价。其中涉及的定性评价指标通过变量赋值予以量化(具体指标来源及解释见表8-1)。

1. 从满足居民需求的角度

对于构建居民需求满足程度的评价指标,主要从居民社区生活的各个方面出发,对涉及政府职能管理的社区公共服务供给、环境营造与收费水平等方面,征询居民的满意程度,以对政府社区营造水平进行评价。在具体指标选取上,对公共服务满意度选取的公共服务供给规模与种类予以量化,并对较有代表性的社区停车位供给水平、生活环境设置专门的满意度指标,以反映居民对这类与自身利益切实相关的社区治理现状的评价;而对于社区收费情况的评价,选取居民对社区管理费用设置满意程度作为考核指标,涉及的费用包括物业管理费、停车费等。

在指标数据选取上,考虑到满意度是居民主观意愿的表现且具有个体异质性,因此采用对目标社区内居民的问卷调查和访谈等方式,以获取居民满意度评价的一手资料。应注意的是,由于问卷调查的目的是确保得到居民对政府社区治理水平的真实态度,因此在问卷具体题项的设计上,要注意既满足所有测量题项的心理测量性,又满足研究变量测量的信度与效度[①],还要注重问题类型与形式的多样化,以确保得到的调查结果真实可信。

2. 从政府办事效率的角度

对政府办事效率的评价,主要从能够体现政府办公时效性的角度进行指标选取。选取的三级指标为:"上报信息反馈率""居民需求解决率""意见回复时效性"以及"出台的相应文件与法规数"等。"上报信息反馈率"与"居民需求解决率"主要指在指标评价期内,政府官方网站或对外信息征集信箱对社区治理相关问题的回复量占问题总量的比重,以回复数量来反映政府对待社区民生事务的态度与处理质量。上述两个指标均为正向值,即指标数值越高,表明政府办事效率越强。"意见回复时效性"主要从时间角度考量政府处理问题的及时性,通过使用相关信息的发送与回复时间差(以小时计)为量度,对在各平台随机抽取的50条信息的回复时间差求平均值,作为指标的数据值。该指标为负向指标,指标值越小,表明政府处理居民问题的时效性越高。"出台的相应文件与法规数"用于评价政府对社区治理的重视程度与标准化程度,涉及街道办及其上级政府专门为社区治理形成的政策机制,如天津《东海街社区居委会八项规范》[②]、上海《曹家渡街道居民区工作经费使用管

---

① 范柏乃、蓝志勇编著:《高级公共管理研究方法》,科学出版社2014年版,第101—120页。
② 郝培杰:《推进社区管理规范化优质化》,载《天津日报》2012年10月18日。

理办法(试行)》①等。在具体文件与法规选取上,主要侧重于选取评价年度与社区管理和发展直接相关的各类文件,如发展规划、社区规范和经费使用办法等。一方面,这些文件的实施需要政府出面进行统筹与管理;另一方面,其所规范的内容与其他参与者息息相关,或对参与者参与治理行为产生影响。

3. 从政府财政收支的角度

财政收支是政府进行自我绩效评价的重要环节之一,其本身也是一个庞大的指标评价体系。在社区治理能力评价过程中,对于政府财政收支的评价主要从社区服务支出、管理费用征收等细化指标类别的角度进行,以体现政府在社区治理领域的财政效率。选取的指标以政府财务报告出具的时间间隔为准,选取指标评价对应会计年度出具的政府财务报告中的财务数据,将指标分为收入、支出以及预算项三部分:收入项包括"社区办公经费""其他经费"(如人员工资、社区网络建设、运营与维护费用等);支出项包括"社区基础设施建设支出""社区公益事业专项补助资金";预算项包括"预算额度增长率"。其中,基础设施建设支出主要指纳入政府财政预算的社区基础设施建设投资,如办公和服务用房项目等;公益事业专项补助资金主要指帮扶、助老、助托、助残等项目补助资金拨付,以及公益事业活动所需场地、器械、宣传、劳务等费用支出。通过选取这些对社区发展较具引导性和代表性的指标来衡量财政收支能力,使指标评价结果更为客观,能有效反映政府对社区治理与发展的重视程度。此外,以"较上一会计年度预算额增长率"为评价指标来衡量政府对社区建设与发展的资金投入计划,以反映政府对社区未来发展的把控和重视程度。

4. 从保障多元治理实施的角度

保障多元治理的有效实施是政府在社区治理过程中的另一重要职能,即对其他主体参与治理的行为进行协调、监督与制度保障。由于这一职能的发挥涉及其他被保障的客体,因此对其评价的具体指标也需从多元主体角度进行选取。在该指标体系中,选取多元协商、多元沟通类指标作为评价依据,以反映政府对多元治理主体的协调、监督与保障能力。对于第三方机构参与的保障机制评价,选取指标"法规、补贴与减免型政策数量""组织招标频次"和

---

① 《关于印发〈曹家渡街道居民区工作经费使用管理办法(试行)〉的通知》,http://www.jingan.gov.cn/xxgk/016036/016036002/20160120/b2be0d74-1fb6-4aba-bdcb-396a84d44177.html,2018年4月28日访问。

"是否有多元治理协商平台";对于其他参与主体的保障能力,采用"是否联合考评机制""组织学习频次"和"多元协商会议召开频次"来考量。① 上述均为正向指标,评价结果越高,表明政府保障能力越强。该类指标的数据一方面来源于与相关负责人、居委会工作人员的访谈记录,另一方面通过对政府的工作报告、会议记录以及官方网站公布信息的获取进行验证,以保证所获数据的真实性和准确性。

(二)对社区居民治理能力的评价

由于居民及其自治组织在社区治理中主要起自我管理、协助与监督作用,因此从社区居民治理能力角度进行三级指标构建,主要以居委会等居民自治组织的治理能力评价为主导,从居民可参与、可监督与可反馈,以及自治能力等维度评价居民参与社区治理的积极性和自治程度,并从数量与质量两个层面进行量化指标构建。定量评价指标均选取正向指标,即指标数值越高,则社区居民治理参与度与治理能力越高(具体指标来源及解释见表8-1)。

1. 从居民可参与的角度

可参与性是居民参与社区治理的前提条件,是实现居民治理能力的基础。对其三级指标的选取,分别从居民个人参与治理的主观意愿,以及自治组织对居民参与的态度和保障等客观条件两个维度展开。选取"社区每百人义工人数"与"选举投票率"两个定量指标测定居民参与社区治理的积极程度,其中"社区每百人义工人数"是指每一百个居民对应的社区义工人数,以此反映居民参与义工和志愿服务的概率,指标比例越高,表明居民参与的积极性越强;"选举投票率"指标的公式为:居民参与社区居委会主任选举的实际投票人数/应参与投票人数×100%,以此来反映居民行使自身权利的积极性和对社区治理的参与意识。

选取"居委会、党组织中社区居民任职人员占比""各类协管员人数"和"社区人员入户率"三个指标,分别从居民自治组织角度测度对居民参与社区治理的条件保障与现状。其中,"居委会中社区居民任职人员占比"指社区居民在居委会任职人数所占比重②,体现居民在社区组织中的话语权和参与决

---

① 其中所涉及的定性变量如"是否有多元治理协商平台"和"是否有联合考评机制"均采用二分法进行赋值量化。

② 社区任职人员指除各类协管人员外,社区居委会、社区党组织通过签订合同聘用的任职人员。

策的可能性;与此类似的"各类协管员人数"指标①,主要指居民自愿从事社区各类事务的协助管理工作的人数,一方面显示了居民参与治理的积极性,另一方面也能够体现社区为居民提供的参与渠道与规模;"社区人员入户率"反映了居委会及业委会等居民自治类组织走访居民,听取居民意见的频率,用以间接体现居民参与社区治理机会与保障的指标。上述指标数据均通过对社区居委会的调研和访谈记录获取。

2. 从居民可监督与可反馈的角度

可监督与可反馈是居民在社区治理中的主要职能体现,对其评估同样从参与现状与可行性方面进行分析。选取三级指标可根据评价的主客体分为两类,一类是居民意见征集渠道及频次:"建议采纳率""意见征集渠道数量"与"组织居民代表、自治组织负责人座谈或交流频次",用于体现居民对政府及社区组织的工作进行评价与监督的渠道(如入户、信箱、网络平台等)、意见反馈的程度,以间接反映居民的监督力度;另一类是政务信息公布情况,包括"听证会召开频次""信息公布平台数量"与"公开信息更新频率",是对居民获取政务信息路径与时效性的考量。指标数据主要通过网络和社区台账记录获取,旨在统计当年新闻、公告发布以及听证会召开的平均时间间隔,对没有对应记录的社区采用问卷形式进行体验性估计,以反映居民对信息获取及时性的主观感受。

3. 从居民自治能力的角度

对居民自治能力的评价主要从居民自治组织(以社区居委会、业委会、社区服务站等与社区管理相关的社区组织为主)的就职人员的综合能力和组织管理能力方面,分别进行数量与质量上的量度。对组织的就职人员的评价采用"对组织使命的认知感"和"对组织其他工作模块的认知度"两个指标测量,对组织工作人员从事社区治理工作的态度和认知进行评价,指标和公式为:对组织使命的认知感(或对其他工作模块的认知度)总分/调查对象总数。问卷中的具体问题结合不同社区组织的工作职能,可分为公共服务、纠纷解决、活动组织与宣传等模块测定认知度;对认知感的评价从对工作的了解程度与满意度两方面进行质量评估。其中,对工作的了解程度可采用对专业领域知识与信息的考察,以及对自治类组织职能的评述;对工作满意度的评价,运用

---

① 协管人员指在社区提供服务,纳入社区工作人员队伍管理的各类协管员。

李克特量表(Likert scale)将满意度分为五个档次,对收入、晋升机会、同事关系、工作压力等方面进行测评并打分。

"社区专职工作者占比""组织规模"与"年社区活动人次"三个指标用于测度自治组织作为居民参与社区治理的媒介,其管理范围、规模以及活动组织能力。其中,"社区专职工作者占比"测定在编人数比例,通过台账和访谈记录获取;"组织规模"指每个从业人员管理的居民人数,指标公式为:社区居民人数/工作人员数(其中工作人员数以居委会的在编工作人员人数为准),以反映自治组织的规模和工作强度,进而也能够体现出自治组织的自治性质和服务效率;"年社区活动人次"用以测度每年居民参与社区组织的休闲活动的人次数,是对于自治组织推进社区人文与价值观融合度的测评指标,能够代表自治组织的组织力和号召力,同时也可反映居民对社区组织活动的认可度和参与度。

(三)对第三方机构治理能力的评价

第三方机构的治理能力主要体现在对政府功能的支持与补足程度,针对公共产品和服务供给的不足或政府失灵环节,通过运用企业自身技术与成本优势参与到社区治理中,形成政府、社会资本与市场合作共赢的治理模式,实现对居民生活需求的满足,或使社区环境、基础设施得到改善。因此,在选取这一主体的三级指标时,应兼顾其市场化特征,从参与的可持续性、社会效益与影响力以及被公众认可程度三个维度展开,对第三方机构的盈利能力、参与社区项目的积极性和对社区建设与发展贡献的社会效益等方面的能力进行综合考察。[①] 从这一视角出发选取的三级指标均为正向指标,指标数值越高,则社区居民的治理参与度与治理能力越高(具体指标来源及解释见表 8-1)。

1. 从第三方机构参与的可持续性角度

对第三方机构而言,营利性是其参与社区治理的动力,因此对其可持续性的评估,主要用现在参与社区服务或社区项目的经济效益和未来持续参与的潜力两方面指标予以评估。对于已参与社区治理的第三方机构,通过其"企业社区类投资利润率"与"所有者权益"两个财务指标,反映其参与社区治理相关项目的经济效益,指标数据从其当年财务报表明细中获取。其中,"企

---

① 如果指标涉及多家第三方机构参与,则根据实际情况采用各机构相应数据的平均值作为指标结果进行评估。

业社区类投资利润率"指投资利润率(ROI)＝年利润或年均利润/投资总额×100％;"所有者权益"指第三方机构通过社区项目获得的权益增减值,财务报表中体现为所有者资本的增减。

对未来参与潜力的评估,主要采用"企业技术创新投资额"与"社区项目平均周期"两个指标予以考量。其中,创新投资能够反映企业对技术革新的重视程度,对于企业业绩与价值的提升具有明显的积极效应[1],因此用其年度数据作为评价企业的行业竞争力和未来发展潜力的指标[2];"社区项目平均周期"指标用来评估社区项目周期长度,侧重于量化企业资金、人力资源等生产要素的占用期限,以此反映其资金周转能力。

2. 从第三方机构参与的社会效益角度

第三方机构参与社区治理所产生的社会效益是其治理能力的主要体现,选用三级指标"企业或其他非政府机构投资占比""慈善捐款额增长率"和"非国有企业或机构占比"来量度。其中,"企业或其他非政府机构投资占比"用以体现第三方机构资金占参与社区治理总支出的比重,占比越高,表明第三方机构在社区治理中的资金贡献越大,治理能力越强;"慈善捐款额增长率"用以表示本年度第三方机构捐款额的增长率,增长率为正,表示其社会责任感和社会影响力增强,进而产生正向外部效应,对社会企业和公众会起到一定示范带动作用;"非国有企业或机构占比"用以量度非国有企业或机构参与社区治理的积极性,不同于国有企业具有政策导向且资金实力雄厚,非国有企业或机构更能够代表社会资本参与社区治理的意愿,其所承担的风险更大,对政府的信任感要求也更高,因而其参与比重越高,表明社区治理可参与能力越强,产生的社会影响也越大。

3. 从第三方机构治理被认可度的角度

第三方机构治理被认可度是对其社区治理能力评价的辅助性指标,通过"政府对第三方机构治理的评价""年获批项目数""居民对社区服务类企业的满意度"和"合作企业相互评价"四个指标量度。其中,"政府对第三方机构治理的评价"和"年获批项目数"是政府分别从主观与客观角度对第三方机构治

---

[1] 钟凯、杨鸣京、程小可:《制度环境、公司治理与企业创新投资:回顾与展望》,载《金融评论》2017年第6期。

[2] M. Ciftci, W. M. Cready, Scale Effect of R&D as Reflected in Earnings and Returns, *Journal of Accounting and Economics*, No. 1, 2011.

理能力的间接评价指标,以政府相关负责人的访谈为数据获取渠道,前者采用李克特五级量表根据满意程度进行打分,维度可包括第三方机构资金投入水平、社区服务质量、社区项目完成能力等与企业治理能力相关的角度,综合评价得分越高,表明政府对第三方机构参与社区治理的现状越满意;后者可直接用以反映第三方机构社区项目的参与度,获批项目数量越多说明其治理能力的被认可程度越高。"居民对社区服务类企业的满意度"是从居民及其自治组织对第三方机构参与社区治理的评价。对居民而言,其更注重服务供给水平和对需求的被满足程度,因此该三级指标主要针对物业公司、房地产开发公司等社区服务类企业,采用向居民进行问卷调研的方式,来评估对这类企业的工作态度、服务水平等方面的满意度,评价越高,表明治理能力越强。"合作企业相互评价"主要是从企业间角度对第三方机构的社区治理能力进行评价,该指标中的合作企业主要指共同参与同一社区类项目投资或建设的企业、合作提供同一类社区服务的企业,或是公共产品供给的上下游关联企业等。采用对企业相关负责人、业务员的访谈和问卷调查中获得的对合作企业人员服务态度、工作效率和社会责任等方面的评价,在合作企业中口碑越高的企业,在社区治理中所发挥的能力和影响力也越强。

五、评价指标权重的确定

社区治理能力评价体系是一个全方位、多角度、多层次的复杂系统,既包含政府、社会力量的纵横交错,也涉及经济、政治、社会和文化等多学科维度的共同评估。主成分分析法可有效避免当前评估中可能存在的指标共线性和指标权重确定上的主观性问题,通过对指标的标准化处理和贡献率权重赋予,可以使评价结果更趋于客观合理。因此,为保证评价结果的科学性和客观性,我们将在所设定社区治理三级指标的基础上,在具体实践中运用主成分分析法,结合通过对目标社区参与治理主体的问卷调查、访谈、查阅台账记录和财务报告等获得的数据资料,对评价指标按层级分别对各级指标进行筛选和影响权重赋予。

第四节　总结与改进方向

社区是城市的基本单元,更是国家和民众互动的基础平台。随着中央关于推进国家治理能力现代化发展方针的提出,对治理能力的培养和提升成为新时代背景下国家现代化建设的主要目标之一,也为城市治理的微观单元——社区的多元治理能力增进提出了更高要求。构建社区治理能力的评价指标体系,是从多元参与主体角度出发对社区治理能力进行拆分,并根据其治理内容、目标对指标进行进一步细分和量化,形成一套具有全面性、科学性、纵向可分性和横向可比性的综合指标评价体系。根据指标评价结果,有助于客观分析当前社区多元治理能力的不足,从而进行有针对性的政策和措施改进,实现推进基层社区治理现代化建设的目的。

在此从理论层面构建社区治理能力评价指标体系,在实际应用过程中,还应尊重政府机构与相关领域专家的意见,结合不同地区特点、经济发展程度、居民生活习惯等,对指标进行相应的修正与改进,并先通过小范围的模拟评估进行可行性检验。在对社区的实际评价过程中,应在现有评估体系的基础上,通过收集各社区的主观和客观数据,建立指标数据库,根据指标特征值和方差对指标维度、数量、范围进行不断的调整。同时,为保证指标的准确性,在条件允许的情况下,在同一城市寻找相近社区作为对照组,与评价的目标社区一起进行治理能力评价,以减少生活环境、文化与社会等因素差异所导致的评估结果偏差。此外,在指标筛选环节,还可选取实际案例进行验证,以不断修正指标维度使其更具合理性与可行性,使评价结果能够客观、真实地反映社区当前的治理能力,并能够通过横纵向比较,发现社区治理能力的问题,有针对性地增强社区治理的潜在能力和核心能力。

表 8-1 社区治理能力评价指标体系

一级指标	二级指标	三级指标	指标说明	单位	指标来源
对政府治理能力的评价	从满足居民需求的角度	居民对公共服务供给规模的满意度	居民对社区公共服务供给数量的总体满意度评价	—	问卷调查
		居民对公共服务供给种类的满意度	居民对社区公共服务供给多样性和充足性的满意度评价	—	问卷调查
		居民对社区停车便利程度的满意度	评估居民对社区内停车位设置位置和数量的满意度	—	问卷调查
		居民对社区生活环境营造的满意度	评估社区人文绿化、垃圾处理等环境水平的总体指标	—	问卷调查
		居民对社区管理费用设置的满意度	评估居民对社区各类管理性费用设置的满意度	—	问卷调查

(续表)

一级指标	二级指标	三级指标	指标说明	单位	指标来源
对政府治理能力的评价	从政府办事效率的角度	上报信息反馈率	反映下级上报的信息反馈时效性,公式为:信息反馈数/上报信息总数×100%	%	台账记录
		居民需求解决率	反映政府对居民需求的反应效率,公式为:居民向政府提出的需求解决数/居民诉求上报总数×100%	%	工作总结/相关平台信息收集
		意见回复时效性	强调意见回复的及时性,通过意见提出与回复的时间差来量度	天	工作总结/相关平台信息收集
		出台的相应文件与法规数	用来衡量治理机制的标准化程度	条	部门记录
	从政府财政收支的角度	社区基础设施建设支出	主要指纳入政府财政预算的社区基础设施建设投资,如办公和服务用房等项目支出	万元	财务报表
		预算额度增长率	考察政府对社区治理的投资计划和重视程度,公式为:(本年度预算额-上一年度预算额)/上一年度预算额×100%	%	财务报表
		社区公益事业专项补助资金	指帮扶、助老、助托、助残等项目补助资金拨付,以及公益事业活动所需场地、器械、宣传、劳务等专项支出	万元	财务报表
		社区办公经费	主要涉及会议费、办公用品购置费、培训费等社区日常经费支出	万元	财务报表
		其他经费	如人员工资、福利待遇,信息网络建设、运营与维护费用等	万元	财务报表
	从保障多元治理实施的角度	法规、补贴与减免型政策数量	专门对社区项目实施的鼓励型政策数量	条	台账记录
		是否有联合考评机制	考察政府对社区治理工作的统筹与监督能力(是=1;否=0)	—	部门记录
		组织招标频次	每年(或月)由政府牵头组织的社区项目公开招标次数,反映第三方机构参与社区治理的可能性	次	台账记录
		组织学习频次	每年(或月)政府牵头组织学习次数,反映对社区服务站、街道委员会、居委会等基层治理主体的协调与组织能力	次	台账记录
		多元协商会议召开频次	每年(或月)政府牵头组织多元协商会议次数,反映对基层治理主体的统筹与协调能力	次	台账记录
		是否有多元治理协商平台	考察政府是否建立了专门的政企合作协商的平台(是=1;否=0)	—	访谈记录

(续表)

一级指标	二级指标	三级指标	指标说明	单位	指标来源
对社区居民治理能力的评价	从居民可参与的角度	居委会、党组织中社区居民任职人员占比	考察居民自治、自我管理程度，公式为：居民任职人员数/所有任职人员数×100%	%	台账记录
		各类协管员人数	指居民担任协管人员的人数，反映居民参与社区治理的积极性	人	台账记录
		社区每百人义工人数	指居民参与义工、志愿服务人数	人	台账记录
		社区人员入户率	反映居民直接提出意见，表达需求的机会	%	台账记录
		选举投票率	考量居民选举权，公式为：居委会主任选举实际参与投票人数/应参与投票人数×100%	%	台账记录
	从居民可监督与可反馈的角度	建议采纳率	反映居民建议被采纳程度，公式为：采纳建议数/征求建议总条数×100%	%	工作总结
		意见征集渠道数量	反映居民能够进行社区治理监督和反馈途径的多样性	个	访谈记录
		听证会召开频次	反映考核年份平均每年（或月）社区召开听证会的次数	次	访谈记录/问卷调查
		信息公布平台数量	反映评价信息的公开度	个	访谈记录
		公开信息更新频率	指信息平均更新时间（新闻、公告发布，以及听证会召开的平均时间间隔）	天	相关平台信息收集
		组织居民代表、自治组织负责人座谈或交流频次	平均每年（或月）组织座谈或交流次数，反映居民参与社区治理的机会	次	台账记录
		投诉解决率	指居民投诉的反馈情况，公式为：居民投诉被反馈件数/总投诉件数×100%	%	台账记录/访谈记录
	从居民自治能力的角度	对组织使命的认知感	指从业人员对工作的认同感、满意度	—	访谈记录
		对组织其他工作模块的认知度	指从业人员对其他工作模块的平均认知水平，公式为：对其他工作模块的认知度得分总和/调查对象总数	—	问卷调查
		社区专职工作者占比	指专职从业人员数量，公式为：社区专职工作者人数/社区全部从业者人数×100%	%	访谈记录
		组织规模	反映自治组织对社区居民的组织能力，公式为：社区居民人数/工作人员数	人	台账记录
		年社区活动人次	指每年参与社区组织活动的人次数，用以评价人文与价值观融合度	人	台账记录

(续表)

一级指标	二级指标	三级指标	指标说明	单位	指标来源
对第三方机构治理能力的评价	从第三方机构参与的可持续性角度	企业社区类投资利润率	考察参与社区治理是否盈利,公式为:投资利润率(ROI)＝年利润或年均利润/投资总额×100%	%	财务报表/访谈记录
		所有者权益	指企业参与社区治理项目的资本效益	万元	财务报表/访谈记录
		企业技术创新投资额	指技术创新类投资支出,反映技术支持与创新能力	万元	财务报表/访谈记录
		社区项目平均周期	企业投资参与社区项目的运转周期	年	财务报表/访谈记录
	从第三方机构参与的社会效益角度	企业或其他非政府机构投资占比	反映第三方机构参与治理的社会效益,公式为:第三方机构投资资金总额/社区总投资额×100%	%	财务报表/访谈记录
		慈善捐款额增长率	考察第三方机构参与社区慈善活动的积极性,公式为:(本年度慈善捐款额－上一年度慈善捐款额)/上一年度慈善捐款额×100%	%	台账记录
		非国有企业或机构占比	反映非国有企业参与程度,公式为:非国有企业或机构占比/社区第三方机构占比×100%	%	台账记录
	从第三方机构治理被认可度的角度	政府对第三方机构治理的评价	政府及相关负责人对第三方机构参与社区治理的评价,可采用满意度或综合评分等形式量度	—	访谈记录
		居民对社区服务类企业的满意度	居民对社区服务类企业供给能力的满意度评价	—	访谈记录
		合作企业相互评价	关联企业、共同参与同一社区项目企业之间的认可度评价,内容可包括合作企业人员服务态度、工作效率和社会责任等	—	访谈记录
		年获批项目数	当年获得政府批准的第三方机构参与的项目数量	个	访谈记录

资料来源:本书作者根据相关资料自行整理。

主要参考文献

[1] Daniel Kaufmann, Aart Kraay, Massimo Mastruzzi, The Worldwide Governance Indicators: Methodology and Analytical Issues, *Hague Journal on the Rule of Law*, No. 2, 2011.

〔2〕E. H. Klijn, B. Steijn, J. Edelenbos, The Impact of Network Management on Outcomes in Governance Networks, *Public Administration*, No. 4, 2010.

〔3〕Francis Fukuyama, What in Governance, *Governance*, No. 3, 2013.

〔4〕Gene L. Theodori, Examining the Effect of Community Satisfaction and Attachment on Individual Well-being, *Rural Socialogy*, No. 4, 2001.

〔5〕Kenneth J. Rothman, Synergy and Antagonism in Cause-effect Relationships, *American Journal of Epidemiology*, No. 6, 1974.

〔6〕M. Ciftci, W. M. Cready, Scale Effect of R&D as Reflected in Earnings and Returns, *Journal of Accounting and Economics*, No. 1, 2011.

〔7〕Marion Gibbon, Ronald Labonte, Glenn Laverack, Evaluating Community Capacity, *Health and Social Care in the Community*, No. 6, 2002.

〔8〕N. Rose, Community, Citizenship and the Third Way, *American Behavioral Scientists*, No. 9, 2000.

〔9〕Samuel Bowles, Herbert Gintis, Social Capital and Community Governance, *The Economic Journal*, No. 19, 2002.

〔10〕Sullivan H. Modernization, Democratization and Community Governance, *Local Government Studies*, No. 2, 2001.

〔11〕包国宪、周云飞:《英国政府绩效评价实践的最新进展》,载《新视野》2011年第1期。

〔12〕蔡立辉:《西方国家政府绩效评估的理念及其启示》,载《清华大学学报(哲学社会科学版)》2003年第1期。

〔13〕陈诚:《社区治理能力评估指标体系研究》,经济日报出版社2017年版。

〔14〕陈诚、卓越:《基于结构与过程的社区治理能力评估框架构建》,载《华侨大学学报(哲学社会科学版)》2016年第1期。

〔15〕陈伟东、李雪萍:《社区治理主体:利益相关者》,载《当代世界与社会主义》2004年第2期。

〔16〕陈振光、胡燕:《西方城市管治:概念与模式》,载《城市规划》2000年第9期。

〔17〕范柏乃、蓝志勇编著:《高级公共管理研究方法》,科学出版社2014年版。

〔18〕郝培杰:《推进社区管理规范化优质化》,载《天津日报》2012年10月18日。

〔19〕胡鞍钢、魏星:《治理能力与社会机会——基于世界治理指标的实证研究》,载《河北学刊》2009年第1期。

〔20〕黄晴、刘华兴:《治理术视阈下的社区治理与政府角色重构:英国社区治理经验与启示》,载《中国行政管理》2018年第2期。

〔21〕李文静:《社会工作在社区治理创新中的作用研究》,载《华东理工大学学报(社

会科学版)》2014年第4期。

[22] 刘志林、廖露、钮晨琳:《社区社会资本对居住满意度的影响——基于北京市中低收入社区调查的实证分析》,载《人文地理》2015年第3期。

[23] 娄成武、张建伟:《从地方政府到地方治理——地方治理之内涵与模式研究》,载《中国行政管理》2007年第7期。

[24] 卢爱国、陈伟东:《社区行政化的反思:现实与选择》,载《内蒙古社会科学(汉文版)》2008年第2期。

[25] 祁海军:《地方政府社会治理能力评估——以河南省为例》,载《学习论坛》2015年第8期。

[26] 〔美〕桑德斯:《社区论》,徐震译,台湾黎明文化事业股份有限公司1982年版。

[27] 邵侃彦:《城市和谐社区的评价指标体系构建与实证研究》,浙江大学2007年硕士论文。

[28] 邵兴全、胡业勋:《企业参与社区治理的角色重构与制度安排研究——基于多元合作治理的分析框架》,载《理论与改革》2018年第3期。

[29] 沈荣华:《昆明样本——地方治理创新与思考》,清华大学出版社2013年版。

[30] 史柏年:《治理:社区建设的新视野》,载《社会工作》2006年第7期。

[31] 孙建华:《推进社会治理能力现代化——大庆市社区服务绩效评估指标体系构建》,载《大庆社会科学》2014年第1期。

[32] 覃道明:《乡镇政府改革与乡村治理能力重塑》,载《社会主义研究》2008年第5期。

[33] 邬晓霞、卫梦婉:《城市治理:一个文献综述》,载《经济研究参考》2016年第30期。

[34] 向德平:《社区组织行政化:表现、原因及对策分析》,载《学海》2006年第3期。

[35] 杨琛、王宾、李群:《国家治理体系和治理能力现代化的指标体系构建》,载《长白学刊》2016年第2期。

[36] 俞可平主编:《治理与善治》,社会科学文献出版社2000年版。

[37] 俞可平:《中国治理评估框架》,载《经济社会体制比较》2008年第6期。

[38] 张长东:《国家治理能力现代化研究——基于国家能力理论视角》,载《法学评论》2014年第3期。

[39] 张持晨:《基于社区组织理论的空巢老人"SMG"健康管理模式研究》,山西医科大学2017年博士论文。

[40] 张小劲、于晓红编著:《推进国家治理体和治理能力现代化六讲》,人民出版社2014年版。

[41] 赵东霞:《城市社区居民满意度模型与评价指标体系研究》,大连理工大学2010

年博士论文。

［42］钟凯、杨鸣京、程小可:《制度环境、公司治理与企业创新投资:回顾与展望》,载《金融评论》2017年第6期。

［43］周诚君、洪银兴:《城市经营中的市场、政府与现代城市治理:经验回顾和理论反思》,载《改革》2003年第4期。

［44］周伟、练磊:《地方治理能力评价的价值取向》,载《学术界》2014年第11期。

第九章

营建平安社区

在《辞源》中,"平"表示"平坦;公正;平定;整理、治理;均等;讲和"等多种含义。最早在《诗经》中就有"丧乱既平,既安且宁"的表述。"安"则表示"安定、舒适;安全、稳定;安逸、逸乐;对环境或事物感到安适满足或习惯"。因此,"平安"的主要含义是平静、安定、祥和、无风险。1989年世界卫生组织(WHO)通过《安全社区宣言》首次提出安全社区的概念,指出建设安全社区的指导思想是任何人都享有健康和安全的权利。基于概念内涵和当前平安社区发展的问题、趋势与需要,我们从治安管理、应急管理两个重要维度,探析平安社区营建的重要内容与对策。

第一节 社区治安管理

一、社区治安管理的内涵与内容

(一)社区治安管理的内涵

20世纪80年代,社区治安管理开始出现在我国社区建设和社区管理工作中,它是指在一定地域范围内社区治安管理主体依靠社区居民,协同公安、司法等机关,对涉及社区内的社会秩序和人民群众生命财产安全等社区安全问题依法进行治理的管理活动的总称。[①] 社区治安管理是国家公安保卫职能的延伸,具有区域性、多主体性、广泛性、长期性等特点,管理主体主要包括政府相关职能部门(公安派出所、治安队、消防队、综合治理办、街道办等)、社区

---

① 周文建等主编:《城市社区建设概论》,中国社会出版社2001年版,第293页。

组织(社区居委会、社区内企事业单位的保卫部门、物业管理公司等)及社区居民;治安管理的主要手段是社区治安控制,具体包括社区治安宣传教育、治安预防、治安执行、社区矫正与帮教及对违法犯罪活动的打击处理等。①

(二) 社区治安管理的内容

社区治安是社区建设的保证,平安社区的建设需依托强有力的社区治安管理。社区治安管理涉及面广泛,主要内容包括:社区人口管理、社区纠纷和犯罪管理、危险物品管理、社区治安秩序管理、社区交通安全管理、社区消防管理等六部分(见表9-1)。

表9-1 社区治安管理评价指标体系

一级指标	二级指标
社区人口管理	户口与居民身份证管理
	人口调查
	常住人口管理
	流动人口管理
	特殊控制和重点人口管理
社区纠纷和犯罪管理	邻里纠纷协调
	婚姻家庭类纠纷化解
	物业服务类纠纷处理
	"套路贷"治理
	"盗抢骗"案件治理
危险物品管理	枪支弹药管理
	管制刀具管理
	民用爆炸物品管理
	剧毒及放射性物品管理
社区治安秩序管理	特种行业(如旅馆业、刻字业、印刷业、旧货业等)治安管理
	公共场所(如街道、小区、广场、邻里中心、商场、饭店等)治安管理
	社会丑恶现象(如黄赌毒现象)查禁
	社区治安案件发生频度
	保安队伍对社区防范犯罪措施的落实情况
	居民对社区警务工作的满意程度
	治安宣传教育

---

① 董玉刚:《我国社区治安管理问题研究》,中南大学2016年硕士论文。

(续表)

一级指标	二级指标
社区交通安全管理	机动车辆管理
	摩托车、自行车管理(如停放、防盗等)
	交通安全设施(如小区人行道、车行道、停车场等)管理
	交通事故处理
社区消防管理	消防规则、办法和技术规范(如社区消防知识和操作手册)
	消防设备完备程度
	消防安全宣传活动
	消防队伍建设
	火灾防范和扑救

资料来源：本书作者自行整理。

二、社区治安管理的现状与问题

我国实行社区治安管理的时间并不长，1997年，公安部提出将实施社区警务作为新时期我国警务改革和创新的战略性措施。2003年，第二十次全国公安会议上对此作了进一步说明，要"积极实施社区警务战略，建立起与新型社区管理机制相适应的社区警务机制"，这标志着我国社区治安在社会治安工作中的重要性地位得以确立。[①] 近些年，我国社区治安管理的组织不断完善，初步构建了社区预防组织、社区治安管理协调与调解组织、社区治安管理专门组织(派出所、交通队、巡逻队、消防站、治安检查站、社区警务室等)以及市场组织(物业管理公司、保安服务公司)、群众自防组织、社区矫正组织等多元化的社区治安管理体系，开展各项社区治安专项整治行动。2012年，公安机关在全国范围内启动了"守护平安·干净社区"的主题活动，强调将社区安全不安全、干净不干净，以及辖区治安稳定不稳定、基础工作扎实不扎实、治安系统各部门工作到位不到位作为基本标准，切实帮助社区群众解决难题，整治"四黑四害"乱象；同时要求以社区为平台，构建政府、公安机关、其他社区治安组织等共同参与的联防联动机制，有效开展群防群治工作，提升社区治安防范水平，增强社区居民的安全感和满意度。但是，总体上，我国社区治安管理尚处于起步和探索阶段，在实践中仍然存在如下一些问题：

---

① 董玉刚：《我国社区治安管理问题研究》，中南大学2016年硕士论文。

(一) 社区流动人口管理体制不畅

流动人口管理是基层社会管理最重要的工作内容之一,在城市社区,主要由公安机关、社区流动人口管理服务站、社区居委会、社区警务所等机构开展人口管理工作。然而,当前我国城市社区流动人口管理是社会人口管理的薄弱环节,公安机关把流动人口登记和发放暂住证作为流动人口管理的重点,而且在现实工作中仅关注住址相对固定和集中区域的人口管理,对临时居住人员、逃避登记人员、失业者、无证人员等仍缺乏必要的管理措施,特别是重点防控对象的登记、掌控还不到位。社区流动人口管理服务站往往依据户籍人口的数量来设置,在流动人口高度密集,以及流动人口与户籍人口比例倒挂的社区中,由于工作量巨大,许多社区通常采用招聘合同工、协管员的形式协助工作,但临聘人员、协管人员的专业知识和技能普遍较低。[1] 这些问题使得社区流动人口的犯罪行为呈上升趋势,流动人口的管理效能大打折扣。

(二) 社区"盗抢骗"治安问题和民事纠纷突出

国家统计局的数据显示,2012年我国公安机关受理的治安案件数达1388.94万件,比2006年增长了93%,尽管到2015年我国公安机关受理治安案件减少到1179.51件,但我国治安形势依然严峻。据公安机关刑事立案统计发现,2015年全国共立"盗抢骗"刑事案件602万起,占全部刑事案件的84%[2],而"盗抢骗"等侵财案件中,流窜犯作案高达50%以上,有的发达城市甚至超过80%[3]。而诸如盗窃、抢劫、诈骗等案件的发生地点绝大多数都在社区[4],尤其是一些老旧小区和中低收入的开放式小区。如单勇发现,杭州上城区单位公房社区、中低收入商品房社区发生的犯罪案件分别占总数的

---

[1] 唐晓阳、陈雅丽:《城市社区流动人口管理体制创新研究——以广东省为例》,载《领导科学》2012年第8期。

[2] 靳高风、白朋辉:《2015年中国犯罪形势分析及2016年预测》,载《中国人民公安大学学报(社会科学版)》2016年第3期。

[3] 靳高风、王玥、李易尚:《2016年中国犯罪形势分析及2017年预测》,载《中国人民公安大学学报(社会科学版)》2017年第2期。

[4] 李菲菲、庞素琳:《基于治理理论视角的我国社区应急管理建设模式分析》,载《管理评论》2015年第2期。

45.35%和46.12%。①此外，与治安案件数量呈现下降的趋势相比，社区民间纠纷调解的案件数量不断攀升。自2010年至2015年，以邻里纠纷、物业服务纠纷、家庭财产纠纷（如房屋纠纷）等为代表的民事纠纷案件调解数量呈现平稳上升的趋势。②

（三）社区治安防控体系建设待加强

一是当前我国基层公安机关整体的信息化水平较低，跨部门跨层级跨业务的信息资源共享共用和业务协同力度不够，信息共享程度不高，部分小区人、地、物、事、组织等基础信息台账混乱，信息处于分散、割据的碎片化状态，导致信息资源底数不清，跨部门跨业务信息协同程度不高。二是保安服务有名无实。目前，小区保安无证上岗的占了很大部分，且年龄总体偏大，队伍管理较为松散，门禁、巡逻等通常流于形式，同时管理人员的流动性也较强，连续在同一小区从事保安工作超过5年的不到30%。三是社区民警警力配置不足且绩效考核缺乏针对性。尽管近些年我国社区警力配置有所增加，但仍然"杯水车薪"。罗国文等调研发现，在湖南省长沙市至少缺少社区民警1500余人③；多数社区民警绩效考核仅仅是对社区警务工作的过程进行机械化考核（如调解处理纠纷数、接待来访数、组织治安宣教数等），通常生搬硬套上级文件，并未将群众满意度、社区综合评价等指标纳入其中，考核指标的专属性不强④。

（四）社区治安管理技术落后和监视能力不足

科技发展为加强社区防范工作提供了强有力的技术保障，目前很多社区都安装了门禁系统和视频监控设备，有的地方还安装了报警装置，但是高科技的治安防控技术运用较少，许多社区的门禁系统安全性差，容易复制，且设备管理和维护经常出现问题，如小区监控摄像头不能正常工作而得不到及时维修，红外报警等设施电源关闭，年久失修；甚至还出现监控值班员责任心不

---

① 单勇：《城市中心区的犯罪热点制图与防卫空间设计》，载《中国犯罪学学会年会论文集（2014年）》。
② 《中国治安案件持续下降 民间纠纷调解案不断上升》，载《中国新闻网》2016年11月21日第4版。
③ 罗国文、欧阳梓华、杨纪恩：《当前城市新型小区治安防控结构的弊病及出路》，载《湖南社会科学》2015年第4期。
④ 王柏杨：《平安建设下的社区民警绩效指标体系设计》，载《甘肃警察职业学院学报》2013年第4期。

强,上班只满足于在位,对视频信息的收集、研判不及时,从而对执勤、办案工作造成一定的影响。① 此外,由于现代社区邻里之间关系陌生、社会资本发育不足等,使得社区传统的邻里守望互助作用丧失,自然监视能力不足,加之社区内住宅、商店、办公大楼等高层建筑较多,形成了区域监控的空间死角。

三、社区治安管理能力提升的路线规划

(一)营建思路

依据"依法治理、群防群治、专群结合、打防结合"的原则,坚持问题导向,发挥社区治安多主体力量,运用多种工具手段和科技创新技术,提高社区治安防控能力和水平,预防、减少各类违法犯罪行为和治安案件,创造平安的社区环境。

(二)路径选择

1. 加强流动人口管理和特殊重点人口帮教

首先,充分利用社区民警、流管办、居委会、物业公司等多方力量,对社区流动人口进行摸底调查,掌握流动人口的底数和基本情况,做到"底数清、情况明"。社区居委会可与物业管理公司签订流动人口管理目标责任书,在物业提供入住人口信息的基础上,定期与公安系统等部门人口数据进行比对,并通过电话随访或者入户访查的形式,核准流动人口信息。此外,按照"谁出租,谁负责"的原则,依托房东摸清房屋出租底数,全面采集、录入出租房屋、出租人及租住人的信息,尤其是对于那些工作单位不固定、在社区租赁房屋的流动人口,实行同住同管、依房管人、优质服务的做法,并建立"房东首问责任"制度。②

其次,加强流动人口协管队伍建设。一是,采用实际居住人口而非户籍人口来划分社区,并依此合理设定社区居委会的规模和人员编制,减轻社区流动人口管理压力。二是,对社区流动人口协管员队伍,要通过招考和公

---

① 叶关生:《对当前社区治安联防工作的一些思考》,载《广州市公安管理干部学院学报》2013年第4期。
② 张丽霞:《城市社区流动人口管理存在问题及对策研究——以南京市玄武区红山街道为例》,东南大学2009年硕士论文。

平竞争严格招聘录用,并不断加强业务素质培训,将其纳入当地政府的财政预算,逐步提高协管员的福利待遇,保证协管员队伍稳定,配优配强流动人口协管队伍,建成以流动人口专职管理员、流动人口专职计生服务员、流动人口协管员三支队伍为主,楼道长、党员为辅的社区流动人口工作网络格局。

最后,组建帮教领导小组,做好重点人口帮教工作。针对刑满释放人员、戒毒人员、社区矫正人员等特殊人群管理难度大的问题,可考虑成立"刑释解教""吸毒人员"和"社区闲散青少年"等帮教工作小组,对重点人员进行梳理分类,并定期进行谈话和交流,建立重点人员帮教记录,安排专人负责,详细记录每次帮教情况,确保重点人员分类明确、情况清楚、更新及时,及时了解被帮教人员的思想变化和生活状态等,并定期组织他们参与社区法律知识宣教、社会公益等活动。

2. 推进严打整治和矛盾纠纷调解排查工作

首先,构建"点、线、面"相结合的社区治安管理思路。针对社区治安特点,将所有社区划分为"点""线""面"三个不同的区位,以社区的治安亭为"点",辖区的所有街路为"线",辖区的单位为基本"面"。一是强化社区自治和治安联防,看住"要点"。建立健全小区业主自治委员会,组建"平安使者"队伍,动员社区居民在案件高发地点开展联户联防、看楼护院、邻里守望等系列活动;在主要道路路口设立固定的或流动的盘查堵截点,严格盘查进出人员和车辆,并设置固定宣传点,通过张贴宣传标语,发放宣传单的形式加强综治宣传。二是实行动态巡逻,筑牢防"线"。抓好派出所民警、志愿者、小区守楼护院、治安保卫等巡逻队伍,以治安亭为中心,全天候负责辖区道路巡逻,严密防范路面、街面上的"盗抢骗"等案件的发生,最大限度地预防和减少违法犯罪;同时在居民小区、公共场所、集贸市场等地方设立治安联防办公室,小区内部白天由居委会和百户治保员负责巡逻,夜间由治安保卫部巡逻队员巡逻,做到小区治安24小时"在线"。① 三是广泛开展平安社区创建活动,稳住基本"面"。广泛组织开展"零发案小区""控案先进小区""红旗门岗""十佳卫士""治保明星""红旗巡逻队"等系列评选和创建活动,加大对重大节日不

---

① 刘亚非:《如何建设平安社区》,载《科技经济导刊》2016年第13期。

稳定因素、安全隐患排查和调处的工作力度。对近年来社区各类案件发生时间、地点、作案手段及主要成因等进行综合分析，及时发现工作中存在的漏洞和主要问题，制定有较强针对性和操作性的"平安社区行动"实施方案。

其次，创新社区矛盾纠纷排除化解机制。坚持"调防结合、以防为主"的原则，落实好矛盾纠纷排查调处工作的领导责任制度，按照网格划片责任，并签订责任书。将矛盾纠纷排查工作与征地拆迁、重点项目建设等中心工作有机结合，重点排查当前社区可能引发各类群体性事件的矛盾纠纷以及群众普遍反映的"热点""难点""突发点""摩擦点"等问题，做到矛盾排查横向到边、纵向到底，紧密织牢治安防控网。做好社区纠纷发生次数和类型的记录、保存和归档工作，并针对性地总结不同纠纷矛盾类型的防范和解决方案，超前预防，及时控制，把影响社区治安的不稳定因素消除在社区基层和萌芽阶段。开展社区"星级调委会"创建活动，可具体分为一星、二星、三星三个级别，实行一年一评的动态评选，认真开展社区纠纷排查调处化解工作。

最后，建立社区警务工作站，实施流动警务。充分发挥社区警务在社区治安管理中的作用，建立"社区警务工作站"，工作站领导可由社区片警和居委会主任（或物业公司经理）共同担任，并将门卫保安、治安联防队、社区治安巡逻队等划归"社区警务工作站"管理。[①] 增加社区警务人员的配置人数，改变传统的常态巡控模式，实行重点部位"守望式"、重要路段"巡线式"、派出所辖区"流动式"的巡控模式，在人口密度高的区域设置流动警车，并充分利用现代互联网工具，通过设立激励补偿机制整合社区志愿者服务队伍等资源力量，加入社区治安管理工作。加强社区民警绩效考核的针对性，实行社区居民评警制，每月组织群众对社区民警进行满意度打分，强化警民之间的联系和沟通。

---

① 刘学伟：《网络化治理视阈下的城市社区治安综合治理》，载《学习月刊》2010年第12期。

案　例

昆明金沙社区"金豆模式"

2016年4月,昆明市金沙社区在政府牵头,社会组织、民众参与的共商共治格局下,整合人力资源,多方筹集工作经费,打造了社区"警务雷达、金豆兑换、卫星布防"的警民联动模式。首先,社区志愿者通过"警务雷达"和"掌上金沙"信息平台,上报各类信息线索和案件,经核实后,上报人可获取相应的金豆(每枚金豆等值于人民币1元),金豆可以兑换等值的商品。若上报案件需要紧急处置,平台工作人员可立即将案件通过"警务雷达"系统派遣给当前辖区正在巡逻的治安队员和志愿者进行处置,参与案件处置的人员也可获取金豆。

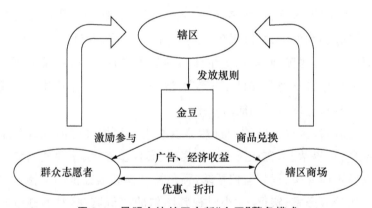

图 9-1　昆明金沙社区全新"金豆"警务模式

资料来源:《昆明"金豆模式"撒开社区治安防控网》,载《领导决策信息》2017年第25期。

3. 全面推行社区治安网格化精细化管理

第一,推进社区网格化精细化管理。首先,科学划分网格区域,以社区楼栋、若干店面、院落为网格,员工在100人以上的规模企事业单位为子网格,根据"人、地、物、事、情、组织"等情况进行综合分析,并依据业主的认同度和地域特点、居民分布、出租屋户数、单位资源、管理难易等实际情况,将小区划分为若干个基础网格,并对网格统一进行编码以便于管理。① 其次,工作任务网格化。按照"一格多员、一员多能、一岗多责"的要求,配备好网格责任人员,并将各项工作分解到各网格工作小组,实行分片包干、责任到人、服务到户,发布社区工作任务服务清单,让社区居民知道有话找谁说、有事找谁办,确保各项工作落实到位。最后,责任落实网格化。社区网格化管理的目的是为了更好地了解社区内各类社会服务管理的基本情况、社情民意,实现人口、犯罪和纠纷、危险物品、治安秩序、交通和消防等治安精细化管理。在明确社区治安网格化责任的基础之上,实行"大、中、小"三级网格防控网络,分别以派出所所长、派出所民警、社区民警为责任人,社区各基础网格依靠社会和各类群防群治组织开展治安防控工作。②

第二,构建社区治安网格化信息服务系统。整合劳动、民政、计生、公安、综治、城管、流管等外部信息数据系统资源,实现基础信息资源信息集成和共享,构建一个"一网多格、一级多格、一格多元"的社区网格化治安防控平台,平台集信息分类和处理、社区服务、治安防控于一体,并设立手机和 PC 应用客户端,便于社区居民、网格化等主体活动和信息反馈,组织派出所、乡镇街道、单元格,根据自身情况安排不定期的清查工作,全面提升预防发现、快速反应、有效控制、整体协作的能力水平。

第三,提高社区视频监控和自然监视能力。根据社区的人口分布、地理环境、治安特点等情况,在社区人群密集区、案件多发区、主要道路口、交通主干道等安装街面探头、视频监控系统,强化社区视频监控范围全覆盖,并组建社区视频监控警务室,实行 24 小时视频图像的值班监视,对形迹可疑、有制造恐怖活动倾向的可疑人员实行实时动态监控。推进社区民警巡逻车、流动警务室安装车载无线视频图传系统。此外,举行社区"邻里节""邻里月""邻里互助"、志愿者公益等社区公共活动,提高居民对社区的熟悉度和荣辱感,增建社区基础娱乐设施,提高公共场所人员的活动数量,提高社区自我监视能力。

---

① 罗国文、欧阳梓华、杨纪恩:《当前城市新型小区治安防控结构的弊病及出路》,载《湖南社会科学》2015 年第 4 期。
② 胡培育、韩春荣、李兴孟:《铜梁县社区治安防控网格化管理体系研究》,载《法制与社会》2012 年第 15 期。

案 例

广州天河区社区网格化管理

广州市天河区社区自2012年开始试点网格化管理,各街道根据辖区基本情况,原则上按照每200户划分一个基础网格的统一标准,并根据住宅区、商业区、城中村区、商住混合区、学校、大型社区等不同情况,将全区212个社区,划分为2337个基础网格;网格队伍组建上,采取"1+N+X"的形式,"1"为专职网格员,"N"为兼职网格员,由环卫工人、安全生产监督检查员等各类人员组成,"X"为志愿网格员,目前全区已组建2612名网格员队伍;推进网格化服务管理信息系统在21个街道全覆盖,并与区应急指挥中心、"12345"热线平台等应用系统融合,全力实现全区网格化服务管理信息系统业务联动共享。截止到2016年12月14日,全区共发现并处置网格事件167576件(其中网格员自行处置的简易事件129186件,上报市1065件,上报区488件,上报街36837件),结案率94.33%。

资料来源:李舒平:《广州市天河区社区网格化管理研究》,暨南大学2017年硕士论文。

4. 提高治安防控科技水平强化监视能力

随着现代信息技术的快速发展,社区犯罪分子的犯罪手段逐渐朝高科技和专业化方向发展。首先,应加强物理安全防范技术(实体防护技术、防爆安检技术等)、电子防范技术(电子报警、视频监控、出入口控制技术、报警信息传输技术等计算机软件和系统工程)和生物防范技术(指纹、掌纹、眼纹、声纹等识别技术)在社区治安防控中的应用。其次,将社区治安防控的信息化纳入智慧城市建设总体规划,充分运用物联网、大数据、智能视频分析技术等现代信息技术,创新小区的治安防控手段和工具,提升社区安全的数字化、网络化、智能化水平。

案 例

物联网技术在社区安防中的应用

物联网技术是应用信息通信技术的最新产物,可实现智能化的实时管理和控制。社区安防的物联网化主要采用RFID、传感器、智能图像分析、网络传输等信息技术。汤志伟和邵杰提出了一种基于物联网技术的社区安防管理系统,该系统由周界红外报警系统、小区智能视频监控、小区信息发布系统、车辆出入管理系统等模块组成。该方案具有自动感知威胁和主动威胁告警功能,借助于业主、社区物业等快速响应,减少事故中的损失。

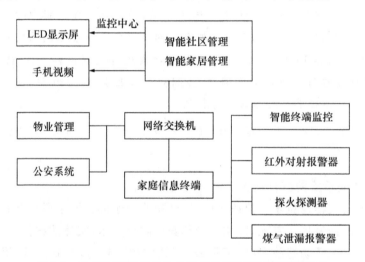

图9-2 基于物联网技术的社区安防管理系统的简易架构

例如视频监控模块,在小区主出入口安装彩色宽动态摄像机;楼间走道、停车场等安装超低照度摄像机;主干道岔口、周界围墙等区域安装彩色带全方位云台一体化摄像机。所有摄像图像连至监控室,经矩阵主机切换后显示在电视墙上。所有图像均记录在数字硬盘录像机中,可按日期/时间/路数等查询,回放图像清晰。带云台的摄像机可由监控室进行接近360°的扫视。发生报警时,报警信号可通过联动送到多功能画面处理器中,按预先设定的联动摄像机进行当地实时摄像,同时报警画面直接显示在报警监视器上,并进行实时录像。多动能画面处理器可将重要地点的画像以画面处理形式在大屏幕监视器上将多个图像同时显示。

资料来源：汤志伟、邵杰：《物联网技术在社区安防中的应用》，载《警察技术》2010年第6期。

实施社区治安"三防"建设行动计划。单纯依靠安全防范技术应用不一定能很好地发挥其对社区治安防控的作用[1]，因此，要按照"人防抓基础，物防抓巩固，技防重提高"的总体要求，全面推进三防建设联动发展。首先，在"人防"上，集中社区民警、专职巡逻队员、居委会工作人员、小区安保人员、志愿者等治安力量，以保证在社区治安管理的各个环节都有充足和专业的力量。其次，在"物防"上，一方面，实行"庭院式"管理，社区重点要害部位要安装好防盗门、防盗窗等安全设施，推行小区全封闭式管理，居民楼安装探头、防盗门窗、防盗密码锁等；另一方面，完善社区公共安全相关领域的监护设备、避难所、应急物资等设施和物品的筹备，并对其进行定期检查和更新，确保在各类风险防控事故发生时设备、场地、物资等必需品充足到位。最后，在"技防"上，除了推广使用防盗报警监控系统、住户防盗报警系统、楼宇对讲或可视化对讲系统、门禁防卫系统、电子围栏等多种安全技术防范设施，还应构建社区公共安全风险防控信息系统，该系统可以进行社区公共安全风险识别、重大风险源监控、突发事件应急联动救援等信息互通共享。[2]

第二节　社区应急管理

一、社区应急管理的概念和内容

（一）应急管理

应急管理（emergency management）是城市安全管理工作的核心。应急管理通常与"突发事件""紧急事件"或者"危机事件"联系起来。[3] 应急管理工作是指，在各种突发事件、紧急事件及危机事件发生或者即将发生时，通过采

---

[1] 邱格屏、皮艺军、陈波：《上海城市社区治安防控系统建设调研报告》，载《河南警察学院学报》2015年第1期。
[2] 《社区公共安全现状与风险防控策略》，载《中国机构改革与管理》2016年第9期。
[3] 高小平、刘一弘：《我国应急管理研究述评（上）》，载《中国行政管理》2009年第8期。

取有计划、有组织的管理行动,保护人民群众的生命和财产安全、稳定社会和谐,减少应急事件产生的不利影响及波及范围。① 根据2007年《突发事件应对法》的规定,我国应急管理工作的核心内容可以概括为"一案三制",即应急预案、应急管理体制、机制和法制。从具体流程来看,主要包括四个环节:应急预防与准备工作;应急监测与预警工作;应急响应与处置工作;应急事件后的恢复与重建工作。

(二)社区应急管理:平安社区的安全屏障

作为城市的基本单元,社区通常是各类突发事件发生的第一现场,是各类灾害承受的主体,以及应对这些事件的前沿阵地,具有重要的应急职责和有效减轻灾害破坏性影响的功能。② 社区应急管理是区域应急体系中的重要组成部分③,指的是在社区范围内依托所采取的所有应急管理活动的总和,强调在基层政府的统一领导和指挥下,动员城市社区内的社会组织、市场主体及辖区内的居民等,对辖区内发生的各种突发事件等进行预防与准备、监测与预警、应急响应、处置与救援、事后恢复重建等系列活动的总称④。社区应急管理具有实务性强、处置灵活性大、先期处置等特点。⑤ 在应急准备中更具有针对性和第一应急响应,能够掌握更加全面的救援信息,更为便捷地获取救援物资。在长期的社区应急管理的研究和实践中,国外提出了"安全社区""防灾社区""减灾社区""可持续发展社区"等诸多理念,愈加重视应急管理工作的重心下移,充分发挥社区应急管理的基石作用,并形成了良好的政社网络关系。⑥ 因此,明晰社区在应急管理中的定位和优势,对于推进我国基层应急管理工作有着重大的战略性导向意义,进而更有针对性地提升我国社区的应急管理能力和应急水平,为建设平安社区提供坚实的安全保障。

---

① 陈成文、蒋勇、黄娟:《应急管理:国外模式及其启示》,载《甘肃社会科学》2010第5期。
② 倪斌:《我国城市社区在应急管理中的功能研究》,电子科技大学2012年硕士论文。
③ 邹清明、肖东生:《基于模糊综合评价的城市社区应急管理脆弱性分析》,载《南华大学学报(社会科学版)》2013年第1期。
④ 陈首宇:《城市社区应急管理问题与对策研究——以南京市鼓楼区J社区为例》,南京理工大学2017年硕士论文。
⑤ 石彪、祁明亮、邵雪焱等:《乌鲁木齐社区应急管理机制路线图——从操作预案谈起》,载《国家行政学院学报》2012年第2期。
⑥ 李菲菲、庞素琳:《基于治理理论视角的我国社区应急管理建设模式分析》,载《管理评论》2015年第2期。

(三) 社区应急管理的评价标准

结合社区应急管理的内涵和特点,通过研究相关的已有文献发现,社区应急管理的主要内容包括:社区灾害的潜在性调查和分析、明确当前可能存在的风险性因素、制定应急预案、落实相关的应急管理措施等。同时,还应强化应急管理知识的宣传教育,在突发事故或紧急情况发生时,做好初期处置和后期安置工作等。因此,我们在众多参考因子中选取出社区预防和准备能力、监测和预警能力、响应和处置能力、恢复和重建能力等四个指标作为一级评价指标,来较为综合地反映社区应急管理能力。同时选择了多个二级评价指标,具体如表9-2所示。

表9-2 社区应急管理能力的评价指标体系

一级指标	二级指标
预防和准备能力	社区防震减灾基础设施
	生命线工程和系统
	房屋建筑的抗震能力
	社区应急管理机制的建立
	灾害风险认证与评估
	是否建立避难收容场所
	应急资源的提供与保障
监测和预警能力	应急监测和预警机构的建立
	社区监测和预警制度的建立
	社区综合监测和预警系统平台的建立
	社区公共突发事件的监测和预警能力
	地质灾害的监测和预警能力
	社区公共危机事件的监测和预警能力
响应和处置能力	灾情收集与上报
	应急预案
	应急救援队伍建设
	组织灾民疏散和医疗救护
	维护社会稳定秩序
	次生灾害处置
	受灾群众的生活安置

(续表)

一级指标	二级指标
恢复和重建能力	社区灾害的损失评估
	恢复和重建计划方案
	恢复和重建资金的筹备
	社区公共基础设施的重建
	受灾居民生活重建
	应急预案的更新和维护

资料来源:根据陈新平:《社区应急能力评价指标体系研究》,载《中国管理信息化》2018年第7期;张永领:《基于模糊综合评判的社区应急能力评价研究》,载《工业安全与环保》2011年第12期;张勤、高亦飞、高娜等:《城镇社区地震应急能力评价指标体系的构建》,载《灾害学》2009年第3期;陈文涛:《基于社区的灾害应急能力评价指标体系建构》,载《中国管理科学》2007年第21期等研究成果整理而成。

二、国外社区应急管理的发展和经验

(一)美国:应急管理全社区模式

1976年,美国国会通过《全国紧急状态法》;1979年4月,美国成立了美国联邦应急管理署(Federal Emergency Management Agency,FEMA),标志着美国现代应急管理体系得以正式建立。然而,在之后的多次自然灾害救援行动中,FEMA在救灾体系和救灾程序上均暴露了严重的问题,因而受到了公众的强烈指责。[1]1997年,美国在《冲击性项目》中提出,推进实施"减灾型社区"的建设,突出以社区为主体进行减灾工作,社区逐渐成为应急的主体和政府应急管理的合作伙伴。为了更加积极有效地应对各种突发事件和自然灾害,2011年,FEMA继续颁布了《全社区应急管理方法:原则、策略和实施路径》,提出了全社区应急管理模式,指出社区应急管理主要包括减缓、准备、响应和恢复四个阶段。[2]

在该模式下,美国构建了联邦—州—地方政府—社区的四级应急管理体系,各个部门和层级分工明确、协作紧密。首先,突出以预防为主,实行红、澄、黄、蓝、绿五个等级的预警系统,并对那些处于灾害频发区域的社区相关

---

[1] 杨华京:《美国政府应急管理"三级跳"——美国公共管理协会主席蒙佐教授访谈》,载《国际人才交流》2004年第4期。

[2] 唐桂娟:《美国应急管理全社区模式:策略、路径与经验》,载《学术交流》2015年第4期。

单位,配备安装相关的预防报警装置,通过电视、广播、手机等多个渠道发布社区预警消息,以便社区民众第一时间了解信息。其次,FEMA 基于社区基础设施的空间位置、人口数量、交通网络,以及能够在突发事件发生时提供必需品的企业等基础数据,绘制社区地图,并通过建立多语言的志愿者队伍、社区应急小组等,负责了解社区的真实需求和资源、应急知识培训等。最后,强调多元主体的协调配合,注重与私营部门(如商场、零售商、供应商、物流商等)、公共部门(社区委员会、基层政府机关、地方规划委员会、使馆等)、非营利组织(志愿者组织、宗教组织、红十字会等)、社区公民(社区领袖、社区议事代表、特殊群体等)等之间的通力合作,联合建立广泛的合作关系网络。总之,美国应急管理的全社区模式既充分地利用了网络化的思维策略,利用多方资源和力量,又突出了社区居民的组织化参与,有效地释放了基层应急活力。

(二) 日本:基于社区的灾害风险治理模式

日本地震发生的频度较高,全世界大约有 20% 的地震发生在日本,但其自然灾害死亡人数相对较低,大约占世界的 0.4%,这主要得益于日本政府非常注重应急管理工作重心下移,形成了特色鲜明、成效显著的社区应急管理体系。20 世纪 90 年代以来,日本基于社区的灾害风险治理模式开始取代"自上而下"的基于政府的灾害风险管理模式。[①] 从治理理念来看,该模式强调居民"自助"、邻里和社区"互助"以及政府"公助"的综合作用,由此激发广大社区居民参与到社区防灾救灾活动中来,在日本基层政府区划中,许多社区成立了"灾害管理志愿者"和防灾救灾组织,经常进行自救互救等演练,大约有60% 的家庭加入其中。企业还充分发挥专业技术、物资筹措、避难场所等优势,协助开展其他防灾减灾工作。从组织机构来看,日本采用的是"多主体、多中心"的灾害风险治理结构,治理主体主要包括各级政府、社区组织、专业社会工作机构、居民委员会、居民等。2012 年,日本《灾害对策基本法》明确规定了社区的主要职责是开展防灾减灾业务,调动社区居民参与其中,推动社区应急管理工作在法治化轨道上有序运行。此外,强大的信息网络系统和应急保障体系也是保证日本社区应急管理成效明显的重要原因。日本城市具有先进的监测预警系统,它能够实时监测到诸如天气、地质、海洋等方面情

---

① 周永根:《社区应急管理模式的国际比较》,载《求索》2017 年第 9 期。

况的变化,并对那些可能发生重大危险事件的时间、地点、频率等进行细致分析,并据此分析结果来研究制订预防灾害的计划;还建立专职(如警察、消防员)和兼职(如企业性质应急队伍)相结合的应急队伍,并在社区广泛设置应急避难所,配有简易厕所、地下应急供水池、防灾储备仓库等。通过广泛开展主题性宣传活动,如"全国火灾预防运动""水防月"等活动,积极开展应急教育,编制中小学《应急教育指导资料》,目前所有中小学均储备食品和药品等应急物资,设立应急教育培训中心。①

三、我国社区应急管理的现状与问题

自中华人民共和国成立以来,我国的应急管理工作发展主要经历了两个阶段:第一阶段(1949—2003年)中,我国应急管理体系高度集中化,主要采取政治动员的方式开展应急管理。从2003年非典事件爆发迄今的第二阶段中,我国应急管理体系的主要特点以"一案三制"为代表。此阶段,我国在国家和地方层面分别建立并完善了各类应急预案,社区也被逐渐纳入应急管理工作体系。与第一阶段的应急管理体系相比较,第二阶段中我国逐步实现了管理标准下沉、重心下移和关口前移。②

(一)社区应急管理行政化倾向突出

总体上,我国当前的应急管理模式呈现"自上而下""行政命令式"的特征,容易出现条块分割、多头领导、沟通不畅等弊端。当前,我国社区层面的应急管理类似一项行政任务,主要是按照市政府、街道办的要求开展消防、制定应急预案、应急演练、应急宣传教育等工作,基于的是消极被动的应急理念。除此之外,针对突发事件的社区内社会团体组织、私营企业与政府之间协同合作的常态化机制尚未完全建立,机构之间缺乏有效的沟通和运行平台。社区对其他社会性组织参与应急的安全性存有顾虑,担心承担不必要的风险。政府、社区组织及社区居民倾向单独应对的局面,导致社区应急工作效率低下,降低了应急管理向基层延伸的空间和能力。③

---

① 《日本开展应急管理工作的做法与启事——青岛市应急管理考察调研小组赴日调研报告》,载《中国应急管理》2010年第10期。
② 周永根:《社区应急管理模式的国际比较》,载《求索》2017年第9期。
③ 陈首宇:《城市社区应急管理问题与对策研究——以南京市鼓楼区J社区为例》,南京理工大学2017年硕士论文。

（二）应急预案和预警防范体系不完善

一方面，社区应急预案体系建设不完善，预案的内容和格式不规范，操作性不强。有的城市仅根据省、市、区等各上级政府部门的应急预案模板进行模仿，而未综合考虑社区区情与特殊性编制社区应急预案。在编制过程中，甚至缺乏具有丰富危机处理经验的人员和行业一线专家参与咨询和讨论。另一方面，社区危机预警防范体系还不完善，社区应急设备落后，风险管理的制度化和规范化水平较低。如社区灭火器配备不足，丢失、失效等情况时有发生，影响了社区应急管理工作的开展。此外，迄今我国还未建立基层风险防范操作指南和必要的制度规范，使得应急管理工作成为自选动作，在应急实施过程中随意性较大。

（三）社区应急响应队伍建设滞后

当前我国的社区应急救援队伍主要由群众性自治组织构成，以社区应急志愿者队伍最为代表。然而，志愿者队伍的绝大多数成员都由社区的退休人员和低保人员构成，他们的年龄一般在45岁以上，且男性所占比例大约超过90％。这个现状导致，一方面，志愿者队伍的人员和机构亟待进行结构优化，另一方面，例如灾后心理辅导等适合发挥女性优势的应急服务工作开展必然受到影响。再者，其他成员、组织的参与意识和参与热情不高，以及在职的专业人员（如医生、水电技工、律师等）参与度低，这些都是当前我国社区应急管理中面临的重要问题。一旦爆发突发事件，显然这样的队伍很难实施及时有效的应对危机。[①] 在培训体系上，目前应急响应队伍的培训课程安排较多的仅是火灾、溺水急救等简单课程，缺乏创新性和针对性，加之培训体系缺少保障机制，导致队伍人员流失率高。

（四）社区工作者和居民应急意识淡薄

近年来，我国的突发事件和灾害应急形势日益严峻，除了地震、洪水、非典、H7N9、三聚氰胺、疫苗造假等大型突发事件，发生在社区的斗殴、盗窃、抢劫等小型突发事件更占据了公安机关受理的治安案件的绝大多数。然而，面对各地各类突发事件频发的严峻形势，我国应急管理工作中主要存在安全意识差、应急能力弱等问题。从现实情况来看，社区工作人员的素质良莠不齐，

---

① 杨学芬、江兰兰：《社区应急管理中存在的问题及对策探析》，载《农村经济》2008年第11期。

缺乏应急意识、应急管理的理论知识和实际工作经验,加之未经预警、疏导、组织、救援、事后心理疏导等系统性的指导和培训,导致社区的应急能力非常薄弱。如李菲菲、庞素琳在广州市的调研发现,95%的社区救援队伍没有接受过专业的技能培训。[①] 同样,许多社区居民的应急知识也严重不足,对突发事件的敏感度和反应能力普遍非常薄弱。例如,在汶川地震发生后,因为掌握知识不够、应急准备措施滞后和自救互救能力不足,甚至出现有些居民在网络上紧急翻译国外防震救灾知识,或者通过网络途径向外界临时寻求帮助的"窘迫"情况。

(五) 社区应急资源、经费等保障不力

在当前我国的财政体系下,社区应急管理经费尚未纳入财政统一的预算管理,该经费主要来源于三防支出,重点在于防范自然灾害,导致在资金投入的安排上,具有一定程度的临时性和随意性。[②] 总体上,我国社区应急管理工作尚处于发展初期,人力、物力、医疗、通讯、交通等资源的组织保障系统仍然不完善或不健全,成为制约社区应急管理工作的"瓶颈"。除此之外,不少社区的应急基础设施和装备条件较差,应急物资的生产、储备、调拨、紧急配送等体系还未完全形成,物资保障能力有待强化,否则将影响救援工作的开展。

四、社区应急管理能力提升的路线规划

(一) 基本思路

坚持"以人为本、预防为主"的原则,遵循"无急可应,有急能应"的目标,突出问题导向,补短板、提能力、上水平,加快完善我国社区应急管理体制机制,推进应急预案体系建设;提升社区风险防范和应急准备能力,加强社区应急队伍和应急保障能力建设;抓好宣传教育,开展应急管理宣教进社区、进学校、进企业,增强社区工作人员和居民的应急意识,形成"体制机制完善、预案体系健全、应急队伍实用、应急宣教全面、应急保障有力"的应急管理优良格局,保障建设平安社区。

---

① 李菲菲、庞素琳:《基于治理理论视角的我国社区应急管理建设模式分析》,载《管理评论》2015年第2期。
② 马英楠:《社区应急管理现状分析与对策研究》,载《安全》2007年第6期。

（二）重点任务

1. 完善社区应急管理体制机制

建立科学合理、高效运行的应急管理体制机制是处置社区突发事件的核心环节。美国、日本始终把有效释放社区基层应急管理活力摆在十分重要的位置。社区应急管理需紧密结合当地社区的发展实际，充分挖掘现行基层应急体制的潜力，引导和鼓励多方力量参与社区应急管理，不断完善统一、协调、高效的管理机制，提升社区应急能力。

明确社区应急职责。在突发事件处理中，特别是在自治色彩较为浓厚的城市社区中，如果过于依赖单一政府主导的模式往往无法有效克服应急预警差、准备不足等弊端。必须借鉴发达国家的实践经验，大力推进政府简政放权、放管结合、优化服务，让政府从"划桨者"变为"引航者"，在应急管理工作中做到"补位不越位"。同时，还需合理划分权责，确保权责统一。一方面，要适当地增加社区应急人员编制数量，避免把大量的一线应急工作任务落在社区层面，社区无法有效承担；另一方面，要注重提升社区的协调能力，通过成立社区应急委员会打造平台，借此吸收志愿者、非营利组织、企业等社会各界力量，积极参与承担宣传教育、组织活动、反馈信息、协助处置等应急任务分工，共同做好社区突发事件的应对和防范。

建立"自上而下"和"自下而上"双向协调的社区应急管理机制。首先，必须基于社区整体层面研究社区应急机制的具体操作流程和方法。同时，在此基础上针对不同环节和岗位的工作内容，补充完善社区应急管理中现存的短板，不断细化工作内容和岗位职责。从操作流程来看，可以分为社区脆弱性和短板分析、应急预案的制定、应急执行工作过程的组织体系完善、应急演练、应急管理体系的更新和完善等诸多步骤，具体如图9-3所示。具体而言，首先要进行社区的脆弱性分析，确定所在社区中可能存在的突发事件、灾害等隐患，设计不同的事件或者灾害的"情景"，分析容易爆发应急事件的薄弱环节和潜在的受灾对象是哪些。其次，制定相应的社区应急预案，确定每个步骤的具体措施和目标、每个阶段的基本逻辑关系。待操作预案正式确定后，则需要完善应急措施所涉及的人员和组织结构，建立不同的应急小组。然后，根据操作预案中所涉及的具体措施、内容、标准等，结合目前既有的和存在空白点的社区应急机制予以完善，诸如吸引多方力量参与社区应急工作、加强人员管理、实现信息共享等。最后，将方案上报应急委员会并进行统一的应急演练,再以制度化、规范化的形式将演练过程中好的做法、经验固化下来,更新和完善社区应急管理体系。

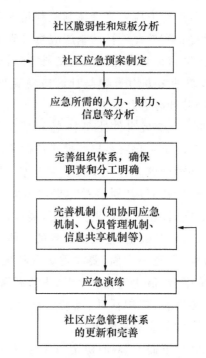

图 9-3 完善社区应急管理机制的路径
资料来源:本书作者自行研究整理。

2. 提高社区应急监测预警能力

提高社区应急预案的科学性、针对性和可操作性。社区应急预案是提升社区应急能力的重要抓手。对于我国基层社会的管理工作而言,社区应急预案目前是整个预案体系中最为薄弱的环节。因此,必须首先加强社区对应急预案重要性的认识,深刻理解应急预案的全过程、多领域、全覆盖的特点,不断完善"横向到边、纵向到底"的基层预案体系,并在应急预案编制工作中充分发挥"工匠精神"。其次,可以考虑联合相关的专业工作机构共同成立应急预案委员会,该委员会应主要由相关领域的专家、应急工作人员、志愿者等多方力量组成。同时,在预案编制过程中,还应通过多种形式开展征求意见活动,以提高社区应急预案的科学性。再次,社区还可以结合自身实际编制预案操作手册,明晰在突发事件发生后进行应急处置的操作流程和应急资源分布图、责任分工等,以提高预案的可操作性。最后,开展社区应急预案的评估工作,明确预案评估中的基本要素是否完整、风险防控是否具有针对性、紧急措施是否具有可行性等,再通过定性和定量的方式开展动态式的预案评估。①

加快推进监测与预警能力建设。一是加大对社区风险公共危险源、安全隐患、不稳定因素等隐患的排查力度,建立社区隐患排查及治理档案,并对排查方案在社区宣传栏进行公告公示,联合相关职能部门、工作人员进行督办整治和整改,努力减少突发事件的发生概率和降低事件发生后的影响程度。二是要充分整合公安天网、城市管理专业部门和小区物业管理监控的信息,建立一个综合性强、信息集成能力强的社区综合服务信息系统,并做好信息的分析、研判和跟踪工作,运用应急广播、电视、报纸、短信、互联网、微信、微博、电子显示屏、宣传车、宣传单等方式,及时向社区居民和社区重要单位发布自然灾害和突发事件预警信息。

3. 组建精干高效的社区应急队伍

社区应急队伍的建设是社区应急管理工作中的重要人力保障,是不可或缺的重要力量。美国高度重视社区营救队伍的建设,早在1997年就提出了成立"社区应急小组"(CERT),该小组主要由当地市民组成,能够在危机事件发生时,迅速将志愿者组织起来,向社区居民提供及时的救助。② 我国也应充分借鉴美国社区的应急管理建设经验,积极组建涉及社区综治队员、应急信息员、物业安保人员、志愿者队伍在内的社区应急综合救援队伍,并积极引导辖区内具有突发事件应对相关专长的人员积极参与其中。按照专业化和规范化的要求,地方基层政府可以在地震灾害、防汛抗旱、森林防火、重大动物疫情、水上搜救、公安反恐和心理援助等专业领域成立应急救援小组,鼓励社区内具有相关专业背景的人员加入其中,做精专业应急救援队伍。充分发挥地方共青团、红十字会、志愿者协会等组织的作用,以青年志愿者队伍和专业志愿者队伍为骨干,做大志愿者队伍,并认真做好志愿者队伍的培训工作,编制通俗易懂的培训教材,举办应急管理知识竞赛,提升志愿者队伍的应急技术能力。此外,应充分认识到志愿者工作的特殊性,考虑为救援人员提供人身意外伤害保险、高风险作业补助等激励,逐步扩大社区应急志愿者队伍。

---

① 徐朱连:《社区应急预案评估标准研究与实践》,载《中国应急管理》2012年第7期。
② 李菲菲、庞素琳:《基于治理理论视角的我国社区应急管理建设模式分析》,载《管理评论》2015年第2期。

最后，搭建社区应急队伍交流平台，例如可通过座谈会、微信群、QQ 群的方式，定期推送应急管理知识和社区优秀实践经验交流材料。

4. 塑造社区应急管理的文化氛围

加强社区应急宣传教育。应急减灾救灾宣教工作是提升社区应急管理能力的基础性工程，加强应急科普和宣教培训工作、提升其深度和广度是强化社区应急管理工作的着力点。第一，要创新社区应急教育的宣传方法，可引入政府购买服务的方式，充分利用社会组织、企业等社区外部主体的社会资源和平台优势开展活动；同时，可以评选社区应急模范典型人物，充分发挥他们的带动和榜样作用，唤醒群众应急意识。第二，借助电视、广播、报纸、手机、互联网平台等，多渠道开展社区知识科普和宣教，社区亦可定期要求专家开展应急知识讲座、研讨会等活动，并印制发放应急宣传手册和应急救援包。

培育自救互救的应急文化。日本虽然是自然灾害爆发频率最高、受损最严重的国家之一，但是因其秉承"自己的生命自己保护，自己的社区自己保护"的信念，社区自救互救文化培育工作开展得非常得力，由突发事件和自然灾害等造成的人员和财产损失较小。我国应充分学习和借鉴日本的经验，依靠政府、社区自治组织、非营利组织、社区居民等培育社区自救互救文化，提升社区居民的自救互救能力。一方面，政府可将危机教育、自救常识引入到教学课堂，并通过定期实地应急演练等形式，提高居民的危机意识和应急能力；另一方面，充分发挥社区自治组织对社区实际情况较为熟悉的优势，积极借助社区内企业、非营利组织等多元主体的力量，开展针对性和操作性强的应急文化教育活动，如开展"应急教育大讲堂""应急实操模拟比赛"等多种形式的社区活动，建设互助互救互信的社区大家庭。

5. 强化应急保障能力建设

加大应急管理经费的投入力度。按照社区常态化工作和应急管理工作相结合的原则，建立健全社区应急管理的经费保障机制，加大对应急管理工作的资金投入，尤其是保证防灾减灾基础设施的经费投入，落实好社区重点应急避难所建设的规划、建设和管理费用，学习和借鉴日本经验，建立应急厕所、应急供水供电、紧急避险指示标牌等，以便于突发事件、灾害等发生时社区群众的安全疏散。同时，地方民政部门还可以鼓励创建防灾减灾示范社区，对于示范社区可以采取以奖代补的方式给予适当的经费支持。此外，还可以考虑建立应急科普宣教的专项基金，鼓励社会组织和企业、个人等通过捐赠的方式投入①,参与应急宣传、培训、教育等工作,拓宽社区应急管理资金的筹措渠道。

优化应急物资储备。社区可以结合自身应急能力情况,制订应急救援装备和物资储备的详细计划,储备必要的救援工具(如铁铲、救生绳、救生担架等)、通信设备、照明工具(如应急灯)、应急药品、基本生活用品(如水、食物)等应急物资。对于社区容易发生灾害和突发事件的地段,积极倡导社区家庭配备减灾器材和救生防护用品。同时,还可以进一步探索和建立多元化的应急物资储备模式。例如,2018年云南昆明的《安宁市连然街道办事处加强应急管理工作实施方案》指出,对于大型专业救援装备,可采用融资租赁、协议储备等方式进行储备,充分发挥社会储备、商业储备在社区应急救援中的积极作用。对于应急管理体系建设较完备的地方,还可以探索建设应急物资储备管理信息系统,实现储备资源的信息开放和共享,逐步实现社区应急物资采购、储备、管理、保障过程的标准化、信息化、规范化。

主要参考文献

[1] 陈成文、蒋勇、黄娟:《应急管理:国外模式及其启示》,载《甘肃社会科学》2010年第5期。

[2] 陈首宇:《城市社区应急管理问题与对策研究——以南京市鼓楼区J社区为例》,南京理工大学2017年硕士论文。

[3] 陈文涛:《基于社区的灾害应急能力评价指标体系建构》,载《中国管理科学》2007年第Z1期。

[4] 陈新平:《社区应急能力评价指标体系研究》,载《中国管理信息化》2018年第7期。

[5] 单勇:《城市中心区犯罪热点制图与防卫空间设计》,载《中国犯罪学学会年会论文集(2014年)》。

[6] 董玉刚:《我国社区治安管理问题研究》,中南大学2016年硕士论文。

[7] 高小平、刘一弘:《我国应急管理研究述评(上)》,载《中国行政管理》2009年第8期。

[8] 胡培育、韩春荣、李兴孟:《铜梁县社区治安防控网格化管理体系研究》,载《法制与社会》2012年第15期。

① 李丹阳:《大数据背景下的中国应急管理体制改革初探》,载《江海学刊》2014年第2期。

[9] 靳高风、白朋辉:《2015年中国犯罪形势分析及2016年预测》,载《中国人民公安大学学报(社会科学版)》2016年第3期。

[10] 靳高风、王玥、李易尚:《2016年中国犯罪形势分析及2017年预测》,载《中国人民公安大学学报(社会科学版)》2017年第2期。

[11] 李丹阳:《大数据背景下的中国应急管理体制改革初探》,载《江海学刊》2014年第2期。

[12] 李菲菲、庞素琳:《基于治理理论视角的我国社区应急管理建设模式分析》,载《管理评论》2015年第2期。

[13] 李舒平:《广州市天河区社区网格化管理研究》,暨南大学2017年硕士论文。

[14] 刘学伟:《网络化治理视阈下的城市社区治安综合治理》,载《学习月刊》2010年第12期。

[15] 刘亚非:《如何建设平安社区》,载《科技经济导刊》2016年第13期。

[16] 罗国文、欧阳梓华、杨纪恩:《当前城市新型小区治安防控结构的弊病及出路》,载《湖南社会科学》2015年第4期。

[17] 马英楠:《社区应急管理现状分析与对策研究》,载《安全》2007年第6期。

[18] 倪斌:《我国城市社区在应急管理中的功能研究》,电子科技大学2012年硕士论文。

[19] 邱格屏、皮艺军、陈波:《上海城市社区治安防控系统建设调研报告》,载《河南警察学院学报》2015年第1期。

[20] 《社区公共安全现状与风险防控策略》,载《中国机构改革与管理》2016年第9期。

[21] 石彪、祁明亮、邵雪焱等:《乌鲁木齐社区应急管理机制路线图——从操作预案谈起》,载《国家行政学院学报》2012年第2期。

[22] 汤志伟、邵杰:《物联网技术在社区安防中的应用》,载《警察技术》2010年第6期。

[23] 唐桂娟:《美国应急管理全社区模式:策略、路径与经验》,载《学术交流》2015年第4期。

[24] 唐晓阳、陈雅丽:《城市社区流动人口管理体制创新研究——以广东省为例》,载《领导科学》2012年第8期。

[25] 王柏杨:《平安建设下的社区民警绩效指标体系设计》,载《甘肃警察职业学院学报》2013年第4期。

[26] 徐朱连:《社区应急预案评估标准研究与实践》,载《中国应急管理》2012年第7期。

[27] 杨华京:《美国政府应急管理"三级跳"——美国公共管理协会主席蒙佐教授访

谈》,载《国际人才交流》2004年第4期。

　　[28] 杨学芬、江兰兰:《社区应急管理中存在的问题及对策探析》,载《农村经济》2008年第11期。

　　[29] 叶关生:《对当前社区治安联防工作的一些思考》,载《广州市公安管理干部学院学报》2013年第4期。

　　[30] 张丽霞:《城市社区流动人口管理存在问题及对策研究——以南京市玄武区红山街道为例》,东南大学2009年硕士论文。

　　[31] 张勤、高亦飞、高娜等:《城镇社区地震应急能力评价指标体系的构建》,载《灾害学》2009年第3期。

　　[32] 张永领:《基于模糊综合评判的社区应急能力评价研究》,载《工业安全与环保》2011年第12期。

　　[33] 周永根:《社区应急管理模式的国际比较》,载《求索》2017年第9期。

　　[34] 邹清明、肖东生:《基于模糊综合评价的城市社区应急管理脆弱性分析》,载《南华大学学报(社会科学版)》2013年第1期。

第十章

营建美丽社区

第一节 美丽社区的内涵

一、"美丽"内涵的溯源

"美丽"的字面含义是"好看",即在形式、比例、布局、风度、颜色或声音上接近完美或理想境界,使各种感官极为愉悦。[①]

在当代中国的制度实践中,"美丽"有三个维度的意涵。[②] 一是在价值维度上体现人们对"美的生活""美的事物"的向往与追求。"美丽"的物质承载形态是由生产力发展水平决定的,但单纯追求物质丰富对美丽而言是不完整、不可持续的。真正的"美丽"需要将"物质美"和"精神美"统一起来,将美的形式和内容统一起来,用"美"的理念和目标去统领物质发展和城市建设。二是在关系维度理顺人、社会与自然的三重联系。"美丽"包括两部分内容,其一是美的对象,即让谁变得美丽;其二是美的内容,即究竟什么样才算作美丽。自古以来,"美丽"都是具有指向意义的代名词,蕴含了在一定空间范围内实现自然、生态和人类社会共同繁荣的主旨。三是在文化维度追求更高的美的意境。主要体现为人与自然协同共进的价值观、人与自然和谐关系的伦理、维护生态环境友好的科技教育、体现自然之美与人文和谐之美的艺术等。

---

① 资料来源:http://www.zdic.net/c/e/d3/201359.htm,2018 年 7 月 28 日访问。
② 《"美丽中国"的三个维度》,载《光明日报》2018 年 1 月 24 日第 11 版。

二、"美丽社区"的内涵

党的十八大提出建设"美丽中国",落实到基层管理层面,就是建设"美丽社区"。社区是城市管理的微观单元,"美丽社区"毗连成片不仅是对城市空间的美化,更是对城市整体建设和管理质量的提升。十八大以后,许多地方政府结合实际情况,提出建设各种形式的"美丽社区",为美化、绿化、优化社区提供了经验借鉴。

国内社区在营建过程中,注重各个环节的优化,以达到整体的漂亮状态。如天津市就提出美丽社区之"美"表现在"实现科学发展之美、自然生态之美、人居环境之美、人文行为之美、生活幸福之美"[1],落实到具体领域就是要做到"居民自治规范化、社区参与广泛化、人文环境生态化、生活方式文明化、邻里关系和谐化、社区文化多元化,管理有序、服务功能完善、安全稳定"[2]。黄山市以"社区生态美、生活秩序美、社会风尚美、环境卫生好、设施配套好、社会治安好、便民利民好"作为美丽社区建设的标准,重点推进社区基础设施建设、优美环境建设、服务能力提升、文明创建、平安社区创建、规范社区治理、便民利民服务。[3]

同时,"美丽社区"又与"美丽城市"相呼应,如天津市美丽社区建设就是以习总书记视察天津时提出的建设"美丽天津"为统领。美丽城市是美丽社区建设的目标和方向指引,美丽社区为美丽城市建设提供创新性治理工具。美化社区的核心是优化社区综合环境,本质是健全社区治理体制机制,加强社区组织建设、制度建设、设施建设、队伍建设,实现居民组织规范化、管理手段现代化、办事服务便捷化、人文环境宜居化、生活方式文明化、群众参与广泛化,通过打造管理有序、服务完善、生态宜居、平安文明、人际和谐、持续发展的社会生活共同体,将社区治理扩展到城市管理领域。[4]

总之,理想中的美丽社区既是美观的,又是实用的;既有浓浓的"家"的氛围,又有静静的"居"的感觉。总的来说,应该是"景美""事美""人美"与"谐

---

[1] 窦玉沛等:《关于天津市美丽社区建设的调研报告》,载《中国民政》2014年第11期。
[2] 吴江海:《黄山打造"三美四好"生活共同体》,载《安徽日报》2016年1月19日第8版。
[3] 同上。
[4] 窦玉沛等:《关于天津市美丽社区建设的调研报告》,载《中国民政》2014年第11期。

美"的统一体。[①]

三、美丽社区的形式及内容

美丽社区营建的主要内容包括社区环境整洁卫生、社区绿化充分和谐、社区景观完善协调、社区风格亮点突出。具体来说,可从一些具体方面评价和改进美丽社区营建工作,如表 10-1 所示。

表 10-1 营建美丽社区的评价体系

维度	特征或标准	内容形式
环境	设施完善,功能齐备	① 给水设施:彻底消除水压不足、跑冒滴漏问题 ② 排水系统:不存在污水外溢、下雨"水浸街"、化粪池爆管等现象,改造后基本达到风雨不涝,并推广实施雨污分流 ③ 架空线路:线路整齐,社区净空和建筑外观无杂乱线路 ④ 社区照明:塑造社区夜间舒适的光环境,消除街道和公共场所的盲区暗点 ⑤ 环卫设施:加强管理和维护,提高社区公共环境卫生水平 ⑥ 保证环卫设施正常运行
	街面整洁,卫生环保	① 楼道、道路、绿化带无纸屑、无垃圾、无烟头 ② 楼梯扶手、玻璃、窗台、"三箱"(垃圾箱、电表箱、信报箱)无尘土,墙面无浮尘、蜘蛛网 ③ 建筑物外墙面无明显尘土,其他污物及乱写乱画 ④ 公建部位无随意堆放、无明显垃圾 ⑤ 公共设施、设备保持清洁,无堆放及浮尘 ⑥ 管理区域中整体环境整洁
绿化	设计科学,布局合理	① 社区绿化布局合理,设计上以人为本。乔、灌、花、草配置合理,三季有花,四季常青,无绿化死角,社区绿化覆盖率达到 35% 以上 ② 社区绿地养护管理水平达到二级以上绿地管理质量标准。绿地内无私搭乱建、栽植农作物等现象。绿地内附属设施完整
	管理专业,养护及时	① 社区有专职绿化队伍及工作人员,能有效组织开展社区绿化美化工作,并且做到各项绿化工作有档可查 ② 社区内古树名木全部挂牌,得到有效保护 ③ 绿化保持相当的维护水平
	群众参与,爱绿护绿	社区积极组织各类绿化美化活动,社区内居民、单位能通过植树种草、认建认养等多种形式参与绿化美化建设。社区居民义务植树尽责率不低于 90%

[①] 徐志剑、尹付奎:《美丽社区建设的本真》,载《杭州(周刊)》2014 年第 8 期。

（续表）

维度	特征及标准	内容形式
景观	自然景观交相辉映	① 选用地方性自然景观,使社区更具有地方性色彩和个性,避免千篇一律 ② 用场地周边环境,善于借景,造景与借景并重,形成"采菊东篱下,悠然见南山"的意境
景观	人工景观和谐生动	① 景观主题:与社区居住氛围相适应,避免过于严肃和另类,并注重体量、尺度、色彩和造型的整体感和协调感 ② 材料选择:接近自然、富有质感的材质,不宜采用过于城市感或对周围环境产生不良影响(如炫光)的材料 ③ 景观布局:注意与周边环境的关系,应配合社区内建筑、道路、绿化及其他公共服务设施而设置,起到点缀、装饰和丰富景观的作用
景观	人文景观内涵丰富	① 体现社区原住民的生活方式和环境空间 ② 展现本社区的历史连续感和未来纵深感 ③ 围绕特定主题,概括社区"营造符号",准确、恰如其分地反映社区文化内涵,并与其他造型要素和谐统一
风格	人文型社区	① 从感官上赋予居民细腻关怀:理想的社区环境风格应该具备视觉上的美好观感;触觉上的舒适、安全;听觉上或悦耳或宁静;嗅觉和味觉上的清新、淡雅 ② 培育社区精神:涉及文化、认同、服务、地域和人群,围绕"关爱人、服务人、教育人、凝聚人"进行社区人文环境建设
风格	生态型社区	① 绿色建筑:用环保建材和环保涂料,在采光方面、房体保温、通风等方面都符合环保要求 ② 生态生活:使环保成为社区的生活方式和社区文化,以形式丰富的活动吸引社区居民人人参与
风格	紧凑型社区	① 合理且最大限度地利用公共空间,体现城市社区的"精耕细作" ② 重视街角、墙面等零碎空间的调节和象征意义 ③ 扩展社区空间维度,营造垂直层次环境

资料来源:《首都绿化美化花园式社区创建工作管理办法(试行)》,载《绿化与生活》2010年第10期;《关于开展美丽社区创建工作的实施方案》,http://www.tjmz.gov.cn/mlsq/system/2013/09/13/010017336.shtml,2018年8月20日访问;乔硕、张擎:《广州传统风貌型社区包容性发展的环境微改造》,载《规划师》2017年第9期;董傅年主编:《社区环境建设与管理》,高等教育出版社2004年版,第26—27页;方芳:《社区景观风格化设计探析》,天津美术学院2012年硕士论文。

第二节　营建美丽社区的历程及现状

一、美丽社区的发展现状

(一) 国外发展历程

1. 国外城市和社区改造的发展脉络

欧美国家对城市物质环境的整治改造可溯源到城市美化运动(city beautiful movement)，该运动发源于1893年的美国，于19世纪末至20世纪初在世界范围掀起热潮。作为一种近代城市规划和设计思潮，其城市美化运动的背景是欧美工业化早期的"速成城市化"(instant urbanization)，信奉欧洲16—19世纪的巴洛克城市设计理念。城市美化运动的初衷是通过创造一种城市物质空间的形象和秩序，来改进社会秩序、恢复城市视觉审美和城市和谐。但在现代性思潮之下，城市美化运动以景观大道、大型广场、城市公园等纪念碑式设计手法迅速重塑了令人印象深刻的城市空间，由于过于强调形式美而被批评为"专注于纪念性和表面文章"，被强权与资本所利用作为展示工具而忽略了更广泛的社会目标，在美国本土很快遭到批判。[①]

二战后，欧美城市和社区的环境整治改造主要伴随着城市再开发(urban redevelopment)与城市更新运动(urban renewal movement)展开。20世纪50年代以后，随着社会经济恢复发展，带来中心城区产业结构外移和居民郊区化迁移现象，欧美发达国家甚至出现了普遍的内城空心化现象，造成环境恶化和贫民窟丛生，旨在推动城市中心区复兴和繁荣的城市更新运动在此背景下应运而生。这一运动主张用物质规划和建设来解决社会问题，城市更新表现为大规模地推倒重建。但是，这种"推土机"式的大拆大建并没有解决根本问题，反而造成新的"城市病"。进入70年代以后，这类改造活动基本终止。随后，欧美国家城市更新理论和实践受到后现代思潮和可持续发展理论的影响，渐进式整治方式和城市微治理开始受到重视。在更新过程中更加注重多元化目标和多中心合作模式。进入21世纪，城市更新理念进一步发展，

---

① 俞孔坚：《城市美化——一个不散的幽灵》，在"首届世界规划院校大会"上的演讲，同济大学2001年7月13日。

并在社区规划管理层面加以推广应用。总体来看,欧美国家战后的城市更新理论和实践经历了较大变化,基本是沿着清除贫民窟—邻里重建—社区更新的脉络发展,视角也从宏观城市设计转向微观社区治理。[①]

20世纪50年代,日本经历了战后经济恢复期后,社会经济得到极大改善,城市急剧扩张,住宅建设和新城开发掀起高潮。日本政府在2003年制定"观光立国"战略,并于2004年颁布《景观法》,将城市景观建设融入城市更新和社区营造中。日本国土交通省在《建设美丽国土政策大纲》的基础上制定了详细的《城市景观建设指导手册》,对观景点视野内的道路两侧、屋顶、街区绿化、天桥、市政线路、历史人文景观等细节作出了具体的规范性要求。[②]

新加坡在"花园城市"建设目标下,也将景观运动作为城市和社区更新的重要手段。进入21世纪后,政府提出对城区公园干道等五类主题街道开展城市空间立体绿化景观设计,还采取各种优惠政策鼓励居民发展阳台花园和屋顶绿化。对城市住宅面貌的整体改善制定多种翻新措施,针对老化程度不同的住宅(分为拆除重建、房龄超过18年和房龄未满18年等类型),提出差异化的翻新方案。为了保持良好的城市景观,新加坡政府规定,每7年对住宅进行一次修理和重新装饰,每12年重修一次屋顶。[③] 因此,在新加坡基本看不到破旧的住宅和建筑物。

2. 国外城市和社区改造的经验总结

提出社区环境建设初期,人们的视角主要集中在从规划层面改进以及从建筑物和设施层面建设。20世纪60—70年代,随着科技水平的提高,世界发达国家将新技术运用到建筑设计和社区营造中,希望通过高科技解决困扰人们的环境问题,形成了大量的社区发展"图式",如插入城市、树型城市、吊城以及双层城市等,这些图式也渗透了对理想美丽社区的追求。在此之后,随着城市土地和环境问题日益尖锐,西方国家对生态社区的研究由土地规划、物质环境规划、商业利用向社会空间转变逐渐关注生态问题,研究如何把居住、工作、商业以及娱乐设施结合在一起,充分利用空间资源,构筑起"紧凑型社区"的理论设想和现实模型,从而达到节约资源、减少环境污染、保护自

---

① 邓羽、陈田、刘盛和:《城市物质空间更新研究进展与展望》,载《地理科学进展》2017年第5期。
② 凌强:《日本城市景观建设及其对我国的启示》,载《日本研究》2006年第2期。
③ 《专家认为上海旧区改造可借鉴新加坡经验》,http://news.eastday.com/eastday/shnews/node42337/node42418/node42422/node42847/userobject1ai739076.html,2018年8月21日访问。

然环境以及满足人们需要的目的。①

从日本、新加坡等国家的实践经验看,政府通过制定法令、出台技术指南等手段,可以在全社会层面形成对城市环境建设和维护的共识,建立环境维护的长效机制。对于国内许多城市来说,及时对前期开展城市环境整治的成功经验进行总结,形成规范化的工作指引和标准化的技术指南,为创建城市和社区环境更新维护长效机制提供技术支撑,是十分必要的。

(二) 国内发展历程

中华人民共和国成立后,国内长期坚持"城市建设为生产服务"的指导思想,并不重视城市景观环境建设与整治,在这方面的投入也很少,改革开放后才有所改变。以广州市为例,其环境整治支出占政府财政支出的比重由1952年的0.65%大幅提高到1978年的14.95%。② 改革开放后,国内城市建设和环境整治有了很大改观。特别是进入20世纪90年代后,国内城市普遍出现追求以"宽道路""大广场""欧式建筑"等为标志的公共场所美化工程,对改善城市和社区景观环境起到了一定的作用。

一些城市在利用举办全国性运动会等重大事件带动城市建设的过程中,也开始重视城市环境整治,并取得一定成效。这类工程可视为转型初期的中国社会追求城市视觉美的一种方式,其中或多或少地吸取了西方城市美化运动的养分,但由于存在"文脉缺失""政绩工程""形象工程"的嫌疑,受到广泛批评。

1. 国内城市和社区的环境建设

进入21世纪,借助北京奥运会、上海世博会等国际性赛事和会议的东风,承办城市在前期建设中加大对城市和社区环境综合整治的投入力度。如上海市制定了"迎世博加强市容环境建设和管理600天"行动计划纲要,开展"市容市貌改观、市民生活环境改善、城市管理水平提升"三大工程,推进清理户外广告、清洁建筑立面、整治架空线路、修整历史风貌建筑、综合改造旧居

---

① 宋言奇:《刍议国内外生态社区研究进展及其特征、意义》,载《现代城市研究》2010年第12期。
② 俞孔坚、吉庆萍:《国际"城市美化运动"之于中国的教训(上)——渊源、内涵与蔓延》,载《中国园林》2000年第1期。

住区等 30 项重点任务。①

20 世纪末,"市容市貌"成为衡量城市和社区环境建设成果的重要标尺,也是各级地方政府的主要"政绩工程"。从 1990 年开始,全国爱国卫生运动委员会每年都评选出"国家卫生城市"(此外还有"国家卫生区"和"国家卫生县城")。以城市"创卫"带动社区整体环境面貌改善,通过营造环境美的社区形成城市整体干净卫生的风貌,是"创卫"工作的主要路径。"创卫"工作实施二十多年来,改善了城市和社区卫生死角的环境面貌,完善了环境基础设施,大大提升了市容环境、自然环境质量,从而在全社会形成公共卫生和环境健康理念。

2015 年中央城市工作会议指出,要顺应城市工作新形势,着力提高城市发展的持续性和宜居性,强调要把创造优良人居环境作为中心目标。② 以此为指导,各地开始探索城市和社区环境整治长效机制与相应的标准化和规范化工作。江苏省在全省范围内开展了"九整治""三规范""一提升"("931"行动)的城市环境综合整治③,在工作开展中注重技术指导,制定了《城市环境综合整治技术指南》。福建省制订了城乡环境综合治理"点线面"攻坚计划,着重开展城乡规划提升、城市功能提升、园林水系提升、市容市貌改善、交通秩序整治、美丽乡村建设六项行动,并根据新时期新要求修订了《福建省城市市容环境综合整治工程设计导则》。这些地区对经济社会与城市发展进入新常态背景下的城市人居环境建设作出了有价值的尝试和探索,具有借鉴意义。④

2. 国内城市和社区的绿化建设

在解决城市居民基本住房问题之后,社区绿化问题也开始提上议事日程。我国城市和社区的绿化建设主要从城市生态文明和绿色人居环境角度入手。自 20 世纪 90 年代起,学者相继提出社区的绿化设计问题,考虑社区绿地作为一个系统整体的选址选材以及与社区整体建设生态材料选用之间

---

① 《市政府迎世博专题新闻发布会介绍第二个百日计划开展以来上海市容环境建设、窗口服务行业和宣传动员培训等情况》,http://www.shanghai.gov.cn/shanghai/node2314/node20679/node21408/userobject26ai17864.html,2018 年 8 月 21 日访问。

② 《中央城市工作会议提出着力提高城市发展持续性宜居性》,http://finance.chinanews.com/cj/2015/12-23/7683657.shtml,2018 年 9 月 19 日访问。

③ 《江苏镇江 148 个环境综合整治项目全部完成》,http://finance.chinanews.com/ny/2015/01-27/7008361.shtml,2018 年 8 月 21 日访问。

④ 《福建省城乡环境综合整治"点线面"攻坚计划出炉》,http://www.gov.cn/gzdt/2013-02/23/content_2338379.htm,2018 年 8 月 21 日访问。

的关系。①

在国内城市中,天津市是较早从改善社区绿化和整体人居环境的角度进行旧楼改造的实践案例。从 2003 年起,天津市投入巨额财政资金开展旧楼区综合整修工程,天津大江里社区就是其典型代表。整修后的大江里社区绿化面积达到 40％,阳台绿化率达 60％,家庭养花率达 70％,整个社区整洁优美、文明祥和,并荣获了"国家人居奖"。大江里社区的经验是将现代建造技艺和自然生态相结合。一方面,融入公园式建筑风格;另一方面,利用原有植物,保留自然状态,以植物造景为主,补种各种落叶常绿乔木、花卉及其他植物,初步形成了一个融园林、绿化、休闲、健身等于一体的生态园区,使得小区"绿树成行、绿草如茵、三季有花、四季常绿"。②

作为对城市和社区绿化和人居环境建设成果的确认,国家住建部自 2000 年起设立"中国人居环境奖",参评标准就包括绿化覆盖率≥35％,绿地率≥30％,人均公共绿地面积≥8 m²,中心区人均公共绿地面积≥4 m²。

3. 国内城市和社区的景观建设

国内社区景观建设实践"花开两朵,各表一枝",一"枝"与城市更新和老旧社区改造相伴相生,侧重老旧社区景观立面改造;另一"枝"是在新建社区中融入前沿造景艺术和设计理念。

受建设观念和硬件条件限制,老旧社区景观现状难以达到当前的标准,使社区形象大打折扣,也让新老社区间景观风格差异较大,影响整体城市立面形象。但要对旧社区进行拆除和重建,将造成大量人力财力投入,代价远远高于整治和改造本身。国内现行老旧社区景观建设主要围绕生态景观、特色景观和人文景观三个思路进行。老旧社区景观改造的"补绿"包括可近距离接触的生态绿地和亲绿平台,具有美化作用的立体绿化和植被,能降低污染和循环生态的植被绿化和屋顶绿化。还原社区原有景观符号,以文化雕塑小品、社区文化墙等形式提升社区整体形象,复兴城市地域文化。如厦门的渔港、白鹭,泉州的红砖古厝,济南的泉水符号和元素,将这些地域独特的符号化元素融入社区景观中。具有人文关怀的社区景观,是指根据社区年龄结

---

① 宋言奇:《刍议国内外生态社区研究进展及其特征、意义》,载《现代城市研究》2010 年第 12 期。

② 方馨远:《走向生态健康和谐——浅谈绿色社区建设》,载《中国环境科学学会 2006 年学术年会优秀论文集(上卷)》2006 年。

构,对社区景观进行适老化、人性化的改造,保留老旧社区的生活轨迹和标志景观,结合原有的人文特征进行改造,使景观营建真正做到以人为本。① 而代表未来发展方向的"明日社区"的景观设计体现在对居住空间的充分挖掘和对空间属性的感知化体认中。②

4. 国内城市和社区的风格建设

社区风格是社区特色的体现。我国城市社区营建的主要对象是居住社区,功能形态单一,难以形成独树一帜的风格。近年来,以地产开发商为主体,开始对传统居住社区进行设计和规划上的创新,形成在设计理念上风格独特的住宅社区。如以"禅意"为主题的社区,在绿化率35%的社区内,从进入社区开始,针对不同的区域设计了不同的景观,将社区设计为元悟、初悟、静悟、彻悟四部分,将"禅意"元素充分融入园林建筑,实现移步异景、步移景移,视觉上很有美感,也形成了别具一格的感官体验。③ 这些在设计风格上特色突出的小区大多为高档社区,外在风格建设难以与内在生活方式相融合。

在政府层面,通过推行"中国社区"标志,塑造社区品牌,打造社区风格特色。一些老旧社区通过挖掘人文内涵,加之外部环境改造,树立起品牌形象,成为旅游景点。如重庆市渝中区的嘉西村社区,依托抗战遗址,结合院坝生活气息,打造了老重庆生活和抗战文化展示于一体的文化社区;广州市沙面社区通过整修历史建筑,使老广州成为大都市生活方式下的新亮点。

二、我国营建美丽社区中的主要问题

从我国城市社区的营建要件上看,社区环境上,不整齐、不干净问题突出,社区环境整治和环卫工作压力大;社区绿化上,总体绿化覆盖率低,绿化建设缺乏规划和科学布局,社区植物存活率低,局部生态系统脆弱;社区景观上,硬质景观设施和社区房屋建筑缺乏日常维护,残破率高,建筑风格不协调,社区呈现"脏乱差"情况;社区风格上,"千城一面""千社一面"问题突出,社区美化缺乏理念引领和亮点提升。

---

① 周子程:《既有老旧社区景观的可持续改造及思考》,载《门窗》2017年第12期。
② 朱一:《生命场地——略论社区景观的美学内涵》,载《艺术百家》2010年第S2期。
③ 《被推荐为"最美小区",她们有啥特点?》,http://news.163.com/14/1114/01/AAVO135K00014AED.html,2018年8月21日访问。

（一）社区环境质量差

第一，社区环境卫生状况参差不齐，现状堪忧。

环卫配套设施总量不足。环卫配套设施包括公共厕所、垃圾堆放点、垃圾处理站等。这些设施是社区清洁卫生环境建设的物质工具。当前，不少社区存在部分环卫设施缺位，环卫设施规划未形成完整体系，日常维护不足等问题。

环卫设施布局不合理。环卫设施的布局应当依据人口密度和人流特点，妥善处理居民日常生活中产生的环卫废弃物。事实上，当前我国很多社区存在环卫设施布局不合理的现象，如部分垃圾桶未设置在人流必经通道上，大社区和小社区垃圾处理能力相当。

部分社区居民环境卫生意识差。部分居民对有关社区清洁卫生环境建设与管理的法规知之甚少，环境卫生意识差，如拒绝缴纳环卫清洁费问题突出，使得社区环卫资金长期不到位；部分社区居民缺乏良好卫生习惯，乱扔乱涂、乱丢乱倒现象严重。[1]

第二，常规治理资源不足，社区环境卫生管理机制失效。

社区环境卫生治理往往成为"运动式"的公益活动。活动过后，社区环境很快恢复脏乱差，甚至因为活动过程中的强制行为在结束后反弹，恶化社区卫生状况。纵观城市社区环境卫生治理历程，通过以"创卫""爱国卫生运动"为代表的运动式治理模式，提升了环境整治的效果。这些运动式、项目化的治理框架超越传统科层结构，整合了各部门、各组织的人力、财力、物力资源，但在"创卫"结束之后，往往缺乏常规资源和队伍支撑。

资金利用方面，地方政府和社区往往采用"打包"机制，将专项资金捆绑，融入社区发展规划。[2] 而在资源有限的前提下，既要完成社区环境卫生改善的"专项任务"，又要实现社区发展和整体运行，便需要通过"运动式"的动员逻辑，集中一段时间攻克"专项任务"，而在此之后，"专项任务"又会从环境卫生领域转移到其他领域。

---

[1] 周良才、胡柏翠：《社区环境建设与管理存在的主要问题及对策》，载《理论界》2007年第8期。
[2] 彭勃、张振洋：《国家治理的模式转换与逻辑演变——以环境卫生整治为例》，载《浙江社会科学》2015年第3期。

图 10-1　环境卫生整治进社区
资料来源:《环境卫生整治进社区》,载《黄海晨报》2017 年 7 月 11 日第 A11 版。

(二) 社区绿化水平低

第一,社区绿化率不足,绿化管理缺位。

对社区环境绿化重视不够。部分社区,特别是位于城市中心地带的社区,由于土地及物业出租收益高,对绿化工作没有给予应有的重视,主要表现在三个方面:一是不愿意提供绿化土地。二是社区绿化率低,没有达到国家规定的绿化标准。三是绿化资金不足。社区干部普遍存在"等、靠、要"的心理,缺乏主动筹措社区绿化资金,吸引资源支持的能动性,也不给予政府应有的配合与支持。[①]

绿化管理跟不上。部分社区由于缺乏专项绿化管理和维护资金与专门从事绿化规划和养护的人员,日常绿化养护形同虚设,后续绿化度保持不够。如图 10-2 所示,部分老旧社区没有规划停车位,将绿化带作为车位现象十分普遍。在完善社区基础设施和改善停车环境的迫切需求下,牺牲绿化面积,改造绿化设施往往成为社区多方组织角力后的妥协。

第二,社区绿化缺乏规划,"绿化"和"美化"脱节。

现行城市社区绿化建设以绿化覆盖率和绿地率作为主要指标,凡事以

---

① 康之国:《生态文明视角中的社区环境建设问题研究》,载《科学发展·生态文明——天津市社会科学界第九届学术年会优秀论文集(中)》2013 年。

第十章　营建美丽社区　　243

图 10-2　绿化带停车

资料来源：《"绿化带成停车场？严罚！"》，载《宝安日报》2018 年 7 月 17 日第 A05 版。

"量"论绩，忽略了绿化建设本身也是景观规划和系统建设的重要方面。

这主要体现在，一方面，社区绿化植物种类选择单一，植物配置群落中树种组成雷同者较多，缺乏丰富的组合变化，植物景观设计单调，也丧失生态系统的自我抵御功能。以北京为例，可供居住区选择和利用的树种十分丰富，根据北京市园林绿化局园林绿化普查统计，北京城市绿地系统中有维管束植物 111 科 356 属 616 种（品种），其中乔木 130 种（品种）、灌木 102 种（品种）、草本 363 种（品种）、藤本 21 种（品种）。而调查数据显示，北京市居住社区种植的木本植物主要涉及常绿针叶树、落叶针叶树、常绿阔叶树等 7 种生活型，其中落叶阔叶树种的应用比例普遍高达 70% 以上，但藤本和草本植物应用十分稀少。[1]

另一方面，社区绿化缺乏规划，失去景观功能。我国北方城市社区中选择的彩叶树种主要集中在银杏、白蜡、元宝枫、紫叶李等少数几种，彩色树种应用过少，容易造成居住社区绿化沉闷、风格单调。

（三）社区景观单调

第一，社区景观打造拘泥于物质空间形式。

---

[1]　孔庆香：《北京市 15 个居住小区绿化现状调查研究》，载张启翔主编：《中国观赏园艺研究进展 2015》，中国林业出版社 2015 年版。

国内当前的社区营建尚停留在物质 GDP 时代,以硬件设施建设和覆盖率为指标的"硬"体系成为衡量社区营建质量的主要原则。国外的城市更新和社区营建理论与实践已不再拘泥于物质环境的改变,而是转向追求全面的社区功能和活力再生,从净化、绿化、美化社区为切入点,改善社区经济,提升社区竞争力。

从本质上讲,营建美丽社区属于城市更新的范畴,或者可以理解为我国特定意义环境下的一种城市更新模式,对社区物质空间的改造是两者共同关注的目标。因此,营建美丽社区应该站在城市更新的角度,建立超越单纯物质空间改造的多元化目标,将环境美化与提高社区人居环境、维护社区社会结构、促进城市观光旅游等多重目标相结合。

第二,景观设计"千社一面",与社区生活脱离。

近年来,国内社区营建逐渐脱离西方化的审美误区,设计者将焦点从西方的新古典转到本土的"新古典",即"新中式"理念。然而,前者是对国外景观生搬硬套的山寨,后者是对本土自信的无限放大,殊途同归地体现了城市社区抄袭、僵化、元素堆砌、不自然而脱离生活本质的设计呈现。

(四)社区营建缺乏内涵特色

国内新建社区往往在景观风格上下功夫,包括新古典欧式风格、北美风格、现代自然主义风格、东南亚风格等。"西风"劲吹之下,近几年,现代中式风格也逐渐兴起。但总的来说,表现为外在环境风格混乱,内在缺乏特色底蕴。一是缺乏一以贯之的社区文化和温馨和谐的社区精神作为支撑,城市社区缺乏人文底蕴;二是社区建设停留在"术"层面的规划建设,缺少"道"层面的理念支撑,对生态社区、人文社区、紧凑社区等概念理解较浅,从空间和物质元素层面反映社区特质更无从谈起。

三、当前矛盾问题的制度根源

(一)营建理念落后导致目标定位偏差

大规模的"城市美化"和"社区美化"项目使城市社区营建陷入"美化运动"危机。与历史上的城市美化运动相似,我国的城市美化运动的典型特征是为视觉的美而设计,为参观者或观众而美化,以城市建设决策者和社区管理者的审美取向为美。在当前的美丽社区营建中,真正为社区居民的生活和栖居而美化的社区并不多见。概括来说,当前社区美化运动有两种倾向。一是"样板示范区"导向的美化,其美化目的是作为政府和社区机构政绩的一部分,供领导视察和参观之用;二是商业利益导向的美化,地产开发商认识到环境美化的商业价值,试图通过社区美化来招徕客户,吸引商业入驻。这两种社区美化运动的倾向都把居住者和居住环境作为展示品,因而带有城市美化运动的通病,即片面强调展示性和视觉形式,而忽略环境美化对居民和社区的日常生活的意义。也正因为如此,在现实中出现了空旷的小区绿地、草坪,花坛、树雕泛滥,瓷砖、花岗岩铺地,如同城市广场,而缺乏乔木供人遮阴,也缺乏儿童游乐设施、青年体育场所及老人休闲场地。① 由于社区美化的目的定位和理念认知偏差,导致了社区美化误入歧途。

城市社区是一个对内外变化具有自适性的复杂系统,社区美化就是一种城市社区的自适应机制。国内外经验表明,社区美化的路径随着城市发展阶段的变化经历了从大规模拆建向小规模渐进改造的发展历程。然而,受传统城市营建和管理理念所限,当前国内社区营建和美化工程仍注重大拆大建的"大手笔",在规划上忽视了社区微治理的细节,也不愿意进行细水长流式的"小动作"。

当前我国城市化已发展到较高水平,超特大城市的经济体量和人口规模也进入世界前列;固化的城市空间结构和高涨的地价已不再允许城市社区的"大手笔",而应转入微治理的新常态。

(二)传统社区模式造成规划后置

当前,我国在城市社区营建方面的问题在于,社区发展过于注重"种房子"式的"楼宇思维"②,而缺乏服务居民需求的"社区思维"。在我国,传统的社区建设进程是规划、建设和管理三部门相互割裂,规划处于"后置"甚至是事后"补缺"的状态。社区管理方只能被动接受规划和建设现状,导致社区空间、功能、设施等无论在规格、特点、用途等诸多方面都无法有效地实施社区管理。表现在环境治理领域,即是社区美化和净化工程往往受制于硬件设施建设,特别是对老旧社区的现代化改造难以进行。

---

① 俞孔坚、吉庆萍:《国际"城市美化运动"之于中国的教训(下)》,载《中国园林》2000年第2期。
② 邱衍庆、罗勇、郑泽爽:《尊重城市发展规律 倡导"城市思维"》,载《城市发展研究》2017年第12期。

(三) 缺乏科学高效的管理机构导致实施过程无章可循

从日本、新加坡等国家的实践经验看，政府通过制定法令、出台技术指南等手段，可以在全社会层面形成对社区环境建设与维护的共识，建立美丽社区维护和发展的长效机制。而对于国内大多数城市和城市社区来说，体制机制不健全、分头管理等问题十分突出，美丽社区营建还停留在口号层面，缺乏规范的机制约束和专业化、标准化的运营模式。因此，应及时对过去开展城市社区环境整治的经验教训进行总结，形成规范化的工作指引和标准化的技术指南，为营建美丽社区长效机制提供技术支撑。

大部分城市和社区缺乏专业的设计队伍。这是因为，一方面，规划设计和管理部门处于行政管理部门的直接领导下，许多情况下迫于压力，城市和社区营建设计只能成为市长和部门主管宏伟城市社区美化计划的绘图工具；另一方面，由于长期缺乏国际交流，专业人员自身的理论与专业修养也有很大局限性，[1]往往只能通过"仿制"，根据照片或照搬国际经验设计想象中的社区景观。

(四) 社区营建资金不足，使用效率不高

美丽社区营建需要充足且专项的资金支持作为长期发展的保障。而现实中，许多社区的环境建设因资源缺乏受到不同程度的影响。

当前我国社区环境建设的资金主要来自两个渠道，一是上级政府拨付，由社区使用的专项经费；二是由社区居民缴纳的诸如卫生费等社区建设费用分摊。[2]但是，由于长期以来重视不足，上级政府投入偏少，资金使用效率不高。另外，由于社区管理体制薄弱，城市化进程中外来人口流动性强，导致由居民缴纳的部分费用收缴率低、收取困难，这些原因共同造成了美丽社区营建工作缺乏必要资金支持。

(五) 发展历史较短，缺乏社会共识

长期以来，我国城市社区是单位制社区，其基本目标是满足本单位职工

---

[1] 俞孔坚、吉庆萍：《国际"城市美化运动"之于中国的教训（下）》，载《中国园林》2000年第2期。
[2] 周良才、胡柏翠：《社区环境建设与管理存在的主要问题及对策》，载《理论界》2007年第8期。

基本住宅需求，并以居住社区为单元将单位管理渗透到日常生活中，作为社会管理的主要手段。社区外观建设以简朴的统一风格为主，也是方便管理的考虑。而外立面美观、社区绿化等"软"环境在我国城市社区中长期处于缺位状态。近年来，对老旧社区更新和社区美化的重视很多时候被居民群众认为是地方政府的"政绩工程"，群众"等、靠、要"情绪强烈，缺乏主动配合。

第三节 营建美丽社区的"点""线""面"设计

一、营建美丽社区的"基本面"

（一）指导思想

坚持以人为本。尊重和维护社区居民的合法权益，解决居民的合理诉求。充分发挥居民在环境整治、绿化维护、景观设计和社区精神塑造方面的作用，激发居民建设美丽社区的创造性和主体意识。

坚持规划引领。以社区为单元，遵循超前规划、科学设计、合理操作的原则，坚持规划、建设、管理全流程一体化，立足各地方实际，高标准编制美丽社区建设规划。

坚持注重结合。包括不同层级发展目标的结合，不同项目的结合，不同主体职责和居民生活具体需求的结合。

坚持彰显特色。社区营建应突出地域特色、文化特色、生活特色和制度特色，形成"一社一景一貌一品"发展格局，打造充满魅力极具风格的社区。

坚持分层推进。结合"创卫"等各项国家级和地方性创先争优活动，结合不同发展阶段社区发展定位，制订社区营建时间表、路线图，合理确定创建时序，分类实施，实现区域联动、协调发展。①

（二）多元目标

第一，改善建成环境，建设整洁社区。

社区物质环境美化可以消除安全隐患、提高卫生水平、塑造良好形象。

---

① 夏洁：《天津市社区治理创新研究》，天津大学 2016 年硕士论文。

优良美丽的建成环境对改善居民生活质量、提升居民自豪感具有非常明显的作用,同时美化和改善社区环境还可以吸引社区商业的集聚,为居民创造一定的就业机会,带动社区繁荣。

第二,推动生态保护,建设绿色社区。

绿色社区要求从硬件设施到软件制度环境都符合环保要求。在传统社区的基础上将"人与自然和谐共生"作为主旨,将提高社区绿化率和绿地覆盖率作为显性指标,形成完整的社区小生态系统,推动社区居民养成绿色环保的生活方式是绿色社区的高级阶段。

第三,促进景观通感,建设景观社区。

"美丽"是人主观感受的情绪。美丽社区营建的更高层次是触及感官互动,实现"身受五觉"(视觉、听觉、嗅觉、味觉、触觉),"感同六性"(感性、理性、人性、灵性、天性、神性)。具体来说,"五觉通感"可通过如下的要素营造:① 视觉元素,通过元素的符号性传递准确的空间气质;② 视觉秩序,调制大尺度建筑的风貌权重和控制力;③ 视野定位,规划景观与建筑关系以定标最具画面感的摄影场所;④ 四季景观,在社区美学设计中尊崇景观四季性;⑤ 动态视觉,通过交通形态塑造连续的移动景致。

第四,尊重地区差异,建设特色社区。

构成城市社区环境特色的众多要素是地域自然条件和人文背景在社区层面的映射,一个城市的社区环境特色既有宏观层面的一致性,也应该有微观层面的差异性。因此,社区美化也是挖掘和重塑风格的过程。要在完善硬件设施的基础上,因地制宜,尊重微观层面的特色差异,在满足现代生活功能使用的前提下,尽量保留建筑与环境中的风格特征,打造社区标志,塑造独具风格的社区景观体系。

二、营建美丽社区的四大"路线"

(一) 社区净化

从组织和管理两方面建立起社区净化制度。社区环境卫生管理的范围主要包括:基本设施的配置、垃圾的收集和运输、社区公共部位的清洁、社区公共场地的清洁。基本设施配置包括:公共设施、工程设施、工作人员作业和休息的场所。① 通过在社区层面设立专职环境卫生管理委员，完善和常态化负责人、业务员培训和规范化操作机制，社区环境保护各项工作，对社区居民进行环境保护的宣传与教育。机构层面划定自治组织、驻区单位、社会组织等主体的卫生责任，开展社区卫生环境专项整治工作，实现社区洁净目标。

（二）社区绿化

总的来说，社区绿化植物工程应遵循以下原则[②]：满足社区绿地的性质和功能的要求；植物造景与绿地总体布局相一致；根据植物生态环境条件选择恰当的植物种类；乔灌木丰实适度；合理的密度；体现植物的季节变化；具有一定的多样性和层次性；在建筑密集的地区，社区宜采用垂直绿化和屋顶绿化。选择树种应考虑：易于管理；改善环境；保证居民身体健康等原则。

在绿化建设方面：一是保证施工质量。选派具有专业知识和施工经验的专业监理人员作为绿化工程具体负责人员，通过建立健全工程质量监理制，对施工的每一个环节进行监督、把关。对不合格、不达标的工程，实施一票否决制。二是掌控绿化工程进度。在"质量第一""安全第一"的指导下，严格按照科学的施工程序安排工程进度，坚决杜绝盲目赶工期行为。[③] 三是做好配套设施设计规划。社区绿化工程是一项综合性工程，除植物、水、照明供水线路等各个部件管理的完善安全外，更要围绕绿化部件设施完善整体规划，做好其他配套工作。

在绿化管理方面：一是要做好防虫治病、抗旱浇水、修剪造型等工作，保证社区内绿化植被长期存活且健康生长，维持社区绿化率水平。重视植被花木的造型设计和整体美观，通过修剪、造型使植物形态各异、富于变化，颜色交相辉映，体现社区魅力。二是要加强社区绿化植物和设施的管理。尽可能减少人为因素对绿化和绿地设施的破坏，如在分车带安装护栏，加大对违章损绿、毁绿的查处力度，协调社区人绿冲突。

---

① 董江爱、张嘉凌：《社区环境管理要求地方标准解读》，载《大众标准化》2016 年第 8 期。
② 朱一：《生命场地——略论社区景观的美学内涵》，载《艺术百家》2010 年第 S2 期。
③ 同上。

表 10-2 社区绿化景观改造技术路线

	总体要求	具体内容
社区绿化工程	社区道路绿化	—
	开敞空间及公共场所绿化	社区公园绿化
		附属绿地绿化
		宅旁绿地绿化
		休闲广场绿化
		健身游乐场所绿化
		地面停车场绿化
		低影响开发设施
	建筑立体绿化	屋顶绿化
		开敞平台绿化
		外墙绿化
		架空层绿化
	硬质景观设施	雕塑与小品
		围墙与栅栏
		花架与廊架
		树池与花基
		挡土墙

资料来源:《住房城乡建设部关于发布行业标准〈城市绿地分类标准〉的公告》,http://www.mohurd.gov.cn/wjfb/201806/t20180626_236545.html,2018 年 8 月 21 日访问。

案 例

日本社区的绿化传统

在日本,社区居民都把维护社区环境和爱护花草树木作为自己责无旁贷的日常习惯。东京市区街道两侧一般没有行道树,树木花草集中在社区(生活区)中,社区内的花草树木由两部分组成,一部分是在"一户建"自宅院内,另一部分是在小区的公园中。凡一户建的都栽种一些花草树木，春夏秋冬四季都有盛开的鲜花，徜徉在小区中能够闻到随风飘来的花香。在东京任何一个点向东南西北延伸 250 米必须见到至少一个公园，公园是小区规划的重要部分。[1]

日本社区绿化传统的精髓在于"小而精"，将绿化目标落实到不同类型、不同层次、不同种类的绿化界面，真正将爱绿护绿的社区理念融入日常生活，形成生活化的社区绿化景观。

（三）社区景观化

社区景观营建是指在尊重环境基底和满足社会需求的基础上，对社区自然和人造景观进行改造和营建，由此达到规划目标。计成在《园冶》中说，"虽由人作，宛自天开"，这不但是指中国园林艺术讲求自然天成，不事雕琢，更可理解为"人作"的景观要能"源于自然，高于自然"。[2] 这就要求景观设计师对土地和自然生态有切身的洞察和体会，依时而动，综合人文系统进行分析和决策，将"天、地、人"的概念统筹融合，并达成美丽的人居环境状态。

现代化的景观设计理念强调响应对环境问题和可持续发展的关注，融入自然生态理念，注重人地协同，即景观系统的设计和运行与其他的生物系统、地理系统相互共生，并将为各个相互交错的本地、区域的城市系统提供相互共生和可持续的环境。[3] 法国景观设计师吉尔·克莱芒（Gilles Clement）说，"自然在演变中发展，花园是演变中的过客"[4]。四季演替、昼夜往复是人类面对的自然状态。生存在持续变化土地上的生命，随着时间的推移不断地往复"成长—繁荣—衰败—重生"式的动态循环，展现并洋溢出永恒的生命力。那些因时而动、极具生命张力的真实自然环境，能够引发人类心里本能、持久的

---

[1] 周洪宇：《发达国家的社区建设及其启示》，载《华中师范大学学报（人文社会科学版）》2003 年第 1 期。
[2] 朱一：《生命场地——略论社区景观的美学内涵》，载《艺术百家》2010 年第 S2 期。
[3] A. Sharma, Rethinking Greenways Design in Context of Sustainable Development: Towards Landscape Synergism, *Proceedings of Fabos Conference on Landscape and Greenways Planning*, 2010.
[4] 朱建宁、李学伟：《法国当今风景园林设计旗手吉尔·克莱芒及其作品》，载《中国园林》2003 年第 8 期。

精神共鸣。① 人们逐渐认识到,自然环境,如一棵勃勃生长的榕树、一条流淌的河流,会比一件精心设计的硬质景观更能为社区景观营建增添生机,形成人地和谐的景象。

在景观多样性方面,应兼顾不同社区景观类型,按照社区环境基底和功能结构合理布局。这些类型包括:围护型景观,它作为社区景观中主要的交往空间类型,是居民户外活动的集散点,兼具开放性和隐蔽性,如社区中的亭、廊、棚架等;模拟景观,模仿真实材料,以人造景观模拟自然景观,如社区中的假山、水景等;高视点景观,随着社区楼层的不断拔伸,居民的观景点也相应升高,垂直界面的景观显得尤为重要,如社区中的空中花园、高架走廊等;照明景观,运用照明系统来点缀的景观,如夜晚有草坪灯指引的幽静的沿河步道。②

目前,国内社区的景观设计缺乏科学有效的规划和高效的管理。可借鉴日本"景观协议会"模式,将涉及社区景观的行政团体组织起来,对于景观形成的各项必要事项进行协议和调查,并接受行政方面咨询的机关,对于景观规划、景观建设规范等工作进行指导和审查。各级景观行政团体的景观协议会成员包括景观行政团体行政人员、公共设施管理者、土地所有者、各学科专业人士、事业者(私营或个体经营者)、居民等,景观协议会所指定的协议和事项必须严格遵守。③

案 例

打造社区色彩

"社区色彩"不是"彩色社区",而是在体会每种颜色的传情达意作用的基础上,利用色彩作为一种景观工具,强调的是基于体验和感受的"广义色彩":"'广义色彩'是一个观念提醒:色彩不是彩色。我们未看到的,未必不重要,

---

① 朱一:《生命场地——略论社区景观的美学内涵》,载《艺术百家》2010年第S2期。
② 陶锋:《基于居住邻里的城市社区景观空间设计策略研究——以宁波市为例》,载《宁波大学学报(人文科学版)》2013年第2期。
③ 陈航、张晋石:《日本景观社区营造的概况与启示》,载《风景园林》2016年第10期。

我们没想到的,或许起着决定性作用"①。

社区的"广义色彩"包括:色彩取向,即如何通过色彩不同的人文趣向创造多样化的风貌性格;色彩规范,即强化色彩力的同时保证色彩的准确性。在传统建筑物色彩设计的基础上,同时应考虑天空色彩和景观交相辉映产生的光影视效,通过立面理解和诠释自然色彩。

表 10-3　不同色彩的感官体会

色彩	象征意义
红	热情、喜悦、赤诚、革命、兴奋、幼稚
橙	华丽、喜爱、爽朗、任性、温情、热闹
黄	愉快、活泼、光明、希望、迷茫、轻薄
绿	安静、幽静、生机、凉爽、舒畅、安慰
蓝	冷静、沉静、深远、悠久、虔诚、冷漠
紫	富丽、高贵、娴雅、古朴、不安、轻率
白	明快、洁净、纯朴、朴素、清凉、空虚
灰	朴素、沉静、调和、平淡、阴郁、荒漠
黑	寂静、严肃、悲哀、沉默、绝望、恐怖

资料来源:陈炳志:《老年人室内居住环境的生态性和人性化分析》,载《山西建筑》2015 年第 3 期。

社区景观化要避免走入堆砌景观元素的误区。总而言之,社区景观设计营建是一个美化社区功能设施,体现社区风格特色的系统工程,景观化的本质在于服务社区生活,而非为景观而造景。

(四)社区风格化

"社区美化"侧重从"术"上加强物质景观和实体环境的营建和改造。更重要的是从"道"的层面打造社区形式美感和风格主义。这就要求通过社区地标性景观体系的打造,建立可识别的视觉形象系统。这也将有助于管理者和设计者形成规范的设计理念和方法论模式,透过表象形式,认识社区美化

---

① 《广义色彩》,http://www.cfldcn.com/uploadfile/2018/0628/20180628041930158.pdf,2018 年 7 月 28 日访问。

过程中的表现性质。

　　社区情商,即社区外在景观体现出的魅力特质。漫步城市社区,追寻社区中最有生气的时刻与情景、那些社区特质的投影,借此解读城市社区多样化策略,为社区的无名特质命名。① 针对不同社区的地理环境、人文特征塑造和设计各自的风格化特征,避免"千城一面"。同时,通过这些风格化的特征反哺社区居民,塑造社区文化和生活方式,形成社区的"情商"。营建的手段和方法包括社区门户、地标定制、地域色彩、灯光造境等。通过建设功能景观,使得景观功能最大化,以使人融于景;融合光亮属性,通过自然色彩明度确定城市光亮属性;利用光影规划,运用光线生动立面情调,打造整体社区风格。

案　例

具有高度识别性的社区中心:昆士兰创意产业园社区

　　昆士兰创意产业园(Creative Industries Precinct,CIP)位于澳大利亚昆士兰州首府布里斯班市 Kelvin Grove 都市村庄(KGUV)中,是一个依托昆士兰理工大学(QUT)创意产业学院设计的创意社区。社区中心附近的建筑都靠近街道布局,形成一个传统街道的格局,增加市镇气氛,其设计重点主要集中于社区中心、街道、街区,即所谓点、线、面。CIP 高耸的观光电梯类似中世纪城市公共空间中的教堂钟楼的性质,由于全玻璃的表皮材质和独立于主体建筑之外的独特设计而成为整个 KGUV 的视觉中心,为创意社区带来了非常强烈的视觉识别性,它和一街之隔的澳洲最大连锁超市 Woolworths 共同形成创意社区具有高度识别性的中心(discernible center)。

---

① 《城市情商》,http://www.cfldcn.com/uploadfile/2018/0628/20180628041138764.pdf,2018年7月28日访问。

图 10-3　昆士兰创意产业园社区中的标志性观光电梯

资料来源:《昆士兰创意产业社区;全球第一个以"创意社区"理念打造的新都市主义社区》,http://www.sohu.com/a/169346558_556792,2018 年 7 月 25 日访问。

当前城市社区地标建设过程中的一个误区是,管理者和设计师为追求标新立异热衷建设奇伟的标志性设施。但社区景观生活性的特质决定了这种风格的地标注定格格不入。从生态美学的角度看,原有环境选择的自然物或经过合理定位的人工"设计物",就能够满足社区环境的视觉识别要求。[①] 古树、河流、山石等自然界原生要素能够充分体现社区自然生态的自然节律。而经过人工设计、建造的人造物,如假山假石、社区雕塑等虽然具有人造意味,但若能与社区自然特征相得益彰,也能为社区居民营造整体美学观感。

三、营建美丽社区的关键"节点"

(一) 社区公园:景观节点

社区公园的建设是社区美化的亮点,既可作为水泥森林中的生态调节系统,也是社区景观标志。在新加坡,每个邻里规划有 400—800 个居住单元,空间形式常常为众多住宅社区的中心处开敞空间,即邻里公园,配有游戏场和球场等娱乐设施,为附近居民提供认识交流的场所。分散的邻里公园通过有树木或凉廊遮阴的步行小径相互连接,并通往其他居住社区和其他邻里公

[①] 朱一:《生命场地——略论社区景观的美学内涵》,载《艺术百家》2010 年第 S2 期。

园。公园的景观设计追求创新与特色,激发社区活力。社区公园建设应强调视觉可识别性,注重装饰性、建筑性、雕塑性的元素。例如,新加坡淡宾尼镇的太阳广场公园(Sun Plaza Park)以太阳为母题,饰以明亮的颜色和充满活力的标志,布置可容纳700人的多功能圆形剧场,还广泛种植本社区的淡宾尼树以延续当地记忆。[①]

(二)绿岛:绿化节点

大城市正面对人口进一步迅猛增长、城市化加剧和土地资源稀缺的压力,面对有限的土地资源,通过零星的社区绿地构成城市绿岛,和社区间绿色连接道系统,可以增进绿色空间的可达性和优化土地利用。绿道设计定位为社区环境中的小型交通系统和连接通道,包括用于步行、慢跑或骑行的小道,配套标识系统、地图牌、距离标志、垃圾桶、照明装置、雨篷等硬件设施,中间点缀小广场和节点以增加趣味性,提升生动性。[②] 以绿岛和绿道为中心,构建城市社区小型生态系统,种植本地草本、木本植物,吸引鸟类和其他小型动物栖居。居民能通过绿道直接前往公园或保护区,也有助于为非机动车旅行提供替代路线。

(三)社区促进组织:风格节点

美丽社区营建是硬件设施建设、软件环境营造共同作用的过程。发挥社区社会组织的作用,可以将美丽社区的理念落实到人,增强感染力号召力。一是通过文体协会、书画协会、摄影协会等发现、记录、表现社区环境整治成果,提高宣传感染力;二是通过社区居民权益维护类组织,如社区法律援助中心、社区环境保护协会等,表达和维护社区居民正常环境诉求,维护社区公共环境设施完整;三是志愿活动类组织和服务类组织,如社区志愿者与义工组织等,以社区工作人员和离退休老人为主体,主要任务是对社区内环境问题进行督导整治,开展广泛的绿化净化活动,同时可推动政府环保部门、综合执法部门、街道办等对社区环境的管理执行力。[③]

[①] 张天洁、李泽:《从人工美化走向景观协同——解析新加坡社区公园的发展历程》,载《建筑学报》2012年第10期。
[②] 同上。
[③] 康之国:《充分发挥社区社会组织在美丽社区建设中的作用》,载《求知》2015年第3期。

第四节 营建美丽社区的保障措施

一、组织管理：推政策建队伍

（一）政策设计引导治理方向

各级领导重视。城市政府要将美丽社区建设纳入"美丽城市"建设总体纲要，成立专门的社区营建工作领导小组。

出台多项政策。以天津市为例，建立了"1+8+N"政策制度体系。市委市政府先后制定了《天津市人民政府关于进一步加强社区工作的意见》和8个专项领域的政策文件，各部门相继出台三十余项配套政策，如《关于开展美丽社区创建工作的实施方案》《清洁社区行动实施方案》《天津市民政局关于加强社区社会组织建设的意见等》。[1]

多部门配合。将美丽社区营建纳入政府工作目标管理，加强部门协调配合，形成党委领导、政府负责、部门配合、社会支持和居民参与的工作格局。

（二）加强人才队伍建设，推动实施落地

加强三类人才队伍建设。一是选好社区居委会成员。将一大批政治素质好、带头能力强、热心服务居民的人选入社区居委会。二是建好居委会队伍。厘清社区居委会工作职责，把社区工作者培训纳入城市人才培训计划。规范社区居委会权责范围，着重解决社区居委会承担行政事务性工作过多、自治功能弱化的问题。三是培育好社区工作者。推进建设由各类经过专业认证的社区工作师、社会工作员等构成的社区社会工作专业人才体系，形成社区工作者地方性的职业资格标准，促进社区工作人员职业化、专业化。[2]

健全组织体系，统筹工作层次。打通街道、社区、楼栋三级社区居民组织条块分割状况，扩大工作覆盖面，理顺社区党组织与居委会、社区工作站、物业公司、业主委员会、非公企业、社会组织和民间组织等各主体、各部门关系，加强协调沟通。优化领导班子，选好配强书记，充实居委会力量，支持和保证

---

[1] 康之国：《美丽社区建设的实践模式与完善路径研究——以天津市为例》，载《天津行政学院学报》2018年第1期。

[2] 同上。

居委会依法自治、履行职责。加强统筹协调,形成社区建设、管理和服务的合力。①

二、技术创新:以科学促精细

(一)为美化社区找到科学的"眼睛"

借鉴欧美国家普遍采用的视觉管理理论,对社区景观环境进行综合评价和管理。如美国林务局建立的"视觉管理系统"(Visual Management System,VMS)、美国土地管理局建立的"视觉资源管理系统"(Visual Resources Management,VRM),以加强规范环境景观管理和设计,强调对理想自然的视觉、风格化设计,特别是用科学、法律的手段保护规划中的社区景观美学资源。②

我国的社区美化工程亦需要构建类似的可识别的视觉管理系统。在我国的语境下,"可识别性"的内涵广泛,不但指能让居民视觉所见,亦包括其他能触发感官反映的实体或环境要素。

(二)织密社区综合治理责任网络

以街道为主体,将所辖范围划分为若干市容监察责任区。原则上,一个社区是一个责任区也是一个市容监察责任区。一个责任区下派一名监察队员实行包点、包片,行使环境卫生监察职能。③ 责任区监察队员受区、街道监察部门领导,接受社区群众监督。

责任区内部以营建"美丽社区"为目标,实施网格化精细化管理。以北京东城区的网格信息化平台为例,通过三级平台,即社区服务管理综合指挥中心、街道社会服务管理综合指挥分中心、社区社会服务管理综合工作站,使社区管理下沉到各个网格。通过建立7大类、32小类、170项信息、2043项指标的基础信息数据库,实现"人进户、户进房、房进网格、网格进图"的工作目标,确保底数清、情况明;严谨梳理29个部门的118项业务流程,打造了"六步闭

---

① 马波:《"四个强化"夯实基础 共建共享美丽社区》,http://news.hexun.com/2013-09-05/157748266.html,2018年8月21日访问。
② 朱一:《生命场地——略论社区景观的美学内涵》,载《艺术百家》2010年第S2期。
③ 周良才、胡柏翠:《社区环境建设与管理存在的主要问题及对策》,载《理论界》2007年第8期。

环结构"。① 每个网格长都配有一个 PDA 终端,通过及时信息发现和掌握网格内发生的社区力量解决不了的矛盾、纠纷,再通过终端设备将相关信息及时传输到街道社会服务管理综合指挥分中心。分中心下设社会服务组、矛盾纠纷调解组、治安防控组和城市管理综合执法组,四个组根据各自的职责,将对接到的任务单及时处置、及时反馈。②

三、资金投入:增源头提效率

(一)源头活水充实营建资源

以政府财政投入及专项基金为主体。各级政府部门加大财政投入,着力改善社区环境,形成资金利用高效、基础设施体系健全、环境整洁优美、特色突出、魅力绽放的社区居住环境。多方面吸收资金,筹建美丽社区营建专项基金,吸引社会资源,进行专业的基金化运作。多元化资金来源包括:

(1)街道出资。由街道拨款解决日常维护运行和人员培训费用。

(2)多方合资。由街道牵头,通过"三个一点"(上级给一点、街道出一点、驻区单位和居民捐一点)扩充资金来源,形成稳定运行、监督有力的资金池。

(3)单位出资。对于单位型社区,应在单位资金中设立专门部分用于社区治理和支付相关成本,切实发挥单位在社区营建方面的主责作用。

(4)融合多角度社区建设资金。美丽社区营建与文明社区创建、人居环境整治密不可分,因此在城市重大活动整饰、人居环境整治、创文活动、卫生评比、宜居社区评比、打造精品小区等过程中③,利用上级拨款、专项整治资金集中解决社区突出问题和疑难积弊。

(二)保质增效促进持续发展

美丽社区营建涉及多部件管理和多领域实施,"专项资金"往往和社区整体发展资金难以区分,造成环境整治资金缺位。在实际工作中通过明确社区美化资金使用优先顺序,制订分阶段工作目标,推进美丽社区营建和社区整

---

① 葛天任、李强:《我国城市社区治理创新的四种模式》,载《西北师大学报(社会科学版)》2016年第6期。
② 《"精细化"贴身服务到社区 北京东城社会管理"网格化"》,载《法制日报》2011年4月3日。
③ 陈金霞:《基于"绿色社区"创建的广州旧住区更新改造研究》,华南理工大学2012年硕士论文。

体发展工作有机协调、互为补充。

表 10-4 社区美化资金使用优先顺序

资金使用项目	具体内容
拆除	违章建筑及危房
	破旧凉亭、院落围墙
	窗外不规范防盗网
建设	粉饰楼宇外墙
	建设街心花园、绿化广场
	补种树木、增加斑块绿地
宣传	多种形式进行美化绿化社区宣传教育,建设宣传廊
维护	植物养护
	整治脏乱、乱张贴、乱摆卖等
	卫生保洁、垃圾分类回收、除四害
	群防群治,出入口绿篱、铁栏、保安亭

资料来源:陈金霞:《基于"绿色社区"创建的广州旧住区更新改造研究》,华南理工大学 2012 年硕士论文。

同时,通过引入专业基金运营公司,对社区发展资金进行基金化管理,增加专项资金透明度,提升资金管理专业化水平,使得"好钢"真正用在居民群众需求最迫切的环境整治这个"刀刃"上。

四、平台建设:抓机制抓落实

(一)社区综合治理平台凝聚主体力量

社区营建工作一个重要问题是人才队伍不足,体制机制不健全。由社区党委、居委会、工作站构成的"一委一居一站"体系,构建美丽社区综合治理平台,是社区营建工作的具体载体。其中,站长由社区党委书记、居委会主任兼任,将社区领导、自治、服务三大功能有机整合,分别由社区党委、居委会、工作站负责实施。同时,依托社区已有议事机制和功能设施,设立"3+N"自治组织,成立社区议事会、管委会和评议会,在社区党委领导下开展社区工作;在管委会下,组织有一定工作能力、热心社区事务的居民成立精神文明、群防群治、物业管理等若干专业委员会,成为落实美丽社区营建各项实际工作的触手。

(二) 社区"规建管"全流程平台打通规划桎梏

社区规划、建设和管理脱节使得社区整治往往受到整体规划和硬件设施水平的掣肘。借鉴我国台湾地区经验，引入"社区建筑师（规划师）"制度，推行社区规划、建设、管理全流程参与平台。即在社区营建或整治之初，就按需定规，对社区风格和设施建设标准进行统一设计。具体来说，每一个城市居住社区均应有一个或一个以上相对固定的建筑师（规划师）或其群体组织，参与到社区项目策划、规划设计、开发建造及以后的社区发展与维护，乃至更新改造等居住社区营造、发展的全过程。①

推广社区"一张图"，实现了社区整治和运行全流程三大统一：统一多规数据标准，以数据融合为基础，促进多规数据的统一管理、共享利用和综合展示；统一多规协同体系，以业务融合为核心，促进多部门基于统一平台的协同编制、并联审批；统一社区战略，以数据挖掘为目标，基于多规融合信息实现客观的现状评估、精准的规律发现和发展态势预测。②

五、宣传引导：广渠道多声部

（1）主流媒体宣传。利用电视、广播、报刊等传统主流媒体，引导社会价值观导向，通过网络等新媒体平台增加营建活动透明度，提高居民参与感和认可度，加大美丽社区建设宣传推介，扩大影响力、提高创建力。

（2）社区环保宣教活动。以社区社会组织、居民自治委员会等为载体，通过印发环保宣传资料和科普手册，设立固定环保橱窗、宣传栏等形式，让环保知识进社区、进家庭、进心灵、进行动。环保教育包括环保知识、环保价值观等各方面多层次，环保宣教活动的意义在于使社区居民既增强维护社区环境的意愿，又能促进社区环保知识的学习。

主要参考文献

[1] A. Sharma, Rethinking Greenways Design in Context of Sustainable Development: Towards Landscape Synergism, *Proceedings of Fabos Conference on*

---

① 王彦辉：《"社区建筑师"制度：居住社区营造的新机制》，载《城市规划》2003年第5期。
② 郭理桥：《新型城镇化与基于"一张图"的"多规融合"信息平台》，载《城市发展研究》2014年第3期。

Landscape and Greenways Planning，2010.

［2］陈炳志：《老年人室内居住环境的生态性和人性化分析》，载《山西建筑》2015年第3期。

［3］陈航、张晋石：《日本景观社区营造的概况与启示》，载《风景园林》2016年第10期。

［4］陈金霞：《基于"绿色社区"创建的广州旧住区更新改造研究》，华南理工大学2012年硕士论文。

［5］邓羽、陈田、刘盛和：《城市物质空间更新研究进展与展望》，载《地理科学进展》2017年第5期。

［6］董傅年主编：《社区环境建设与管理》，高等教育出版社2004年版。

［7］董江爱、张嘉凌：《社区环境管理要求地方标准解读》，载《大众标准化》2016年第8期。

［8］窦玉沛等：《关于天津市美丽社区建设的调研报告》，载《中国民政》2014年第11期。

［9］方芳：《社区景观风格化设计探析》，天津美术学院2012年硕士论文。

［10］方馨远：《走向生态健康和谐——浅谈绿色社区建设》，载《中国环境科学学会2006年学术年会优秀论文集（上卷）》2006年。

［11］葛天任、李强：《我国城市社区治理创新的四种模式》，载《西北师大学报（社会科学版）》2016年第6期。

［12］郭理桥：《新型城镇化与基于"一张图"的"多规融合"信息平台》，载《城市发展研究》2014年第3期。

［13］康之国：《充分发挥社区社会组织在美丽社区建设中的作用》，载《求知》2015年第3期。

［14］康之国：《美丽社区建设的实践模式与完善路径研究——以天津市为例》，载《天津行政学院学报》2018年第1期。

［15］康之国：《生态文明视角中的社区环境建设问题研究》，载《科学发展·生态文明——天津市社会科学界第九届学术年会优秀论文集（中）》2013年。

［16］孔庆香：《北京市15个居住小区绿化现状调查研究》，载张启翔主编：《中国观赏园艺研究进展2015》，中国林业出版社2015年版。

［17］凌强：《日本城市景观建设及其对我国的启示》，载《日本研究》2006年第2期。

［18］彭勃、张振洋：《国家治理的模式转换与逻辑演变——以环境卫生整治为例》，载《浙江社会科学》2015年第3期。

［19］乔硕、张擎：《广州传统风貌型社区包容性发展的环境微改造》，载《规划师》2017年第9期。

[20] 邱衍庆、罗勇、郑泽爽：《尊重城市发展规律 倡导"城市思维"》，载《城市发展研究》2017 年第 12 期。

[21] 宋言奇：《刍议国内外生态社区研究进展及其特征、意义》，载《现代城市研究》2010 年第 12 期。

[22] 陶锋：《基于居住邻里的城市社区景观空间设计策略研究——以宁波市为例》，载《宁波大学学报（人文科学版）》2013 年第 2 期。

[23] 夏洁：《天津市社区治理创新研究》，天津大学 2016 年硕士论文。

[24] 徐志剑、尹付奎：《美丽社区建设的本真》，载《杭州（周刊）》2014 年第 8 期。

[25] 俞孔坚、吉庆萍：《国际"城市美化运动"之于中国的教训（上）——渊源、内涵与蔓延》，载《中国园林》2000 年第 1 期。

[26] 俞孔坚、吉庆萍：《国际"城市美化运动"之于中国的教训（下）》，载《中国园林》2000 年第 2 期。

[27] 张天洁、李泽：《从人工美化走向景观协同——解析新加坡社区公园的发展历程》，载《建筑学报》2012 年第 10 期。

[28] 周洪宇：《发达国家的社区建设及其启示》，载《华中师范大学学报（人文社会科学版）》2003 年第 1 期。

[29] 周良才、胡柏翠：《社区环境建设与管理存在的主要问题及对策》，载《理论界》2007 年第 8 期。

[30] 周子程：《既有老旧社区景观的可持续改造及思考》，载《门窗》2017 年第 12 期。

[31] 朱建宁、李学伟：《法国当今风景园林设计旗手吉尔·克莱芒及其作品》，载《中国园林》2003 年第 8 期。

[32] 朱一：《生命场地——略论社区景观的美学内涵》，载《艺术百家》2010 年第 S2 期。

第十一章

营建智慧社区

第一节 智慧社区概述

一、"智慧城市"的概念与内涵

"智慧城市"的概念源于IBM公司,2009年IBM提出"智慧地球"愿景,提议政府投资新一代智慧型基础设施。当前,各国中央与地方政府不断加大智慧城市投资力度已成为全球性趋势。仅中国、印度两个国家规划的智慧城市试点就将近300个。Arup预测,到2020年,全球智慧城市的技术服务市场规模将达到4080亿美元。[①] 目前,一波波数字技术持续变革着传统意义上的城市管理模式。更为高效的智慧技术系统让城市管理者能够掌握实时、整合的数据流,一方面,洞察城市服务、公共设施和能源流的状态,改善服务和监管资源使用;另一方面,智能软件利用该数据进行趋势分析,并预测未来问题。[②] 此外,大数据、物联网、云计算、人工智能等新兴数字技术为建设智慧城市奠定了良好基础。智慧城市包括"感知化""互联化"和"智能化"三种功能。狭义上"智慧城市"的先进技术尤其是信息技术不断改善城市状况,使城市生活更加便捷。广义上智慧城市通过优化整合各类资源,以城市规划、智能化管理等手段,令市民陶冶性情、心情愉悦、全面发展。

[①] BIS(2013)The smart city market: opportunities for the UK(智慧城市市场:英国的机会),http://www.gov.uk/government/uploads/system/uploads/attachment_data/file/,2018年8月30日访问。

[②] 资料来源:https://www.bsigroup.com/LocalFiles/en-GB/smart-cities/resources/BSI-%20smart-cities-reportThe-Role-of-Standards-in-Smart-Cities-UK-EN.pdf,2018年8月30日访问。

二、智慧城市的属性与特征

智慧城市具有以下重要的技术属性:(1) 全面感知。遍布各处的传感器和智能设备组成"物联网",对城市运行的核心系统进行测量、监控和分析。佩雷拉(Perera)探讨了物联网感知服务[①]:城市中数以万计的传感器通过收集产业、经济和社会的服务信息,确定整个城市大系统环境下的各种挑战和潜在问题。(2) 充分整合。"物联网"与互联网系统完全连接和融合,可将数据整合为城市核心系统的运行全图,并提供智慧的基础设施。基于物联网的智慧城市[②],先将网络客户端延伸或扩展至商品终端,再将物品的信息实时传递至云端,以保障客户获取及时和准确的信息。(3) 激励创新。鼓励政府、企业和个人在智慧基础设施上应用科技和业务创新,借助大数据收集和智能云计算处理,为城市管理提供及时预警预测。(4) 协同运作。基于智慧基础设施,城市各关键子系统和参与者可进行和谐高效的协作,以达到城市运行的最佳状态。

"智慧城市"包含以下功能特征:(1) 区域特殊性。智慧城市的区域特殊性体现为不同城市拥有差异化的自然资源要素(地形、河流、气候)、文化历史资源要素、经济条件[③],以及不同的居民生活需求特点。在智慧城市背景下,应高度贴近实际问题,因地制宜制定对策,优先做好综合规划,令资源配置最优化[④]。(2) 效益性。目前,智慧项目提供的产品和服务多为交通、民生、公共安全等城市公共物品,此类项目初期资本投入巨大,且在空间上高度集聚,必须降低行政成本提高综合效益。[⑤] 智慧城市建设在提升城市管理服务水平和改变人们传统思维方式上将产生难以计量的庞大潜在效益。(3) 创新性。

---

① C. Perera, A. Zaslavsky, P. Christen, et al., Sensing as a Service Model for Smart Cities Supported by Internet of Things, *Transactions on Emerging Telecommunications Technologies*, No. 1, 2014.

② 李德仁、邵振峰、杨小敏:《从数字城市到智慧城市的理论与实践》,载《地理空间信息》2011年第6期。

③ 于文轩、许成委:《中国智慧城市建设的技术理性与政治理性——基于147个城市的实证分析简》,载《公共管理学报》2016年第4期。

④ 辜胜阻、杨建武、刘江日:《当前我国智慧城市建设中的问题与对策》,载《中国软科学》2013年第1期。

⑤ 李德仁、邵振峰、杨小敏:《从数字城市到智慧城市的理论与实践》,载《地理空间信息》2011年第6期。

提供知识和信息服务,并加快知识的传播、积累和增值是智慧城市社会经济发展的目标内容,信息产业、高端制造业和服务业相应的是智慧城市的支柱产业。借助移动互联、云计算、大数据等新一代创新技术,城市将传统产业体系升级为智慧经济。创新性对重塑商业氛围也具有深远意义,城市的"智能"转变,一方面会提升城市公共设施的质量与服务,另一方面还将改进城市商业管理解决方案。①(4)系统性。智慧城市是一个由多个子系统机械式叠加啮合在一起所组成的复杂巨系统。IBM 在《智慧城市白皮书》中,将城市运行和发展归纳为组织(人)、商业、政务、交通、通讯、水和能源等 7 个核心子系统。IBM 对智慧城市的解决方案即围绕 7 个核心子系统展开探索。②"实时城市"(The Real-Time City)③是以数据收集为支撑,以数据分析为基础,通过发现城市生活和城市治理的新模式来支撑智慧城市发展。(5)协同性。根据"资源依赖理论",智慧城市的高度协同能力有助于各类组织创新地探索新型合作服务模式,如果各类城市信息得到高度共享和深度开发,智慧城市建设必将促进城市"服务经济"发展,实现政府向服务职能转型。智慧城市的高度协同发展将有助于在创新环境中共享公共资源、实现城市和区域创新生态系统可持续发展,以及促进主要利益相关者之间的伙伴关系和合作策略。④

三、智慧社区与智慧城市的关系

智慧社区与智慧城市的概念之间既有共性也有区别。具体说,两者在地理边界、建设运营主体、空间组织形态、建设规范标准、供需主体种类、主体间互动和参与等诸多重要方面存在差别。

（一）智慧社区与智慧城市

在传统意义上,社区是指聚居在一定地域范围内的人们所组成的社会共

---

① S. Zygiaris, Smart City Reference Model: Assisting Planners to Conceptualize the Building of Smart City Innovation Ecosystems, *Journal of the Knowledge Economy*, No. 4, 2013.
② S. Paroutis, M. Bennett, L. Heracleous, A Strategic View on Smart City Technology: The Case of IBM Smarter Cities During a Recession, *Technological Forecasting and Social Change*, No. 89, 2014.
③ R. Kitchin, The Real-Time City? Big Data and Smart Ubanism, *GeoJournal*, No. 79, 2014.
④ H. Schaffers, N. Komninos, M. Pallot, et al., Smart Cities and the Future Internet: Towards Cooperation Frameworks for Open Innovation, *The Future Internet*, 2011.

同体①，目前社会学家们给出的社区定义累计达140多种。总体上，社区是由具有某种互动关系和共同文化维系的群体，经由共同经营社会生活，使社区能够满足居民自身生存和发展的各种基本需要。

从政策的角度，社区是深入了解城市经济、文化、社会等各类问题的理想单元。由于互联网技术对城市科技创新和产业结构升级形成支撑力量，导致传统社区的结构、功能、服务、公共需求等形成新的演变。社区作为城市的细胞，随着社区网格化管理逐步成熟，首先在我国的超特大城市中已经针对城市智慧社区形成了一系列指导性文件和建设纲要。例如，在地方层面上，2012年和2013年北京市、上海市分别颁布了《关于在全市推进智慧社区建设的实施意见》《北京市智慧社区指导标准（试行）》和《上海市智慧社区建设指南（试行）》。在国家层面上，2014年，国家发改委发布《关于加快实施信息惠民工程有关工作的通知》，把推进社区信息化建设、建设智慧家庭综合应用平台、丰富家庭信息服务列为重点任务。2014年5月，住房与城乡建设部发布《智慧社区建设指南（试行）》，明确了我国城市智慧社区建设的总体框架和评价指标体系；2016年11月民政部、中央组织部、中央综治办等十余个部门联合印发《城乡社区服务体系建设规划（2016—2020年）》，力争到2020年，实现城市社区综合服务设施全覆盖，农村社区综合服务设施覆盖率达到50%。到2020年，基本公共服务、便民利民服务、志愿服务有效衔接的城乡社区服务机制更加成熟；社区综合服务设施为主体、专项服务设施为配套、服务网点为补充的城乡社区服务设施布局更加完善；网络连通、应用融合、信息共享、响应迅速的城乡社区服务信息化发展格局基本形成等发展目标。同时，明确加强城乡社区服务机构建设、扩大城乡社区服务有效供给、健全城乡社区服务设施网络、推进城乡社区服务人才队伍建设和信息化建设等多项工作任务，并从加强法规制度建设和标准化建设、健全领导体制和工作机制、加大资金投入、完善扶持政策和强化规划实施等方面提出保障举措。2014年8月，发改委、工信部、科技部、公安部等八部委联合印发《关于促进智慧城市健康发展的指导意见》，明确提出要创新智能建筑与智慧社区服务模式。由此，智慧社区逐步承载了社区发展与和谐稳定的基本功能，正式成为"十九大"以来政

---

① 魏娜：《我国城市社区治理模式：发展演变与制度创新》，载《中国人民大学学报》2003年第1期。

府解决人口、技术、治理、生态、安全、文化等城市突出问题的核心载体,成为政府建设智慧城市和推进我国城镇化、信息化建设的重要内容。

随着人们对邻里环境与社区生活质量(经济、文化、社区社会等问题[①])的重视不断提升,以及社区信息化、智能化设施日益普及,社区的生活功能已然成为智慧社区建设的核心,如何满足社区居民多样化与个性化的需求逐渐成为社区建设的重点。物联网、大数据、云计算等先进技术工具对公共服务的技术支撑和服务支持,对智慧社区的发展至关重要。在区域上,智慧社区与智慧城市的设计原则是不同的。社区的"智慧"体现在安全、信息多元化、优质服务和精细化管理方面。在社区智慧化研究方面,李(Li)从智慧化社区建设中物联网技术应用的角度,以技术辐射为标准,将智慧社区划分为家庭域(home domain)、社区域(community domain)和服务域(service domain),并构想了一些增值的智能社区服务。[②] 从智慧社区内部的服务和管理角度,街道社区光纤宽带的提供[③]、5G网络通信技术的覆盖[④]、小区门禁人脸面部识别[⑤]、有机垃圾分类及循环处理[⑥]、信息发布查询系统[⑦]、物业管理系统平台[⑧]、三表抄报系统方案[⑨]、机电设备监控系统[⑩]等的管理设备智能化,为智慧社区搭载了科技感,使居民生活更加安全便捷。

---

① A. O'connor, *Swimming Against the Tide: A Brief history of Federal Policy in Poor Communities*, Routledge, 2013, pp. 29-47.

② X. Li, R. Lu, X. Liang, et al., Smart Community: An Internet of Things Application, *IEEE Communications Magazine*, No. 11, 2011.

③ R. Bell, J. Jung, S. Zacharia, Broadband Economies: Creating the Community of the 21st Century, *Intelligent Community Forum*, 2008.

④ Q. Han, S. Liang, H. Zhang, Mobile Cloud Sensing, Big Data, and 5G Networks Make an Intelligent and Smart World, *IEEE Network*, No. 2, 2015.

⑤ 朱超平:《基于人脸识别的门禁系统设计与实现》,载《重庆工商大学学报(自然科学版)》2011年第4期。

⑥ 刘长安、赵继龙、高晓明:《养分循环代谢的城市可持续社区探析》,载《国际城市规划》2018年第1期。

⑦ 樊柳柳、焦俊一:《基于物联网技术的信息发布系统在智慧社区中的应用》,载《信息系统工程》2017年第11期。

⑧ 吴正锋、王峰:《基于智慧社区建设的物业管理创新发展思路》,载《安徽工业大学学报(社会科学版)》2016年第1期。

⑨ 傅松寅、王让定、姚灵等:《适用于多层住宅楼结构的无线智能水表抄表系统》,载《计算机应用》2017年第1期。

⑩ 李振宁:《论新型养老社区智能化工程关注重点》,载《建筑电气》2017年第4期。

（二）智慧社区建设的重点领域

智慧社区建设的目标是通过智能化的技术支撑，提升社区在居民自治和公共服务方面的功能与水平。智慧社区的建设重点与路径包括：

（1）治理：采用智慧化技术实时掌握社区动态，迅速定位邻里纠纷问题、社区矛盾冲突等问题；为城市社区居民自治系统提供技术支持，提高社区治理效率。

（2）文化：借助网络化、信息化等技术媒介与手段，营造丰富和先进社区文化，强化先进思想文化的传播能力，培育社区居民的信仰、价值观、行为规范。

（3）教育：借助云平台式的智慧教育，打造社区教育终身学习平台，引入先进培训机构，传承和培养社区良好风尚，提升社区居民适应现代化的综合素质。

（4）医疗：建设智慧社区医疗卫生服务系统，实时感知、获取居民身体健康状况；系统整合智慧医疗服务，集聚优质医疗卫生资源；支持社区开展医疗咨询、医疗救助、疗养、保健、康复等。

（5）保障：基于社区保障服务系统，利用信息技术建立社区数据库，收集居民衣食住行信息，为居民提供智能化服务，满足社区居民生活需求。以智慧社区技术支撑决策管理效率，降低运营成本。

（6）养老：建设智慧养老体系，利用传感交互技术和图像识别技术，实时感知社区老年人的生活护理和救助需求。如"想家宝"[①]推出可视化智慧养老平台和视频陪护机器人，增加便捷视频通话终端、增值服务入口、远程问诊、健康讲座，配套社区居家养老服务中心，开展针对老年人的养老护理服务、家庭医生服务、文化娱乐服务、老年金融服务和老年用品服务等。

（7）家居家政：整合网络家政资源和家政居家服务资源，借助信息家电智能化、设备自动化等手段，为社区居民的生活起居提供优质家政服务。运营信息技术手段，统一社区家政信息化服务平台，强化智慧家政的监管服务。

（8）商务：建设电子商务及其诚信担保系统；整合优质商家资源为居民提供可靠、便捷、高性价比的商务支持；实现社区消费者网上购物、网上交易和在线电子支付等综合服务项目。

---

① 资料来源：http://www.xiangjiabao.com/col.jsp? id=110,2018 年 8 月 30 日访问。

四、智慧社区功能界定及指标体系

（一）智慧社区的服务功能界定

通过资料搜集和现状调查研究,智慧社区服务功能体系主要涉及如表11-1所示。该体系基于智慧社区的服务领域、关键技术和日常管理,概括了我国智慧社区的整体结构,是社区智慧化程度综合评价的基本框架。

表 11-1 智慧社区服务功能体系

社区服务	服务内容	关键技术和渠道
智慧安全	安防、消防、应急疏散、紧急呼叫	出入口身份鉴别、入侵检测报警、视频安防监控、电子巡更、燃气泄漏报警、公共消防、家庭消防、应急广播、应急照明、应急导向
智慧交通	小区监管、周边导报	基于行为的社区网络识别技术
智慧商服	家政服务、周边商服	O2O家政服务
智慧教育	家长信息、远程教育、教育政策	名师资源线上教学、网络备课、学生学习终端实时反馈、推送相关学习资源
智慧医疗	预约挂号、紧急呼叫、协同医疗、远程医疗	居民健康档案、智慧医疗云数据中心
智慧娱乐	电视娱乐、网上娱乐	全息技术、传输网络和感应识别
智慧托儿	远程视察	视频监控
智慧养老	养老院服务、钟点工服务、护工服务、养老信息服务、走失定位、老年大学	可穿戴设备、远程诊疗
智慧物流	小区储物柜租用、物流信息查询、小区跳蚤市场、废旧物回收	嵌入式系统
智慧物业	基础设施、公共服务设施、房产信息、住户信息、安全保障、环境卫生、绿化养护、水电气暖计量	水电费远程计量、多网格综合服务、多渠道统一受理技术
智慧环保	空气质量监测、垃圾分类与外运、中水处理	智慧社区设施和环境集成监测技术
智慧节能	设备系统运行节能、电梯节能、照明节能	智能控制变频技术
智慧民政	婚姻、就业、低保社保、计划生育	互助服务技术、电子政务外网

(续表)

社区服务	服务内容	关键技术和渠道
智慧社团	业主委员会网站、居委会网站、民间社团网站、网络社区	ICT基础设施、认证、安全等平台和示范工程
智慧缴费	缴费信息查询通知、边界缴费、报刊订阅	二维码和移动支付
智慧家居	家居安防、家居控制、智慧家电、智慧互联	综合布线技术、网络通信技术、安全防范技术、自动控制技术、音视频技术

资料来源：本书作者自行整理。

（二）智慧社区评价指标体系

现有的国内外智慧城市评价指标体系有多个版本。例如，国际物联智慧城市指标评价体系、欧洲智慧城市（European Smartcities）评价体系、浦东智慧城市评价体系、南京智慧城市评价体系、TC10 WG1支持智慧城市的泛在物联环境指标评价体系等。基于此，我们依据智慧社区的服务范畴和现有关键技术，设计我国当前智慧社区的综合发展水平测评体系。指标体系包括统筹社区信息化发展水平、规划智慧化发展理念、社区数字化程度、人文关怀与现代科技、绿色低碳、基本公共服务智能化等。

1. 智慧社区基础设施

表11-2　智慧社区基础设施调查

网络宽带建设水平	光纤接入覆盖率（%）
	无线网络覆盖率（%）
	户均网络宽带率（%）
	宽带用户普及率（%）
绿色基础设施	居家养老场所（有/无）
	医疗健康场所（有/无）
	文娱教育场所（有/无）
	社会应急设施（有/无）
感知基础设备（数据）	环境传感器（① 大气和水实现自动化定时检测的比例；② 重点污染源的信息化监控比例）
	安防传感器
	短距离无线传输设备
	视频采集、条码识别、射频识别

(续表)

云平台和数据库	政府服务平台
	公共服务平台和商务服务平台
	数据安全指数
	服务企业的百分比

资料来源：本书作者自行整理。

2. 智慧社区公共管理和服务保障

表 11-3　关于智慧社区公共管理和服务保障的访谈

政府服务保障	行政审批事项网上办理水平(问答)
	政府非涉密公文网上流转率(问答)
运营服务保障	服务保障体系(问答)
信息安全保障	信息审查体系(问答)
服务评估	满意度评估(问答)

资料来源：本书作者自行整理。

3. 智慧社区居民主观感知

表 11-4　智慧社区居民生活感知的满意度评价指标

生活便捷感	交通信息获取便捷度
	各类医疗信息获取便捷度
	政府管理服务相关信息获取便捷度
生活安全感	食品药品安全的电子监控满意度
	环境安全信息满意度
	电子交通安全满意度
平台服务	社区手机 APP 满意度
	云服务平台满意度
	社区多屏信息平台满意度
	数字电视平台满意度

资料来源：本书作者自行整理。

第二节　我国智慧社区的现状及问题

一、智慧社区的发展现状

（一）国外发展现状

在此，结合国际上在建和已经建成的智慧社区案例，为我国营建智慧社区提出建设性的意见和经验。

第一，导入智慧化的技术手段，基于管理数据和服务数据分析，加强源头把控，将潜在危机遏制在萌芽之中。

日本东京针对社区碳排放控制，在 2008 年推出"绿色东京大学计划"[①]，利用信息技术以智能和智慧的方式降低电能消耗，减少碳排放量，改善社区环境。该计划以东京大学工程院信息网络为样板实验平台，利用传感器等先进元件及 IPV6 下一代互联网协议平台，将建筑内的空调、照明、电源、安全设施等子系统联网，形成兼容性综合系统并进行智能数据分析，实现对电能控制和消耗进行动态、有效地智能化配置和管理。

2017 年 10 月，在加拿大多伦多市，由 Alphabet 投资的城市创新实验室（Sidewalk Labs）和多伦多湖滨开发公司（Waterfront Toronto）正式宣布合作开发 Quayside 地区，并将这个项目命名为"Sidewalk Toronto"，标志着全球瞩目的"谷歌的未来智能社区"正式落户多伦多。这个社区的另一大亮点是完全智能和立体的公路交通。社区内将禁止私人车辆，取而代之的是自动驾驶的公共汽车、冬天可以加热的自行车道。为了利用竞争提高用户体验，社区还将测试各种类型的自动驾驶汽车。除了地面上的公路以外，交通系统还集合包括电缆、水管、运货机器人行走的通道等。

美国纽约市的大学则致力于通过教学推进信息化在城市社区管理中的应用。力争通过物联网等信息技术实现其连接全球各个社区的战略目标。纽约在全市范围内广泛推行 E-ZPass 电子不停车收费系统，这种收费系统每车收费耗时不到两秒，而收费通道的通行能力是人工收费通道的 5 到 10 倍。

第二，通过城市智能互联，加强从信息过滤、优化、定制到分析预测的系

[①] 赵经纬：《东京：树立物联网、低碳信息化样板》，载《通信世界》2010 年第 17 期。

统构建，提供应用型的智慧解决方案。

美国某城市结合 IBM 的智慧城市平台采用了智能井盖，提前应对强降雨天气给市民带来的影响。该城市部署了 44 个智能井盖，每 5 分钟就往运营平台发送一次数据，包括水位、流速和水温等。同时，该系统还整合了气象信息、城市管网拓扑信息、交通信息等。智能井盖可以通过时间段数据分析管道拥堵状况，并将这些井盖的定位标示在地理信息系统的管网拓扑上，同时显示附近维修检测车辆的位置和排班，运营中心再根据这些支持信息合理地安排维修，将强降雨带来的危害降到最低。

思科的智能互联城市是利用智能网络的各种功能将人、服务、资源和信息整合到一个全面解决方案中。通过网络作为基础的服务交付平台，思科及其公司合作伙伴能够为家庭、单位、学校、医院、商场、运动场馆、出行服务机构和政府部门提供服务，推动经济、社会和环境的可持续发展。如思科的办公室解决方案，对员工出差时的空座位进行动态调整，将座位利用率提高 30%—50%，提高了写字楼的利用率和运营经济性。

惠普城市 2.0 的 IT 生态系统方案，通过 IT 基础设施与城市基础设施的有机结合来实现精确的资源按需分配，其直接目的是使用更少的资源来建造和运营基础设施，重建并优化原有的基础设施，以应对全球气候变化和低碳经济的挑战。惠普研发的可持续发展的绿色数据中心，将从数据中心设计、设施管理和 IT 服务管理三个方面着手，使数据中心在保证客户服务质量的前提下，实现总成本降低 50%、碳排放减少高达 75% 的目标。此生态系统针对生活小区内部的设计，如将雨水收集储存起来，再进行小区绿化浇灌的循环使用，据计算可以节约水费 30%。

表 11-5　国际大都市智慧社区发展现状

国际大都市	社会公共服务应用	城市建设管理应用	绿色城市建设	信息化基础设施
维也纳	智能能源愿景 2050 年、2020 年道路计划、2012—2015 年行动计划（低碳减排）	城市交通总体规划和电动交通计划	城市供暖和制冷计划、"市民太阳能发电厂"计划	维也纳电力供应商 Energie 地下电缆构成（约 83%），其他 17% 的电力网络则由架空网络完成

（续表）

国际大都市	社会公共服务应用	城市建设管理应用	绿色城市建设	信息化基础设施
多伦多	在线教学、在线研讨会、视频会议等远程教学实现网上授课和进行各种业务培训	"发现之旅"的生态网络和步行系统	大力推行"LED节能照明城市"行动、新型科技天然气引擎环保节能垃圾车	每秒100兆光纤设施覆盖湖滨East Bayfront和West Don Lands地区内的所有建筑
巴黎	单车自由计划、电动汽车共享计划	城市地籍和地下管线管理的GIS系统	巴黎2050智慧城市绿色构想	智能巴士亭、智能广告牌
纽约	2030年将纽约建成"21世纪第一个可持续发展的城市"	纽约市规划计划	纽约绿化屋顶减免地税，完善的公共交通系统	纽约城市IT基础设施服务行动
伦敦	"数字之都"——欧洲网络最畅通的城市	启动"Oyster"非接触式借记卡，方便市民支付80%的公共交通服务费	贝丁顿社区——低碳可持续发展社区	3-D数据库、伦敦数据仓库、伦敦仪表盘
东京	"东京无所不在计划"主要采用泛在的ID识别技术，将东京市内所设"场所"及"物品"赋予识别码	智能化高速公路	"绿色东京大学计划"将建筑内的空调、照明、电源、安全设施等子系统联网，进行智能数据分析	东京银座购物区试验计划，游客或消费者的手持式接收器配有3.5寸OLED触摸屏，具备RFID识别、红外线扫描、429MHz无线传输Wi-Fi及蓝牙
香港	"医健通"、公私营医疗合作——医疗病历互联实验计划及电子健康记录互通系统	综合型的GIS系统，包括基本制图、专题信息、城市规划信息和地理信息检索等子系统	香港智慧城市蓝图	香港政府Wi-Fi通
新加坡	综合医疗信息平台、"未来学校"项目	公共安全监管体系规划将提高整个城市综合安全防范与治安监控的整体技术性能和自动化	智慧垃圾分类处理——"零"垃圾埋置	制定统一的信息互联互通和数据共享交换的标准、统一组织业务平台及应用系统，以及系统集成互联互通和数据共享交换通信接口的开发

(续表)

国际大都市	社会公共服务应用	城市建设管理应用	绿色城市建设	信息化基础设施
巴塞罗那	利用传感器技术,通过传感器发回的数据信息,智能化地做出响应,实现信息化应用整体水平的极大提升	智能灌溉控制系统	能源替代、运输管理以及绿色建筑的新绿色城市运行计划	721个Wi-Fi热点让市民随时随地获取网络服务、超过300公里的光纤和基础城市管理模型的集约化信息应用技术

资料来源:本书作者自行整理。

(二) 国内发展现状

上海在智慧城市建设"十三五"规划前,已连续发布"2011—2013""2014—2016"两个三年智慧城市行动计划,形成了相对完整的智慧城市建设顶层设计。2016年,上海市人民政府正式印发《上海市推进智慧城市建设"十三五"规划》,按照该规划,到2020年,上海信息化整体水平继续保持国内领先,部分领域达到国际先进水平,初步建成以泛在化、融合化、智能化为特征的智慧城市。这是上海延续编制了三个信息化五年规划后,首次改为智慧城市五年规划。

这份规划的第5条关于推进区域示范,打造智慧地标中提到,建设智慧社区需要促进市民服务便捷化。2018年,上海社区新建500家智慧微菜场,将线上生鲜下单人等货的现象,以及需要送货员精准送货到家的人力浪费,都通过储物柜(有常温、冷藏、冷冻等功能)自提点的形式加以解决,节省了双向人力时间。同时,社区智慧微菜场的部分菜品是通过上海市商务委员会牵头的扶贫项目而入沪的云南、贵州等地区的17个蔬菜基地的农产品。微菜场全年累计为当地86户建档立卡的贫困户增收近52万元,平均每户增收6046元。[①] 智慧社区微菜场节省了小区住户的等待时间,同时也为贫困户带来了实在的经济收入。

人脸识别技术也逐渐成熟且出现在上海的部分小区中,如安装在社区门

---

① 《2018上海将新建500家"社区智慧微菜场"》,https://sh.focus.cn/zixun/4d26ac4230415997.html,2018年8月30日访问。

口的智能系统在完成对进入社区人员的信息采集后会自动分析处理,已录入的人口信息中持续一段时间未在社区出现,系统会推送信息提醒社区民警上门核查,而未录入信息的人员连续多日出现在社区,同样会提醒民警上门核查。而如果系统监测到超过一定数量的陌生人连续进入同一楼洞则被判断为有群租嫌疑,独居老人连续三天未出门系统也会发出警报。智慧社区连接着泛感知设备,包括门磁、烟感、智能井盖、微卡口、智能门禁,以及道路监控等实时传感设备,形成了社会面的综合感知。[①] 门禁异常开启或破坏,窨井盖丢失或移位,消火栓失压或故障,消防通道占用均会发出报警,社区的设施都装上了感应芯片,出现异动就会向平台报告,及时消除隐患。新型的智能社区安防产品,融合当下创新驱动、转型发展的时代背景,充分展示了社区智能安全解决方案。

二、我国营建智慧社区的现状

(一) 智慧社区的公共服务

整合政府部门、居委会、物业公司、企业、居民等社会服务资源,通过智能化决策,运用IPTV(交互式网络电视)、数字电视、智能移动终端等承载智慧社区公共服务的载体,实现社区服务个性化、智能化推送。上海陆家嘴智慧社区公共服务平台的IPTV电视中,不仅涉及网络电视功能,还提供了社区服务、文化活动、周边交通、便民购物、菜价查询、健康医疗、公共教育、信息公开等功能选项。我国在推进智慧社区公共服务的过程中,需要克服社区公共服务碎片化的问题,智慧社区如何将公共服务的资源进行合理分配,实现从信息化到智慧化的过渡,是当下智慧社区重要的技术变革方向。此外,还应通过智慧化手段显示居民的需要和价值诉求,以信息化手段汇集民智,形成公共思维,提升公民参与自治的意识,打造群策群力的智慧社区公共服务。

(二) 智慧社区的需求分析

智慧社区旨在利用各种智能技术和方式,整合社区现有的各类服务资源,满足社区管理服务及发展的各种需求,为社区各类群体提供现代政务、商务、文化服务、远程教育、家庭医护及生活互助的多元社区服务。李志清对广

[①] 王喜富、陈肖然:《智慧社区——物联网时代的未来家园》,电子工业出版社2015年版,第9—12页。

州越秀区、天河区、荔湾区的社区居民进行了问卷调研,发现79%的居民认为社区物流不够普及和成熟,电子商务和农产品及订餐服务比较需要,安防与综合监管非常需要;年纪越轻的用户对于智慧建设的软硬件的学习和接受程度越高。① 从调查数据来看,年纪越轻的用户获取信息服务和智慧社区设施的渠道和方法越多,不会集中于某种渠道和固定方式。至于中老年人,智慧社区能够为其提供与居家生活有关的信息。因此,管理者对智慧社区的用户需求,需要根据不同的社区作出相应的调整,实现技术与管理制度实时跟进配套,制定符合不同社区、不同人群的个性化需求满足方案。

(三)智慧社区的管理创新

在日益多元化的社区社会中,为了构筑多元合作的创新模式,在社区层面实现政府、企业、公民的良性互动和共同治理,政府必须寻求新的治理理念和服务模式,与企业、公民形成良性互动关系。在智慧社区建设中,管理创新将带来企业和商业模式的创新,包括政府主推、运营商主推、厂商主推等。良好的商业模式保障了智慧社区建设的运营资金。维系运营资金不仅需要政府作为管理主体发挥主导作用,还需要其他的多元主体参与其中。基于多元主体的协商共治和管理手段的创新,能有效整合社区商业服务、安全保障服务,并通过各类终端平台推进各种智慧服务的提供。

三、我国营建智慧社区中的主要问题

(一)顶层设计的管理理念欠缺

智慧社区出现的时间较短,从市场上相关的智慧社区服务产品来看,目前尚未形成统一的行业产品标准和行业服务体系。智慧社区的各个应用模块,如智慧医疗、智慧教育、智慧商务、智慧安防等,都基本处于条块分割的状态。承接服务类项目外包的是各具特色和行业专长的企业。为了有效地整合利用外部的"零散"资源,国家层面的战略顶层设计和地方层面对智慧社区的整体规划两者都必不可少。

(二)智慧社区建设标准不统一

目前,全国各地纷纷跟进中央文件,加快城市的智能化、智慧化、信息化

---

① 李志清:《广州智慧社区综合服务平台的需求调查研究》,载《物联网技术》2017年第11期。

建设,各城市的智慧社区如雨后春笋般涌现。在智慧社区的建设过程中,各地政府依据不同的区情特点与条件,在整体规划、建设周期、技术标准等方面各有不同,导致各地区文件规划的标准各有千秋,存在差距。2013年,上海市出台的《上海市智慧社区建设指南(试行)》中,将信息化基础、设施网络化、居民生活便利化、社区管理与公共服务信息化、小区管理智能化、家居生活智能化等作为重要的建设内容。2013年,北京市在《智慧北京行动纲要》中提出,社区建设的目标就是在社区生活中实现政务高效、服务便捷、管理睿智、生活智能、环境宜居的新业态,实现5A模式"智慧社区、美丽家园、幸福生活",使"任何人、在任何时候、任何地点、通过任何方式、得到任何服务"。同年,住房与城乡建设部住宅产业中心对智能小区制定了建设导则,对智慧社区进行了星级的评价分层。

(三)社区多元主体协同力较弱

在微观层面上,对智慧社区的治理是基于基层政府部门、第三方组织和居民自组织机构之间的合作治理。三者协同治理的关键在于,平衡社区的服务供给和居民需求,通过整合行政机制、社会机制和市场机制,形成一种公共服务的复合供给模式,使服务更加人性化、差异化和个性化。智慧供给应以现代信息化技术为基础。在社区公共服务的供给过程中,街道办事处(政府办事机构)、业主委员会(居民自组织)、物业公司(第三方服务)等,通过合理运用技术进行主体间的有机融合,建立智慧化的公共服务供给流程,不断提高公共服务的供给效率和质量水平,为社区居民提供精细化、个性化、智能化的服务内容和项目。在全触化感知的物联网社会中,智慧化信息手段会增强传统社区的治理效率。例如,通过对数据信息进行分析,可以为面向不同群体和不同偏好的居民的公共服务供给提出改进意见,这将极大地改善社区内多元主体间的协同力和社区相关事务的执行力。

(四)智慧人才缺失与软件建设不足

在信息化时代,自动识别、传感器、遥测遥感、无线传输等技术逐渐被应用于基层社区中,实现了人与人、人与物、人与城市间的全面感知和互通互联。然而,在技术迅猛发展的背景下,智慧人才的稀缺性变得日益显著:第一,同时在社区治理和数据分析两个领域都非常出色的核心技术人才和智慧社区建设的引领者十分匮乏。第二,知识结构和业务侧重覆盖基础设施、信息资源、应用服务、安全体系、标准规范等,在科学技术、人文素养、环保理念、公共价值等领域具备较高素质的社区新型管理者和复合型智慧人才十分稀缺。第三,懂得城市复杂巨系统运行特征,具备工程思维优势和高水平规划能力的顶层设计者和统筹者非常欠缺。第四,能够统筹各级政府、企业和社会各方面资源,具有极强协同合作治理能力开展智慧社区建设的高端组织人才也非常不足。

第三节 我国智慧社区的规划与营建

20世纪末,西方发达国家的"社区复兴"运动[①],通过自下而上的方式带动社区居民参与基层治理,建设政府与社区的合作伙伴关系,以此恢复社区活力、推动政府改革和社会发展。作为生活共同体,社区治理涉及国家与社会、国家与公民的关系调整。中国大陆的社区建设始于20世纪90年代,到2000年,国家民政部发布《关于在全国推进城市社区建设的意见》,从此社区建设开始在全国范围内推广。在全球化、城市化和信息化时代,作为新兴的社区发展模式,智慧社区结合了"互联网+"、大数据、云计算、物联网等新兴技术,极大地改善了传统的社区管理手段,提升了社区治理绩效水平。智慧理念和新技术的实践应用,对我国城市社区治理和公共服务模式实现向"共同体"的价值定位、推行整体性治理和实现合作治理的供给模式都将发挥出积极的推动作用。

智慧社区的应急管理,是在充分利用新兴信息技术的基础上,通过统筹规划人力、物力等资源,实现社区公共治理能力的智慧化和治理体系的现代化。社区应搭建一个综合管理的智慧平台,对社区内潜在的危险源和危险预警进行监控,实现大数据与智能决策系统有机配合和高效的人机信息交互。应对基层社区突发事件的传统方法大多是经验式决策,缺乏科学依据和数据支持。智慧社区的智能性和新技术支撑,实现了社区的资源、服务、信息和项目的多平台交互和多终端同步,一方面,通过数据挖掘分析,可以支撑社区管理者或第三方及时、快速、有针对性地采取应对措施;另一方面,基于物联网、

---

① 吴晓林、郝丽娜:《"社区复兴运动"以来国外社区治理研究的理论考察》,载《政治学研究》2015年第1期。

大数据、"互联网＋政务"等综合技术应用平台，可以辅助管理者进行信息科学决策。同时，智慧社区的应急管理避免了传统应急主体力量分散、缺乏联动性的弊端，通过无缝隙链接，实现了多主体协同应对突发事件的一致性和协调性。当前，智慧社区的治理主要集中于政府和非政府组织面对社会经济挑战时的相互合作，它关注的是怎样的集体行动能满足与此相关的治理模式转变。智慧社区建设，一方面，要充分考虑社区管理者和需求主体间的互动；另一方面，智慧社区的运行机制要加快实现设施数字化、手段智能化、理念智慧化。

一、我国智慧社区思想、路径、方法

《中共中央国务院关于加强和完善城乡社区治理的意见》在"增强社区信息化应用能力"中指出，提高城乡社区信息基础设施和技术装备水平，加强一体化社区信息服务站、社区信息亭、社区信息服务自助终端等公益性信息服务设施建设。加快互联网与社区治理和服务体系的深度融合，运用社区论坛、微博、微信、移动客户端等新媒体，引导社区居民密切日常交往、参与公共事务、开展协商活动、组织邻里互助，探索网络化社区治理和服务新模式。

智慧社区建设的目标是，以系统性和战略性的定位，将社区内部所有的人、物、房、事、单位、楼宇等静态和动态信息全部汇入社区综合信息库，利用数据分析助力社区建设。如将身份认证、活动积分、社区生活等全部纳入市民卡，通过"一卡通"的方式，在智慧社区内实现门禁管理、商品折扣、远程挂号、停车管理、学习课程等，提升社区居民生活的便捷化和多样化。此外，智慧社区也被视为提供养老服务、防止老人走丢、灾害预防、应急管理等公共管理与公共服务的重要平台。智慧社区的服务系统主要包括社区基础信息管理系统、社区交流服务系统、社区电子商务系统、物流服务系统、社区物业及综合监管系统、社区电子管理信息政务系统、社区智慧家居系统、社区医疗卫生管理信息系统、社区家政服务系统、决策支持系统等。①

二、新时代我国智慧社区的总体架构

针对我国智慧社区的发展历程和主要问题，结合国外智慧社区的优质技

---

① 王喜富、陈肖然：《智慧社区：物联网时代的未来家园》，电子工业出版社2015年版，第204—250页。

术和管理经验,我们设计了新时代我国智慧社区的总体发展架构(见图 11-1)。首先,通过对社区服务功能进行总结概括,针对社区的整体服务体系和指标测度,从社区基础设施、社区公共服务和居民主观感知三个维度,对

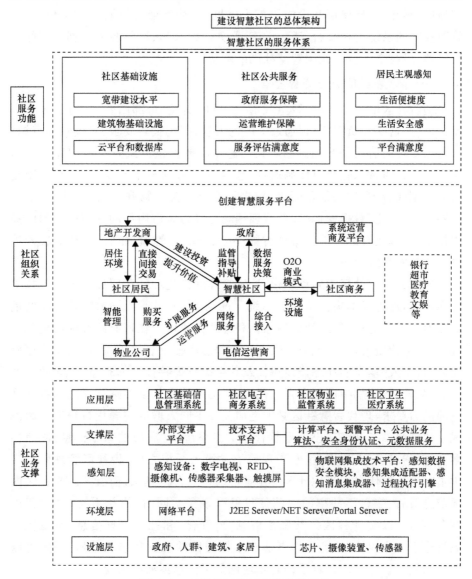

图 11-1　我国智慧社区总体发展架构

资料来源:本书作者自行整理。

社区的基本服务提供和基本功能定位进行提炼归纳。其次，从社区组织关系，如政府（多级）、电信运营商、物业公司、社区居民、地产开发商、社区商务与智慧社区之间的联系上，分析智慧社区的内部如何运行。最后，以应用层、支撑层、感知层、环境层和设施层五个维度，从社区业务及服务支撑角度，对智慧社区的系统工作平台、感知设施、服务数据采集、网络服务数据存储等进行描述，最终全面设计我国智慧社区的新架构。

（一）智慧社区管理资源整合

随着社区电子政务和"智慧政府"项目的实现，跨部门合作、与社区合作变得可行、透明和负责任；再通过平顺的流程、简化报告要求、有效管理资源，又可以实现向居民公开相关的决策信息。服务提供方式是政府职能转变的标志之一。通过深化政府体制改革、整合社会管理与服务职能，将有助于建设智慧型政府、实现精细化管理、推进社会化服务。物联网、云计算、移动互联网、人工智能、数据挖掘、知识管理等既可以为城市内部的管理职能部门提供技术支持，还有助于推进实现智能办公、智能监管、智能服务、智能决策等电子政务的高级形态。

要构建支撑社区规划动态化、社区管理网格化和社区服务精细化的技术标准体系，首先要解决技术标准不统一的问题，实现不同技术体系之间的耦合互通和无缝对接，促进社区信息化和智慧化建设。在现有的社区网格化管理中，除了依据人口、建筑或空间面积等静态数据信息之外，区块的划分理应充分结合"人"本身的动态群体特征及其组织行为特征。如智慧养老、商务办公、智慧教育，分别指向老中青三代人，其动态性和复杂性远远超过网格化管理的能力要求，现代智慧社区必须更加关注不同人群的差异化特征和行为模式。如杭州市三墩镇建设了智慧管理信息系统，将居民的基本信息、诚信档案、互动情况、好人好事、负面表现等信息录入系统之中，为社区管理服务提供了基础数据信息。当地社区工作者可通过平台信息系统，有效阻断社区内部信息滞后、信息不共享的内部信息壁垒现象。同时，依托系统中的"智连线"平台，可以实现社区公共服务信息"公开化"和社区管理信息"智慧化"。通过这个工作模块，社区工作者能够掌握居民的意见信息，对居民问题可以及时回复。智慧管理信息系统有效地避免了信息孤岛的出现。

（二）智慧管理理念和智慧信息技术

对智慧社区的技术层面而言，基于行为的社区网络识别技术、时空数据监测与采集技术、时空数据集成与挖掘技术、决策支持与个性化信息发布技术等四种居民生活数据的主要采集形式,是实现社区服务智慧化的重要保障。社区技术标准与众多提供技术支撑的平台之间能否切实有效地提升智慧社区管理效率,是另一个重要的技术支撑。随着与移动通信技术和管理信息系统的结合,在社区建设中,社区居民实现了参与社区规划编制、参与社区设计方案和对社区管理服务反馈建议,由此提高了社区居民自治的参与深度。再者,现代定位技术使得对社区居民时空行为的动态数据监测与捕捉成为可能。借助居民行为特征类数据生成的自动化、共享化与智慧化,以及时空行为模式的分析与需求挖掘,可以针对不同地域居民的不同需求,分别制定不同的技术标准和形成差别化的服务侧重领域。

物联网技术包括了无线传感网络技术和近程通信技术,如 RFID、传感器、ZigBee 技术、中间件技术、嵌入式技术、定位技术等。传感网络技术指使用由带有传感器的设备组成的,在空间上呈分布式的无线自治网络,来量化温度、气体浓度、重力变化等外部世界的物理特征和化学特性。近程通信技术是新兴的短距离连接技术,从无接触式的认证和互联技术演化而来。RFID、蓝牙、Wi-Fi、ZigBee 等是其中的重要代表。组建无线传感网络是物联网的重点之一,而 ZigBee 则是无线传感网络的热门技术之一。ZigBee 技术是一种近距离、低复杂度、低数据速率、低功耗、低成本的双向无线通信技术。它是主要应用于家庭自动化、消费类电子产品、工业控制和医疗传感器等领域中的无线传感器网络新技术,可以满足对小型廉价设备的控制和无线联网。在家庭自动化方面,通过对电视、电灯、空调、窗帘等设备装载 ZigBee 模块,用户可以在家中或者通过家庭网关与电信网结合,远程对其进行无线控制。在嵌入式技术上,如远程医疗系统,在对生理数据采集、无线通信、医护人员跨地域诊断的系统模式研究中,以及在社区医疗服务的实际应用中,开发了内嵌到远程医疗系统中的医疗服务平台[1],以帮助社区医疗服务通信、智能诊断系统和搭建医疗辅助系统。

---

[1] 李航:《基于嵌入式技术的社区医疗服务平台的研究与设计》,昆明理工大学 2016 年硕士论文。

云计算的智慧社区相关技术,主要涉及虚拟化技术[①]、分布式存储[②]、并行计算技术、数据管理技术、弹性扩展技术等。虚拟化技术可以运用于构建社区云平台,基于这种技术的云服务数字化社区,可以将各部门独立的信息资源和信息平台的建设转向服务资源整合、服务模式创新。在提高现有社区云平台的处理能力和计算效率上,使用分布式存储技术能够在满足智慧社区具体需求的基础上,给出基于云计算的智能社区整体架构方案。

(三)政府监管和基层居民自治

信息时代的技术革命日新月异,互联网舆论和政策民意传播变快,居民的权益诉求不断加深("自下而上"),政府的管理诉求("自上而下")和行政化也在不断改观。社区治理便是"自下而上"和"自上而下"两个诉求关系链的一个衔接点。智慧社区治理的关键是在智慧社区模式与社会自治关系中,找到政府合理放权和居民高度自治的平衡点。

随着先进技术的嵌入,"互联网+"的应用与社区治理服务结合得愈发紧密,使得社区治理能力获得更大的提升。伴随智慧型社区的不断涌现,技术将越来越多地被运用于社区事务之中。社区治理在数字化、智慧化的支撑下,开始重新整合社区资源,重构社区秩序。在推进城市硬件、软件建设的过程中,城市治理追求公平、参与、回应、有效及透明性等理念,这些与去精英式、去贵族式的协商理念如出一辙。随着政府职能转变和居民智慧社区治理意识的日益紧密结合,最理想的智慧型社区治理模式,将是政府力量和社会多元主体的力量,以合作的态势开展协商共治。例如,在上海市静安区石门二路智慧社区的建设过程中,该街道与众多科技企业展开合作的情形。合作治理是公共权力和民间力量共同参与管理公共事务的一种模式。合作治理是现代政府与社会力量,通过面对面的合作方式,组成的网状管理系统。[③] 在未来智慧社区的发展方向上,技术已非难题,关键是通过多元化治理,让居民享有高度自治,让政府部门与技术企业协商联合搭建公共服务平台。令居民的诉求与政府和社会多方提供的优势资源实现完美匹配,才是智慧社区的根

---

① 王燕:《基于云服务的数字化社区云平台的设计》,载《计算机技术与发展》2013年第6期。
② 杨毅:《基于云计算的智慧社区管理平台关键技术研究》,载《自动化与仪器仪表》2017年第4期。
③ D. F. Kettl, *Sharing Power: Public Governance and Private Markets*, Brookings Institution Press, 2011, p. 22.

本愿景。信息技术已不再是瓶颈,能否准确及时地解决社区中的各类现实问题,才是社区居民最为关心的事情。

(四)基于资源重构视角的智慧社区自组织

哈肯(Haken)认为,如果一个系统在获得空间的、时间的或功能的结构的过程中,没有受到外界的特定干预,这个系统就是自组织的。① 智慧社区的资源有现实资源和潜在资源,或者显性资源和隐性资源等不同类型。我们从资源整合和再配置的角度,探索如何实现智慧社区的社会活动方式和资源的高效和优化组配。具体的,结合众包、共享、O2O 等商业模式和文化、教育、社区医疗等组织行为,探讨在资源配置过程中,智慧社区的商业活动和公共服务如何能实现自组织完善。

随着社区经济和市场的崛起,用户需求导向将成为智慧社区发展的重点目标,为此,需要在社区基层培育各类正式或非正式的社区民间组织,组建业主组织,成立营利和非营利性社区专业服务机构,建立社区志愿者队伍、社区公共服务协会,通过整合各机构的资源优势,满足社区居民多方面、多层次的需要。

1. 智慧社区的商业活动

社区活动是社区生活的基础内容。社区活动一般由街道牵头、物业组织宣传、业主参与互动三部分组成。另有一些城市媒体、公益机构、商业公司等其他机构参与社区活动的策划。社区商业活动最重要的是规范产品和服务,一场好的社区商业活动可以产生火爆的人气,形成一定的市场效应,进而提升人气,为社区居民的日常生活注入活力。

面对当下流行的 O2O 互联网商业模式,互联网公司的态度是:"最后一公里"②需要从内部打破,建立社区服务的生态环境,解决业主的物业收费、水电煤收费、商品配送乃至建立邻里社交场景。然而,当前社区的实际情况包括:一是社区的开发商和物业公司的普遍态度是严把小区门岗,将"入口"作为索取收费的条件;二是社区物业的数据不能共享,社区 O2O 模式拿不到想要的"数据";三是物联网公司的数据也不联通;四是现有的诸如支付、外

---

① H. Haken, *Information and Self-Organization*, Springer Berlin Heidelberg, 2006, pp.10-12.
② 陈丽:《O2O 模式下"最后一公里"的困境及对策研究》,载《物流技术》2015 年第 20 期。

卖、电商等平台已经冲击到了社区O2O的业务。

对于这样的现状，开发商、物业、社区O2O公司以及物联网公司等，面对的最核心的问题是基于社区O2O的社交场景的体现。例如，近几年兴起的微信朋友圈和支付宝好友圈移动化后的信息变成了碎片化；从PC时代的业主版，到QQ业主群，再到微信群，行为组织的演化充分说明了社交对于业主的重要性。智慧社区的O2O商业模式，首先搭建社区层面的O2O平台，然后提高平台的运营能力。其中，物联网公司提供底层数据和智能硬件，物业公司提供服务。社区线上线下的商业模式平台，改变了传统居民"两点一线"的生活方式，将工作、家庭、社区与居民间的"多点一线"，通过社区内的物联、传感、收集的硬件等设备，进行信息交互、传输、处理，通过O2O平台解决与生活相关的全部服务。

当前，我国的共享经济非常活跃，领域非常广泛，涉及住宿共享、餐饮共享、办公共享、知识共享、技能共享、众包物流、玩具共享、数据共享、单车共享等。在共享经济的环境下，有些项目与社区运作息息相关。但共享经济在提高社区居民的生活便利性的同时，也会增加城市的管理成本。因此，必须及时加以规范并制定合理的行业规制和监管政策；必须加强对居民进行公共宣传和规范教育，规范居民的使用行为。只有管理好市场，共享经济的市场潜力才能越来越大。

在当下智慧社区的发展中，众包商业模式的任务是，利用现有民间组织进行资源的整合重构，通过集体智能、大众智能传播知识，为社区创造发展条件。从智慧社区的市场发展现状来看，业主端市场的众包市场空间较小，B端物业市场的众包已经成为趋势。众包市场是指B端公司的任务由C端个人或者小B端来承接。在大市场的环境下，必须有足够多的B端公司发布众包任务，众包模式才能得以形成。在城市社区市场中，物业公司是主要的B端公司，物业公司通常都会将基础工作进行外包。如国外中高档社区会将保洁、保安、维修、绿化等服务业务外包出去。互联网将智慧社区的组织边界由传统的地理上的空间边界向外扩大了很多。在本质上，无论城市社区服务是众包还是外包，都是从社区辐射和影响到的外部地区中获取资源，弥补本地社区服务资源的缺陷和不足。例如，居民可以使用"e家政"APP，自主预约时间和项目，让家政人员上门做各种各样的家务，如擦窗户、擦地、做饭等。

2. 智慧社区的规模化

在凝聚力相对较弱的社区,社区的文化建设和社会活动,对调节社区日常生活、提升社区氛围、改善居民之间感情、增进相互交流促进的机会,进而形成"我爱街道,我爱社区,我爱我家"的递进关系具有重要的促进与保障功能。社区文化建设与精神文明活动在居民生活中的地位作用越来越重要。而社区教育是社区文化建设的根基,因此政府应加快推动社区教育市场和公益事业的发展。

"看病难"的医疗问题一直是我国特大城市"城市病"中的关键环节。有市场分析机构预测,到2020年我国社区医疗收入有望达到3600亿元。近两年,我国社区医疗环境得到了较大的改善。一是得益于政策上的突破,政府部门除了指导各大医院积极组建社区卫生服务站之外,还积极组织社会企业进入社区市场开展市场化竞争。二是在整合了"互联网＋医疗"市场,而且线上互联网医疗遇到瓶颈后,互联网类的各大医疗服务公司纷纷尝试以社区医疗为手段扩大市场规模。三是各大房地产公司和物业公司纷纷投资社区医疗服务的配套设施建设,以提升房地产开发公司的市场竞争力。四是社区医疗O2O的出现,促进了整个医疗服务界的传统模式变更,以"小病进社区、大病到医院、康复回社区"的理念,建立网约医生回访上门、远程医疗、居民随访中心、慢病管理中心等社区层面的服务。

第四节 我国智慧社区的运营、维护与保障

一、我国智慧社区的运营模式

目前,我国有接近200个城市正在进行智慧城市的试点和实验。就单个城市而言,例如北京,截至2015年年底,全市建成了1672个星级智慧社区,占全市社区总数的58%。实现社区居民"吃、住、行、游、购、娱、健"生活七大要素的数字化、网络化、智能化、互动化和协同化。

智慧社区建设项目在属性上具有较强的专业性和一定的涉密性,项目投入的市场前景具有一定的风险和市场不确定性,因此,智慧社区项目的规划之初,必须综合考虑项目的建设特点,合理选择投资方、建设方,以及提供稳定合理的盈利来源等。因此,在智慧城市的建设与运营过程中,必须通过对

项目建设、运营的各方面影响因素进行评估,探索一种以政府为主导,以客户为中心,以需求为导向,整合资源、多方参与、合作共赢的项目建设和商业运营模式。通过汇总运行实践发现,具体可以采用如下七种运营模式:

表 11-6 我国智慧社区的运营模式

政府主导型运营	① 政府独立投资、政府建设和运营
	② 政府、运营商共同投资,由运营商建设和运营
	③ 政府独立投资、委托运营或第三方建设和运营
	④ 政府牵头 BOT 模式
联合建设共同运营	⑤ 运营商/第三方独立投资,运营商/第三方建设运营
	⑥ 联合建设运营
	⑦ 联合物业公司化运营。通常,公益型、涉密型的和政府类的项目需要政府主导投入

资料来源:本书作者通过资料搜集自行整理。

二、我国智慧社区的维护

(一)信息安全体系维护

长期以来,我国传统的信息管理体制、政策与法规高度强调信息保密。尽管近几年,各级政府逐渐强调透明,也推出了诸多的政府信息公开法规,但总体上,对政府工作人员承担的信息保密和信息公开义务的规定很不对称:一方面,对政府工作人员的信息保密责任有十分明确而严格的规定,若违反信息保密制度将面临非常严厉的处罚;另一方面,对政府工作人员的信息公开义务往往轻描淡写,对信息公开不作为现象没有惩罚机制。目前的相关规定中,对究竟哪些信息涉及"国家安全、个人隐私和商业机密"缺乏明确和便于操作的界定。智慧社区作为信息化建设的基础层面,其关键任务是将云计算、物联网、移动网络等网络系统中产生的各类海量数据,进行快速的传输、充分的整合汇集和智能化的挖掘利用,实现从信息到智慧的转换。当前以数据保密为导向的信息安全政策法规,造成部分信息资源的封闭与割裂,阻碍信息的整合、共享和深度开发,导致无法顺利实现智慧社区的发展目标。

(二)电子元器件生命期

智慧社区的各类信息系统是由各类硬件与软件组成的,其中的硬件与一般产品同样具有生命周期的特征。近年来,智能化的发展使得国内电子元器件厂商大量增加。智慧社区近五年内电子元器件销售产值增长非常明显。在全生命周期的成本中,将价值工程管理技术引入产品/项目的成本分析,强调产品/项目的全生命期成本。面向成本的设计原则提出,在满足社区用户需求的前提下,尽一切可能降低折旧成本,做到电子元器件的开发和耗能绿色可持续。以云计算中心为例,一般的运行周期为15—20年,据统计,传统数据中心的电力消耗已经占到全球能源电力消耗的8%左右,且每三年电力消耗即会翻倍增长。[①] 这就意味着智慧社区的设施在不断地进行维护、升级与扩展,到发展周期结束后再进行重建。因此,智慧社区的建设与规划中,必须要考虑运行维护管理费用和升级扩展费用,对于各阶段的费用要有翔实的规划保证,才能保障智慧社区的可持续发展。

(三)系统软件升级维护

以网络信息技术和智能装备技术的创新,加快智慧社区项目的落地建设,在系统软件的开发和维护上,通过专业性、高水准的云服务与工程公司提供的整体解决方案,形成智慧城市、智慧社区的系统内核,实现"智慧"的要求。(1)定期实现软件的升级维护,提高解决整体问题的运算处理效率。统一对物联终端提供简便化服务、为社区提供全流程的专业化服务、为客户提供统一的监管服务。(2)不同的智慧社区可以满足不同的需求目标。一般地,通用性较强的软件系统,可通过采购方式引进;对特殊的软件系统,应先和政府、企业进行沟通,为解决"个性化"问题对软件进行专门的开发投入。(3)智慧社区的软件开发企业应深化与具有成熟产品的系统集成商、计算机硬件公司的合作,由双方联合组成稳定的项目团队,联合开发建设智慧社区的服务系统。

三、我国智慧社区的保障措施

(一)强化居民和第三方参与

在政府指导智慧社区的建设中,管理智能化和设备人性化相互支撑,为居民自组织和民间组织的参与提供了便利。社区建设在这个"大数据"趋势和智慧政府格局中,以服务居民为主旨,真正实现从发展型政府向服务型政

---

① 李祝军:《智慧城市的全生命期评价和成本分析》,载《智能建筑与智慧城市》2014年第2期。

府转变。在街道办事处和居民委员会履行转移政府职能工作中,智慧化的管理能够提高解决问题速度和危机处理能力。随着居民参与社区活动与事务,表达意见和建议,会对社区的决策者们和管理者们提供参考。第三方组织对利益的追求和民权的诉求,是智慧社区居民和第三方参与的出发点和内在驱动。在有条件的地区或者行政体制改革比较先进的地区,建设智慧社区过程中,可以减少或者弱化不必要的行政层级,尝试建设市—区—社区的组织结构。但作为补充,应鼓励NGO和NPO等社会组织,参与智慧社区的建设,配合开展居民工作。

(二)完善数据保障政策

"十三五"规划纲要将大数据作为重大战略实施,2015年9月5日,经李克强总理签批,国务院印发《促进大数据发展行动纲要》,系统部署了大数据发展工作。大数据已成为国家重要的战略资源,深化大数据应用已成为推动政府治理能力现代化的内在需要和必然选择。首先,在保证安全性的前提下,制定数据资源的开放政策,对社区数据的采集、使用保持一定的公开性,逐步实现政府内部的数据共享,促进政府行政管理和社区社会服务的创新。其次,在数据类企业中积极探索建立跨部门数据共享的管理体制和工作机制。一是,研究建立一个数据源,通过明确的政策和机制,保护机构的数据所有权和数据权限。逐步推行政务公开的数据相关规范、制度和实施细则,明确规定各部门在信息采集、传输、加工等法定职责过程中的共享和安全机制。二是,研究数据交换渠道,实现资源共享,探索建立一个目录服务数据中心、数据共享交换中心、数据交易平台,实现数据交易模式的长期市场份额。最后,通过出台相关资质、管理要求,以及行业机构和从业人员的规范等,促进建立第三方数据服务提供商,开展数据交易服务。

(三)形成丰富的金融业务支持

智慧社区建设需要大量金融业务的支持,也为银行信贷业务等社区金融的发展提供了大量的机会。如智慧社区的水、电、燃气、物业费等的统一收缴,两公里商业圈的小额消费与结算,居民足不出户网购与理财的需要等。多样化、个性化的金融需求,为银行的金融业务提供了更多的契机。例如,物业公司与银行、快递等公司开展战略合作,根据实际业务发生量收取一定的佣金,实现互惠多赢的格局。再如,物业公司与银行开展合作,建立智能化、信息化、全功能的社区金融服务体系。物业公司全力支持合作银行在小区开展金融服务工作，为在管社区的业主提供金融服务、居民消费信贷、个人财富管理服务以及为机构客户在社区开展金融服务、财富管理、私募股权投资等方面提供成熟、系统化的解决方案和保障。

（四）健全智慧社区法规建设

智慧社区的法律规范跨越法律、信息、人工智能等多个领域。健全法律法规体系是核心要素，信息和人工智能等技术手段理应服务于法律的需要。在互联网时代，我国虽然目前在技术和产业方面暂时缺乏主导权，但在社区管理上可以保持与国际上先进的管理思想与智慧化技术并行跟进。首先，政策上需要根据环境和时机有所嬗变。如在社区动态化规划、社区网格化管理和社区精细化服务的技术标准体系下，实现智慧社区的规划、管理与服务逐步在不同技术体系之间开展耦合互通和无缝对接，解决技术标准不统一的问题，促进社区信息化和智慧化建设。其次，在社区的硬件设施上，社区设施的规划范围不应仅局限于社区的物质空间范围内，还应覆盖社区的整个生活圈范围。如需要关注社区周边购物设施的时间配置、工作地—社区的错时停车等，都可以通过社区设施的时间规划与调控实现社区服务的智慧化。最后，在物联网云计算时代，信息网络安全必须要不断改进。在法律法规建设的基础上，智慧城市建设要深入基层扎根问题，以技术的智能化提升传统社区管理，智慧化地为居民解决实实在在的问题。

主要参考文献

[1] A. O'connor, *Swimming Against the Tide: A Brief History of Federal Policy in Poor Communities*, Routledge, 2013.

[2] C. Perera, A. Zaslavsky, P. Christen, et al., Sensing as a Service Model for Smart Cities Supported by Internet of Things, *Transactions on Emerging Telecommunications Technologies*, No.1, 2014.

[3] D. F. Kettl, *Sharing Power: Public Governance and Private Markets*, Brookings Institution Press, 2011.

[4] H. Haken, Information and Self-Organization, *Springer Berlin Heidelberg*, 2006.

[5] H. Schaffers, N. Komninos, M. Pallot, et al., Smart Cities and the Future

Internet: Towards Cooperation Frameworks for Open Innovation, *The Future Internet*, 2011.

［6］Q. Han, S. Liang, H. Zhang, Mobile Cloud Sensing, Big Data, and 5G Networks Make an Intelligent and Smart World, *IEEE Network*, No. 2, 2015.

［7］R. Bell, J. Jung, S. Zacharia, Broadband Economies: Creating the Community of the 21st Century, *Intelligent Community Forum*, 2008.

［8］R. Kitchin, The Real-time City? Big Data and Smart Urbanism, *GeoJournal*, No. 79, 2014.

［9］S. Paroutis, M. Bennett, L. Heracleous, A Strategic View on Smart City Technology: The Case of IBM Smarter Cities During a Recession, *Technological Forecasting and Social Change*, No. 89, 2014.

［10］S. Zygiaris, Smart City Reference Model: Assisting Planners to Conceptualize the Building of Smart City Innovation Ecosystems, *Journal of the Knowledge Economy*, No. 4, 2013.

［11］X. Li, R. Lu, X. Liang, et al., Smart Community: An Internet of Things Application, *IEEE Communications Magazine*, No. 11, 2011.

［12］樊柳柳、焦俊一:《基于物联网技术的信息发布系统在智慧社区中的应用》,载《信息系统工程》2017年第11期。

［13］傅松寅、王让定、姚灵等:《适用于多层住宅楼结构的无线智能水表抄表系统》,载《计算机应用》2017年第1期。

［14］辜胜阻、杨建武、刘江日:《当前我国智慧城市建设中的问题与对策》,载《中国软科学》2013年第1期。

［15］李德仁、邵振峰、杨小敏:《从数字城市到智慧城市的理论与实践》,载《地理空间信息》2011年第6期。

［16］李航:《基于嵌入式技术的社区医疗服务平台的研究与设计》,昆明理工大学2016年硕士论文。

［17］李振宁:《论新型养老社区智能化工程关注重点》,载《建筑电气》2017年第4期。

［18］李志清:《广州智慧社区综合服务平台的需求调查研究》,载《物联网技术》2017年第11期。

［19］李祝军:《智慧城市的全生命期评价和成本分析》,载《智能建筑与智慧城市》2014年第2期。

［20］刘长安、赵继龙、高晓明:《养分循环代谢的城市可持续社区探析》,载《国际城市规划》2018年第1期。

［21］王喜富、陈肖然:《智慧社区:物联网时代的未来家园》,电子工业出版社2015

年版。

[22] 王燕:《基于云服务的数字化社区云平台的设计》,载《计算机技术与发展》2013年第6期。

[23] 魏娜:《我国城市社区治理模式:发展演变与制度创新》,载《中国人民大学学报》2003年第1期。

[24] 吴晓林、郝丽娜:《"社区复兴运动"以来国外社区治理研究的理论考察》,载《政治学研究》2015年第1期。

[25] 吴正锋、王峰:《基于智慧社区建设的物业管理创新发展思路》,载《安徽工业大学学报(社会科学版)》2016年第1期。

[26] 杨毅:《基于云计算的智慧社区管理平台关键技术研究》,载《自动化与仪器仪表》2017年第4期。

[27] 于文轩、许成委:《中国智慧城市建设的技术理性与政治理性——基于147个城市的实证分析简》,载《公共管理学报》2016年第4期。

[28] 朱超平:《基于人脸识别的门禁系统设计与实现》,载《重庆工商大学学报(自然科学版)》2011年第4期。

第十二章

营建和谐社区

第一节 和谐社区的内涵

一、"和谐"内涵溯源

"和谐"一词在中国由来已久，早在三千多年前，殷商时期就出现了对"和谐"的表述。① 此后，中国古代学者从不同角度对"和谐"的内涵进行阐述，或将其拆解成"和""谐"二字分别阐释，将"和"解释为差异性和多样性的统一与融合②，将"谐"表述为协调、融合、融洽。③ 正如《广雅·释诂三》中的"和，谐也"，"和"与"谐"近似为同义。④ 或将"和谐"作为整体来论述其含义，强调和谐是矛盾的对立统一，认为人的主观能动性可以促进矛盾从对立转化为统一。⑤ 现代学者对"和谐"的内涵也进行了探索，朱智贤认为，和谐是"事物和现象各个方面完美的配合、协调和多样中的统一，在心理机制上使人愉快、满足，并唤起人们对生活的热爱"⑥；冯友兰提出，"和谐是事物协调地生存与发展的状态"⑦。

和谐是指由人参与的非对抗性矛盾由对立转化成的相对协调和统一的状态。总体上，和谐包含四个维度：(1) 人与自然的和谐；(2) 人与社会的和

---

① 范文明：《"和谐"概念演变的中外历史概述》，载《黑龙江史志》2010年第15期。
② 胡发贵：《传统文化中的和谐理念》，载《群众》2012年第9期。
③ 范文明：《"和谐"概念演变的中外历史概述》，载《黑龙江史志》2010年第15期。
④ 刘光：《论和谐概念》，载《东岳论丛》2002年第4期。
⑤ 同上。
⑥ 朱智贤主编：《心理学大词典》，北京师范大学出版社1989年版，第265页。
⑦ 冯友兰：《中国哲学史》，华东师范大学出版社2000年版，第106页。

谐;(3) 人与人的和谐;(4) 人自身的和谐。① 人与自然的和谐,是指人在适应和改造自然的过程中,遵循自然发展的客观规律,形成的人与自然之间共生共存的良性协调状态;人与社会的和谐,是指在协调和整合个人利益的基础上形成的社会有序组织和管理状态;人与人的和谐,是指个人与个人之间在化解利害冲突的基础上达成的相互理解、和睦共处的状态;人自身的和谐,是指人的身体、思想和行为达成的相互协调、健康发展的状态。②

二、"和谐社区"的内涵

目前,学术界主要从两种视角阐述和谐社区:一是从社区内主体间关系的角度进行界定。陈民、赵胜利认为,和谐社区是社区内各利益主体之间通过协商解决矛盾和冲突,以实现城市社区的稳定协调和可持续发展。③ 二是通过列举特征来界定和谐社区。张再云认为,和谐社区是指聚居在一定地域内的人们通过社会互动形成的具有高度价值认同和归属感、人际关系友好和睦、社区自治程度高的人类生活共同体。④

我们认为,和谐社区是由聚居在特定地域范围内的居民,通过发挥自身的主观能动性,协调和化解社区各主体间的非对抗性利益冲突和矛盾,从而形成人际关系和睦、居民利益良好协调和机构间相处融洽的社会生活共同体。因此,和谐社区具有人际关系和睦、居民利益良好协调和机构间相处融洽三个特征。同时,和谐社区包含人与自然的和谐、人与社会的和谐、人与人的和谐三个维度。根据主体的不同,可将和谐社区进一步细分为三个基本维度:(1) 居民与居民之间的和谐;(2) 居民与机构之间的和谐;(3) 机构与机构之间的和谐。这三个基本维度与和谐社区的三个特征是一一对应的,即和谐社区在居民与居民层面的特征表现为人际关系和睦;在居民与机构层面的特征表现为居民利益良好协调;在机构与机构层面的特征表现为机构间相处融洽。

---

① 胡发贵:《传统文化中的和谐理念》,载《群众》2012 年第 9 期。
② 刘光:《论和谐概念》,载《东岳论丛》2002 年第 4 期。
③ 陈民、赵胜利:《目前我国城市和谐社区建设面临的挑战及对策》,中国行政管理学会 2005 年年会暨"政府行政能力建设与构建和谐社会"研讨会论文,2005 年。
④ 张再云:《和谐社区测量指标体系的初步建构——概念界定与基本维度》,载《江汉大学学报(社会科学版)》2008 年第 2 期。

三、和谐社区的评价标准

一方面,和谐社区的三个基本维度分别对应着人际关系和睦、居民利益良好协调、机构间相处融洽这三个特征。另一方面,三个基本维度可以进一步细分为若干表现:居民与居民之间的和谐表现为家庭和谐与邻里和谐;居民与机构之间的和谐表现为居民利益充分表达与居民利益良好整合;机构与机构之间的和谐表现为社区管理机构与第三方机构之间的和谐,以及社区管理机构与上级管理机构之间的和谐。

和谐社区的维度、特征和具体表现是确定和谐社区评价标准体系的依据。如表 12-1 所示,三个基本维度作为评价体系的第一层级;三个基本维度对应的具体表现作为评价体系的第二层级;第三层级是衡量各个具体表现的评判标准,用来评价是否达到了和谐社区的特征要求。从定性的角度判断,"正向指标"是指该指标或者标准对社区和谐化程度具有正向的贡献作用;相反,"反向指标"对社区和谐化程度具有负面作用。

表 12-1 和谐社区的评价标准体系

基本维度	具体表现	评判标准	指向
居民与居民之间的和谐	家庭和谐	家庭成员彼此间关系的亲密程度(/)	正向
		家庭成员彼此间的信任程度(/)	正向
		家庭成员分担家庭义务和责任的公平合理程度(/)	正向
		家庭成员在家庭重要事务决策时能够自由平等地发表意见的程度(/)	正向
		家庭成员在遇到困难和压力时,能够获得家人提供的有效帮助和支持的程度(/)	正向
		社区平均每月每个家庭吵架的次数(次)	反向
		社区每年家庭纠纷发生的起数(起)	反向
		社区每年对家庭纠纷进行调解的成功率(%)	正向
		居民对社区家庭纠纷调解的满意度(/)	正向
	邻里和谐	社区每年邻里纠纷发生的起数(起)	反向
		社区每年对邻里纠纷进行调解的成功率(%)	正向
		居民对社区邻里纠纷调解的满意度(/)	正向
		社区每月邻里互助行为发生的次数(次)	正向
		社区邻里互助行为的种类(种)	正向
		社区每月参与邻里互助的居民人数(人)	正向

（续表）

基本维度	具体表现	评判标准	指向
居民与机构之间的和谐	居民利益充分表达	社区居民利益表达渠道的种类（种）	正向
		每月社区居民使用各种渠道进行利益表达的次数（次）	正向
		社区居民从各种利益表达渠道得到反馈的比例（%）	正向
		社区居民在得到反馈之前等待的时间（天）	反向
		社区居民对自身利益得到表达的满意程度（/）	正向
	居民利益良好整合	社区议事协商平台建设的完善程度（/）	正向
		每月社区居民通过议事协商进行利益协调与整合的次数（次）	正向
		社区居民通过议事协商达成一致意见的比例（%）	正向
		社区居民通过议事协商进行利益整合所花费的时间（天）	反向
		社区居民对社区通过议事协商进行利益整合的满意程度（/）	正向
机构与机构之间的和谐	社区管理机构与第三方机构之间的和谐	每月社区第三方机构向社区管理机构传达自身需求和意见的次数（次）	正向
		社区第三方机构向社区管理机构传达自身需求和意见的顺畅程度（/）	正向
		社区管理机构在进行社区公共事务决策时对社区第三方机构的需求和意见的参考程度（/）	正向
		社区管理机构的决策与社区第三方机构的需求和意见的契合程度（/）	正向
		社区第三方机构对社区管理机构的工作的配合程度（/）	正向
		社区第三方机构对社区管理机构的工作的满意程度（/）	正向
		每年社区第三方机构与社区管理机构发生矛盾的次数（次）	反向
		每年社区对第三方机构与管理机构之间的矛盾进行调解的成功率（%）	正向
	社区管理机构与上级管理机构之间的和谐	每月社区管理机构向上级管理机构汇报社区情况和反映社区需求的次数（次）	正向
		社区管理机构向上级管理机构汇报社区情况和反映社区需求的顺畅程度（/）	正向
		社区上级管理机构在进行社区规划决策时对社区实际情况和居民需求的参考程度（/）	正向
		社区上级管理机构的决策与社区实际情况及居民需求的契合程度（/）	正向
		社区管理机构对社区上级管理机构的规划执行的配合程度（/）	正向
		社区上级管理机构对社区管理机构的工作的满意程度（/）	正向
		每年社区管理机构与上级管理机构产生矛盾的次数（次）	反向
		每年社区对管理机构与上级管理机构之间的矛盾进行调解的成功率（%）	正向

资料来源：本书作者自行整理。

第二节　营建和谐社区的现状及问题

2002年11月,十六大报告提出,"社会更加和谐"是2020年我国小康社会建设的重要目标之一。2004年9月,在中国共产党第十六届中央委员会第四次全体会议上,胡锦涛同志正式提出了"构建社会主义和谐社会"的思想。大会审议通过的《中共中央关于加强党的执政能力建设的决定》首次提出,要把"构建社会主义和谐社会的能力"作为党要提高的五种执政能力之一。2005年2月19日,胡锦涛同志在中央党校省部级主要领导干部"提高构建社会主义和谐社会能力专题研讨班"开班式上发表讲话,将"和谐社会"的特征进一步表述为"民主法治、公平正义、诚信友爱、充满活力、安定有序、人与自然和谐相处"[①]。

在"构建社会主义和谐社会"的新形势下,社区建设作为社会基础工作得到了重新部署。2005年8月,全国社区建设工作会议在吉林省长春市召开,会议作出了"建设和谐社区,为构建社会主义和谐社会奠定基础"的战略部署,并提出建设和谐社区的目标是实现居民自治、管理有序、服务完善、治安良好、环境优美、文明祥和。[②] 由此,全国性的和谐社区建设正式拉开帷幕。2009年11月,民政部发布《关于进一步推进和谐社区建设工作的意见》,对和谐社区的建设工作提出了新的目标要求和主要任务。

一、营建和谐社区的现状

本部分从社区利益表达、社区纠纷调解、社区议事协商、社区邻里互助这四个方面,介绍目前我国城市和谐社区建设的现状。

（一）社区利益表达现状

社区利益表达,是指社区居民能够通过一定的渠道和方式表达自己对社区公共事务的需求和意见,并能得到及时的反馈。[③] 社区居民利益表达包括表达主体、表达内容、表达渠道和表达反馈四个方面。

---

① 刘惠恕:《论胡锦涛提出"构建社会主义和谐社会"思想的历史过程与理论价值》,载《新四军研究(第五辑)》,2013年。
② 李学举:《建设和谐社区为构建和谐社会奠定基础》,载《红旗文稿》2005年第19期。
③ 程慧:《城市社区利益表达机制研究》,苏州大学2012年硕士论文。

1. 利益表达主体

目前,社区中参与利益表达的主体的范围十分有限,大多数居民缺乏利益表达的主动性与积极性。而在参与社区利益表达的主体中,也呈现出一种不均衡的现象,具体表现为老年人居多,中青年较少;退休人员居多,在职人员较少;个人代表居多,集体代表较少。① 老年人、离退休人员闲暇时间充裕,关心社区事务,利益表达诉求较为强烈,但受意识观念、教育水平、经济水平等制约,这一群体的利益诉求表达能力并不高。

2. 利益表达内容

社区居民主要关心涉及自身利益的社区公共事务。根据性质的不同,利益诉求分为政治性利益诉求和非政治性利益诉求两大类。前者主要表现为社区居民参加社区选举和民主评议:一方面,社区居民参加社区选举选择民意代表,间接地表达自己的政治利益诉求;另一方面,社区居民通过测评社区管理机构及其工作,直接表达意见和需求,监督社区。后者主要表现为社区居民对社区服务、社区安全、社区环境、社区公共设施、社区文化建设等涉及日常生活的利益进行表达。②

3. 利益表达渠道

社区居民利益表达的渠道和方式包括:第一,向社区组织表达。主要向社区党组织、社区居民委员会、社区业主委员会,以及维权类民间组织反馈意见和需求。第二,向社区会议表达。通过民主评议会、民主听证会、民事协调会、民情恳谈会、业主大会等表达利益诉求。陕西省西安市碑林区在区内 8 个街道建立起包括民主恳谈会、社区党群议事会和民主评议会的"三会"群众利益表达制度,为党员群众和社区居民表达利益诉求创造了条件。③ 第三,通过网上论坛、民意热线等网络媒体渠道表达。河北省沧州市新华区道东街道办事处利用网络等新兴媒体打造群众利益诉求表达平台,建立涵盖街道办事处网站、社区民情电子邮件信箱、社区民情电话热线、"民情日记"腾讯微博和网络民主恳谈会在内的"五民情工作法"。④

---

① 王立标、首一苇、王自兴:《推进社区协商制度化建设的问题分析和对策建议》,载《中国民政》2015 年第 7 期。
② 程慧:《城市社区利益表达机制研究》,苏州大学 2012 年硕士论文。
③ 郭亭一、毕锟、郭娜:《"三会制度"打通党员群众诉求渠道》,载《社区》2011 年第 15 期。
④ 吴洪凯、多成、冉林林:《"五民情工作法"畅通民意表达渠道——沧州市新华区道东街道办事处利用网络畅通群众诉求表达的经验调查》,载《党史博采(理论)》2013 年第 1 期。

4. 利益表达反馈

一般来说,接收到居民利益诉求的相关单位会就意见或需求进行分析和考量,作出是否采纳、应如何实施等决策,再将信息反馈给社区居民。但要注意的是,社区居民利益表达是一种群众性自治行为,只供相关单位工作或决策参考,并不具有法律上或行政上的强制执行性,导致在很多情况下并未达到应有的效果。

(二) 社区纠纷调解现状

纠纷调解,是指当事人双方因利益冲突而产生纠纷时,第三方调解人依据纠纷事实和社会规范(如风俗、惯例、道德、法律等)在双方之间沟通信息,排解疏导,使双方互相谅解、互相妥协,最终达成解决纠纷的合意的过程。[①]目前,我国城市社区纠纷调解体系主要由人民调解、行政调解和司法调解三个方式构成。它们在适用对象、参与主体、调解性质、调解依据和调解结果的落实等方面各有不同。

> **案 例**
>
> #### "家和万事兴"——北京东城区钟鼓社区纠纷调解之家
>
> 北京市东城区景山街道钟鼓社区"家和万事兴"纠纷调解之家自2005年成立至2013年,凭借其创新的组织模式和工作形式,共调解社区居民纠纷近800件,避免20批465人次群体上访,使社区110报警率下降40%。[②]
>
> 在组织和工作者队伍方面,"家和万事兴"是钟鼓社区居委会成立的一个社区居民自治组织,义务为社区提供纠纷调解服务。"家和万事兴"主要吸纳社区居民担任义务调解员,同时邀请法官、律师、公证员等专业人士参与调解。其中,义务调解员根据所居住的地域被划分为若干小组,分布在3个社区网格内,使得每个网格内都有若干名义务调解员负责所辖网格内纠纷信息的采集、调解和反馈,[③]实现调解工作的高效和精细化管理。

---

① 何菲:《论社区民间纠纷的调解体系》,载《洛阳理工学院学报(社会科学版)》2010年第1期。
② 姜楠:《家和万事兴——北京东城区钟鼓社区矛盾纠纷调解之家》,载《长安》2013年第9期。
③ 崔红:《社区"调解之家"化解居民纠纷》,载《百姓生活》2013年第11期。

在调解工作体系方面,"家和万事兴"采取以人民调解为基础,行政调解和司法调解相互衔接和配合的多元化调解工作体系。① 在多数情况下,"家和万事兴"的义务调解员通过在纠纷双方之间动之以情,晓之以理,对纠纷双方进行排解疏导,促进合意的达成。当以情理为主要手段的人民调解方式失效时,"家和万事兴"就转而采取其他调解方式,如将未解决的纠纷提交街道社会治安综合治理委员会或街道司法所进行行政调解,或邀请法官、律师、公证员等专业法律人士进行司法调解。

在调解工作形式上,"家和万事兴"主要通过"民声日""倾诉热线"和"合议会"三种模式开展调解工作。② 每周三是"家和万事兴"群众调解之家的"民声日"。在这一天,义务调解员会轮流到社区居委会的调解室值班。遇到矛盾或纠纷困扰的社区居民可随时前往调解室与调解员进行交流,调解员了解情况后积极予以解决。除向居民提供固定时间调解纠纷外,"家和万事兴"还设置一部"倾诉热线"电话,方便居民在足不出户的情况下就能反映自身的困扰,并能得到纠纷的即时调解。对能够通过线上电话调解的矛盾,义务调解员会通过与纠纷双方充分沟通进行协调;需要线下解决的矛盾,调解员会上门调解。对难以通过简单沟通调解的矛盾纠纷,"家和万事兴"采取每月28日召开一次"合议会"的方式进行"会诊",邀请社区相应网格内的义务调解员、法官、律师和公证员等参加,大家共同讨论,制订化解方案。同时,"家和万事兴"还利用召开"合议会"的机会,请法官、律师和公证员对义务调解员进行法律知识培训,提高调解员的工作能力。③

从上述案例可以看出,"家和万事兴"纠纷调解之家将人民调解、行政调解与司法调解三种方式结合起来,创新了工作形式;同时,特别注重发挥社区群众的力量开展调解工作,打破了以往社区矛盾多由政府部门和社区居委会调解的单一形式,形成了社区多元调解格局。此外,"家和万事兴"还将社区划分为若干网格对调解工作进行精细化管理,既有利于及时发现纠纷,也有利于提高社区调解效率,将调解信息及时反馈给纠纷双方,促成矛盾顺利化解。

---

① 崔红:《社区"调解之家"化解居民纠纷》,载《百姓生活》2013年第11期。
② 姜楠:《家和万事兴——北京东城区钟鼓社区矛盾纠纷调解之家》,载《长安》2013年第9期。
③ 同上。

(三) 社区议事协商现状

社区议事协商,是指社区内外的多元主体,通过平等对话、理性商讨、公开审议等途径,就社区公共事务表达诉求、沟通交流、最终达成共识的民主形式。① 社区议事协商主要涉及协商的内容、主体、形式和程序四个方面。

1. 协商内容

社区议事协商内容主要是社区中涉及绝大部分居民利益的社区公共事务或社区居民普遍关注的热点议题,②这些问题在决策前必须进行议事协商,充分参考民意、集中民智。

2. 协商主体

社区议事协商的组织者主要是社区党组织和社区居委会;议事协商的参与者包括与待协商的议题有关的所有利益相关主体,如社区居民、物业公司、社区自组织社群等。

3. 协商形式

比较常见的社区议事协商形式有社区居民会议、社区居民代表会议、社区专题议事会、业主协商会、民主听证会等。

4. 协商程序

社区议事协商的一般程序是:第一,社区党组织和社区居委会作为主要组织者,在征求社区居民意见的基础上提出协商议题,确定参与协商的各类主体、协商形式和协商时间及地点等。第二,协商组织方通过社区公告栏、社区论坛等多种方式,向社区居民特别是拟参与协商的各类主体提前通报本次协商的有关信息,包括协商议题、参与主体、协商形式、时间地点、流程安排等。第三,协商各方选取诸如社区专题议事会等适当形式开展协商活动。在协商过程中,参与主体充分交流和沟通,达成协商结果,并向全体社区居民公示。第四,社区党组织和社区居委会组织实施协商成果,并对协商成果的后续落实情况进行追踪、监督和评估。对违反法律法规的协商结果,应及时予以纠正。

---

① 王立标、首一苇、王自兴:《推进社区协商制度化建设的问题分析和对策建议》,载《中国民政》2015年第7期。

② 同上。

案例

南京市鼓楼区"社区议事园"

2000年2月,江苏省南京市鼓楼区在傅厚岗社区、天津新村社区和工人新村社区等11个社区开展"社区议事园"试点工作,一年后在全区推广施行。历经十余年,"社区议事园"已经成为鼓楼区公众参与社区事务的常态化和制度化平台。①

在协商内容上,鼓楼区社区议事协商议题不仅关注社区居民日常身边小事、关注维护个人权益,而且逐步转变为关注社区公益事业和社区整体利益。

在协商主体上,鼓楼区参与社区议事协商的主体逐渐向多元化发展,从以往仅有社区居民参与,到现在吸纳了包括驻社区单位等在内的多元主体积极参与。② 在社区议事园的建设过程中,社区居民通过议事协商参与社区公共事务和公共决策的意识也大为增强。

在协商形式和协商程序上,鼓楼区社区议事园由议事箱、议事热线、议事厅、议事会和议事栏五大基本要素构成。(1)议事箱。用于收集议题以及社区居民对社区工作的意见和建议。(2)议事热线。在社区居委会设立议事热线电话,方便居民提出口头议题和反映意见。(3)议事厅。利用社区活动室等场所设立议事厅,用于召开议事会和接待居民来访。(4)议事会。按照轻重缓急和群众的关注程度,筛选出议题。针对具体议题,召开议事会展开充分的协商、对话和讨论,最终拿出解决问题的方案。议事会成员由居民代表、社区单位代表、社区党员代表、有关专家等组成,其规模从十几人到几十人不等,由社区居委会根据议题邀请有关人员参加。议事会的召开分为定期(通常每月两次)和不定期两种方式。除针对特定的议题进行商议外,议事会还接受社区成员代表大会的委托,对社区居委会的工作进行经常性的监督和评议。(5)议事栏。在社区宣传橱窗内或在居民集聚地设置议事栏,议事栏的主要内容包括"本期议题、群众反映、专家点评、回音壁"等,主要是负责向

---

① 束锦:《社会管理创新与协商民主的理论契合及实践探索——南京市鼓楼区议事机制调研》,载《社会主义研究》2011年第5期。
② 同上。

社区居民公布本期协商议事过程中群众反映的问题、专家的点评分析和议题的最终落实情况。①

(四) 社区邻里互助现状

社区邻里互助,是指通过引导社区居民之间互相帮助达到构建和谐融洽的邻里关系的目的。本质上,社区邻里互助是一种自发的群众性自治行为,不受法律和行政的强制命令。② 目前,我国社区邻里互助百花齐放,社区因地制宜探索适合本社区特点的邻里互助模式。具体来说,我国社区邻里互助的开展状况如下:

1. 目标人群

一般来说,社区邻里互助活动面向全体社区居民开展,但在很多时候以老年人为主要的服务和参与对象。例如,四川省成都市成华区万年场街道成立了以老年人互助为核心的"邻里互助社",打造"老人帮老人"的全新养老模式。

2. 组织主体

目前,社区邻里互助活动的组织主体主要有三类:(1)由社区居委会、街道办事处等组织开展邻里互助活动,主要由社区居委会和街道办事处的工作人员来组织。例如,浙江省开化县华埠镇社区主要由社区居委会及其工作人员来牵头开展社区邻里互助活动。③ (2) 由志愿者或社区工作者团体开展社区邻里互助活动,主要由志愿者和社工(志愿者和社工可以是本社区居民,也可以是非本社区居民)来组织。例如,广东省深圳市东西方社工服务社率先在金地、沙嘴、金城和梅岭这四个驻点社区开展以"邻里你我行,互助结浓情"为主题的邻里互助项目,以义工和社区工作者为主推行社区邻里互助活动。④ (3) 由独立自治的社区邻里互助机构或其他一些社区自治社群开展邻里互助活动,主要由社区居民、社区志愿者和专职社区工作者来组织。开展邻里

---

① 束锦:《社会管理创新与协商民主的理论契合及实践探索——南京市鼓楼区议事机制调研》,载《社会主义研究》2011年第5期。

② 佟雅囡、周钰、杜秀秀:《邻里互助网络构建与城市社区居民自治的案例研究》,载《科教文汇(中旬刊)》2015年第8期。

③ 王青阳、朱建平、张国友:《邻里和睦金不换——浙江省开化县华埠社区开展邻里互助活动纪实》,载《社区》2003年第15期。

④ 周燕琼:《邻里互助:深圳社区社会工作新模式》,载《中国社会工作》2012年第4期。

互助活动时，自治机构的工作人员优先整合参与互助活动的社区居民所拥有的资源，使居民之间各尽其能，互相帮助，各取所需；对一些社区居民自身难以提供的专业性服务，自治机构会联动社区其他部门参与社区互助，如协调社区卫生服务中心为居民提供医疗、保健服务，协调司法等部门为社区居民提供法律咨询和法律援助服务。例如，浙江省杭州市下城区文晖街道打铁关社区建立了杭州市首个居民自治服务平台"818 邻里互助工作站"。互助工作站的工作人员由社区居民志愿者担任，互助站还特意把社区驻点律师邀请到工作者队伍中，为社区居民提供专业的法律服务。①

3. 活动内容

社区邻里互助活动当前主要面向社区服务领域开展，内容涵盖生活家政、文体兴趣、心理疏导、法律援助等方面。例如，浙江省杭州市下城区文晖街道打铁关社区的"818 邻里互助工作站"提供包括日常维修、做饭买菜、散步闲聊、法律咨询、法律援助等十多项服务；②上海市淮海中路街道通过建立邻里互助活动点，开展聊天交流、读书读报、文体娱乐等活动。③ 总之，通过调动社区居民未被市场利用的才能、技术与经验，可以激励社区居民各尽其才，与社区其他居民互相帮助、互相服务。

4. 活动形式

目前，社区邻里互助活动形式灵活多样。社区通常对社区居民需求进行调研，根据人群构成、文化层次、兴趣需求等不同，因需设计活动内容。有的社区通过签订邻里互助协议来组成邻里互助小组。例如，安徽省祁门县西街社区让社区居民以邻里两人为单位，在自愿签订互助协议的基础上组成邻里诚信互助小组，开展社区邻里互助活动。④ 有的社区组织开展邻里互助节日主题活动。例如，浙江省开化县华埠镇社区举办"邻居节"，在举行居民自编自演的各项文艺活动、举办"最佳邻居"评选、举办"我为邻居创业尽点力"演讲比赛等活动之外，还邀请居民代表进行座谈，为邻里提供一起深度交流的

---

① 李彩华：《拨我拨我去帮一帮，灵！——文晖街道"818 邻里互助站"纪实》，载《杭州（我们）》2012 年第 1 期。
② 同上。
③ 张辉：《邻里互助活动点的实践与思考》，载《党政论坛》2015 年第 4 期。
④ 汪自修、潘民养、冉庆辉：《"邻里互助"协议促社会和谐稳定》，载《长安》2015 年第 11 期。

机会。通过举办"邻居节",邻里间关系被大为拉近,居民间互助意识大大加强。① 还有的社区为了激励社区居民参与邻里互助,设计了爱心积分卡制度。例如,浙江省杭州市下城区文晖街道打铁关社区的居民都拥有一张积分卡,积分卡上记录有居民参加邻里互助活动的次数和服务内容等信息。居民每帮助一次社区其他居民,都可以根据被帮助者的满意程度,获赠一定的爱心积分,当需要别人帮助时,可以拿积分卡上的爱心积分进行兑换,换取他人为自己服务。这种方式有效地调动起社区居民的积极性和主动性,扩大了社区邻里互助的参与面。②

二、营建和谐社区的问题

目前,我国城市在营建和谐社区上,有如下几个方面的问题亟待解决:

(一)机制问题

1. 工作程序不规范

由于我国尚未出台法律政策对和谐社区建设进行明确规定,具体实践中缺乏统一的标准和规范来指导,致使工作过程具有模糊性和随意性,工作效果和工作质量难以保障。由于操作空间宽泛,和谐社区建设工作有时候会流于形式,或敷衍了事。工作程序的不规范造成以上不良后果,反过来又会损害相关工作的公信力。

2. 工作形式较为单一

目前虽然社区已经探索出了多种社区和谐化工作模式,但总体上,社区和谐化工作采用的形式主要以社区党组织和社区居委会主导的线下传统活动和渠道为主,形式较为单一,社区居民自组织的社区活动和渠道较少,也较少有结合互联网等媒体平台的新兴工作形式。这既不利于工作效率和便利性的进一步提高,也不利于满足社区居民的多元需求。

3. 工作频率非常态化

当前社区在开展和谐化工作时,尚未形成常态化的工作机制。往往当社区居民利益冲突无法调和时,社区才被动地采取相应的工作机制进行回应和

---

① 王青阳、朱建平、张国友:《邻里和睦金不换——浙江省开化县华埠社区开展邻里互助活动纪实》,载《社区》2003 年第 15 期。
② 李彩华:《拨我拨我去帮一帮,灵!——文晖街道"818 邻里互助站"纪实》,载《杭州(我们)》2012 年第 1 期。

处理,并非以对社区潜在矛盾或社区居民需求的主动调研、分析和处理为基础,如此既不利于及时发现和解决潜在问题,使本可以在萌芽阶段妥善处理的问题或矛盾进一步扩大,导致处理工作成本升高,也会对社区内多元主体间的关系造成损害。

(二)管理体制问题

1. 缺少独立专门的工作机构

目前,绝大多数社区缺少独立专门的社区和谐化工作机构。以行政为主导的工作机制,其自上而下作出的工作决策往往与社区居民的需求不相契合,导致社区和谐化工作无法满足社区居民的多元需求,不利于调动社区居民参与的积极性。此外,具有行政化色彩的工作机构需要听从上级政府的意志,致使其组织开展的社区和谐化工作中,对社区居民意志的照顾,以及提供给社区居民参与的空间较小,也使得社区内各主体间的关系协调打了折扣。

2. 缺少稳定专业的工作者队伍

目前,我国城市社区工作者队伍存在着年龄结构偏大、文化程度和相应的政策水平偏低、法律素养和业务知识较为有限等普遍问题。较低的专业能力和工作素养极大地制约了和谐社区建设。此外,受各种因素的影响,社区工作者队伍的人才流失和人才调整问题比较严重,长期参与社区和谐建设的人员比例并不高,工作者队伍稳定性的缺失,使得和谐社区建设难以得到切实的保障。

3. 社区居民参与不足与参与失衡

受经济水平、受教育程度、社会地位、社会经历等差异的影响,社区居民的主体意识各有差异;加之传统公权力治理社会的观念影响,社区居民主动参与社区和谐化工作的内在自觉性不足,多为动员式被动参与。即使在参加社区和谐化工作的居民中,也呈现出主体不均衡的情况,参与主体以老年人、离退休人员以及下岗职工、低保等弱势群体为主,社区内中青年、在职人员和工薪阶层等很少参与。[①] 和谐社区建设旨在促进社区内不同主体间关系的协调,社区居民参与的非广泛性和参与主体失衡必然不利于和谐社区建设。

---

① 王立标、首一苇、王自兴:《推进社区协商制度化建设的问题分析和对策建议》,载《中国民政》2015 年第 7 期。

(三) 财政体制问题

1. 资金来源渠道逼仄致使经费总额受限

目前,社区经费主要来源于政府财政拨款,[①]其他资金来源渠道占比很小,且社区也须将其获得的其他资金收入先上缴街道,然后再由街道进行分配管理。[②] 可见,社区资金来源在很大程度上依赖于上级财政预算拨款。在政府财力有限的情况下,社区实际上能够获得的经费十分有限。而和谐社区建设需要资金支持,这就使得社区和谐工作推进存在一定的困难。

2. 财政未独立致使经费管理和使用受限

目前,绝大多数城市社区尚未实现财政独立,社区资金主要通过政府财政预算拨款获得,资金下放到社区后,社区对资金的自主分配和使用的空间也较小,社区经费的管理和使用必须以预算形式向上级政府报告并获得相应的批准。[③] 社区财政独立性和自主性的缺失,使得社区无法灵活地使用资金来开展相应的工作,一定程度上也制约了社区和谐化工作的推进。

(四) 法制问题

1. 缺少对居民权利的确认

缺乏对社区居民权利的法律确认,是导致社区居民参与不足的重要原因。明确确认社区居民在利益表达、议事协商、纠纷调解等方面的基本权利,既有利于社区居民获得相应的责任感和权利意识,培养参与社区工作的内在自觉性,也有助于切实增强社区居民对参与和谐化工作的安全感和信任感。

2. 缺少对各组织间权利义务界限的明确

目前,有关社区管理的法律法规对社区各组织间权利义务的界定尚不明确,使得社区各个工作机构之间往往存在着职能交叉模糊、权责划分不清等问题,造成部门之间相互推诿、开展工作时缺乏责任主体、相关部门不愿意配合等状况频繁发生,这些都加大了社区和谐化工作顺利开展的难度。

3. 缺少对相关制度的规定和保障

除了要完善工作机制、管理体制等在内的工作体系,社区和谐化工作的

[①] 佟雅囡、周钰、杜秀秀:《邻里互助网络构建与城市社区居民自治的案例研究》,载《科教文汇(中旬刊)》2015年第8期。

[②] 薛轩:《浅议城市社区经济发展存在的问题及其解决措施》,载《中国集体经济》2013年第30期。

[③] 同上。

顺利开展,还需要其他领域的(如社区财政体制等)制度保障和支撑。然而,目前中国城市社区立法进程滞后,尚无对社区工作体系和相关制度的详细规定,造成社区和谐化工作开展过程中缺乏权威性的规范和保障。

第三节　营建和谐社区的路线规划

一、营建和谐社区的指导思想及原则

营建和谐社区的指导思想是:全面贯彻党的领导,以促进社区居民与居民之间、居民与机构之间以及机构与机构之间的三个和谐为目标,努力把城市社区建设成为人际关系和睦、居民利益良好协调、机构间相处融洽的城市社会生活共同体,为构建社会主义和谐社会奠定良好的基础。

营建和谐社区的基本原则是:(1)以人为本。始终将服务社区居民、造福社区居民作为根本的出发点和落脚点。(2)改革创新。不因循守旧,不固守传统,以解决问题为导向推进社区和谐化工作。(3)依法治理。始终以法治作为准则,以法治思维和法治方式为营建和谐社区保驾护航。(4)共同参与。积极调动社区多元主体参与社区和谐化工作,实现人人参与、人人尽力、人人共享。(5)因地制宜。鼓励社区根据自身资源禀赋、人文特色等实际条件,设计本社区和谐化工作模式。

二、营建和谐社区的路径

图 12-1 展示了营建和谐社区的路径规划,即通过完善社区利益表达制度、社区纠纷调解制度、社区议事协商制度和社区邻里互助制度等手段,将社区内外多元主体之间的非对抗性利益冲突和矛盾转化为相对统一和协调的状态。这四个手段之间存在着递进关系:首先,社区多元主体通过表达利益诉求,发现主体间的冲突和矛盾。其次,通过社区纠纷调解和社区议事协商机制化解冲突和矛盾。纠纷调解主要针对涉及利益主体较少的社区非公共性矛盾或纠纷的协调;议事协商主要针对涉及利益关系复杂的社区公共事务或公共矛盾的解决。实施上述举措,可以促进家庭和谐、邻里和谐、机构和谐,最终达成人际关系和睦、居民利益良好协调和机构间相处融洽的终极目标,构建起和谐社区。

第十二章　营建和谐社区　　313

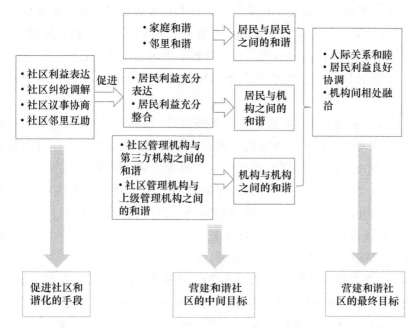

图 12-1　营建和谐社区的路径示意图
资料来源：本书作者自行整理。

三、营建和谐社区的主要任务

（一）建立完善的社区利益表达制度

第一，从法律上赋予社区居民利益表达的权利，使得社区利益表达不仅具有正当性和合法性，还能够获得法律的保障。社区居民政治性利益表达的权利主要是社区居民在社区的选举权。在日本，城市社区居民拥有选举社区管理机构成员的权利，社区管理机构（即町内会）的会长及工作人员都是由民主选举产生的，社区居民通过社区选举间接地影响社区的公共事务，①但中国城市社区居民不具有选举社区管理机构的权利，社区工作人员大多由上级政府直接任命或聘用。

第二，不断完善社区利益表达的平台或渠道。这既包括不断完善已有的社区利益表达平台或渠道，如社区居民会议制度等，也包括探索更多便利性、

---

① 〔日〕奥田道大ほか：《町内会·部落会》，生活科学1962年版，第73页。

实施效果更好的利益表达平台或渠道。日本社区居民可以通过地方议会、审议会、听证会和市民会议等方式来反映意见和需求;①许多英国社区建有自己的网站,并开辟了社区论坛,成为社区居民自由表达观点、对社区委员会的工作提出意见和建议的重要平台;②德国社区居民则经常通过自组织团体表达利益诉求。

第三,保证利益表达平台或渠道的畅通性,确保及时得到反馈并能监督和评估落实情况。社区工作机构应规范工作程序,确保利益表达渠道畅通;还应就利益表达的后续反馈、落实和监督等设立统一的管理标准,确保社区居民能及时得到反馈和进行监督。在美国,负责管理社区事务的社区委员会的成员是由社区居民选举产生的,他们必须对社区居民负责,接受社区居民监督,由此使得社区委员会天然地重视社区居民的利益表达,并要提高组织工作的透明度以接受社区居民的监督。③

第四,应通过社区教育和精神文明宣传等手段,培养社区居民表达利益诉求的内在自觉性,提高社区参与程度。美国通过在社区营造居民共同利益,来提高社区居民参与社区事务的积极性。④ 这会带来两方面效果:其一,社区利益表达成为一种常态化机制,社区居民不再等到问题已对生活造成实质性困扰后才予以表达;其二,社区利益表达将从以往多反映居民私人的意见和需求转变为更多地就发展社区公共事业、维护社区公共利益而建言献策。

(二) 建立完善的社区纠纷调解制度

第一,建立独立的社区纠纷调解机构。美国的社区调解计划由社区非营利组织负责,非营利组织不隶属于任何行政或司法机构,专门负责开展社区纠纷调解工作。⑤ 社区纠纷调解机构独立运行的优点是能保持中立性和公正性,有利于社区纠纷双方形成对社区纠纷调解机构的信任感,从而能够吸引

---

① 〔日〕奥田道大ほか:《町内会·部落会》,生活科学1962年版,第73页。
② 王燕锋:《去机构化的多元服务:英国城市社区治理现状与经验》,载《浙江学刊》2008年第5期。
③ 段茜:《公民社会视角下美国社区的公民参与》,外交学院2014年硕士论文。
④ 朱敏:《美国社区自治的有益做法》,载《浦东开发》2014年第3期。
⑤ Albie M. Davis, How to Ensure High-Quality Mediation Services: The Issue of Credentialing, in K. G. Doffy, J. W. Grosch, and P. V. Olczak (eds.), *Community Mediation a Handbook for Practitioners and Researchers*, The Guilford Press, 1991.

纠纷双方将纠纷提交到社区纠纷调解机构解决。而在建立独立专门的社区纠纷调解机构的时候,还应注意合理设置组织架构,并注意协调机构内部、机构与外部其他机构之间的工作关系,做到权责清晰,各司其职,配合有力。

第二,建立稳定专业的社区纠纷调解工作者队伍。一方面,要制定适当的激励措施和相关制度,吸引人才参与社区纠纷调解工作,并努力留住人才;另一方面,要加强对社区纠纷调解工作人员的教育和培训,切实提高他们的工作能力和专业素养。在美国,参与社区调解工作的人员主要有社区志愿者和社区专职调解员两种。社区志愿者在开展工作之前必须接受一定时长和要求的培训;而社区专职调解员不仅需要接受一定的培训,还需要获得一定的资格认证(如与社区服务有关的学位证书等)。[1]

第三,建立便捷高效的社区纠纷调解平台。社区多元主体既可向纠纷调解平台及时反映面临的纠纷困境,寻求帮助,还可与纠纷对象沟通和交流,促成和解。在符合保密性原则的前提下,纠纷调解平台还可披露纠纷调解过程、达成的结果等信息,为之后的纠纷调解工作提供参考。美国城市社区为了避免社区纠纷进一步升级,通常为纠纷双方提供对话平台,帮助纠纷双方进行充分沟通。[2]

第四,完善和丰富社区纠纷调解形式。除人民调解、行政调解和司法调解之外,未来还可以探索其他的社区纠纷调解形式,从不同角度化解社区矛盾,促进社区和谐化。比如,针对发生在特定行业(如社区医疗等)的社区纠纷,可以引入行业调解方式来化解矛盾。在具体的实践过程中,需根据纠纷的内容、性质和特点等,来决定应当采用何种社区纠纷调解形式。

第五,从法律层面上规范社区纠纷调解程序。应不断完善相关法律法规,对社区纠纷调解的范围、程序等进行明确规定,同时赋予调解结果以明确的法律效力,确保社区纠纷调解的结果能够得到有效落实。比如,日本通过出台《民事调停规则》详细规定了社区民事调停具体的程序步骤并建议裁判所实行;通过出台《家事审判法》规定了社区家事调停的内容,并附以《家事审

---

[1] Albie M. Davis, How to Ensure High-Quality Mediation Services: The Issue of Credentialing, in K. G. Doffy, J. W. Grosch, and P. V. Olczak(eds.), Community Mediation a Handbook for Practitioners and Researchers, The Guilford Press, 1991.

[2] 赵民兴:《略论美国社区调解对我国人民调解的借鉴》,载《法制与社会》2012年第7期。

判规则》予以修正和对家事调停的程序进行更为详细的规定。①

第六,鼓励更多的社区居民参与到社区纠纷调解中来。通过社区教育和精神文明宣传等手段培养社区居民参与社区调解的意识,鼓励更多的居民使用社区纠纷调解这种手段来化解矛盾。比如,美国通过积极开展教育活动,唤醒公众对社区调解价值和实践的认识,从而调动更多的居民积极参与到社区纠纷调解中来。②

(三)建立完善的社区议事协商制度

第一,从法律上赋予社区居民参与社区议事协商的权利。以美国为例,至少应该在法律层面确认社区居民提出协商议题、在协商过程中发表意见及参与讨论、参与议事协商结果的表决、对协商结果的落实情况进行监督和测评等的正当性和合法性。③

第二,建立独立的社区议事协商机构。独立运行的议事协商机构在协调社区公共利益时可以保持中立性和公正性。这有利于提高社区居民对机构的信任程度,使居民愿意主动参与社区公共事务决策。建立社区议事协商机构时,应明确机构与社区其他机构之间的权利义务界限,做到机构间权责清晰,协作互补。在美国和英国,社区委员会是城市社区主要的议事协商机构。社区委员会属于社区自治机构,由社区居民直接选举产生,独立地对社区公共事务进行治理,不受社区复杂利益的干扰。④

第三,建立稳定专业的社区议事协商工作者队伍。除了制定激励政策吸引和留住人才参与社区议事协商工作之外,还应加大社区议事协商的教育和培训力度,通过普及协商知识、定期举办培训班、开办网上讲堂、组织实地学习交流等方式,帮助社区工作者和社区居民掌握并有效运用协商的方法和程序,提高参与主体的协商能力和社区总体协商水平。在美国和英国,作为社区主要议事机构的社区委员会拥有稳定的高素质志愿者队伍。这些志愿者

---

① 米思瑶:《城市社区纠纷多元化解机制研究》,北方工业大学 2012 年硕士论文。
② 赵民兴:《略论美国社区调解对我国人民调解的借鉴》,载《法制与社会》2012 年第 7 期。
③ 汪金龙、李晓彬:《美国参与式治理框架下的社区民主协商》,载《上海党史与党建》2017 年第 8 期。
④ 郑晓东:《美国城市社区自治的现状与趋势》,载《浙江学刊》2008 年第 5 期;王燕锋:《去机构化的多元服务:英国城市社区治理现状与经验》,载《浙江学刊》2008 年第 5 期。

能高水平地开展议事协商工作很大程度上归功于社区教育和培训。①

第四,建立便捷、高效的社区议事协商平台。通过这个平台,社区居民可以随时提交自己关心的议题;社区议事协商机构在综合考察所有提交的议题的基础上,按照议题的重要程度和缓急程度来决定下期协商议题,并通过议事协商平台公布有关下期协商的信息,如协商内容、协商时间、协商流程等;社区居民可以通过议事协商平台查看下期协商的相关信息,并通过平台参与协商讨论和结果表决;达成协商合意之后,议事协商机构会通过议事协商平台公布本期协商的有关情况,并持续披露协商结果的落实情况,供社区居民进行后续监督和评估。

第五,完善和丰富社区议事协商形式并因需选择。除了要健全居民会议、居民代表会议、民主听证会、民主恳谈会、民主评议会等传统的社区议事协商形式之外,还要探索运用信息网络和移动设备等新媒体传播工具,充分利用社区网上论坛、QQ群、微信群等互动交流平台,丰富社区议事协商的网络参与机制。比如,美国在社区会议、社区听证会、公民陪审团、协商式民意调查、21世纪市镇会议、学习圈等传统社区议事协商形式之外,通过引入网络、多媒体等新技术,打造出能同时涵盖数千人的社区线上协商会议,使得社区协商的参与程度大大提高。② 此外,在丰富社区议事协商形式的同时,还应根据协商主体和协商事项的具体情况,因需采取不同的协商形式。比如,对于涉及面广、关注度高的事项,可采取居民会议、专题议事会、民主听证会等形式进行协商;而对于涉及面相对较小的问题,可采取个别走访座谈、单独约请面谈等小范围恳谈协商形式,也可就有关事项以书面协商的形式征求意见。③

第六,从法律层面上规范社区议事协商程序。协商之前先制定规则,是美国社区开展议事协商工作的特色,必须首先设计一个良好的制度来使协商

---

① 郑晓东:《美国城市社区自治的现状与趋势》,载《浙江学刊》2008年第5期;朱敏:《美国社区自治的有益做法》,载《浦东开发》2014年第3期;王燕锋:《去机构化的多元服务:英国城市社区治理现状与经验》,载《浙江学刊》2008年第5期。

② 汪金龙、李晓彬:《美国参与式治理框架下的社区民主协商》,载《上海党史与党建》2017年第8期。

③ 王立标、首一苇、王自兴:《推进社区协商制度化建设的问题分析和对策建议》,载《中国民政》2015年第7期。

流程规范化和程序化。① 具体来看,社区议事协商程序的规范包括建立合理的议题提出机制、建立充分的协商讨论机制、建立公正的协商结果表决机制、建立有效的协商结果落实监督机制等。

第七,调动居民参与社区议事协商的积极性。加强宣传教育和精神文明建设,可引导居民树立协商意识和协商精神,在社区中营造主动参与的良好氛围。同时,发挥议事协商机构和社区工作者动员和组织社区居民参与的优势,可以扩大社区协商的参与面。另外,还应鼓励社区居民切实关注社区公共利益。除此之外,对于专业性、技术性较强的事项,可以邀请相关专家学者、专业技术人员、第三方机构等参与协商,进行评估论证。通过这些做法,可以加强社区居民参与的意愿,形成常态化的社区议事协商机制。

（四）建立完善的社区邻里互助制度

第一,建立专门的社区邻里互助机构。让社区邻里互助脱离行政管辖的范畴,加强对社区邻里互助自治组织的培育和扶持,可以减少机构与居民之间的信息不对称,有利于邻里互助活动更好地与社区居民的需求相契合。日本都市社区内的邻里互助网络就是针对社区内65岁以上的老人,特别是独居或寡居等缺乏自理能力的老人而建立的一种协会组织,旨在为社区的老年人提供邻里互助服务。② 美国城市社区中也建有不少社区邻里互助机构,互助内容涵盖公民教育、健康与卫生、公众安全等多个领域。③ 建立专门的社区邻里互助机构后,应明确邻里互助机构与社区其他机构之间的权利义务关系,实现与其他相关部门之间的协作与联动。

第二,建立稳定专业的社区邻里互助工作者队伍。在日本和美国,社区邻里互助活动的工作者主要是社区居民志愿者,社区内的志愿者队伍不仅人员充足,流动性较低,还拥有较高的工作能力和专业素养。④ 因此,不仅要挖掘和培养参与社区邻里互助活动的社区居民骨干,还要加强对他们的教育和培训,切实提高他们的工作能力和业务水平,从而帮助他们成长为社区邻里

---

① 汪金龙、李晓彬:《美国参与式治理框架下的社区民主协商》,载《上海党史与党建》2017年第8期。
② 陈竞:《邻里互助网络与当代日本社会的养老关怀》,载《中南民族大学学报(人文社会科学版)》2008年第3期。
③ 孙倩:《美国的慈善事业》,载《社会》2003年第6期。
④ 〔日〕守本友美、河内昌彦、立石宏昭编著:《ボランティアのすすめ:基礎から実践まで》,ミネルヴァ書房2005年版,第11页;孙倩:《美国的慈善事业》,载《社会》2003年第6期。

互助活动的组织者,并通过他们动员更多的社区居民参与到社区邻里互助中来。

第三,建立便捷、高效的社区邻里互助平台。一是让社区居民通过互助平台了解居民间的相互需求;二是通过互助平台因需设计和组织符合本社区特点和本社区需求特征的邻里互助活动;三是通过互助平台公布时间、地点、内容、流程等互助活动的相关信息,让社区居民可以有更充分的选择机会。

第四,设计丰富的社区邻里互助活动形式。因需设计的邻里互助活动更符合社区居民的爱好和兴趣,有利于创新形式和内容,提升社区居民参与邻里互助的积极性和主动性。日本都市社区内的邻里互助网络根据活动对象(即老年人)的特点,设计了包括邻里聚会、(无障碍)旅游、医疗保健、生活防范及实务援助等涉及老年人各个生活层面的活动。① 针对老年人的需要,德国城市社区提出了老人之间互助、老人与单亲家庭互助、老人与大学生互助、"时间储蓄"等丰富的社区邻里互助形式。② 在美国,城市社区则兴起了一种由若干个家庭结成社区邻里"互助社"以相互为邻居做家务、相互发挥优势的社区邻里互助形式。③

第五,加强社区居民参与,形成常态化社区邻里互助制度。一方面,可以将邻里关系和谐与社区参与纳入社区文化教育,通过运用社区门户网站、社区宣传栏等宣传方式,加大舆论引导和宣传力度,加强社区居民对邻里关系和社区参与的重视。另一方面,可以通过开辟适宜的公共活动场所作为社区居民沟通和活动的空间,这不仅有利于满足社区居民的各种活动需求,也有利于鼓励社区居民走出家门,与其他居民认识与交流,有利于增强彼此间的亲和性、认同感和信任度,从而调动更多的社区居民参与到社区邻里互助中来。

第四节 营建和谐社区的重要举措

营建和谐社区是一项系统工程,应按照重要程度和缓急次序,从中筛选出至关重要且可在短期内开展的举措,细化其工作要求和工作步骤,供有关

---

① 陈竞:《邻里互助网络与当代日本社会的养老关怀》,载《中南民族大学学报(人文社会科学版)》2008年第3期。
② 董自龙:《我国城市社区互助养老问题研究》,浙江财经大学2013年硕士论文。
③ 毕爱生:《美国流行社区邻里"合作社"》,载《社区》2006年第24期。

部门参考和执行。

一、建立稳定的社区和谐化工作者专业队伍

社区志愿者和社区工作者是社区工作的主要承担者。相比兼职并承担社区基础工作的志愿服务人员,社区工作者全职承担社区工作中组织性和统筹性更强的部分。社区工作者队伍的建设目标是从对社区工作者的吸引、招募、选拔、培训和管理等环节着手,打造一支人员充足、流动性低、专业性高的人才队伍。

(一)如何吸引社区工作者

政府引导社会舆论,倡导、号召和鼓励优秀人才投身社区工作,同时制定实质性的激励措施以留住人才。例如,中国香港特区政府和加拿大政府通过给予社区工作者丰厚的薪酬和较高荣誉鼓励增强了社区工作者岗位对社会人才的吸引力。[①] 借鉴中国香港和加拿大的优秀经验,中国城市社区应大力提高社区工作者的薪酬及福利待遇;同时采取年度表彰、社会宣传等手段,提高社区工作者的社会地位,吸引更多的社会人才投身社区工作。

(二)如何招募社区工作者

常见的招募有公开招募和定向招募两种方法,前者采取口头宣传、公告栏张贴招募通告、广播报纸等媒体宣传、利用互联网等线上平台发布招募通知等方式,面向全社会招募有意向参与社区工作的人员;后者是根据社区所需岗位的特定要求向掌握该项专业技能的特定机构或人群招募社区工作者,如社区经常面向具有医疗从业资格的人群招募社区医疗工作者。[②] 在和谐社区建设中,要更注重培养社区工作者的某些特质和工作能力。例如,在处理问题时不将自己的价值观强加给他人,善于倾听并理解他人,有良好的与人沟通的能力、协调矛盾的能力、活动策划的能力等。[③]

(三)如何选拔社区工作者

美国、加拿大、英国和中国香港等国家和地区的高校中已建立起成熟的

---

① 张巧玲:《香港社区服务60年》,载《社区》2007年第16期;杨弘亮:《上海社区工作者管理研究》,华东师范大学2010年硕士论文。
② 徐彬洋:《社区服务志愿者管理中存在的问题及对策研究》,湘潭大学2015年硕士论文。
③ G. Nicolau, Community Mediation: Progress and Problems, *Viewpoint on Mediation*, No. 3, 1986.

社会工作课程体系,这些国家和地区对社区工作者的最低准入门槛,通常是依据其是否获得一定的社会工作专业学历来评判的。① 目前,中国高校的社会工作课程体系建设还不完善,学生人数也较少,尚未形成以学历作为社区工作者准入门槛的制度。借鉴他地经验,社区应对社区工作者的资格进行审查。社区应根据本社区工作的特点,对不同的社区工作者岗位制定详细的工作规范,以此为依据对应聘者的能力、特质、技能等进行考核,从中筛选出符合标准的人员录用为社区工作者。

（四）如何培训社区工作者

经过考察和筛选,最终录用的社区工作者将专门负责社区和谐化工作。但随着社区工作的日趋复杂化,社区工作者的知识、技能和工作能力也应相应提高以适应变化。这就要求社区工作者应综合运用网上自学、举办培训班、组织集体交流等多种方式定期进行培训,以切实提高他们的工作能力和业务水平,为社区和谐化工作的长期发展奠定基础。在美国,社区通过进行讲座、开设系列课程等方式对社区调解志愿者进行培训,且不同州有着不同的培训要求。例如,美国纽约州和北卡罗来纳州要求社区调解志愿者必须完成 25 小时的培训;②加利福尼亚州要求 25 小时的课堂教学和 10 小时的实习;③伊利诺伊州则要求 30 小时的调解培训和同行评判。④

（五）如何管理社区工作者

合理且有效的管理是稳定社区工作者队伍的保障。发达国家和地区的经验表明,职业化的社区工作者管理制度是降低社区工作者流动性的有效措施。将社区工作者纳入社区管理体系是职业化管理制度的重要措施。美国采取向符合标准的社区工作者颁发执照的方式,加拿大、英国和中国香港则通过注册制度将社区工作者纳入管理体系。⑤ 借鉴上述经验,对于通过选拔和录用的合格社区工作者,可以采取注册的方式将其录入社区工作者管理系

---

① 杨弘亮:《上海社区工作者管理研究》,华东师范大学 2010 年硕士论文。
② American Bar Association, Special Committee on Dispute Resolution, Legislation on Dispute Resolution, Washington, D. C., 1984.
③ Division of Consumer Services, Legal Services Unit, State of California, Proposed Guidelines for Local Dispute Resolution Programs, Sacramento, 1987.
④ American Bar Association, Standing Committee on Dispute Resolution, State Legislation on Dispute Resolution, Washington, D. C., 1988.
⑤ 杨弘亮:《上海社区工作者管理研究》,华东师范大学 2010 年硕士论文。

统,方便对其进行管理。

除登记注册之外,完善的职级体系是降低流动性,激励社区工作者持续从事社区工作的重要措施。在加拿大和中国香港,社区工作者分为不同的级别,分别对应不同等级的薪酬。社区工作者具有和其他职业相似的发展序列与发展通道,社区工作者可以通过自己的积累和努力不断晋升,待遇和薪酬也能随之提高。① 良好的发展空间和激励措施使社区工作者有动力通过提升自己、改进社区工作质量、做好自己的工作从而获得晋升。

除物质激励措施外,精神文明倡导也是加强社区工作者队伍建设的重要手段。通过向社区工作者讲述社区历史、组织社区文化活动等方式,可以培养社区工作者对社区的归属感和认同感,在社区工作者之间形成共同的价值观,维系其参加社区工作的责任心和热情。另外,也可以采取联谊聚会、座谈交流、素拓活动等形式来增进社区工作者之间的沟通和了解,拉近彼此间的关系,加强工作者队伍的凝聚力建设。

二、建立独立的社区和谐化专门工作机构

和谐社区的主要工作是协调社区内各主体之间的关系。建立一个独立运行且专门负责社区和谐化工作的机构,使其保持中立性和公正性,超脱于复杂的社区关系之外,有利于推进社区和谐化工作。构建社区和谐化专门工作机构要从以下四个方面进行筹划:

(一)机构及其人员构成

首先,参考美国和英国社区委员会的组建经验,②可由社区居民直接选举产生社区和谐化工作机构的成员,机构成员为民意代表,其与社区居民之间是监督与被监督的关系。被选举的机构成员必须是本社区居民,或者在本社区就业,或者是在本社区有重大利益的中国公民。③ 以美国市社区委员会成员的选举为例,每个社区选举产生50名社区委员会成员,每届任期两年,每

---

① 杨弘亮:《上海社区工作者管理研究》,华东师范大学2010年硕士论文。
② 郑晓东:《美国城市社区自治的现状与趋势》,载《浙江学刊》2008年第5期;朱敏:《美国社区自治的有益做法》,载《浦东开发》2014年第3期;王燕锋:《去机构化的多元服务:英国城市社区治理现状与经验》,载《浙江学刊》2008年第5期。
③ 郑晓东:《美国城市社区自治的现状与趋势》,载《浙江学刊》2008年第5期。

年换届 25 名,委员会成员享有重要事项表决权。① 借鉴美国经验,中国社区和谐化工作机构的成员数量应根据各个社区的规模和工作需求具体确定,没有统一的硬性标准;成员每届任期两年,每年换届一半的人选;工作机构成员不仅拥有重大事项表决权,还拥有对工作机构总负责人和分支机构负责人的选举权。

其次,参考美国社区委员会任命一名社区主任总负责社区委员会工作的做法②,社区和谐化工作机构设置一名总负责人,由工作机构全体成员选举产生,任期两年。总负责人负责对社区和谐化工作进行统筹、组织和协调,对工作机构全体成员负责,并接受其监督。

最后,社区和谐化工作机构应设置财务管理员,专门负责对工作机构的财政资金进行管理。在英国,社区委员会的财务管理员是通过选举产生的。③考虑到财务管理员岗位对财务专业技能的要求,社区工作机构可以采取从既有社区委员会成员中挑选有专业技能的人员担任或者是聘请第三方机构的专业人士担任的做法确定财务管理员。社区财务管理员应由社区和谐化工作机构的总负责人任命,对社区全体成员负责,接受社区全体成员的监督。

(二) 机构工作的分配与开展

和谐社区建设的工作涉及社区利益表达、社区纠纷调解、社区议事协商和社区邻里互助四个方面。参考美国社区委员会划分专业委员会的方法,④可在社区和谐化工作机构之下设置四个分支机构,分别负责社区利益表达、社区纠纷调解、社区议事协商、社区邻里互助这四方面的工作。各分支机构负责人从社区和谐化工作机构的全体成员中选举产生,由总负责人进行任命,对全体成员负责,定期向全体成员报告各自分支机构的工作情况,并接受全体成员监督。而各个分支机构可以根据本机构的具体工作需求,自主设置需要的岗位(比如也可以在分支机构设置财务管理员),组建相应的工作者队伍。分支机构的工作人员可以是社区和谐化工作机构的成员,也可以是招募

---

① The Office of the Mayor Community Assistance Unit of New York City, Handbook for Community Board Members, 2006.
② 郑晓东:《美国城市社区自治的现状与趋势》,载《浙江学刊》2008 年第 5 期。
③ 王燕锋:《去机构化的多元服务:英国城市社区治理现状与经验》,载《浙江学刊》2008 年第 5 期。
④ 朱敏:《美国社区自治的有益做法》,载《浦东开发》2014 年第 3 期。

的社区志愿者和社区专职工作者。此外,包括四个分支机构各自负责的工作在内,社区和谐化工作机构应将其开展的所有工作的情况通过公告栏、机构网站等渠道实时向社区居民公布,供社区居民监督和反映意见。

(三)机构的议事规则

为协调社区和谐化工作机构内部纵向和横向的工作关系,机构需要制定相应的议事规则以促进相互之间的沟通与交流。首先,机构总负责人、四个分支机构的负责人以及机构的财务管理员需要每周定期召开小型会议,就本周各自的工作情况进行交流,并汇报下一周的工作计划。其次,工作机构每个月应定期召开一次全体成员大会,向全体成员汇报本月机构所有工作的情况,并提交下个月的工作计划。当有重大事项需要提交机构全体成员大会进行表决时,也可以由总负责人或1/2以上的成员联名召集全体会议。最后,参考美国社区定期召开社区会议和英国社区每年召开一次社区居民大会的做法,[①]社区和谐化工作机构应每半年组织召开一次社区全体居民大会,由机构总负责人向社区居民汇报前一阶段的社区和谐化工作情况和下一阶段的工作计划,接受社区居民对机构总负责人和机构成员的评议,并重新选举相应的机构成员。特别地,参考美国社区的做法,社区全体居民大会的时间、地点、议程等都必须事先通过各种渠道告知每一位社区居民,并将时间安排在非工作时间,将地点安排在社区内的某个公共场所,以保证和便利社区居民参与。[②]

(四)机构的财政管理

参考日本社区财政自立的传统,社区和谐化工作机构实行财政独立,即由工作机构自筹资金,自主管理和使用资金,资金来源主体无权干涉机构对资金的使用。但机构需要实时公开资金的收支明细,供社区居民监督。特别地,社区和谐化工作机构应该努力拓展其资金来源渠道,打破过往社区经费高度依赖于政府财政拨款的困境。比如,日本社区自治组织町内会的经费来源就十分多样,既包括会费收入、辅助金收入、财产收入等组织自营收入,也

---

① 朱敏:《美国社区自治的有益做法》,载《浦东开发》2014年第3期;王燕锋:《去机构化的多元服务:英国城市社区治理现状与经验》,载《浙江学刊》2008年第5期。

② 朱敏:《美国社区自治的有益做法》,载《浦东开发》2014年第3期。

包括从地方政府、社会企业、社区经济团体、社区居民等处吸纳来的投资资金。①

三、建立便捷、高效的社区和谐化综合工作平台

社区事务纷繁复杂,社区通过打造利益表达、纠纷调解、议事协商和邻里互助等领域的综合平台,并实现联动,可以提升社区的一体化管理和一体化服务水平。

(一)社区利益表达平台

社区利益表达平台主要有两块服务内容:一是利益诉求的表达专栏,主要供社区居民直接反映需求和意见;二是居民论坛,主要供社区居民进行沟通和交流。

发达国家和地区的社区经验表明,通过设置社区利益诉求表达专栏,社区居民能以发帖的方式向特定部门表达意见和需求,诉求归为社区的待处理事项,相应的部门将在平台上受理。社区居民通过其他渠道表达的利益诉求也会由社区工作人员录入和汇总到平台上,再根据内容进行分类,移交给相应的部门处理。相关部门对社区居民利益诉求的受理结果,会由平台进行公示,或者通过电话反馈、电子邮件等反馈渠道告知社区居民,供社区居民监督和提出意见。

参考英国社区居民在社区网上论坛自由表达交流的做法,可以在平台上设置社区居民论坛。论坛设置兴趣团体、社区事务、家乡情谊等不同板块,居民根据需求和兴趣进入不同板块进行交流和讨论,实现相互沟通、相互帮助。

(二)社区纠纷调解平台

根据美国城市社区为社区纠纷双方提供对话平台帮助双方充分沟通的经验,②社区可设立纠纷调解平台,为社区居民反映面临的纠纷困境提供渠道。待相关信息录入和汇总后,工作人员通过调解平台组织纠纷相关方进行线上调解,需要进行线下调解的便立即上门调解。最终达成调解结果后,工作人员在不违背保密性原则的前提下,将纠纷事件的起因、调解过程、调解结

---

① 卢学晖:《日本社区治理的模式、理念与结构——以混合型模式为中心的分析》,载《日本研究》2015 年第 2 期。
② 赵民兴:《略论美国社区调解对我国人民调解的借鉴》,载《法制与社会》2012 年第 7 期。

果等信息录入社区纠纷调解平台进行公示和存档备用,供社区居民监督和提供意见,也为以后工作积累经验。

(三) 社区议事协商平台

首先,将社区居民关心的议题汇总到议事协商工作平台上。然后,采取机构筛选和居民投票相结合的方式,确定下期议事协商的主题。确定议题后,工作机构根据议题内容确定议事协商的参与者(社区居民可自愿选择是否参加)、时间、地点、形式、流程等,再将相关信息通过社区议事协商平台和其他渠道(如社区公告栏等)进行公布,供社区居民查看和选择。

在议事协商时,可采取线上和线下两种方式。前者由社区居民登陆议事协商平台展开讨论交流,进行结果表决,并最终达成合议。美国社区就设有同时覆盖数千人的社区线上协商会议。[①] 线上议事协商的优点是极大地提高了社区居民的参与覆盖率,且形式灵活,比较方便;缺点是不能面对面交流,沟通成本较高,操作比较复杂。线下议事协商则是社区居民约定时间和地点,相聚讨论交流,进行结果表决后形成合议。这种方式的优点可以减少沟通成本,较为高效,操作也较为简单;缺点在于参与面较窄且不够灵活方便。协商的过程、表决情况和结果后续落实情况等信息,都会在社区议事协商平台上公布,供居民追踪、监督和评估。

(四) 社区邻里互助平台

邻里互助平台有两大功能:一是设计线上的社区邻里互助集市,为社区居民对接需求;二是对社区居民的需求进行调研,为社区分支机构策划社区邻里互助活动提供参考。参考美国、瑞士倡导推行的"时间银行"模式,将志愿者照顾老人的时间"存"入"银行",未来志愿者需要帮助时可以兑换使用的做法,[②] 可在社区设计邻里互助积分制度,并在此基础上打造线上的社区邻里互助集市。邻里互助积分制是指,每个居民在平台上注册之后会获得一定的初始积分。社区居民每帮助一次别人,即可获得一定的积分;每接受别人帮助一次,需支付一定的积分。获得或支付积分的标准,将根据邻里互助的内容、

[①] 汪金龙、李晓彬:《美国参与式治理框架下的社区民主协商》,载《上海党史与党建》2017年第8期。

[②] Judith Lasker, et al., Time Banking and Health: The Role of a Community Currency Organization in Enhancing Well-Being, *Health Promotion Practice*, No.1, 2011.

难度、被帮助者的满意程度等来确定,以推动社区邻里互助行为自发产生。

上述平台具有相应的功能和服务设计,信息系统相互贯通,信息即时共享,系统相互联动,一起开展某项工作。

四、建立完善的社区和谐化活动体系

社区活动可以调动社区居民参与推动和谐社区建设。完善社区和谐化活动体系可以从以下四个方面入手:

(一) 丰富活动内容

社区活动内容应该饱满、有层次、有意义、有趣味和吸引人,最重要的是能够吸引居民参与。中国香港社区在提供服务之前,会对社区居民的需求和特点进行调研,进而按照不同人群的需求确定服务项目、兴建服务设施和提供具体服务内容。① 因此,策划社区活动时应事先调研和分析社区居民的需求,注重将需求与活动内容相结合;还可以将社区居民生活所需的知识技能或物质获得融入社区活动,使社区居民通过参与活动有所收获。在中国香港社区经济互助计划中,社区居民可通过参与邻里互助活动来发掘并重新利用其在社区内的长处和潜能,彼此间还可进行服务和货品的交换。这样可以培养居民的企业家精神与自我解决问题的能力,有利于增强社区的凝聚力和归属感,因而吸引了众多居民参加。②

(二) 创新活动形式

单一的活动形式既无法满足居民的多元化需求,也容易使社区居民产生审美疲劳而不能持久参加。因此,在活动形式上,可以效法日本社区从满足居民多方位多层次需求出发,因需定制服务的做法。③ 社区可以根据不同人群的个性化需求定制活动形式,设计具有本社区特色的活动形式。此外,社区也可以通过制定激励措施,鼓励社区居民和机构工作人员提供

---

① 张巧玲:《香港社区服务 60 年》,载《社区》2007 年第 16 期;朱红权、王凤丽:《英美国家及中国香港地区成功社区服务经验启示》,载《经济研究导刊》2011 年第 27 期。

② Jeff S. Sharp, Jan L. Flora, Entrepreneurial Social Infrastructure and Growth Machine Characteristics Associated with Industrial-Recruitment and Self-Development Strategies in Nonmetropolitan Communities, *Journal of the Community Development Society*, No. 2, 1999;廖文伟:《社区资本与社区发展:以香港社区经济互助计划为例》,载《学海》2017 年第 3 期。

③ 冯源:《太原城市社区服务建设研究》,山西财经大学 2014 年硕士论文;李伟:《完善西安市社区服务的对策研究》,长安大学 2014 年硕士论文。

创新想法,群策群力,共同丰富活动形式。社区可以组织工作人员前往国内外社区活动丰富的先进社区进行交流,学习其他社区的创新活动形式。

（三）规范活动程序

大凡在吸引几千人聚集参加的会议之前,美国社区都会开会对流程进行有效规划,以确保会议顺利进行。开展社区活动之前应由工作人员事先撰写好活动方案草案（包括执行方案和应急方案）,并将草案提交给相关分支机构负责人审批。负责人可将活动方案提交至社区工作机构全体成员会议,供大家讨论、审议和表决;批准通过后提交社区工作机构总负责人备案。特别重要的活动在提交机构总负责人备案之前,还应该提交社区工作机构全体成员大会进行讨论、审议和表决。确保在活动开展之前,已有一套比较严密和规范的活动程序。

（四）常态化活动频率

为形成常态化的活动机制,社区工作机构工作人员要为活动确定固定的时间。具体来说,可以通过社区工作平台线上调研方式调查社区居民空闲时间,选取活动定期开展的时间,并公示给社区居民,并保质保量地定期开展活动。同时,还应制定激励措施以鼓励社区居民持续参加,保证活动具有持久的新鲜力和吸引力。比如,中国香港社区会定期举行来"墟"活动交易日,由社区管委会提供场地及物资,以近似集市的形式促进居民间的服务交换及货品买卖。这种活动具有物物交换的特点,对社区居民产生了较为持久的吸引力。[①]

第五节　营建和谐社区的保障措施

一、制定激励政策

（一）出台调动社区居民参与的激励政策

为在社区居民中培育自觉参与社区和谐化工作及活动的意识,提高社区居民参与的积极性,政府应制定激励政策,在舆论引导、精神文明宣传等方面加强对居民的教育。例如,美国政府通过出台鼓励社区居民从事社区志愿服

---

① 黄洪:《以资产为本推行社区经济发展——香港的经验与实践》,载《江苏社会科学》2005年第2期;廖文伟:《社区资本与社区发展:以香港社区经济互助计划为例》,载《学海》2017年第3期。

务的政策,同时辅以社会舆论引导,在社区中形成了居民广泛参与的社区精神,而社区精神又进一步促进了社区的良好发展。

(二)出台培育社区工作机构的激励政策

和谐社区建设有赖于社区和谐化工作机构发挥重要作用。政府可以在资金支持、税收优惠、荣誉鼓励、舆论宣传等方面,从物质上和精神上给予社区和谐化工作机构及其工作人员以关照,以促进社区和谐化工作机构发展和壮大,增强其积极性和能力。例如,美国政府不断通过向社区中的非营利组织和志愿者组织提供资金支持、免税优惠、补贴等来帮助社区组织发展。[①]

(三)出台培育社区工作者队伍的激励政策

为了社区引进人才、培养人才、留住人才,政府应采取有力的政策措施在工资薪酬、福利待遇、舆论引导、精神文明嘉奖等多个方面给予人才足够的激励,增强社区和谐化工作的吸引力。中国香港不仅给予社区工作者较为优厚的薪酬,消除其后顾之忧,还给予社区工作者较高的荣誉鼓励,使其在社会上享有较高的地位,备受尊敬,从而鼓励了社区工作者队伍的发展壮大。

二、改革财政体制

(一)提供充足的资金支持

政府对社区和谐化工作最直接的支持是提供必要的财政拨款。政府每年可以对社区和谐化工作所需资金情况进行评估,并对社区提交的资金申请进行审核,在审核通过的基础上划拨适当的财政资金供社区和谐化工作使用。例如,美国、英国、日本、中国香港的政府每年都对社区投入巨大的经费支持,以此帮助社区发展。

(二)开拓资金来源渠道

政府可以出台相关政策帮助社区实现资金来源渠道的多样化。例如,允许社区将一些服务有偿化,鼓励社区自创收入;以税收优惠、资金补助等措施鼓励社会力量对社区和谐化工作进行投资。英国政府在 2002 年财政法案中就制定了一项税收优惠制度,即社区投资税收优惠,通过给予个人和公司投

[①] Alvarado Elliott, Nonprofit or Not-for-profit: Which Are You? *Nonprofit World*, No. 6, 2000.

资者一定的税收优惠措施鼓励个人和公司投资者向社区投资,[①]筹集到的大量投资资金,用于弥补社区建设资金缺口。

(三)实现社区财政独立

自主的管理和使用经费是保障社区和谐化工作不受约束和限制的前提。因此,需要将社区和谐化工作机构的财政体制由原来的行政审批改革为财政独立,社区机构从多元化渠道获得资金收入之后,可以自主管理资金和决定支出方向,资金的提供者无权干涉。在日本,社区实行基层经济自立,这种模式打破了传统自上而下配置经济资源的行政型管理模式,[②]使得社区能够更加有效地针对社区居民的需求来组织与配置经济资源以开展工作。

三、完善法律支撑

(一)明确赋予居民权利

为增强社区居民的信任感,促进其参与社区和谐化工作的积极性,应从法律层面赋予社区居民在社区利益表达、社区纠纷调解、社区议事协商等方面的权利。这样既有利于保护社区居民不受损害,增强社区居民对社区和谐化工作的信任感,也有利于培养社区居民参与社区和谐化工作的内在自觉性,提高其对社区和谐化工作的参与度。

(二)明确各机构的权利义务界线

在和谐社区建设中,需要其他机构与社区机构相互联动,相互协作,共同参与。为避免各机构因角色定位不清出现工作交叉、推诿责任等情况,政府应出台相关法律法规,对社区和谐化工作涉及的各机构的权利、义务以及相互之间的关系进行规范和管理,做到权责清晰,各司其职,这也有利于提高社区和谐化工作开展的效率。英国政府在社区服务工作领域出台了不少政策法规,对社区服务中各组织的角色和相互之间的关系进行规范和管理,极大地提高了社区服务供给的质量和水平。

(三)提供相关的制度保障

制定激励政策、改革财政体制等措施,都需要政府制定相应的制度予以

---

① 叶莉娜:《英国社区投资税收优惠制度评析与借鉴》,载《税收经济研究》2014年第1期。
② 李升:《日本基层社区治理的实践及启示》,载《团结》2017年第1期。

保障。中国香港特区政府出台了很多法律鼓励和支持社区非营利组织的发展,包括赋予这些非营利组织对社区事务的自主治理权和独立决策权等;日本政府也出台了相应的法律政策,允许日本基层社区建立"自治体财政",对社区财政账户进行独立管理。可见,从法律上确立制度保障是推进社区工作的基础和必要前提。

主要参考文献

[1] Albie M. Davis, How to Ensure High-Quality Mediation Services: The Issue of Credentialing, in K. G. Doffy, J. W. Grosch, and P. V. Olczak (eds.), *Community Mediation A Handbook for Practitioners and Researchers*, The Guilford Press, 1991.

[2] Alvarado Elliott, Nonprofit or Not-for-profit: Which Are You? *Nonprofit World*, No. 6, 2000.

[3] American Bar Association, Special Committee on Dispute Resolution, Legislation on Dispute Resolution, Washington, D. C., 1984.

[4] American Bar Association, Standing Committee on Dispute Resolution, State Legislation on Dispute Resolution, Washington, D. C., 1988.

[5] Division of Consumer Services, Legal Services Unit, State of California, Proposed Guidelines for Local Dispute Resolution Programs, Sacramento, 1987.

[6] G. Nicolau, Community Mediation: Progress and Problems, *Viewpoint on Mediation*, No. 3, 1986.

[7] Jeff S. Sharp, Jan L. Flora, Entrepreneurial Social Infrastructure and Growth Machine Characteristics Associated with Industrial-Recruitment and Self-Development in Nonmetropolitan Communities, *Journal of the Community Development Society*, No. 2, 1999.

[8] Judith Lasker, et al., Time Banking and Health: The Role of a Community Currency Organization in Enhancing Well-being, *Health Promotion Practice*, No. 1, 2011.

[9] The Office of the Mayor Community Assistance Unit of New York City, Handbook for Community Board Members, 2006.

[10]〔日〕奥田道大ほか:《町内会・部落会》,生活科学1962年版。

[11] 毕爱生:《美国流行社区邻里"合作社"》,载《社区》2006年第24期。

[12] 陈竞:《邻里互助网络与当代日本社会的养老关怀》,载《中南民族大学学报(人

文社会科学版)》2008年第3期。

[13] 陈民、赵胜利:《目前我国城市和谐社区建设面临的挑战及对策》,中国行政管理学会2005年年会暨"政府行政能力建设与构建和谐社会"研讨会论文,2005年。

[14] 程慧:《城市社区利益表达机制研究》,苏州大学2012年硕士论文。

[15] 崔红:《社区"调解之家"化解居民纠纷》,载《百姓生活》2013年第11期。

[16] 董自龙:《我国城市社区互助养老问题研究》,浙江财经大学2013年硕士论文。

[17] 段茜:《公民社会视角下美国社区的公民参与》,外交学院2014年硕士论文。

[18] 范文明:《"和谐"概念演变的中外历史概述》,载《黑龙江史志》2010年第15期。

[19] 冯友兰:《中国哲学史》,华东师范大学出版社2000年版。

[20] 冯源:《太原城市社区服务建设研究》,山西财经大学2014年硕士论文。

[21] 郭亭一、毕锟、郭娜:《"三会制度"打通党员群众诉求渠道》,载《社区》2011年第15期。

[22] 韩可胜:《参与 奉献 和谐——美国社区精神及缘由初探》,载《浦东开发》2009年第1期。

[23] 韩央迪:《英美社区服务的发展模式及对我国的启示》,载《理论与改革》2010年第3期。

[24] 何菲:《论社区民间纠纷的调解体系》,载《洛阳理工学院学报(社会科学版)》2010年第1期。

[25] 何菲:《社区调解——城市社区的整合机制》,华中师范大学2007年硕士论文。

[26] 胡发贵:《传统文化中的和谐理念》,载《群众》2012年第9期。

[27] 黄洪:《以资产为本推行社区经济发展——香港的经验与实践》,载《江苏社会科学》2005年第2期。

[28] 姜楠:《家和万事兴——北京东城区钟鼓社区矛盾纠纷调解之家》,载《长安》2013年第9期。

[29] 李彩华:《拨我拨我去帮一帮,灵!——文晖街道"818邻里互助站"纪实》,载《杭州(我们)》2012年第1期。

[30] 李升:《日本基层社区治理的实践及启示》,载《团结》2017年第1期。

[31] 李伟:《完善西安市社区服务的对策研究》,长安大学2014年硕士论文。

[32] 李学举:《建设和谐社区为构建和谐社会奠定基础》,载《红旗文稿》2005年第19期。

[33] 廖文伟:《社区资本与社区发展:以香港社区经济互助计划为例》,载《学海》2017年第3期。

[34] 刘光:《论和谐概念》,载《东岳论丛》2002年第4期。

[35] 刘惠恕:《论胡锦涛提出"构建社会主义和谐社会"思想的历史过程与理论价

值》，载《新四军研究（第五辑）》，2013 年。

[36] 刘志鹏：《城市社区自治立法：域外比较与借鉴》，载《国家行政学院学报》2012 年第 3 期。

[37] 柳静虹：《社会倡导视角下社区公民利益表达机制研究——以美国、德国、新加坡为例》，载《社会建设》2015 年第 5 期。

[38] 卢学晖：《日本社区治理的模式、理念与结构——以混合型模式为中心的分析》，载《日本研究》2015 年第 2 期。

[39] 米思瑑：《城市社区纠纷多元化解机制研究》，北方工业大学 2012 年硕士论文。

[40] 〔日〕守本友美、河内昌彦、立石宏昭编著：《ボランティアのすすめ：基礎から実践まで》，ミネルヴァ書房 2005 年版。

[41] 束锦：《社会管理创新与协商民主的理论契合及实践探索——南京市鼓楼区议事机制调研》，载《社会主义研究》2011 年第 5 期。

[42] 孙倩：《美国的慈善事业》，载《社会》2003 年第 6 期。

[43] 佟雅囡、周钰、杜秀秀：《邻里互助网络构建与城市社区居民自治的案例研究》，载《科教文汇（中旬刊）》2015 年第 8 期。

[44] 汪金龙、李晓彬：《美国参与式治理框架下的社区民主协商》，载《上海党史与党建》2017 年第 8 期。

[45] 汪自修、潘民养、冉庆辉：《"邻里互助"协议促社会和谐稳定》，载《长安》2015 年第 11 期。

[46] 王立标、首一苇、王自兴：《推进社区协商制度化建设的问题分析和对策建议》，载《中国民政》2015 年第 7 期。

[47] 王琳：《香港社区建设经验探索与借鉴》，载《广东培正学院学报》2010 年第 2 期。

[48] 王青阳、朱建平、张国友：《邻里和睦金不换——浙江省开化县华埠社区开展邻里互助活动纪实》，载《社区》2003 年第 15 期。

[49] 王燕锋：《去机构化的多元服务：英国城市社区治理现状与经验》，载《浙江学刊》2008 年第 5 期。

[50] 吴洪凯、多成、冉林林：《"五民情工作法"畅通民意表达渠道——沧州市新华区道东街道办事处利用网络畅通群众诉求表达的经验调查》，载《党史博采（理论）》2013 年第 1 期。

[51] 小雨：《邻里互助社：老年人的温情驿站》，载《老友》2014 年第 5 期。

[52] 徐彬洋：《社区服务志愿者管理中存在的问题及对策研究》，湘潭大学 2015 年硕士论文。

[53] 薛轩：《浅议城市社区经济发展存在的问题及其解决措施》，载《中国集体经济》2013 年第 30 期。

[54] 颜节:《"有为而治"彰显高效"无为而管"考量智慧——香港基层治理体制及社区建设启示》,载《贵阳市委党校学报》2012 年第 5 期。

[55] 杨弘亮:《上海社区工作者管理研究》,华东师范大学 2010 年硕士论文。

[56] 叶莉娜:《英国社区投资税收优惠制度评析与借鉴》,载《税收经济研究》2014 年第 1 期。

[57] 曾宇青:《香港与深圳社区自治制度比较研究》,载《中国行政管理》2006 年第 1 期。

[58] 张辉:《邻里互助活动点的实践与思考》,载《党政论坛》2015 年第 4 期。

[59] 张巧玲:《香港社区服务 60 年》,载《社区》2007 年第 16 期。

[60] 张再云:《和谐社区测量指标体系的初步建构——概念界定与基本维度》,载《江汉大学学报(社会科学版)》2008 年第 2 期。

[61] 赵民兴:《略论美国社区调解对我国人民调解的借鉴》,载《法制与社会》2012 年第 7 期。

[62] 郑晓东:《美国城市社区自治的现状与趋势》,载《浙江学刊》2008 年第 5 期。

[63] 周燕琼:《邻里互助:深圳社区社会工作新模式》,载《中国社会工作》2012 年第 4 期。

[64] 朱红权、王凤丽:《英美国家及中国香港地区成功社区服务经验启示》,载《经济研究导刊》2011 年第 27 期。

[65] 朱敏:《美国社区自治的有益做法》,载《浦东开发》2014 年第 3 期。

[66] 朱智贤主编:《心理学大词典》,北京师范大学出版社 1989 年版。

第十三章

营建人文社区

第一节 人文社区概述

一、"人文"的概念

"人文"一词最早出现于《周易》"贲卦":"分,刚上而文柔,故'小利有攸往',刚柔交错,天文也。文明以止,人文也。观乎天文以察时变,观乎人文以化成天下。"① 北宋程颐在《伊川易传》中说:"天文,天之理也;人文,人之道也。天文,谓日月星辰之错列,寒暑阴阳之代变,观其运行,以察四时之速改也。人文,人理之伦序,观人文以教化天下,天下成其礼俗,乃圣人用贲之道也。"可见,在中国传统思想中,"人文"概念的核心是人的各种属性与人的内在精神和伦理观念,观察人文,可以洞悉人情世事,并且以这种意识和价值观来教化天下人。

英文的"humanism"与中国的"人文"概念大体相应,20世纪20年代初期,中国学者将其译为"人文主义"。"人文主义"原指古希腊时期的一种文化价值传统,即关心人的物质存在和精神世界,尊重人的价值,特别是尊重人作为一种精神存在的价值;重视伦理道德,追求人生真谛;提倡教育,认为教育可以塑造人的个性发展;在公共事务中扮演活跃的角色,以体现人的优越性,也是人具备"人性"必不可少的条件,"人是万物的尺度"。兴起于16世纪欧洲文艺复兴运动中的"人文主义"的思潮追求个性解放、科学与理性,以及勇于进取的精神。17、18世纪的启蒙运动,则进一步启发人们反抗宗教与专制

---

① 周振甫译注:《周易译注》,中华书局1991年版,第81页。

的束缚,提倡思想自由与个性的张扬。

可见,中国和西方对"人文"这一概念的理解有很多共通之处。首先,"人文"就是人的物质与精神的存在;其次,倡导对人性的尊重以及对人的精神价值与伦理观念的尊重;再次,认为人应该积极地洞悉并参与社会事务;最后,认为人性的塑造需要通过人文教化,也就是教育来完成。

二、"人文社区"的内涵

学界对"社区"概念的定义多达百十余种,虽然视角不一,但都无一例外地强调了社区的"人文"属性。最早提出"社区"概念的德国社会学家滕尼斯把社区定义为基于人们的本质意志而结成的、具有有机关联性的"共同体"(Gemeinschaft)。戴维·波普诺(David Popno)认为,"一群人定居在某一个特定地理区域内,其生活围绕日常互动模式组织起来,便构成了一个'社区'"[①]。横山宁夫认为,社区是在一定空间内的综合性的生活共同体。可见,社区不仅拥有相对固定的地域边界和空间范围,拥有房屋与街道、公园、商店等生活设施的物理空间,更是一个基于人们本质意志而结成的、具有有机联系的"共同体",经历了从血缘到地缘,再到精神与观念的共同体的发展过程。在这一共同体中,居民彼此间产生了紧密的联系并形成了共同的价值观、道德范式与文化习俗。

由此,人文社区的内涵可以被概括为充满人文理念、体现人文精神的社区空间,它拥有能够满足社区居民生活需要的完善、便利的物质设施,管理有序、互助友爱,尊重居民的精神文化追求,崇尚人文教化,居民在长期的共同生活中形成社区特有的共识、文化氛围、精神风貌与道德规范,以及共同的发展目标与愿景。

三、人文社区的构成要素

在构成要素上,人文社区可以分为四个组成部分:第一,基础设施与硬件资源,包括社区的基础设施与硬件环境,这是人文社区存在和发展的物质前提;第二,文化要素与资源,这是社区人文精神与传统的源泉与活力;第三,发展目标与原则,包括构建与治理人文社区的目标与原则;第四,制度与保障机

---

① 〔美〕戴维·波普诺:《社会学》,李强等译,中国人民大学出版社1999年版,第590页。

制,即实现人文社区构建与治理目标的规制、政策、措施、工具和保障性机制。具体如表 13-1 所示。

表 13-1 人文社区构成要素与内容

人文社区构成要素	类别	内容
基础设施与硬件资源	—	—
文化要素与资源	生活方式	生活方式与习俗
		民族、宗教、语言
	历史传统	社区历史
		当代社区文化
		社区流行文化和特色文化
	道德与审美	伦理观与道德范式
		精神风貌
		价值观
		理想与信念
		审美标准与兴趣爱好
		文化多元与包容
发展目标与原则	思想目标	社区发展的共同目标
		共同的社区精神
		居民较高的综合素质
	行为目标	非正式社区规范
		良好的居民社交
	文化目标	多元文化载体与文化产品
制度与保障机制	内部机制	确立一般性规章与制度
		挖掘和梳理社区的文化基础
		开展社区文化活动
		进行社区宣传与教育
		强化社区人文空间设施建设
		建立多样化的社区人文组织机构
	外部机制	明确主体关系,促进多元力量分工协作
		实施人文资源共建共享
		加强专业人才队伍建设
		建立资金支持和保障机制

资料来源:本书作者依据相关文献资料梳理而成。

第二节　人文社区的历史、现状与发展趋势

一、人文社区的历史回顾

早在"社区"的概念被提出之前,人类的"社区式"生活就已经存在。在游牧社会人们逐水草而居,形成了依据血缘关系和共同生存目标划分的群体,由于居住地经常变动,因而不能算形成了真正意义上的"社区"。在人类开始定居生活后,一定数量的人生活在相对固定的地理区域内,人与人之间通过长期的共同生活形成了某种联系和认同感,真正意义上的社区才逐渐成形。

随着社会文明的不断进步,社区的人文属性日益彰显,文化因素成为社区存在和发展的精神支撑。古希腊城邦时期的人本思想、民主观念和自治传统,古罗马法的精神、基督宗教的信仰,中世纪的政治、宗教体系与权力的多元化,商业文明的活力与扩张精神,科学与理性观念,以及现代工业化进程,都给西方国家城市社区的形成、存在和发展打上了深深的烙印。例如,19世纪中叶的英国,城市扩张和大工业生产引发了令人不安的社会混乱状态,甚至是去人性化的过程。人们不禁开始怀念工业化之前田园般的生活状态和更紧密的社会凝聚力。在这样的背景下,19世纪80年代,英国宗教界人士发起社区睦邻运动,旨在减轻社会弊病,关注社区弱势群体的生存状况,倡导社会和解、自助、互助和共享的邻里精神。知识界人士广泛而深入地参与社区生活,帮助开发社区资源以改善贫民的生活。他们在贫民区设立社区睦邻服务中心,所有工作人员与贫民共同生活,按照居民的需要拟订工作计划,尽量利用本社区的资源来解决问题,培养居民的自主与互助精神。服务中心还承担了社区文化中心的功能,让居民从中感受到人格尊重、积极奉献、平等的人文精神。

第二次世界大战后,先是在欧美等西方发达国家,继而在亚洲、非洲和拉美地区的发展中国家,社区逐渐成为公民社会最基本的组织形式。[①] 同时,社区人文建设对社会发展和文明进步的重要作用也备受重视。1955年联合国发布的《通过社区发展促进社会进步》报告书、1966年出版的《社区发展和经

---

① 姜芃:《社区在西方:历史、理论与现状》,载《史学理论研究》2000年第1期。

济发展》,鼓励人们在社区中发扬互助精神,在日益异化的现代社会中重建回归的情感依托和精神家园。① 20世纪60年代,日本政府提出要在社区中"恢复人性""重构人性";20世纪80年代,欧美国家兴起了加强社区居民交往、实现人与人之间相互关怀的热潮;20世纪90年代,新城市主义理念提倡从人性角度营建社区环境,要保证社区基础设施符合居民的生活需要和轨迹,并能够促进居民之间的沟通与交流,提倡简朴自律的生活方式,注重文化建设,塑造多元化、具有人本精神和凝聚力的社区氛围。

二、中国人文社区的发展

中华人民共和国成立后,中国的社区经历了从单位制下的街居制向社区制逐步过渡的发展历程。单位制是从中华人民共和国成立后到改革开放之前中国社区长期存在的一种组织模式。国家权力通过单位组织体系实现了对社会各领域的全覆盖,国家政治和行政权力整合基层社会,社区成为国家管制体系的一个组成部分。② 单位不仅是社区居民的"衣食父母",也是人文社区建设的主导,负责组织、开展成员及其家庭的文化生活和学习活动。单位成员在共同的单位工作,居住地点集中,社会阅历相近,成员之间相互熟悉,在单位制框架下享受各种优惠待遇和人文关怀。

在计划经济与社会经济水平相对落后的背景下,单位被赋予了全面管理单位成员的职能以及负责单位成员生活的义务,在社区中扮演着类似家庭的角色。单位制在资源配置、满足社区居民基本生活需求、维护社会稳定与安全,以及动员人们全身心地投入工作等方面发挥了重要作用。在这一制度模式下,社区的管理权由居民委员会行使,社区发展缺乏自主性。同时,社会和市场的影响力微弱,社区居民自我参与、自我服务的意识和热情较低。因此,在这一时期,社区的人文建设全部由政府包揽,如兴建社区文化设施、发展社区公共文化事业、举办社区文体活动、开展文化宣传教育、协调邻里与家庭关系等,人文社区建设与管理呈现出主体单一、自上而下的特征。

改革开放后,随着计划经济向市场经济转型,城市社会的复杂性与开放

---

① 唐复柱:《社区建设与人文精神的培育》,载《广西梧州师范高等专科学校学报》2006年第1期。

② 周庆智:《论中国社区治理——从威权式治理到参与式治理的转型》,载《学习与探索》2016年第6期。

性不断增强,单位制与街居制的既有功能日益弱化,其存在的必要性也逐渐消退,随之而来的是基层社会的组织体系发生了一系列深刻变化,社区管理职能与权利逐步回归社会。相应地,社区的人文建设也逐渐从政府单一主导转向政府协调下的社区协作治理模式,社会和其他市场主体更多地参与其中,治理主体日益多元。社区面貌显著改观,社区风气也逐步好转,标志着中国城市社区人文建设开启了新局面。

20世纪90年代,中国政府借鉴国外社区发展的基本经验并结合本国实际情况,提出了社区建设的思路,其中涉及社区人文建设相关内容。2000年,中共中央办公厅、国务院办公厅转发《民政部关于在全国推进城市社区建设的意见》,明确提出要"繁荣社区文化。积极发展社区文化事业,加强思想文化阵地建设,不断完善公益性群众文化设施"①。随后国家又相继出台了一系列相关指导意见和建设规划,其中均涉及对城市社区人文要素的开发和发展。

2017年,中共中央、国务院发布《中共中央、国务院关于加强和完善城乡社区治理的意见》,其中专门提到要"强化社区文化引领能力。以培育和践行社会主义核心价值观为根本,大力弘扬中华优秀传统文化,培育心口相传的城乡社区精神,增强居民群众的社区认同感、归属感、责任感和荣誉感",这是中央政府关于社区人文化建设的最新意见,也是当前中国营建人文社区的指导精神。可见,尽管政府尚未明确提出"人文社区"的建设目标,但却早已注重开发和利用社区的人文要素。

三、营建人文社区的意义

"人文精神"尽管是社区与生俱来的天然属性,但却受到社会经济发展水平等因素的制约和影响。当经济水平处于较低阶段时,社区发展大都以满足居民基本生活需求为主要目标。在基本物质需要得到满足后,社区居民的文化与精神等内在需要日益强烈,人们越来越重视内在意识与情感的表达以及自我价值的张扬,这成为人文社区发展的内在驱动力。

传统社会中人与人之间的关系通常形成于特定的地域和亲缘范围之中。随着现代社会的快速工业化进程,人们的工作与生活方式发生了巨大改变。

---

① 资料来源:http://theory.people.com.cn/GB/40746/3491444.html,2018年8月26日访问。

现代社会组织的科层结构化使个人倾向于冷漠、封闭的状态,传统社区中的人与人之间密切交往的关系日趋弱化。① 此外,科技进步和大工业生产方式使得人们愈加追求感官与物质的刺激,削弱了主体意识的想象力和创造力,而传统的文化意识、信仰、道德与伦理价值观更是趋于弱化。在这样的社会发展潮流下,重振人文精神,重塑道德秩序,强调以人为本的社会发展目标成为国际社会的共识。

人文社区建设有助于解决社会转型阶段出现的诸如犯罪、事业、贫富分化等一系列社会问题和危机。这些问题通常与社会文化与价值观的变迁相关联,而且仅依靠单纯的政策与经济、法律手段无法获得较好的解决效果。

对中国而言,人文社区建设是从单位制向社区制转型时期人们重新培植情感归属、建立公共意识的重要途径。改革开放以来,随着市场经济的发展、单位制的解体、商业化住宅的出现和普及,以及信息化时代给人们的生活方式带来的巨大改变,中国城市社区的传统人文模式受到了以下方面的影响和冲击:一是社区建筑形态的单元化与网格化特征,以及人与人之间沟通的方式日益增多,使得社区居民日常生活、居住、社交的地点分离化,导致居民生活相对封闭,参与社区事务的需求和动力降低,②进而阻碍了居民参与社区治理与社区服务的公共意识的形成。二是互联网技术的日新月异大大拓展了人们获取信息的途径,影响了人们的理念和信仰,使人们在精神思想层面高度异质化,从而影响了社区人文价值理念的形成。

第三节 营建人文社区的困境

当前,中国城市人文社区建设存在诸多不足,如人文建设需要的基础文化设施匮乏、老旧;人文社区的定位与观念意识不足;社区人文化管理的组织建设滞后;缺乏完善的人文社区设施建设机制等。

一、社区发展目标不明确

社区的发展目标是居民对社区生活理想状态和未来发展达成的意愿和

---

① 许爱花:《城市人文社区构建途径探析》,载《宁夏社会科学》2008年第4期。
② 郑杭生:《破解在陌生人世界中建设和谐社区的难题——从社会学视角看社区建设的一些基本问题》,载《学习与实践》2008年第7期。

共识。在中国,有些社区虽有人文建设目标,但由于对社区的历史、现状以及外部环境缺乏全面、深刻的了解和分析,社区的发展定位和目标流于形式,甚至有失偏颇,进而影响了后续的政策制定和实施,导致人文社区建设的路径错误和资源浪费。

二、资源匮乏且配置不平衡

总体上,社区的硬件设施与资源短缺和配置不平衡,是中国人文社区建设过程中存在的普遍性问题。人文社区建设经费不足成为制约人文社区建设发展的重要因素。目前,社区建设和开展文化活动的经费基本依靠财政支出,社区缺乏人文建设的自主性和能动性,在完善硬件设施和开展社区文化活动的持续性方面均缺乏有力的资金支撑。

当前,中国城市社区建设缺乏统一规划和有效调配,一方面,造成社区之间文化资源配置不平衡。经济发达城市的社区在人文环境、文化设施和场所配置上明显优于经济相对落后城市的社区,新开发和规划的社区配套设施又明显优于部分老旧社区,高档社区与普通社区的设施与资源配备两极分化,高档社区设施配备过剩,而普通社区的设施资源相对匮乏且维护不佳。另一方面,造成文化基础设施等重复建设严重,导致资源浪费。同时,各社区之间、社区与社区所辖范围内的某些单位和企业之间缺乏共建共享机制,导致有些社会资源利用率较低甚至闲置,资源的配置和利用不合理。

三、建设主体关系不明晰

人文社区建设的主体包括社区居民、自治组织、政府及其他社会团体和市场化组织。中国社区居民的主体意识相对薄弱,存在人文社区建设主体缺位的现象。社区对很多居民来说只是居住空间,居民缺乏参与社区治理的主动性、积极性、创造性。此外,中国很多社区都属于政府社会管理体系的一部分,受到各级政府和政府派出机构,如街道办事处的领导和管控,同时也承担了大量的行政职能,陷入了"行政化困境"和"边缘化困境"。[①]主体错位现象导致人文社区建设的主要工作由政府和各级领导承担,影响了人文社区建设

---

① 郑杭生、黄家亮:《论我国社区治理的双重困境与创新之维——基于北京市社区管理体制改革实践的分析》,载《东岳论丛》2012年第1期。

与管理工作的质量和效率。而人文社区真正的主体——居民却处于被动状态。再者,人文社区建设中社会组织和市场力量参与不足,缺乏社会化、市场化力量的参与协作机制,加之社会组织和市场力量发展相对滞后,导致人文社区建设效率低、质量差。

四、缺乏社区共识与认同感

社区并非单纯的地缘共同体,而是有稳定的情感认同和共同社会价值观、共同精神追求的精神共同体、文化共同体。① 社区的"集体精神"是人文社区的"深层次内容,是社区的无形资产,是社区成员内心层面的集体无意识及社区价值观的集合,是居民对社区共同体的认同感、归属感的精神纽带"②。当前,中国城市社区普遍存在"共同体困境",社区认同和社区参与严重不足,许多社区仅是地域概念,居民的归属感不强、参与的积极性不高,使得社区建设在很大程度上还停留在政府自上而下的单向推动上。③

五、制度体系与管理规范缺失

人文社区建设的内部机制是指社区内部对人文建设的政策手段、制度保障、组织与管理模式,以及绩效考量标准与评估等不同环节的总和。当前,中国社区内部人文建设机制的不完善之处主要体现在以下几个方面:一是缺乏专门的建设、管理和组织机构,导致人文社区建设无法形成有效的工作链条。当前中国人文社区建设缺乏常态化的工作机制和负责开展日常工作的专职人员和部门,不仅导致不少社区工作时断时续,也很难让社区居民对社区的人文建设形成印象和理念,从而无法真正引导居民行为、培养社区意识、凝聚居民共识。二是人文社区建设的相关规章制度不完善,内容单一,主要以开展宣传教育、评奖、文体娱乐活动,或设立宣传栏、图书馆、阅览室、小广场等文化空间和设施为主,形式缺乏创意,内容缺乏社区特色。三是人文社区建设通常以表面宣传为主,流于形式,对思想意识、行为模式和社区人际关系等

---

① 〔德〕斐迪南·滕尼斯:《共同体与社会:纯粹社会学的基本概念》,林荣远译,北京大学出版社2010年版,第23—29页。
② 马华:《治理视野下的社区精神重塑》,载《中共乐山市委党校学报》2010年第4期。
③ 郑杭生、黄家亮:《论我国社区治理的双重困境与创新之维——基于北京市社区管理体制改革实践的分析》,载《东岳论丛》2012年第1期。

深层次的内容涉及较少。

六、专业人力资源储备不足

人文社区建设需要专业、敬业的人才队伍，以及怀有奉献精神与工作热情的业余人士和志愿者。专业人才是为人文社区建设提供专业知识和技术指导，进行人文要素开发和管理的专职人员或特聘专家等；业余人士包括社区居民中的文艺工作者、热心人士，或者拥有相关特长和才艺的居民等，通常是以志愿者的身份投入人文社区建设工作。当前中国人文社区建设不仅缺乏专业人才队伍，也没有人才引进、选拔、培训、任用、激励等相关机制。同时，对业余人士和志愿者也缺少有效的管理和组织。

第四节 营建人文社区的目标、原则与措施

一、营建人文社区的目标

通过营建人文社区，凝聚居民共识，培养社区意识，满足居民的精神文化需求，重新建立起以思想文化、人际关系为纽带的社区联系，可以增强居民对社区的认同感、归属感、责任心和凝聚力；通过非物质手段促进解决社会问题，还使社区成为一个有灵魂、有理想、有活力的有机共同体。

（一）打造社区公共文化空间

社区公共文化空间是指为社区居民提供公共文化服务的建筑物、场地与设施，是居民休闲、游憩、举办文化活动、相互交流的公共空间与场所。社区公共文化空间主要包括图书室、博物馆、广场、儿童活动室、综合文化中心、书屋、公共数字文化服务点等。公共空间是社区精神与居民文化诉求的重要依托，具有开放、包容、多元的人文特征。

（二）提升社区居民的综合素质

提升社区居民综合素质是推进人文社区建设的重要目标，也是保持社会稳定与和谐的因素。社区居民综合素质包括居民的文化教育水平、道德风貌、精神状态、健康等人文状况，反映着一个社区的人力资源的数量和质量等

智力水平。① 虽然社区居民的综合素质受到各自家庭背景、成长经历等诸多因素的影响,但随着社会职能和社会权力的回归,社区在提高居民综合素质方面的作用日益增大。

（三）营造社区人文关怀氛围

城市社会关系的特征之一就是更为私人化,邻里之间来往不频繁、不积极,人们对待陌生人也不是那么乐于帮助和周详体谅。② 这可以被看作是一种"社区问题",即城市化和城市的生活方式对社区团结产生了消极的影响。因此,营造社区人文关怀氛围,加强凝聚力,是人文社区建设的重要目标。营造社区人文关怀氛围包含三层含义:第一,满足社区居民多层次多方面的生活需要,改善社区生活品质,注重关爱老人与儿童的身心健康,积极维护妇女权益等;第二,承认人的价值,尊重社区成员等的主体地位、个性差异、理性思考与个人隐私,不仅关心人的物质需要,更关心社区居民的精神文化需要;第三,激发社区居民参与社区事务的主动性、积极性和创造性,拉近社区居民之间的人际关系和感情。

（四）培育社区精神与共识

社区精神是居民在长期共同生活、交往中自发形成的共同的思想意识、价值观念和精神追求,是社区居民日常生活有序性和社区未来持续发展的道德基础和内在动力。社区精神以居民的理想信念为基础,通过居民的共同参与将这些理想信念具体化,形成明确、具体的社区发展目标和规划。

（五）营造多元文化的和谐氛围

全球化时代的城市国际化程度日益加深。大量外籍人士来到中国居住、工作和生活,越来越多的城市社区都入住了一定数量的外籍人士。为适应社区的国际化潮流,人文社区建设要积极营造多元文化和谐共处的氛围,引导拥有不同国籍、不同语言与文化背景、不同生活方式与习俗的居民之间相互理解与认同,搭建文化交流平台,提高外籍居民的归属感和参与意识。

---

① 刘庆龙、冯杰:《论社区文化及其在社区建设中的作用》,载《清华大学学报(哲学社会科学版)》2002 年第 5 期。

② 〔美〕戴维·波普诺:《社会学》,李强等译,中国人民大学出版社 1999 年版,第 582 页。

二、营建人文社区的原则

营建人文社区需要发挥全社会的思想引领和文化整合功能，发展社区文化、凝聚居民共识，同时避免人文社区建设的机械化、形式化、教条化，以及社区发展目标的简单"复制"与"照搬"；避免脱离居民群众，要让社区目标、社区精神、居民行为和社区文化既具有社区的特色和风格，又符合社会主义核心价值体系和精神文明建设的基本要求，从而形成良好的社区人文氛围，促进基层社会的有效治理。2017年6月发布的《中共中央、国务院关于加强和完善城乡社区治理的意见》中明确了中国社区建设总的指导思想："全面贯彻党的十八大和十八届三中、四中、五中、六中全会精神，坚持以邓小平理论、'三个代表'重要思想、科学发展观为指导，深入贯彻习近平总书记系列重要讲话精神和治国理政新理念新思想新战略，紧紧围绕统筹推进'五位一体'总体布局和协调推进'四个全面'战略布局，坚持以基层党组织建设为关键、政府治理为主导、居民需求为导向、改革创新为动力，健全体系、整合资源、增强能力，完善城乡社区治理体制，努力把城乡社区建设成为和谐有序、绿色文明、创新包容、共建共享的幸福家园，为实现'两个一百年'奋斗目标和中华民族伟大复兴的中国梦提供可靠保证。"

综上，营建人文社区需要遵循如下原则：

第一，"以人为本"是人文社区建设的出发点和根本宗旨。从社会学和文化人类学的视角来看，人拥有群体属性、社会属性以及文化属性。"以人为本"是营建人文社区的根本宗旨，主要包括以满足居民物质与精神需求为出发点，以尊重居民利益为依据，以服务居民为目标，以是否有利于社区的全方位发展和居民安居乐业为标准，充分发挥社区居民参与治理的主体作用，社区居民共同制定规则并负责实施与监督，人文社区建设成果由居民共同、公平地享有。

第二，彰显人文精神是人文社区建设的内在支撑。充分调动居民的主动性，鼓励居民以主人的身份参与社区建设，提升社区的凝聚力、团结力以及居民的归属感与身份认同感。

第三，因地制宜、尊重传统，突出社区独特的文化底蕴。自然禀赋、历史背景、居民结构、经济水平以及外部环境等因素的差异造成了社区各自的形态特征与不同的发展水平。因此，人文社区建设需要因地制宜，充分考虑社区的空间特征、文化背景、居民结构、社会关系、经济水平和外部因素,分析社区在人文建设方面的优越性与不足,发掘潜力,整合资源,进行有针对性的开发,找到符合社区实际情况且具有特色的人文社区营建模式。

第四,塑造全球化背景下文化多样性与包容的社区人文理念。在全球化趋势下,当今的城市社区早已超越了以血缘、宗族、地缘关系为纽带的传统社会群体组成模式。社区的居民结构也日益多元,特别是在国际化程度较高的大都市社区,社区的居民来自国内不同地区,甚至很多来自其他国家和地区,居民的肤色不同、语言不同、宗教信仰不同、生活习惯与文化习俗多元。因此,社区需要培育文化包容的人文精神,顺应和尊重文化多样化的时代潮流,实现多元文化的和谐共处。

三、营建人文社区的举措

(一)制定社区行为规范,完善居民公约

人文社区行为规范不同于正式的法律法规,也不同于成文的社区章程和居民公约,而是建立在社区居民的共同生活习惯、传统习俗和生活方式基础上,以居民共同价值观念和精神追求为前提和保证的一种非正式、非强制的行为规范。这种行为规范通常存在于居民的思想意识之中,强调特定的理念和追求,排斥不符合居民共识的思想和行为,最终潜移默化地影响和规范社区居民的行为模式。当前,中国正处于社会与经济结构转型的关键历史时期,社会矛盾和社会问题时有发生。但其中有些问题仅依靠正式的法规和制度解决,效果往往不尽如人意。在这种情况下,非正式的社区规范可以作为法律手段的有益补充与调节。

社区行为规范以社区传统美德、风俗习惯等为基础,通过一定的制度与章程对居民行为加以约束和引导。例如,在上海市杨浦区,对于楼道堆物、垃圾分类、装修搭建、高楼抛物、宠物扰邻、小区环境、争抢车位等城市社区面临的普遍问题,社区使用非正式的"礼治公约"进行规范。[1]

(二)建设和完善社区公共文化空间与设施

打造社区公共文化空间和居民社交场所,如社区广场、图书馆、活动室、

---

[1] 严静峰、刘建军:《从生活社区到文化社区——中国社区建设的文化维度》,载《中国文化产业评论》2017年第24卷。

宣传平台等，提升社区公共文化空间的品质和利用率，并对社区公共文化空间进行专业维护和管理。利用高科技和信息化手段，如建立社区服务 APP、居民微信群、社区官方公众平台等，开发社区公共文化虚拟空间，实现社区公共文化空间的高效管理。

北京白塔寺共享会客厅①是社区公共文化空间的很好例证。白塔寺一带的胡同社区属于北京老城 33 片历史文化保护区之一的"白塔寺历史风貌保护区"，是北京现存珍贵的四合院建筑群，面积约 37 公顷，位于北京二环路内，被金融街和商圈包围。这里是最地道的老北京社区，保留着最原汁原味的老北京市井生活风貌。《北京城市总体规划（2016—2035 年）》提出"老城内不再拆除胡同四合院"，为这片社区带来了传承历史、复兴传统的契机。社区"共享会客厅"在此背景下出现。"共享会客厅"建立于 2017 年 9 月，由一座办公用房改建而成，分为上下两层，总面积约 120 平方米，位于白塔寺西侧的宫门口东岔胡同口，是典型的社区公共文化空间。"共享会客厅"的建设理念是，"在一个城市变大了，邻里变淡了，生活变快了，而我们之间也变得远了"的今天，给社区居民提供一个重新相连、重温记忆的共享空间，让人文记忆得以重生。

共享会客厅装饰为怀旧的风格，有 20 世纪老供销社的柜台，放置着老台秤、老算盘、铝饭盒、糖果罐，柜台里有蛤蜊油、雪花膏、风油精、小人书；货架上有麦乳精、黄桃罐头、北冰洋汽水、老暖水瓶、缝纫机和黑白电视。共享会客厅还设有开放式厨房。每星期除周日、周一外，白塔寺社区都有惯例的文化社团活动，如文笔社，伙食社，缝补、编织社以及劳作社，星期五则是老街坊聚会，星期六是京剧票友的相聚时光。作为北京市首例，社区共享会客厅深深融入了老胡同居民们的日常生活。拥有活动场所后，社区居民自发组建了文化社团。例如，劳作社是喜欢木工活的老街坊组织起来的，就此还制定了劳作社宗旨、《劳作守则》和《劳作志愿者公约》。他们与社区的木工爱好者互相切磋，并为社区提供义务的家具维修服务，未来还计划与周边学校合作，帮助青少年锻炼动手能力、培养劳作兴趣。此外，社区居民还打算复兴白塔寺庙会，并绘制了复原老庙会的平面图。可见，白塔寺共享会客厅调动了社区

---

① 资料来源：http://www.btsremade.com/zh/community-neighborhood,2018 年 8 月 30 日访问；http://www.xinhuanet.com/fortune/2018-09/07/c_1123392457.htm,2018 年 8 月 30 日访问。

居民传承社区文化的意识和完善生活家园的理念。

作为社区文化空间的白塔寺共享会客厅,以及相关的一系列社区文化活动,是多方资源合作的成果。白塔寺共享会客厅是北京西城区民政局建设全国社区治理和服务创新实验区的项目之一,也是华融金盈主导的"白塔寺再生计划"的一部分。西城区民政局、新街口街道办事处提供了扶持政策与引导资金,华融金盈提供了场地和社区资源,专业团队提供了策划设计方案并进行运营。白塔寺共享会客厅体现了多元主体协作的人文社区建设模式,从建设到组织,再到运营与管理都是以社团和社区居民为主体,同时依靠政府、社会组织、企业等外部力量。白塔寺共享会客厅聚集了各具所长的民间人才与最接地气的市井智慧和情感,已经成为白塔寺社区向外界展示文化风貌、输出人文产品、孵化社区文化价值的空间与平台,以及汇聚各类资源、促成多方合作的交流空间。

(三)保护与合理开发社区历史文化资源

第一,建立社区博物馆。首先,梳理社区文化资源,对社区的历史脉络、物质与精神文化遗产、传统技艺、文化名人和历史事件等进行全面深入的挖掘与归纳。建立社区博物馆,不仅可以更好地保护和传承社区文化,还能构建居民的社区情结,增进居民的社区文化认同感与历史归属感。社区博物馆还能发挥教育功能,扮演学校的角色,成为居民学习、休闲放松和培养情操的公共文化空间,以及儿童和青少年开展素质教育、艺术文化爱好者和研究者活动的重要场所。

第二,制订社区文化资源清单,涵盖社区的历史文化遗产、非物质文化资源、专业人才、空间场所与文化设施、文化组织等,并按照类型、规模、开发程度、开发可行性等指标进行分类和评估。例如,日本的"造町运动",坚持"一村一品"的原则,挖掘每个社区的特色资源,奠定了独特的社区品牌基础。

作为社区历史文化遗产的重要载体,社区博物馆在西方国家早已存在。安那考斯蒂亚社区博物馆(Anacostia Community Museum)位于美国华盛顿社区,是世界上第一座和美国最重要的以社区历史、民众文化、社区问题为主题的社区博物馆,也是美国第一个由政府资助建立的博物馆,其于1967年建成并对公众开放。博物馆从社区群落角度记载了美国非裔社区——安那考斯蒂亚——的历史、文化和社区问题。到20世纪80年代,博物馆已成为收藏、呈现全美非裔移民历史文化的基地,吸引了大批非裔美国艺术家和团体在此举办各种展览、演出,成为宣传种族平等和人权的重要舞台。1995年,博物馆更名为"安那考斯蒂亚博物馆与美国非裔历史与文化中心"(Anacostia Museum and Center for African American History and Culture)。1999年,博物馆成立了专门向儿童和学生提供课外学习和暑期活动的博物馆学校。2006年,博物馆更名为"安那考斯蒂亚社区博物馆",以此表达博物馆对当代城市社区问题的重新审视与关注。①

近年来,中国很多城市尝试筹建社区博物馆。其中,福建省福州市的三坊七巷社区博物馆被公认为中国首座具有完整意义的社区博物馆。三坊七巷自晋、唐时期就是贵族和士大夫的聚居地,至今还保存着相当多的唐宋时期的坊巷建筑,堪称古代中国城市里坊制度的博物馆,同时还保留了明清与民国时期的古建筑,包括水榭戏台、严复故居、沈葆桢故居等9处全国重点文物保护单位,以及多处省、市、区级文物保护单位。清末至民国时期,这里还涌现出林则徐、沈葆桢、林旭、严复、林觉民、林纾、林徽因、冰心、庐隐等重要人物。三坊七巷的丰富历史文化积淀,展示了中国不同历史时期多种文化交融而成的地域文化和名人文化。2010年底,福州市宣布启动三坊七巷社区博物馆建设。社区博物馆的筹建突破了"建筑—收藏—专家—观众"的传统组织模式,代之以"地域—传统—记忆—居民"模式,实现物质文化遗产和非物质文化遗产保护的结合,由政府部门主导与组织,由专家与社区居民共同参与。如今,三坊七巷已成为福州闻名中外的城市名片。

(四)开展丰富的社区文化活动

社区文化活动是人文社区建设的重要方式,不仅可以满足社区居民的精神文化需求、缓解居民的生活与工作压力,还有助于提高社区居民的文化素养,同时为社区居民之间开展交流和增进感情创造了机会。社区的文化活动形式既包括一般性文化活动,也有针对不同群体需求和彰显社区特色的文化活动。丰富社区文化活动的途径包括:

第一,丰富社区文化活动形式,赋予设区文化活动以地方和社区特色。利用社区特色和历史文化遗产,开展"传统工艺课堂""习俗文化节"等活动;根据历史典故排演话剧、拍摄微电影;举办社区"音乐节";儿童较多的社区可举办"亲子文化节""欢动六一"等。

---

① 资料来源:http://anacostia.si.edu/About/History,2018年8月3日访问。

第二，促进一般性的社区公共文化活动常态化。定期组织"社区文化节""最美家庭""最美邻居"等评奖评比工作，定期举办社区"消夏晚会"、社区运动会，定期举办社区音乐会、艺术展、电影节等活动，定期在重大节日举行庆祝或纪念活动等。让社区公共文化活动深入居民的日常生活，营造社区日常生活的文化习惯与文化氛围。

第三，借助文化团体、工作室等专业力量，指导和支持社区文化活动。依托社区文化基础，开展具有特色的文化创意活动，结合居民的兴趣爱好与专长，推动有本社区特色和风格的文化创意活动。

浙江省宁波市江东区围绕"关爱人、服务人、教育人、凝聚人"等核心内容，全面建设"人文社区"，是一个很有价值的案例。[①] "关爱人"是指以人为本建立健全组织制度，完善优化环境，切实开展各种关爱活动，对社区成员特别是困难、弱势群体进行关心爱护。"服务人"是指由政府和社区内各团体、组织机构及志愿者，构建服务网络，提供福利性和公益性服务，开展各种便民利民的服务活动等，满足社区居民的多样化需求。"教育人"是指开展社会公德、职业道德、家庭美德教育与形式多样的青少年教育活动，切实规范居民行为，提升居民的思想道德、法治观念和科学文化素质。"凝聚人"是指建立相应的组织，配备设施，营造良好的环境，开展系列活动，激发居民的参与热情，实现社区高凝聚力、高美誉度的目标。

(五) 构建多样化的社区人文组织机构

社区人文组织机构按照功能的不同可以分为管理组织和活动组织，管理组织是社区中专门负责统筹和落实人文建设工作的基层群众性自治组织，是居民参与人文建设决策及其实施的载体，如社区文化工作站、社区文化工作管理小组、社区精神文明工作委员会等。活动组织是居民开展文化活动、社区社交和参与人文建设的组织团体，通常由居民根据兴趣爱好、自身需求、人际关系等自发形成，如社区兴趣小组、社区文化社团、社区互助团体、社区文艺工作者联盟、社区运动队和文艺队等。构建多样化的社区人文组织机构，一是要在社区设立人文建设管理组织，包括专职工作者和热心居民志愿者；

---

① 唐钧：《以人文精神为核心的社区建设：江东经验》，载《河海大学学报（哲学社会科学版）》2006年第4期；张民巍、牟洁：《"人文社区"——关爱人、服务人、教育人和凝聚人的具体实践》，载《社区》2002年第15期。

二是要培养居民的参与意识和积极性，前期可以社区引导为主，社区主动联络和聚集兴趣相同、需求相同的居民形成团体组织，或倡议社区业余文艺工作者、文化爱好者形成社区人文志愿服务组织，同时建立支持和激励机制；三是让社区活动组织不单纯停留在文娱活动层面，要发挥深层次作用，深入影响居民的思想意识、人际关系、行为模式，提升这些组织机构在凝聚居民共识、引导居民行为方面的作用。

（六）加强人文关怀、邻里互助与志愿服务

加强人文关怀最能彰显社区的人文精神，也是培育社区美德、培养社区意识、弘扬社区传统人文精神的重要途径。

第一，开展社区邻里互助与志愿服务，可以解决社区居民切实的生活需求，有助于形成良好的居民社交氛围，建立和谐的社区人际关系网络。例如，开展与弱势群体和困难居民的结对帮扶；居民依托职业技能开展互助活动，比如从事教师职业的居民成为辅导儿童的志愿者，医生为邻居提供一些简单的疾病防治与身体保健咨询等。邻里互助与志愿服务活动可先以单元、楼宇为单位展开，逐步扩展到整个小区、社区，促进居民之间形成互助友爱的社区人文风尚。

第二，在社区中加强对助人为乐、重义轻利、敬老爱幼等中华民族传统美德的宣传，传播亲和邻里关系、"家和万事兴""远亲不如近邻""与邻为善，以邻为伴，守望相助"等传统社区精神，培养社区意识，引导居民形成正确的社区价值观，推动形成社区邻里新风尚。

（七）搭建社区教育服务体系

教育是塑造道德意识、价值观和人文精神的最重要手段，是人文社区建设不可或缺的环节，有利于社区居民形成共同的心理认同与归属感。社区教育在广义上是一种社会教育，是在正规学校系统之外的教育行为，属于非正规教育范畴。教育对象为社区居民，以传授实用的知识与技能为主。狭义的社区教育是指一种通过整合各类教育资源，服务社区发展和满足居民需求的教育模式。

在很多西方国家，社区教育服务体系的发展已进入较为成熟的阶段，甚至已经成为国家教育体系的重要组成部分。以美国为例，20世纪初期，城市化与工业化的快速发展进程对人才的大量需求，成为社区大学发展的重要动力。第二次世界大战后,大批退伍军人重返校园也促进了社区大学与成人教育的发展。20世纪60年代的"婴儿潮"和70年代的越南战争后退伍军人重返校园推动了社区大学规模的进一步扩大。作为文化多元的移民国家,美国的社区学校还对移民提供英语语言培训,帮助他们更好更快地适应并融入美国社会。美国的社区学校和社区大学对提升美国人口素质、提供就业指导和职业培训,以及移民融入、社会稳定等做出了巨大的贡献。

中国可以从美国社区教育模式中得到很多启发。针对中国城市社区人文建设的现实需要与居民的实际需求和兴趣爱好,在社区搭建教育平台为社区居民创造学习条件,定期举办科普、文化、职业类教育活动。根据居民的兴趣爱好和需求,邀请专家学者和相关行业从业人员举行主题讲座、举办社区读书会、组织开展社区课堂等,既有助于培养居民的兴趣爱好,促进居民形成共同的生活方式和审美情趣,还可通过开展切实有效的公民教育课程,将国家历史、政治局势、法律法规等知识普及给社区居民。针对社区内的少年儿童,寒暑假可通过开办假期课堂、特色俱乐部等形式,既丰富孩子的假期生活,还可以解决父母因工作而无暇照管孩子的后顾之忧。社区还可开设烹调、家政、计算机等成人职业培训课程,帮助居民提高相关知识水平和职业技能。社区大学常为社区居民举办知识讲座,开展知识技能培训,一方面向居民普及生活常识和科学文化知识,教授生活技能;另一方面,针对不同特殊人群开展培训,如对下岗职工提供就业技能培训,对"准妈妈"群体提供产前心理辅导等。

第五节 营建人文社区的机制与保障

一、完善社区多元主体协作的治理机制

坚持社区居民为主体,政府引导,企业参与,社会共建与共享的人文社区多元合作治理机制,从行政一元化管理或单一部门的碎片化治理转向多元主体的合作治理。① 一是坚持社区居民在人文建设中的主体地位,充分调动居

---

① 郑杭生、尹雷:《"社会互构论"视野下的城市社区文化建设刍议——基于南海的案例分析》,载《学习与实践》2014年第5期。

民参与人文建设的主动性和积极性,保证政府和其他主体不越位、不错位。二是人文社区建设的成果要公平地惠及全体社区居民,让居民通过人文社区建设有所收获。三是最大限度地发挥社会力量和公众参与在人文社区建设中的功能与作用。要坚持社区居民与组织作为主体的全程参与,还要协调社区居民、政府和社会力量之间的相互关系。人文社区建设要以社区居民为主体,依靠政府的引导和推进,仰仗专家、学者对人文社区规划和建设给予专业技术指导和智力支持;同时,通过市场手段吸引企业、社团等进行投资、建设和运营管理。

20世纪20、30年代,英、法、美等西方国家开展的社区"睦邻运动"便是通过激发人文情怀,倡导知识界人士参与,利用本社区各种资源培养居民的自助和互助精神,来改善社区治理。上海市杨浦区积极推进社区与相关文化单位合作,联合上海财经大学举办"中华优秀传统文化进社区"活动,并邀请中央民族歌舞团、解放军军乐团、上海歌舞团等单位走进社区,为社区居民提供多样、专业的文化服务。[①]

二、优化配置实现人文资源共建共享

第一,由政府出面制定城市统一的人文社区建设宏观框架,并对人文资源进行合理的宏观调控,避免社区之间因"各自为政"导致资源分配不均、重复配置、浪费和利用效率低下。

第二,合理挖掘和利用社区人文资源,制订科学合理的开发规划,避免因追求短期成绩而忽视长远发展,导致资源被破坏或闲置浪费。

第三,建立社区人文资源共建共享的互补机制。一是加强临近社区之间的共建共享,如大型公共文化设施或文化活动可由临近的多个社区共同建设或开展,发挥规模效益。二是吸引社会力量、企业和其他专业团体参与人文社区建设,为人文社区建设注入新的活力。

这里以北京市东城区建设社区文化活动中心为例。东城区在建设社区文化活动中心时放弃了传统的以社区为单位的规划方式,而是通过计算活动中心的服务半径与可达性进行规划布局。截至2014年年底,全区共有社区

[①] 严静峰、刘建军:《从生活社区到文化社区——中国社区建设的文化维度》,载《中国文化产业评论》2017年第24卷。

文化活动中心163家，少于社区一级的区划总量，"文化社区既最大限度地满足了社区居民的文化需求，又有效地避免了重复建设的浪费，同时突破了空间不足的局限性"①。

三、加强社区专业人才队伍培养建设

优化人才结构，增加人才数量。一方面，要引进、培养专业文化人才和专职工作人员，在社区中设置专门的职务和岗位，解决人员待遇问题，形成人文社区建设的专门机构和专业队伍，最主要的是尽快建立和完善人才的引进、任用、培训、激励机制，制定相关规章制度，建立专门的工作平台。另一方面，要充分调动社区居民参与人文社区建设的积极性和创造性。对积极参与人文社区建设的居民开设相关专业培训，提升志愿者队伍的专业性，有效利用社区丰富的人力资源，强化居民对社区的归属感和认同感。

四、合理引入市场机制拓展资金来源

第一，坚持以政府资金支持为主，提高政府对人文社区建设重要性的认识。设置专项资金保证财政支出的一定比例用于支持人文社区建设，并制定相关保障制度和优惠政策。例如，广东省佛山市南海区政府重点保障社区文化建设专项用地，优先考虑重大文化基地和重点扶持的文化产业项目的用地需求；完善社区文化建设的财政投入机制，确保专项费用的投入增幅高于同期财政收入的增幅，并设立专项基金，用于扶持精品文化创作和各类群众文艺团体，引入和培育各类文化人才，健全了人文社区建设的保障机制。②

第二，鼓励、支持和引导社会化、市场化主体参与人文社区建设。将部分人文建设工作和公共文化服务交与专业团体组织、运营和管理，或者与专业机构进行合作，如此不仅可以发挥市场组织竞争机制的优势，弥补政府在社区治理中的不足，还可以提高相关社区服务的供给能力和人文活动的专业化水平，促进人文建设工作效率提高、工作成本降低、工作质量提升。

第三，发挥社会非营利组织在整合文化资源、维护居民利益、促进社区与

---

① 陆晓曦：《文化社区：城市核心区基层综合性文化服务中心建设的样本——以北京市东城区为例》，载《图书馆杂志》2017年第1期。
② 郑杭生、尹雷：《"社会互构论"视野下的城市社区文化建设刍议——基于南海的案例分析》，载《学习与实践》2014年第5期。

政府沟通方面的作用,弥补市场机制的弊端和职能空缺,最大限度地增进社区居民利益。

第四,拓宽资金来源渠道,整合社区内外各类社会可用资源,拓宽筹集渠道,吸引多种社会资金参与。促进社区创意文化产业发展,吸引文化投资,形成社区特色文化品牌,鼓励社区居民并建立完善的投资和回报机制。鼓励市场主体参与社区公共文化服务和文化设施建设,为人文社区发展注入活力。

主要参考文献

[1] 〔英〕阿伦·布洛克:《西方人文主义传统》,董乐山译,生活·读书·新知三联书店1997年版。

[2] 〔美〕戴维·波普诺:《社会学》,李强等译,中国人民大学出版社1999年版。

[3] 〔德〕斐迪南·滕尼斯:《共同体与社会:纯粹社会学的基本概念》,林荣远译,北京大学出版社2010年版。

[4] 郭长刚:《城市"社区"的内涵和历史渊源》,载《中国名城》2008年第3期。

[5] 姜芃:《社区在西方:历史、理论与现状》,载《史学理论研究》2000年第1期。

[6] 刘庆龙、冯杰:《论社区文化及其在社区建设中的作用》,载《清华大学学报(哲学社会科学版)》2002年第5期。

[7] 陆晓曦:《文化社区:城市核心区基层综合性文化服务中心建设的样本——以北京市东城区为例》,载《图书馆杂志》2017年第1期。

[8] 马华:《治理视野下的社区精神重塑》,载《中共乐山市委党校学报》2010年第4期。

[9] 唐复柱:《社区建设与人文精神的培育》,载《广西梧州师范高等专科学校学报》2006年第1期。

[10] 唐钧:《以人文精神为核心的社区建设:江东经验》,载《河海大学学报(哲学社会科学版)》2006年第4期。

[11] 许爱花:《城市人文社区构建途径探析》,载《宁夏社会科学》2008年第4期。

[12] 严静峰、刘建军:《从生活社区到文化社区——中国社区建设的文化维度》,载《中国文化产业评论》2017年第24卷。

[13] 阎光才:《大学与城市、社区间关系的历史与现实》,载《比较教育研究》2006年第6期。

[14] 杨玲、何健:《民国时期社区研究的历史勘查》,载《北京工业大学学报(社会科学版)》2014年第6期。

[15] 杨敏:《历史视域下的社区文化建设新趋势》,载《华中师范大学学报(人文社会科学版)》2015年第5期。

[16] 郑杭生、黄家亮:《论我国社区治理的双重困境与创新之维——基于北京市社区管理体制改革实践的分析》,载《东岳论丛》2012年第1期。

[17] 郑杭生、尹雷:《"社会互构论"视野下的城市社区文化建设刍议——基于南海的案例分析》,载《学习与实践》2014年第5期。

[18] 郑杭生主编:《和谐社区建设的理论与实践:以广州深圳实地调查为例的广东特色分析》,党建读物出版社2009年版。

[19] 周庆智:《论中国社区治理——从威权式治理到参与式治理的转型》,载《学习与探索》2016年第6期。

[20] 周振甫译注:《周易译注》,中华书局1991年版。

第十四章

营建活力社区

第一节 活力社区的内涵及评价标准

生物学和生态学最早提出了"活力"的概念,认为活力是指生命有机体所具备的生存和发展的本领与能量,后常被用于表示"旺盛的生命力"[1]。营建社区时引入"活力"一词,用以表示场所和环境能够激发人们情感共鸣的相应机制,是人类生活交往互动活动与空间相互融合的过程[2],是使生活更为多样化、人性化的潜力[3],也是人们对所处生活空间的满意度与舒适度的主观表达[4]。也就是说,活力社区强调社区的互动性、融合性以及生活的多样性。

从互动性上看,社区作为居民社会生活的共同体,社区活力的营造自然离不开社区范围内各主体,为了共同的利益、需求等积极参与到社区建设当中。从融合性上看,活力社区展现了社区内传统文化和新兴文化之间、不同社区文化之间的碰撞过程,社区文化是所有社区主体之间的融合剂。从生活多样性上看,社区主体的多元化导致需求也呈现多元化、个性化,在社区供需关系的调整和匹配中,需充分利用市场的力量盘活资源,发展社区经济。综上,活力有很多源头,但共同缔造活力、文化活力和经济活力,是缔造活力社区的三个重要的决定力量。

一、社区共同缔造活力

共同缔造是对人、社区与社会之间关系的一种构建手段,它是通过推动

---

[1] 王勇、邹晴晴、李广斌:《安置社区公共空间活力评价》,载《城市问题》2017年第7期。
[2] 〔加〕简·雅各布斯:《美国大城市的生与死》,金衡山译,译林出版社2005年版,第24页。
[3] 蒋涤非:《城市形态活力论》,东南大学出版社2007年版,第21页。
[4] 汪海、蒋涤非:《城市公共空间活力评价体系研究》,载《铁道科学与工程学报》2012年第1期。

多元主体参与,在满足社会发展要求和居民生活需要的基础上,促进主体之间互动与交流,构建紧密联系的社区关系网络的过程。在活力社区营建中的共同缔造概念,主要包括两个方面内容:其一,强调政府、社会与市场的多元化参与,通过技术创新、公共空间营造与活动组织方式三个途径激发社区活力。在这一维度下,共同缔造更加强调政府、企业、社团和居民等所有社区利益相关者的共同参与性。通过多元主体之间的协商与合作,推动多领域和多主体职能与优势的融合,是新形势下实现社区转型和可持续发展,带动社区整体活力提升的重要基础。① 其二,共同缔造还强调参与社区发展的人口结构的多样化,通过激励充满活力的青年人、大学生和有文化且结构多样性的外来人口,积极参与社区发展,通过新知识、新技术和新思想,营造社区活力氛围。在这一维度下,共同缔造主要强调充分激发青年人活跃、激情、有力量的特质,或推动大学生义工、志愿者参与社区建设与服务,从精神和风气上昂扬社区活力。

二、社区文化活力

广义的社区文化是指社区内居民创造的物质文明和精神文明的总和,狭义的社区文化是指居民在社区内的休闲娱乐、行为方式、风俗习惯等。② 这里主要从狭义的角度阐述社区文化如何在营建活力社区中发挥作用。文化活力是活力社区的重要支撑,社区共同缔造机制建立以来,文化活力使社区居民获得了丰富的文化象征意义和积极的表达意愿。在此,从文化内涵和文化活动两个方面阐述社区文化应如何富有活力。

第一,从文化内涵的角度看,首先,活力社区的文化是多元的。不同国别、不同地域、不同人群的文化在社区中发生碰撞,为社区文化注入了多元各异的文化溪流,多元结构的文化冲撞创造了更高层次的社区文化稳定、和谐、有活力。其次,活力社区的文化是开放的。社区对于外来文化进入保持开放态度,任何外来文化均可以获得社区的进入机制、表达渠道和群众基础,而不会受到社区的排斥。开放的参与机制使得社区文化更加多元,充满活力。最后,活力社区的文化是大众的。社区文化本质上就是大众文化,而非属于少

---

① 李郇、刘敏、黄耀福编著:《共同缔造工作坊——社区参与式规划与美好环境建设的实践》,科学出版社 2016 年版,第 29 页。

② 在"营建人文社区"一章,已经讲述过社区文化不同的内涵、特征以及表现形式。

数精英阶层的文化。这要求不同身份、地位、阶层的人广泛参与,形成真正意义上的大众文化。

第二,从文化活动的角度看,首先,要有文化表达的渠道,无论是有形的公共空间的主观表达,还是无形的文化交流与碰撞,社区文化活动应给予不同特征的居民以公平的表现机会。其次,要有全民性的居民参与渠道,要求社区文化活动丰富、亲民、有内涵,有利于满足居民的健康、教育、精神等多样化需求。

三、社区经济活力

狭义上,传统的城市社区经济是指"街道经济",即街道或居委会管辖范围内的基层经济。广义视角的定义指出,城市社区经济是社区范围内所有经济要素和经济活动的总称。① 叶金生认为,城市社区经济是指,通过市场机制将社区范围内物质形态和价值形态的资源进行重新配置组合,并创造出新价值的一种经济现象。② 陈宪在研究中指出,除了要发挥市场机制来优化配置资源之外,城市社区经济非常强调社区公共福利的最大化。③ 即城市社区经济以满足一定范围内居民的精神和物质需求为目标,以市场机制和社会机制为调节手段,兼具经营性和社会性的双重特征。④

"社区经济活力"是在"社区经济"的基础上衍生出来的概念。世界经济活力与可持续发展组织将社区经济活力定义为:社区经济的竞争能力、适应能力,及其对私营企业和公共企业的吸引能力;具有经济活力的社区能为社区居民提供令人满意的就业机会和高水平的生活质量;把握潜在机遇,致力于增加社区居民福利;鼓励社区居民和企业发扬创新精神和高尚品德,并激励各主体积极参与社区活动。⑤ 张润君研究指出,社区经济活力是指社区提供社会保障服务和实现社区服务产业化的能力。⑥ 基于社区经济的内涵特征,结合已有的社区经济活力的概念界定,我们认为,城市社区经济活力主要

---

① 张晓霞:《社区经济发展现存问题及创新思路》,载《商业时代》2010年第7期。
② 叶金生:《社区经济论》,企业管理出版社1997年版,第10页。
③ 陈宪:《发展城市社区经济的思考》,载《上海经济研究》2000年第7期。
④ 沈冠辰:《我国城市社区经济发展研究》,吉林大学2017年博士论文。
⑤ 陆晓丽、郭万山:《城市经济活力综合评价指标体系》,提交给"中国宏观经济管理教育学会"的论文,2006年。
⑥ 张润君:《试论我国城市社区活力的激发》,载《西北师大学报(社会科学版)》2010年第6期。

包括三个方面:

第一,社区经济对市场主体的吸引力及社区经济的总体规模。社区经济是城市经济的微观基础。在市场竞争机制的作用下,多元化多样化特征的社区经济逐步兴起,社区就业岗位增加,社区企业的创新力提升,并进一步激发出各类市场主体的活力。因此,社区经济活力首先体现在企业进入数量、企业参与的持续性等方面。从经济学角度看,社区经济作为依托社区发展的一种经济形态,其活力指标还应包括社区经济的体量与规模,这是衡量社区经济总量的重要指标。

第二,社区服务的多样性及社区经济的产业化。现代型的社区提供的服务不仅仅包含传统的民政型或福利型的社区服务,更加突出的是为社区所有居民的全方位服务,这也就是要求社区服务须由以居委会为组织主体的福利性服务,逐渐向更为专业化、产业化和社会化的社区服务转变。换句话说,社区服务的具体内容早已突破了已有的传统界限,逐步向响应式发展,并呈现出多层次、高档次的特点。如传统的社区邻里互助、各种便民设施和服务,以及居委会组织等与各种形式的家政服务、医疗服务、文化教育服务等相融合,以城区或全市为单位组织的市民求助中心和热线、社区服务网络等。

第三,社区居民的生活质量和保障体系。社区经济具有社会性、服务性特征,其发展方针是"围绕服务办经济,办好经济促服务",宗旨是为满足社区内所有居民的全面发展服务,进而提高社区居民的生活质量和社区文明程度,这是社区经济发展的根本目标。作为城市社会保障制度的实施主体之一,涵盖社会保险、社会救助、社会福利等的社区保障体系,是否完备是衡量社区经济活力的重要指标。

四、活力社区的评价标准

对于活力的评价,国内外学者从营建目标与内容等方面设计了多种评价维度。蒙哥马利(Montgomery)认为,城市活力的构成要素包括适宜的人口密度、街道的紧密联系、功能的混合、绿地与水景等。[①] 叶宇等则认为,街道可

---

① J. Montgomery, Making a City: Urbanity, Vitality and Urban Design, *Journal of Urban Design*, No. 1, 1998.

达性、功能混合型和密度高低是评价地方活力的基础指标。[①] 龙瀛则直接以街道上人的活动程度来评价其活力。[②]

在结合活力社区评价标准的基础上,可通过分析活力社区营建的内涵,分别从共同缔造活力、文化活力和经济活力三个方向出发,建立对社区活力水平的评价标准。具体如表 14-1 所示。

表 14-1 活力社区的评价标准

维度	特征	标准
社区共同缔造活力	政府参与	财政支出额度
		是否有专门促进全面参与的规范、文件
		是否具有多元参与、协商的平台
		多元参与的措施保障完备性
		公共设施的使用率
	社区参与	社区组织中青年从业人员占比
		各类协管人员中青年人占比
		社区义工,志愿服务中青年人占比
		社区活动组织的频次
		活动组织的多样性
	社会参与	非营利组织参与的数量
		对社区的慈善捐款额
		高新企业占比
		企业资金占社区建设总投资比重
	居民参与	参与社区活动的频次
		青年人参与活动的人数比例
		社区信息公开渠道的满意度
		信息公开及时性的满意度
		青年人对参与社区活动的态度
		各类职业者参与社区建设的态度

---

① 叶宇、庄宇、张灵珠、〔荷〕阿克丽丝·凡·内斯:《城市设计中活力营造的形态学探究——基于城市空间形态特征量化分析与居民活动检验》,载《国际城市规划》2016 年第 1 期。
② 龙瀛:《街道城市主义:新数据环境下城市研究与规划设计的新思路》,载《时代建筑》2016 年第 2 期。

(续表)

维度	特征	标准
社区文化活力	文化内涵	不同国别的文化元素(有/无)
		不同地区的文化元素(有/无)
		不同人群的文化元素(有/无)
		文化进入机制(有/无)
		社区文化的认可度
	文化活动	文化活动的内容多样性
		文化活动的可参与性
		文化活动的健康性
		文化活动的趣味性
		文化活动的影响力
社区经济活力	经济规模	社区企业的数量
		企业参与的可持续性(企业社区类投资利润率)
		社区商业中心的数量
		小型零售商店的数量
		社区生产总值
		社区经济增长情况及其增长率
	经济结构	社区服务业产业化的发展程度
		社区部分公共服务市场份额占比
		社区人口所从事的行业结构
	居民生活质量	社区居民的就业率
		社区居民的恩格尔系数
		社区居民的幸福感指数
	社区保障能力	社会保障参保率
		医疗保障参保率
		政府最低生活保障标准

资料来源:本书作者自行整理。

第二节 营建活力社区的现状及问题

一、多元主体参与的现状及问题

党的十八大报告中明确要求"提升公共参与度,逐步建立公众参与机制",一方面,旨在鼓励社区居民积极参与到社区活动或社区规划设计中,结合自身需求为社区营建出谋划策,并对结果进行评价与监督;另一方面,强调参与主体的多元化,运用社会、市场与不同主体的功能优势,实现对社区环境、基础设施和公共服务等的改造与优化。在十九大报告中,中央进一步强调要"打造共建共治共享的社会治理格局",这一理念强化了全民参与对社会治理的重要作用,要求政府机关在实施管理时,需积极鼓励民众、社会组织等非政治性团体参与城市管理,群策群力,打造城市新型治理格局。

从对我国社区的调研来看,目前我国对社区的全民参与还处于探索阶段。其一,社区参与主体目前仍以老年人、儿童、全职太太三个群体为主。其二,居民参与的社区事务主要集中在娱乐活动方面,涉及决策类事务时显得比较消极,甚至予以逃避。其三,监督与意见上报机制仍不健全,使得居民对社区事务参与的信心不足,缺乏有效保障。其四,社区自治类组织对街道、工作站等资源高度依赖,缺乏对第三方机构资源的实质引入、开发,市场化程度不足。[①] 这些现象反映出居民参与的主观意识不足、参与机制不健全、缺乏监督和保障机制等问题,严重制约了全民参与社区发展的有效性,限制了社区的活力。

第一,缺乏系统化设计,全民参与程度受限。在我国,社区共同治理还处于起步阶段,全民参与的程度不高,形式较为单一,主要以娱乐性活动为主,对重要事务的参与程度较低。现象表明,社区居民的主观意识和客观参与条件都受到严重限制。当前,各大城市采用的共同参与模式,主要由政府牵头,组织专业团队对目标社区进行营建规划,再通过访谈、入户调查、问卷调研等方式采纳社区居民意见,继而自上而下地完成对社区的改造设计。在这一过程中,政府起到绝对的主导作用,居民更多是被动参与其中,得到的分析结果取决于居民调研样本的大小和所选取的调查方法,而缺乏对居民参与社区营建主观能动性的有效动员。同时,在现有规划中,缺乏推动社会机构、企业参与的有效平台或激励措施,一些改造项目仅停留在设计和规划层面。社区居民自治类组织更是在共同缔造过程中出现角色缺位,缺乏自下而上的设计方案提出过程,在很多场合中仅是以政府命令执行者的身份出现。这种多元主体参与不足、程度较低、职能缺位等问题,一方面使社区供给偏离需求,导致社区的设计与改造效果缺乏物质基础;另一方面缺乏市场和社会有效带动,

---

① 陈桂香、杨进军:《成都市社区参与的现状与制约因素分析》,载《西南民族大学学报(人文社科版)》2004年第9期;王弋痕:《城市居民社区参与现状及其影响因素分析——以深圳市X社区为例》,载《城市观察》2015年第5期。

使社区营建趋于行政化,导致社区参与缺乏思想现代化、协作社会化和技术智慧化的基础支撑,社区活力严重不足。

第二,社区居民响应态度不一,青年人参与不足。除客观条件与保障机制的缺失外,居民参与社区事务的主观意识和积极性弱,是导致目前社区活力不足的主要原因。社区居民人口结构复杂,职业、年龄、民族等各异,不同人群对"全民参与""共同治理"容易产生理解和思路上的偏差。不同人的差异化理解,导致参与态度和行为出现差异。[①] 同时,不同年龄段的人群对社区活动参与的心态和积极性也存在差异。目前,年轻人对社区活动参与度明显不足,一方面是由于年轻人白天的工作或学习压力巨大,真正在社区内活动的时间较短,而且业余时间也有到商场、电影院等多样的休闲场所进行娱乐的计划;[②]另一方面,社区现有的活动对其吸引度不足,社区运转方式更适应老年人的日常需求,趋向于举办安静、闲适的活动或养生健康讲座等,呈现出明显的"老年适配"倾向,这类活动进一步抑制了年轻人参与社区活动的兴趣,导致恶性循环。

二、社区文化建设的现状及问题

在社区文化方面,受历史发展的影响,我国的社区文化普遍存在单一、封闭、小众的特点,使得社区文化生活活力不足。

首先,传统的"单位制"管理模式,导致社区文化形式单一,无活力。中华人民共和国成立后,在长期的计划经济体制下,社会基层管理均以单位制为主、街居制为辅。"单位大院"是城市社会的基层单元,大院内部基本都是一个单位的同事及家属圈,薪酬制度、生活习惯、人生经历均基本相似,具有强烈的文化同质性特征。改革开放后,虽然"单位制"逐步退出了历史舞台,但基于"单位制"形成的大院文化圈仍然保持着较强的稳定性和较为封闭的文化黏性,导致社区中多元文化缺少碰撞交流,抑制了社区活力。

其次,由"街居制"主导的建设模式形成了社区发展的制度壁垒。在计划经济时期,我国城市的基层管理体制以"街居制"为主要特征,基本排除了"城市就业人口""特定单位人口"以外的外源人口进入。这种城市基层管理体

---

① 〔日〕山崎亮:《全民参与——社区设计的时代》,林明月、付奇鑫、黄泽民译,海洋出版社 2017 年版,第 107 页。
② 钱蓓:《寻找社区"青春适配度"》,载《文汇报》2015 年 5 月 3 日第 4 版。

制,加上传统的行政边界和户籍制度,形成了"街道—居委会"管理体制,一方面对社区文化树立了辖区壁垒和体制性壁垒,缺少引进外来文化、国际文化的渠道,社区文化缺乏开放性;另一方面,随着时间的流逝,原有社区的居民中,退休者和老年人口居多,人口的整体素质和年龄结构与现代活力社区的要求越来越不相适应,发展的潜力不充足。

最后,尽管传统的社区管理体系弊端明显,但当前我国社区管理中,出现了"社区碎片化"和"管理行政化"两个典型性问题,导致社区作为社会共同体的原有本质逐步淡化,居民对社区的家园感降低,社区仅被用作填充休息时间的居住场所,社区居民的归属感淡化,社区文化成为"小众的",大部分居民对社区的共同福利漠不关心,制约了能够真正覆盖全体居民的社区主流文化和大众文化的形成。要想实现社区内涵与文化氛围的根本性改变,扭转限制,须按照活力社区内涵的要求,加快建设多元、开放、大众的社区文化。

三、社区经济发展的现状及问题

第一,服务层次低端、形式简单。"社区经济"的概念在我国提出得较晚,主要是从 20 世纪 50 年代的"街道经济"演变而来。目前,我国社区经济主要涉及的领域是餐饮、医疗保险、养老、教育、文化等商业性服务、生活性服务等第三产业门类。由于我国的城市社区经济起步较晚,诸如垃圾处理、食品、理发、维修、保姆、中介服务等技术含量较低的便民服务业发展较快,[①]而用于满足居民个性化的"微"服务经济发展仅处于初期阶段;对于高端智慧化的服务供给更是处于十分短缺的状态,与社区居民对优质服务的需求不相匹配。总体上,目前我国的社区经济活力严重不足。

第二,体制机制僵化。目前我国城市社区经济发展体制仍以政府为主体,社区内经济组织运行的行政化特征明显,多属于自上而下的策略。同时,我国社区经济在管理上受制于行业性质、行政隶属、经济类型、地理区划等体制的制约,条块分隔严重,社区难于对经济要素进行统筹规划和开发管理。此外,传统的城市社区经济体系中,社区产权模糊,既没有财产所有权也没有

---

① 李昌南、金华:《我国社区经济发展的现状及目标选择》,载《延边大学学报(社会科学版)》2006 年第 4 期。

授权经营权,社区内企业大多采取承包或租赁的经营形式,长期依赖政府纵向联系,社区与产业之间的横向关联较弱,无论是生产要素还是资源配置,状态僵化,效率低下,社区经济活力不足。

第三,社区服务业市场化程度低。我国城市社区经济发展过于依赖政府财政与资金扶持,融资渠道单一。但是,一方面,社区属于社会组织,获取财政资金的渠道和机会较少;另一方面,很多城市政府对社区投入的财力有限,社区建设普遍面临资金短缺问题,最终导致社区服务设施更新缓慢,无法为社区发展提供基础保障。此外,对于为社区提供服务的市场主体存在准入门槛设定较高、审批手续繁杂和社政企职责不分的情况,更忽视了营利性社区发展公司存在的意义,社区服务项目和形式都处于初级阶段,社区服务业市场化程度很低,目前社区服务主要是围绕社区群体展开,极少根据个体需要提供个性化服务,这也造成了服务类型和领域难以满足居民多样化、多层次的需求,社区服务业缺乏内生动力。

第三节 营建活力社区的路线规划

一、基本原则

(一)以人为本,服务于民

人是提升社区活力的核心因素,应充分注重"以人为本"原则,坚持以满足社区居民社会需求为出发点,以提高居民生活质量为宗旨,从社区居民迫切需要解决和热切关注的问题入手,为广大社区居民提供多样化、多层次的服务,提高社区居民的幸福感和获得感。

(二)多元主体,群众参与

积极推动不同市场主体、社会主体与利益群体共同参与,以社区活动为载体,通过鼓励型政策、先进技术或丰富多彩的社区活动共同缔造社区活力;注重人口结构多元化,吸引不同年龄、不同职业、不同教育背景等群体回归社区,为社区增添人文活力,促进不同的文化和价值观相互交融,营造社区活力。

（三）市场导向，持续发展

坚持以市场为导向、企业为主体、创新作动力,利用市场化经营的机制、工具和手段,秉持可持续发展理念,开放社区服务市场。明晰界定社区发展定位,依靠机制创新、技术迭代和动能转换,培育社区服务新业态新模式,建立城市社区经济产业化、社会化、服务化的发展体系。

二、路径选择

（一）推动全民参与,共同缔造活力社区

随着社区治理概念的深化,各大城市开始重视对基层社区全民参与的推动工作,鼓励社会企业、机构和居民参与到社区规划与建设中,通过共同缔造实现对社区生活环境与公共服务现状的改进。2010年,广州市政府便发出"美好环境与和谐社会共同缔造"的行动倡议[①],旨在促进社会各方协作,共同打造城市生活空间,满足不同人群、社会机构的需求。2013年,厦门市委市政府组织编制的《美丽厦门战略规划》进一步诠释了"共同缔造"的理念,提出以群众参与为核心,以"决策共谋、发展共建、建设共管、效果共评、成果共享"为路径,对复杂的人居系统进行改造的思路,并将这一理念推广到社区建设与规划层面,以实现对社区自然与人文环境的改善。[②] 共同缔造是激发社区活力的组织基础,其目标是运用有效的措施与手段,充分发挥全面参与的主体功能与优势,构建多元协商合作机制,从社区的规划、营建与活动组织等方面提升社区活力;通过共同缔造实现对社区生活环境与公共设施、服务现状的改进,营造充满活力的社区生活圈。

以激发活力为目标,社区的共同缔造过程包括两个层面:其一,推动多元主体参与,从社区服务、生活环境条件和资金保障等物质条件层面营造社区活力氛围;其二,引导青年人回归社区,通过组织社区活动、培训讲座,或推动高校学生到社区开展义工与志愿服务活动等形式,带动社区整体的活力氛围,提高居民活跃度和参与社区活动的积极性(见图14-1)。

---

① 《人大代表倡议发起"美好环境与和谐社会共同缔造"》,载《城市规划通讯》2010年第6期。
② 黄耀福、郎嵬、陈婷婷、李郇:《共同缔造工作坊:参与式社区规划的新模式》,载《规划师》2015年第10期。

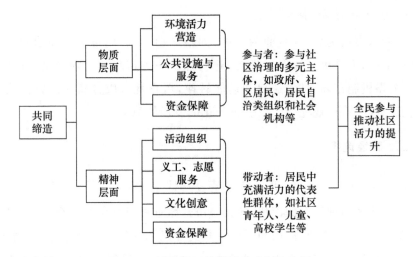

图 14-1 活力社区共同缔造路径示意图
资料来源:本书作者自行整理。

(二)建设多元、开放、大众的社区文化

针对当前我国社区文化的主要问题,为建设有活力的社区文化目标提出如下解决方案:首先,应破除"单位制"单一社区文化的传统,丰富社区文化的内容与类型,构建多元社区文化,搭建中华文化和世界优秀文化沟通的桥梁,将社区作为居民之间的文化交流窗口。其次,建立涵盖国际文化、国内其他地区文化的开放的社区文化进入机制,打破国别、地区和小众边界,实现互相交流碰撞。再次,建设大众型社区文化。坚持共建共享原则,保证社区大多数居民参与社区文化建设、认同社区文化、创新社区文化内涵、丰富社区文化形式。最后,从公共空间表达和文化交流展示两个途径,丰富文化表达渠道;建设文化参与渠道,让更多的人感知社区文化温暖。

建设多元、开放、大众的社区文化并且以文化活动的形式表达出来,这是活力社区营造的关键因素。如图 14-2 所示,多元是社区文化活力的支撑、开放是社区文化活力的条件、大众是社区文化活力的基础。

(三)引入市场力量激发社区经济活力

首先,不断完善社区服务体系。服务社区和满足社区居民的生活需要是社区经济发展的基本动力,也是社区经济活力的基础所在。因此,社区经济活力的激发首先应从以建设"成分多、服务全、服务高"的社区服务网络为重

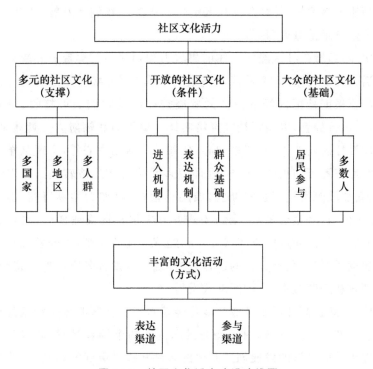

图 14-2　社区文化活力建设路线图
资料来源：本书作者自行整理。

点任务,走福利服务和经营服务、社会效益和经济效益兼备的发展道路。随着我国城市化进程的加快,社区居民的服务需求呈现出了多样化、多层次、多方面,因此,一方面需要利用好社区服务中心、社区服务站、便民服务大厅、社区公共服务平台、社会服务信息网络等基础设施建设,同时推进社区服务人才队伍建设,鼓励高校毕业生、退役军人、返乡农民工等优秀人才到城市社区工作,加大社会工作者等专业人才使用力度;另一方面还需通过大调研把准居民、企业和社区各方面的真实需求,进一步形成解决问题、推进发展、促进和谐的内生动力,对社区已有服务体系内容查漏补缺,实行对标化管理,在传统服务项目的基础上,探索高起点、高档次的服务内容和形式。例如,天津和平区以构建"十大服务体系"为载体,建立了长效救助、再就业保障、卫生服务、便民服务、志愿服务、养老服务、精神文化服务、网格化服务、标准化服务、物业管理服务体系①,大力推进社区治理和服务工作创新发展,荣获"全国创新型社区建设示范城区"称号。

其次,不断增强社区经济实体的集聚力和辐射力。集聚力和辐射力是衡量经济活力的重要指标,在社区经济活力的营建中,需要突出这两方面的内容。这需要根据社区内经济主体的发展需要以及它们的可接收、可联合程度,灵活化进行处置,以增强社区经济实体的集聚力和辐射力。具体来看,可以通过建设社区商业中心、邻里中心、公共文化活动中心等,实现从单一的租赁型社区经济逐渐向投资、服务、管理等多元化实体经济转型。可以学习借鉴英国、新加坡等发达国家的经验,鼓励私营机构(如大型零售商、房地产开发商、保险公司、基金会等)采用组团式开发发展社区商业模式,融合各种新型商业业态。社区商业中心实行开发和经营分离的原则,由开发商负责前期的开发建设,零售商负责具体的运营,这样既可以发挥各方的专业优势,又可以降低开发和经营成本,实现滚动式发展。②

最后,不断提高社区服务业产业化经营水平。社区服务是社区经济的一个重要组成部分,有着广阔的发展前景和巨大的市场容量,社区服务产业化进程可以为社区经济的发展创造必要的条件和提供更好的环境。③ 为社区经济发展创造活力。因此,应该鼓励个体、私营、外资等非公有制经济的参与和投入,借助公有民营、民办公助、股份合作等各种类型的组织形式以及连锁、专卖等多种形式的经营方式,使其尽快发展成为具有市场活力的服务业分支。④ 除此之外,新兴服务网点的发展对于社区服务业产业化发展至关重要,如医药保健类、代理服务类等网点,社区应提供相关的扶持政策,逐渐培育壮大服务网点相关产业的连锁化、品牌化的社区服务企业,并可以采取适当补助的形式,鼓励社区内的企业和单位以资产置换方式腾出社区内的闲置空房,用于发展社区服务产业。另外,为加强行业管理和指导,可以制定社区服务业发展标准,建立社区服务业行业协会。

---

① 付昱:《和平区 17 个社区获评天津市第四批"美丽社区"》,http://news.enorth.com.cn/system/2017/01/05/031466051.shtml,2018 年 8 月 30 日访问。
② I. Barney, Business, Community Development and Sustainable Livelihoods Approaches, *Community Development Journal*, No. 3, 2003.
③ 李泽泉:《试论社区服务产业化》,载《广东社会科学》1999 年第 4 期。
④ 刘珺:《社区服务业发展目标、路径与政策》,载《经济与管理》2011 年第 7 期。

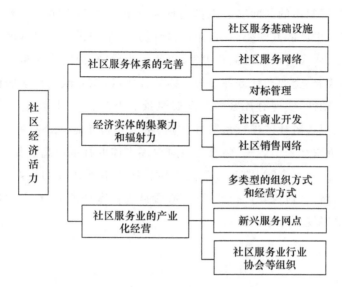

图 14-3 社区经济活力建设路径
资料来源:本书作者自行整理。

第四节 营建活力社区的重要举措

一、缔造多元主体共同参与平台

(一) 共同缔造模式

在全民参与过程中,政府应发挥对多元参与主体的统筹和协调作用,在政府部门、法定机构、基层组织之间实现权责分明、功能互补,构建多元主体聚合、联结、互动的社区参与体系,为社会机构、社区组织和居民提供参与社区营建的渠道。具体来说,政府牵头搭建联结互通平台,推动多元协商与交流,提升社区发展活力。可借鉴新加坡的社区多元治理机制,有效形成社区联结互通体系,由政府牵头,采用公共服务供给的市场化运作方式,引导、协调、鼓励各类企业进入社区,承办社区服务项目,由政府和社区组织共同承担公共服务的建设和日常运作费用,实现社会福利与市场化的融合。①

---

① 王晖:《新加坡社区治理经验及启示》,载《特区实践与理论》2014 年第 4 期。

福建省厦门市的共同缔造工作坊便是在充分了解不同群体需求的基础上,通过多元主体的共同协商、合作,对社区公共空间进行有目的的营造。其工作路径是,从人与社区的关系出发,以问题为导向,以建设完整社区为主要内容,带动政府、企业和社区等参与主体的合作,组织并激发社区居民参与社区共建的主动性,实现对社区未来发展愿景的提升。[①] 共同缔造工作坊主要采用三阶段模式对社区进行系统性改造:第一阶段是通过举办听证会、交流会等形式,听取和采纳居民、商家与政府等多主体的社区改造意见;第二阶段是形成并讨论初步方案,即针对不同人对社区发展所描述的美好愿景,提出共同缔造思路,并讨论其可行性;第三阶段是进行室外咨询,对方案提出修改意见形成最终规划方案。[②]

案 例

莲花香墅共同缔造工作坊

位于福建省厦门市思明区中心的莲花香墅社区,由于人口的日益增长和物业维护的缺乏,陈旧的建筑风格和破旧的基础设施等,使社区氛围沉闷不堪;发展商业带来的噪音污染、交通拥堵等问题又严重影响了居民的生活舒适感。2014 年,厦门市构建了莲花香墅共同缔造工作坊,采用三阶段模式对该社区进行改造,小到社区入口大门样式、商店餐饮机构类别,大到社区内公园改造(见图 14-4、14-5)、步行道系统建设均进行了详细、周密的方案设计,最终形成了改进社区人居环境的规划方案,通过全民参与、共同缔造的规划过程,从外部环境改造着手,实现了对社区活力的整体提升。

[①] 李郇、刘敏、黄耀福编著:《共同缔造工作坊——社区参与式规划与美好环境建设的实践》,科学出版社 2016 年版,第 27 页。

[②] 黄耀福、郎嵬、陈婷婷、李郇:《共同缔造工作坊:参与式社区规划的新模式》,载《规划师》2015 年第 10 期。

图 14-4 莲花香墅小游园现状

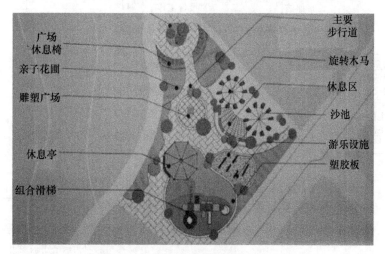

图 14-5 莲花香墅小游园规划平面图

资料来源：李郇、刘敏、黄耀福编著：《共同缔造工作坊——社区参与式规划与美好环境建设的实践》，科学出版社 2016 年版，第 105、113 页。

（二）政策措施保障

为有效推进全民参与社区营建，地方政府应首先明确导向性，出台激励政策和措施，从政府与社区的双重组织角度，实现社区共同缔造模式。在具体措施上，可设置专项资金，采用"以奖代补"方式，对获批的社区环境整治、公共服务配套设施完善等共同缔造项目给予资金奖励,以此激发社会各界参与社区共建的积极性,通过多元化主体共同参与、协商共治,改造与优化社区生活环境。例如,建立社区基金会,通过给予个人和公司投资者一定的税收减免优惠,鼓励社会力量投资社区基金会;通过明确各主体在社区共同缔造中的权责,建立健全高效的评价、监督和反馈治理体系(见图14-6),形成政府、居民、居民自治组织与第三方机构工作互通、信息共享、社区共建的联动机制等。另外,可出台专门政策或规范,从法制角度规范全民参与行为,为第三方参与社区营建提供法律保障。例如,沈阳市出台的《关于全面推进幸福

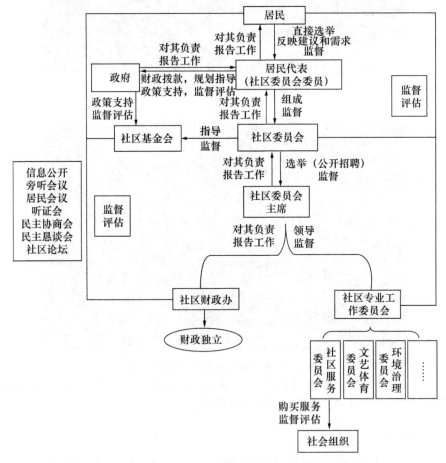

图14-6 社区多元主体参与治理体系的基础框架

资料来源:本书作者自行整理。

沈阳共同缔造行动的指导意见》提出，构建"纵向到底、横向到边、协商共治"的新时代社会治理体系，通过政策性规范打造社会自我调节、居民自治有效衔接和良性互动的治理格局。

（三）搭建全民参与平台

除政策性激励外，社区活动、定期的培训与讲座，以及义工、志愿者服务等渠道，保证了居民和第三方机构有条件参与社区共建。由社区居民自治组织筹办，以多样化社区活动形式为媒介，采用招商、外包等方式引入 NGO、俱乐部、社会团体等第三方机构参与社区活动的组织和筹备，为居民提供相互交流、创建人际关系的机会等。① 澳大利亚的"课后活力社区"（Active After-School Communities, AASC）项目，便是通过搭建社会参与平台，实现活力社区共同缔造的成功模式。为了营造社区良好的生活氛围，带动社区活力的提升，澳大利亚政府通过推广体育活动以促进小学生健康成长，实现体育目标与社区活动的有机结合。通过撮合社区自治组织与学校、课外看护机构、体育俱乐部等机构进行合作，带动社区学生，甚至社区外部的学生，开展课后活力活动。社区组织为活动提供场所、设施和茶点等，专业体育机构负责活动的宣传与组织，② 这种"学校—社区—家庭"的合作参与模式，迎合了青少年对体育运动的需求，以活动为社区青少年带来活力。该项目既促进了社区与政府的合作，又通过与大学教育、志愿服务活动的结合，推动青年人参与社区的建设与服务，提升社区活力。

此外，还可以借助第三方机构的技术和专业优势，以社区为合作纽带，组织多样化活动，如建立信息化平台、举办公益活动、共建联谊活动等。通过政府与社区自治组织牵头，形成系统性、规范性的社区合作机制，激发居民营建社区的责任感和使命感，提升全民参与的积极性。例如，福建省厦门市在社区中由社区居民自治组织牵头引入专业社工机构共同设立"关爱中心"，并鼓励社区人员加入志愿服务队伍，探索形成"社工引领义工"的志愿服务模式（见图 14-7），提升居民对社区工作的参与感和使命感，不断吸引着更多居民加入其中。

---

① 〔日〕山崎亮：《全民参与——社区设计的时代》，林明月、付奇鑫、黄泽民译，海洋出版社 2017 年版，第 127 页。

② 杜海燕、魏娜：《澳大利亚课后活力社区活动与我国阳光体育运动比较研究》，载《体育文化导刊》2012 年第 9 期。

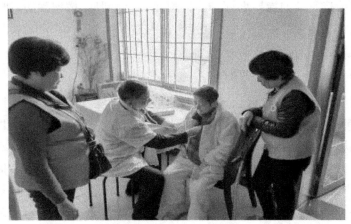

图 14-7 社区居民志愿者在社工带领下入户提供服务
资料来源：《厦门前埔南社区：志愿服务暖千家》，http://www.taihainet.com/news/xmnews/shms/2017-04-10/1993963.html，2018 年 8 月 3 日访问。

二、激励青年人群的参与活力

（一）营建公共设施

社区公共空间的设计应尽量满足多样性和普适性，确保环境、设施与活动具有兼容性，能满足社区不同居民群体的需求。在基础设施方面，应充分利用社区的公共活动区域，提供娱乐和游戏类场地、设施，以吸引年轻人和儿童在业余时间回归社区，选择在社区内开展休闲娱乐活动，活跃社区的活力氛围。针对不同年龄阶段青年人对娱乐活动的偏好差异，可对公共空间进行合理的安排与设计。例如，设置幼儿游戏区供 10 岁以下的儿童玩耍，其中的亲子项目可以同时引来年轻家长参与其中；设置"Teen-Village"，为青少年提供见面、聊天的半围合场所；[1]提供乒乓球桌台、羽毛球网等小型体育运动的设施与场地，迎合中青年群体休闲和健身需求；通过有目的地营建公共空间，引导青年人自发选择到社区内开展活动。

（二）针对青年人组织社区活动

除营建公共空间与设施外，有效的宣传和丰富的活动形式，也能使更多

---

[1] 〔英〕休·巴顿、马库斯·格兰特、理查德·吉斯：《塑造邻里——为了地方健康与全球可持续性》，唐燕、梁思思、郭磊贤译，中国建筑工业出版社 2017 年版，第 139 页。

的年轻人了解和参与社区活动。通过实地调研或借助青年人常用的网络社交平台进行问卷调查等方式，找准目前年轻人的需求，以此策划社区活动内容，可以增强对更多年轻人的吸引力。例如，上海市的艺康苑社区通过对社区内青年群体的抽样调研，总结出目前社区青年人最关心的三个话题是孩子、猫狗和运动，由此社区组织开展了"萌萌哒俱乐部""亲子快乐加油站"等活动，成功吸引了社区内青年人的积极参与。[①] 此外，还可借助互联网的传播效应，利用微博、微信等进行宣传，提升年轻人参与社区活动的活跃度。

美国社区实施的美国国家社区服务项目（AmeriCorps），基于社区服务提供教育来鼓励公民特别是青年人参与社区建设事业。该项目规定，凡高中毕业生或者大学在校或毕业生，如愿意在任一居住社区提供一到两年的志愿服务，则政府除提供每年7500美元的补贴外，还将提供4275美元作为其未来学业的深造资金。该项目通过吸引大学毕业生参与社区工作或从事志愿服务，将现代思维和智慧化技术应用于社区营造，为社区发展增添了活力。通过这种鼓励，高校毕业人才开始到社区工作，或与学校、NGO等社会机构合作。总之，引导青年人参与社区活动，青年人的知识和技术优势也能为社区发展提供新思路与新方法，创新活力有助于推动社区的全民参与、共同缔造。

三、完善社区多元文化进入机制

多元文化会产生多元开放机制。在社区开放的过程中，应针对不同文化建立不同的进入机制，形成良好的社区开放系统。

第一，加强跨文化交流，引入外国文化。社区应不断提高跨文化交流的能力与水平，社区工作者、社区居民、社区组织应提高语言能力，充分了解以移民等为代表对象的外来文化所在国的政治经济、人文历史、习俗禁忌、生活习惯、思维方式、价值取向、社会心理等方面的基本情况，[②]为外国文化的传播者建立相应的服务体系。社区应建立专门的工作机构，定期举办跨文化交流活动，使居民对外国文化，在接触中了解、在了解中走近、在走进后欣赏。在工作人员的选用上，应优先选择熟悉外国文化的社区居民以及熟悉中国文化的外国志愿者。

---

① 钱蓓：《寻找社区"青春适配度"》，载《文汇报》2015年5月3日第4版。
② 陈宇鹏：《多元文化背景下"国际社区"管理与服务的创新研究》，载《长春师范学院学报》2012年第2期。

第二,推动跨地区人口流动,引入外地文化。人口的跨地区流动可以为本地社区带来域外文化,但现有户籍制度往往制约外来人口进入本地社区,而且外来人口在社区中享受的公共产品和公共服务与本地居民之间存在差距,产生社区的圈层和区隔。因此,社区在提供公共产品和公共服务时,应该放松户籍限制,让外来人口更容易地进入社区,享受服务,让他们更好地参与社区文化建设。在社区文化活动中让每一个都能表达自身的意愿,为带有浓厚地域色彩的社区文化注入跨地区的文化活力。

第三,增加社区跨年代元素,引入时尚文化。在社区中引入属于不同人群的文化,主要在社区中增加以青年人为代表的时尚文化元素,为社区注入青春活力。可通过设置参与机制,让青年人在工作之余回到社区,如北京市通过"党员到社区报到"的方式,使以工作为主的青年人回归社区参与建设。只有让青年人回归社区,才能激发青年人建设社区文化的热情与积极性,才能够在社区中增加不同年代的文化元素,为社区注入年轻、时尚的文化元素。在社区文化建设过程中,只有根据不同的文化特点,制定不同进入机制,才能使得社区文化在开放中走向多元。

首先,鼓励居民参与打造公共空间。社区公共空间是展现社区文化的重要窗口,也是社区文化富有活力的重要基础。社区中可对绿化植物、建筑立面、广场走廊、围墙栅栏、道路楼梯等公共空间要素进行文化表达,如加入涂鸦、嘻哈等国际流行元素。常见的方式包括外来人口与本地居民一起设计公共空间建设方案、建设社区博物馆、展现不同年代社区居民的生活面貌、在公共空间中加入青年时尚元素等。例如,四川省成都市武侯区玉林街道下辖的玉林东路社区在社区环境综合整治改造中,邀请来自全球的城市规划师和社区居民一起设计整治方案,打造社区公共空间;同时,通过社区志愿活动等,让年轻人、社会组织等参与社区改造、表达自身的文化诉求。

其次,鼓励居民组织文化交流活动。通过创办系列社区文化生活,形成不同的文化交流和沟通平台。例如,举办体育赛事、交际舞会或者组织播放电影等,让居民在活动之中,互相交流心得体会,打通了文化之间的界限。[①]在活动中,居民们既可以展示自身的文化,又可以了解其他居民代表的文化,没有本国与外国、本地与外地、年老与年轻的区别,虽然各有不同,但不妨碍

---

① 尹启文:《外来工关爱与城市社区文化建设刍议》,载《群文天地》2012年第8期。

彼此进行交流。在社区开展跨文化的交流活动，对居民的影响是潜移默化的，也是显而易见的。跨文化的交流活动增加了居民对其他文化的接受度，提高了社区的开放程度。

居民打造公共空间的物质活动和组织跨文化交流的精神活动，表达自身所代表的文化，在开放中逐步接受多元文化，有助于提高社区文化的开放性与包容性，增强社区文化活力。

四、形成社区全体居民参与的大众文化

全民文化活动是社区全体居民进行文化参与的重要方式，开展面向全体居民的文化活动有助于形成社区大众文化，激发全体居民的文化参与活力。

第一，尊重居民的文化需求，提高文化活动的吸引力和参与度。① 在社区文化建设和文化活动的内容、主题、形式的决策过程中，通过访谈、讨论、调查等，对居民真实文化需求作出判断，以需求导向原则，准确地为居民组织文化活动，提升文化吸引力。在文化建设过程中，注意营造社区全体居民参与的特色社区文化活动。

第二，丰富文化活动，最大范围地让社区居民参与其中。② 社区文化涉及多种艺术门类，覆盖社区不同群体，采用读书会、广场舞、文化艺术节、太极拳等多种文化形式，保证与居民生活方式和文化需求相适应，成为真正意义上的大众文化。在文化活动举办过程中，还应吸收广大普通居民代表的"草根文化"元素，强化居民对社区文化的认同感，促进居民积极参与社区文化建设，提高自身的思想道德修养和文化素质，增强对社会公德和健康精神的自觉认同。③

第三，建设文化基础设施，为居民提供完善的文化公共服务。合理运用市场机制、社会参与机制，筹集资金建设广场、公共绿地、娱乐中心等社区文化基础设施。同时，鼓励政府拨款以外的资金参与社区文化建设领域。在规划上，把社区文化设施建设作为社区总体规划的重要部分，系统性地整合既

---

① 李永贤：《新型城镇化视野下的社区文化建设——基于都江堰市城乡社区文化建设状况调查》，载《人口·社会·法制研究》(2012年卷)。
② 郑萍：《文化民生视野下的城市社区文化建设研究》，载《城市发展研究》2011年第11期。
③ 李永贤：《新型城镇化视野下的社区文化建设——基于都江堰市城乡社区文化建设状况调查》，载《人口·社会·法制研究》(2012年卷)。

有的社区文化资源,新建文化基础设施,最大化地覆盖全体居民,不断满足居民日益增长的社区文化需求,形成大众的社区文化,激发社区文化活力。

五、加快社区服务业市场化步伐

第一,应改变传统的自上而下的制度运行模式。城市社区经济发展政策必须从社区自身的实际发展需要出发,依照需求导向自下而上地产生。但政府应建立信息交流反馈机制,推动社区居民形成公共参与意识,搭建居民与政府、个人与社会的沟通平台,推动社区居民及社区组织参与社区经济治理,并针对社区经济发展中出现的问题,及时调整政策。例如,对以民间自筹资金为主要来源的非公有制组织,经过审查后可适当提供配套的财税支持;或者为了探索社区产权划分,可以赋予社区一定的财产所有权或授予一定的财产经营权。

第二,引入多元投入机制,发挥政府财政投入的导向功能,筹划引入社会资金设立社区服务发展基金,研究出台扶持性优惠政策。放宽市场准入条件,鼓励创办公司制服务企业,凡未明文限制或禁止外资进入的领域,鼓励外商投资者以独资、合资、合作、合伙、联营、参股、特许经营等方式进入社区服务业。[①] 在引入多元化的市场主体之后,充分利用好市场机制的资源配置效应,运用企业化管理手段和商业模式来发展社区服务业。同时,社区内企业主体还需结合社区居民的消费需求,动态化地及时调整企业服务内容、质量和档次,开拓新的市场空间。除此之外,企业在经营方向上,应细致调研和分析社区内居民的职业层次、生活消费水平等,重新规划社区服务的整体布局。在社区服务的价格管理上,设定严格的管理制度体系,建立督查考评制度、情况通报制度、责任追究制度等。

六、做好经济规划,引领特色发展

特色化发展道路是增强城市社区经济创新性的内在动力。各城市主导产业选择、社区经济基础、收入水平与偏好的差异,决定了对社区服务的需求也会各有不同。例如,高学历人口聚集的社区与初级劳动力人口聚集的社区的需求必然会存在显著的差异。因此,社区必须根据资源禀赋、比较优势和

---

① 刘珺:《社区服务业发展目标、路径与政策》,载《经济与管理》2011年第7期。

市场需求,积极开展SWOT分析,找准定位,优化布局,做好经济发展规划。每个社区必须制定切实可行的发展的目标、纲领和路径,分阶段选择合适的发展策略,并动态考虑社区经济转型升级的需要,重点突破,推动社区经济升级和民生改善。

通过专业化管理和引导构建有鲜明特色和深厚底蕴的市场,会对经营者产生凝聚力,对消费者产生吸引力,进而向周边社区乃至向其他城市延伸。[①]可以充分借鉴德国城市社区规划的发展经验,将社会服务、交通、环保、动植物、体育娱乐等项目纳入城市社区经济发展规划的经验中,并结合上级层面的规划导向和社区发展基础禀赋条件,重点探索发展战略性新兴社区服务产业、社区文化产业等活力较强的社区服务产业。

第五节　营建活力社区的保障措施

一、加强组织领导

首先,要发挥好基层党组织的领导核心作用,以提升活力为抓手,大力培育和发展自治组织,不断扩大自治组织在社区治理中的能力和作用,更好地调动广大社区居民参与社区治理行动。其次,针对社区的组织活力、文化活力、经济活力等,筹划组建社区活力营建小组,确定各领域年度工作重点,分解安排工作任务,推进社区活力迈上新台阶。

二、加大资金投入

坚持通过政府预算安排、社会资本投入、慈善捐赠等方式,多渠道筹集社区发展和活力营建所需的建设资金,同时加大社区服务业专项资金的投入力度。采取公办民营、民办公助、政府购买服务、政府和社会资本合作(PPP)等方式,积极引导企业、非营利组织、专业社会工作机构等,参与城市社区综合服务设施的建设和运营、信息化建设和社会组织培育等工作。

---

① 沈冠辰:《我国城市社区经济发展研究》,吉林大学2017年博士论文。

三、加强人才队伍建设

严格按标准遴选和配备城市社区工作者,规划社区工作专业化、职业化的发展道路,建立健全社区专职工作者的工资和奖励机制,实行"专业技术资格与岗位挂钩、岗位与薪酬挂钩、待遇与业绩挂钩"。积极加强社会工作人才队伍建设,切实发挥社会工作人才及社会工作方法在完善社区服务中的作用,为社区居民提供高度专业化的服务。

四、加强探索和交流

在基层相关部门的组织领导下,通过活力社区营建工作理论研讨会、经验交流会、实地考察调研等多种形式,积极开展典型经验交流、创新性探索、社区人员培训,探讨活力社区营建过程中出现的新需求、新问题,探索社区治理新模式,激发社区新活力。

主要参考文献

[1] I. Barney, Business, Community Development and Sustainable Livelihoods Approaches, *Community Development Journal*, No. 3, 2003.

[2] J. Montgomery, Making a City: Urbanity, Vitality and Urban Design, *Journal of Urban Design*, No. 1, 1998.

[3] 陈桂香、杨进军:《成都市社区参与的现状与制约因素分析》,载《西南民族大学学报(人文社科版)》2004年第9期。

[4] 陈宪:《发展城市社区经济的思考》,载《上海经济研究》2000年第7期。

[5] 陈宇鹏:《多元文化背景下"国际社区"管理与服务的创新研究》,载《长春师范学院学报》2012年第2期。

[6] 杜海燕、魏娜:《澳大利亚课后活力社区活动与我国阳光体育运动比较研究》,载《体育文化导刊》2012年第9期。

[7] 黄耀福、郎嵬、陈婷婷、李郇:《共同缔造工作坊:参与式社区规划的新模式》,载《规划师》2015年第10期。

[8] 李昌南、金华:《我国社区经济发展的现状及目标选择》,载《延边大学学报(社会科学版)》2006年第4期。

[9] 李永贤:《新型城镇化视野下的社区文化建设——基于都江堰市城乡社区文化建设状况调查》,载《人口·社会·法制研究》(2012年卷)。

[10] 李泽泉:《试论社区服务产业化》,载《广东社会科学》1999 年第 4 期。

[11] 刘珺:《社区服务业发展目标、路径与政策》,载《经济与管理》2011 年第 7 期。

[12] 龙瀛:《街道城市主义:新数据环境下城市研究与规划设计的新思路》,载《时代建筑》2016 年第 2 期。

[13] 陆晓丽、郭万山:《城市经济活力综合评价指标体系》,提交给"中国宏观经济管理教育学会"的论文,2006 年。

[14] 沈冠辰:《我国城市社区经济发展研究》,吉林大学 2017 年博士论文。

[15] 汪海、蒋涤非:《城市公共空间活力评价体系研究》,载《铁道科学与工程学报》2012 年第 1 期。

[16] 王晖:《新加坡社区治理经验及启示》,载《特区实践与理论》2014 年第 4 期。

[17] 王弋痕:《城市居民社区参与现状及其影响因素分析——以深圳市 X 社区为例》,载《城市观察》2015 年第 5 期。

[18] 王勇、邹晴晴、李广斌:《安置社区公共空间活力评价》,载《城市问题》2017 年第 7 期。

[19] 叶宇、庄宇、张灵珠、〔荷〕阿克丽丝·凡·内斯:《城市设计中活力营造的形态学探究——基于城市空间形态特征量化分析与居民活动检验》,载《国际城市规划》2016 年第 1 期。

[20] 尹启文:《外来工关爱与城市社区文化建设刍议》,载《群文天地》2012 年第 8 期。

[21] 张润君:《试论我国城市社区活力的激发》,载《西北师大学报(社会科学版)》2010 年第 6 期。

[22] 张晓霞:《社区经济发展现存问题及创新思路》,载《商业时代》2010 年第 7 期。

[23] 郑萍:《文化民生视野下的城市社区文化建设研究》,载《城市发展研究》2011 年第 11 期。

第十五章

城市社区治理案例

一、凝聚社区文化,展现玉林美学
——四川省成都市武侯区玉林街道玉林东路社区[①]

"老房子老院子,小街小巷子,沿街一溜儿小铺子",这是四川省成都市武侯区玉林街道的生动写照。玉林街道位于成都市中心区域的正南面,辖区总面积2.9平方公里,人口12.9万人。这个20世纪80、90年代成都的时尚街区,随着城镇化进程、老龄化进程的加快,面临着社区发展功能退化、城市更新减速、高品质公共服务产品均衡保障难等问题。如何深入推进社区发展治理,打造高品质和谐宜居生活社区就成为新时期玉林建设的难题。

近年来,玉林街道以"花开玉林"为抓手,深入推进社区发展治理的"五大行动",积极探索"党建引领、多方参与、共建共治"的社区发展路径,成功探索出"参与式共建,让社区有温度;众筹式互动,让社区有情怀;共享式营造,让社区有品质"的"三式三有"工作法,让辖区驻区单位、社区群众成为推动建设美丽家园、创造美好生活的主导者、参与者、共享者,共享美好生活。玉林东路社区是其中的典型案例。

玉林街道玉林东路社区位于成都市人民南路商务圈,有居民院落及物管小区45个,常住户6000余户,人口16000余人。近年来,玉林东路社区在玉林街道的指导下,积极探索共建共治共享的社区发展治理路径,践行"三式三有"工作法,经笔者梳理,将其建设方式呈现如下:

[①] 感谢四川省成都市武侯区玉林街道书记张瑞琴、玉林东路社区书记杨金慧为本书提供参考资料。

（一）整体思路

人民城市人民管，只有全民参与管理的城市，才能更加幸福。玉林东路社区坚持传承和发展天府文化，用文化凝聚美好共识、用文化彰显生活美学的诗意，让人文之光、人性之善、人情之美浸润到社区的每个角落，让社区群众在玉林诗意栖居。

第一，共治，参与让社区有温度。玉林东路社区深入推进社区发展治理"五大行动"，驻区单位、辖区组织和居民全程参与社区营造。社区"两委"建立社区—网格—院落（小区）—楼栋（单元）四级社区治理网络，用"整合资源、多元参与、协商共治"的工作思路，以民生需求为导向，通过构筑体系、三社互动、协商共治、搭建平台、共建营造，提升居民自管理、自服务能力和协商共治水平，逐步形成了体系全覆盖、服务全方位、共建全参与的社区发展治理新模式。社区居委会发挥在居民自治中的主导作用，建立完善社区党建联席会和居民议事会，引导各方力量共同参与社区事务。结合玉林的历史传承、资源禀赋和文化基因，通过党建联席会、"玉林夜话"、社区问需日等多种形式，广泛征求群众意见，形成符合街道整体设计的社区营建方案。

第二，共建，众筹让社区有情怀。玉林东路社区在整治改建过程中，以"众筹"方式整合社会资源，协同推进社区综合治理，让社会共同参与社区建设。2017年以来，玉林东路社区开展了"花漫玉东"的社区营造项目，居民在社区领养盆栽花朵，自发养护，形成了社区自我管理、自我建设的良好氛围。2018年以来，在街道的推动下，玉林东路社区探索试点社区规划师制度，面向全球征集社区规划师，来自国际国内的专业设计师团队和个人加盟，签订"情怀协议"，对社区的老房子、老院子、小巷子、空坝子等开展微更新、微治理。此外，社区还在"3·12"植树节举办众筹植树活动。2018年7月，日本千叶大学、英国谢菲尔德大学的专家走进社区，举行国际规划师训练营等。

第三，共享，营造让社区有品质。针对人民对文化精神生活的需求，玉林东路社区配合玉林街道实施"文润玉林"，"以空间换资源"，打造文化聚落，开展文化活动。针对人民对品质便利生活的需求，玉东社区配合街道实施"幸福玉林"，在"15分钟社区生活服务圈"建设中，以"聚合需求、聚合资源、聚合服务、共建共治"为导向，构建社区、社会、居民三方联动的共享服务机制，优化"线上＋线下"的互联网智慧便民服务平台，探索建立居民商家产业联盟，发展社区新零售服务体系，搭建了玉林社区综合服务平台，线下打造了24小

图 15-1 玉东社区居民领养的花草　　图 15-2 玉东社区儿童"众筹"种植箱活动

时服务超市,为群众提供果蔬等生活服务、政务服务和图书阅读等文化服务。

(二)"花开玉林"特色治理工程

"花开玉林"是玉林街道整体开展的围绕花草、文化涵养的特色治理工程,通过花草作为媒介,调动居民参与社区建设的积极性,赋予社区生活美好的文化符号,并以此为契机,用共同文化涵养社区,浸润居民生活。

第一,全民参与,用花草点燃百姓激情。以全民参与护花爱绿作为"花开玉林"特色治理的起点,坚持活动引领,激发居民主体意识。比如"花漫玉东""口袋花园""点亮我家小阳台""花粉俱乐部""篱笆小筑"等活动,在这些以花

图 15-3 "花开玉林"墙面彩绘

草为主体的社区营造活动中,以小成本投入,培养居民的主体意识、共同体意识和文明市民意识。由此将居民参与社区治理的积极性调动起来。

第二,深入营造,让文化装点百姓生活。在花草点燃全民参与社区治理的激情之后,深挖社区内在城市变迁中形成的独具特色的巷文化、院文化精神,以展示玉林生活美学为导向,把文化创意、深度体验和生活美学,融入各个街区、巷弄、院落,把居民的日常生活环境打造成为独具特色的文化和生活场景。比如开展"手绘墙面、花开玉林、立体呈现"活动,通过文艺工作者、居民群众之手,把历史文化、人文风情、乡愁记忆等元素展现在墙面上,用共同文化装点百姓生活。

第三,打造精品,让文化增进百姓福祉。文化浸润了街巷,也浸润了人们的生活,让人们在丰富的文化活动中感受美好、享受幸福。如在人民南路打造"成都文化会客厅",让居民和游客感受老成都文化,体验成都生活。辖区居民可以在文化聚落中,免费学习蜀绣、扎染、剪纸、古琴等文化,推动天府文化浸润每个角落,滋养每个家庭。玉林东路社区设置了社区工作站,收集居民家里的老物件,听居民讲讲之前的故事,唤醒大家的社区记忆。社区以文化活动的形式提升了居民的满足感和获得感。

图 15-4　社区工作站的"三转一响的故事"

(三) 玉林东路社区亮点项目

玉林东路社区围绕"花开玉林"特色治理工程,开展了独具特色的社区活动,社区中无论是懵懂的青少年、时尚的成年人、休闲的老年人都可以在社区中找到属于自己的文化活动。具体来说,玉林东路社区开展的活动主要有:

图 15-5　2018 中英日风景园林国际交流营海报

第一,举办社区规划师训练营。开展社区规划师训练营活动,招募社区规划师,这是玉林东路社区探索社区发展治理的一次重要尝试,是对社区资源整合方式的一种探索。具体而言,组建由专业建筑和景观规划师、专业社工规划师和社区居民主体规划师构成的社区规划师团队,共同参与调研社区和院落空间的情况,发现问题,寻找解决之道,共同规划设计和打造更美好的社区生活空间。动员在地的居民成为社区公共空间规划设计的主人,最大化地收集社区居民的意见,号召居民"我的社区我做主"。居民在专业规划设计人员实际操作的支持下,参与到社区规划设计中,打造居民心中想要的公共空间。2018 年 6 月,玉林东路社区举办了中英日风景园林国际交流营活动,共同探讨老社区的全新发展路径。

第二,开展"我为家园增花添绿"活动。结合玉林东路社区"花漫玉东"的社区总体营造行动,玉东社区开展了"花开玉林·我为家园增花添绿"的"众筹植树节"活动(见图15-6)。社区动员企业、中小学校、事业单位、辖区各党支部、社会组织、"美好庭院"自治院落居民、玉东少年派和兵哥哥等组成的"玉东植树志愿者军团",参与共建,通过众筹募捐模式落实植树活动资金,认领种花植绿,确保了种植养护团队工作的有效开展。

图15-6 "众筹植树节"活动

第三,为青少年打造种子博物馆。种子博物馆是配合社区创育农园,在社区青少年中开展普及科学知识、体验种植趣味性的学习活动阵地。开园活动是社工向青少年介绍种子博物馆场所设备,带动青少年一起研究育苗箱,组织大家在室内种子博物馆认识种子,再到室外的创育农园一起完成种子与植物相匹配的任务(见图15-7)。孩子们玩得非常开心,因为生活在城市里,很多植物他们都不知道是长什么样子的,现在在社区就有基地能帮助孩子们认识植物,使他们与自然亲密接触,同时也让他们学会更加珍惜粮食和热爱生命。

图 15-7 种子博物馆活动

二、像企业一样进行公司化运营
——四川省成都市武侯区玉林街道黉门街社区[①]

四川省成都市武侯区玉林街道黉门街社区占地面积 0.7 平方公里,常住居民 6328 余户,人口 1.5 万余人。社区下设 4 个网格片区,有 7 个居民自治管理小组,社区党委下设 5 个党支部,共有党员 198 人。

按照成都市城乡社区发展治理大会和生活性服务业发展大会关于社区要增强自我"造血"能力,探索成立社区服务公司,打造 15 分钟社区便民生活服务圈,推动社区生活服务便利化、品质化的要求,玉林街道结合工作实际选取黉门街社区作为试点,率先进行社区创办服务公司的改革工作。2018 年 3 月 30 日,成都市首家社区服务公司——四川黉门宜邻居民服务有限公司正式成立,通过合理运用市场机制,探索社区经济组织"211 体系",调动了居民提供服务的积极性,填补了社区"微服务"空白,增强了社区"造血"功能。

(一)整体思路

黉门街社区率先开展社区创办服务公司改革试点工作,通过明确"四个

[①] 感谢四川省成都市武侯区玉林街道书记张瑞琴为本书提供参考资料。

坚持"原则,指明改革行动方向,旨在通过市场化的手段,打通社会服务最末端和社区服务最前端的"最后一公里",壮大社区服务产业,提升社区服务供给的能力、质量和效率。

第一,坚持发挥党组织的引领性作用,发挥基层党组织领导核心作用,加强和改善党对社区发展治理的领导,激发社区服务活力。在社区服务公司成立党支部,由董事长兼任党支部书记,对项目开展进行过程指导,在公司章程中明确公司党支部的政治引领地位,确保有效发挥公司党支部在决策层、监督层、执行层中的作用,为深化改革提供坚强的组织保障。

第二,坚持以人为本的公益性定位,把创新社区公益性服务作为提升社区服务功能、创建和谐社区的重点,不断拓展公益性服务领域、强化公益服务功能。通过区域党建联席会、居民代表会议和社会组织等多种方式,广泛收集居民需求信息,充分听取社区各方建议和意见,形成符合社区发展治理需要的公益项目。

第三,坚持市场配置的决定性作用,充分整合辖区内各类资源,推进社区生活服务业转型升级,促进社区服务及相关产业加快发展、可持续发展,通过线上线下的方式,加快建设15分钟社区便民生活服务圈,为居民提供"线上互动点对点、线下服务面对面、党组织和群众心贴心"的便民服务。

第四,坚持社区治理的共享化效力,强化共建共治共享,鼓励引导社区、社会组织、企业、居民等按照市场规则参与社区服务有限公司,壮大社区服务产业,积极培育社区共享服务新业态新模式。

(二)社区经济组织"211体系"

簧门街社区在各方支持和帮助下,建立了社区经济组织"211体系",即两个公司、一支基金、一套制度,推进试点工作。

第一,成立两个公司,壮大社区服务产业。一是成立社区服务有限公司,增强社区造血功能。簧门街社区经居民代表大会决议通过,注册成立了成都簧门居民服务有限公司,由社区居委会控股,注册资金100万元,公司主要目标是发掘居民需求痛点和市场服务盲点,统筹利用辖区内各类资源,运用市场手段解决社会问题,满足居民需求,带动社区就业。二是成立社区服务产业公司,整合资源协同发展。武侯资本、中航四川爱老、都市阳光集团、簧门街社区于2018年2月组建成立了四川簧门宜邻居民服务有限公司,公司注册资本为1000万元,由成都簧门居民服务有限公司相对控股(37%),各股东按持股比例分别在董事会占一定席位。同时,公司坚持共建共享理念,向居民开放股份认购渠道,目前,已有7名社区居民以有限合伙公司的形式,投资10.5万元持有公司1.05%的股份。公司董事长为簧门街社区党委书记申民辉、总经理为簧门街社区主任朱九林,公司设股东会、董事会、监事会、总经理办公会等机构,公司在成立初期就与华西医院华西健康公司、四川投资集团、万科养老、四川省供销社、武侯资本、武侯发展、城家民宿等公司进行了深度项目洽谈,公司也加强与社会资本合作,以大健康、医疗康养产业为主要业务。公司制定了规范的内控和公开、利润分配、居民参与等制度。

图 15-8 四川簧门宜邻居民服务有限公司启动签约仪式

第二,设立一支基金,反哺社区服务居民。即设立簧门街社区公益基金,资金来源包括社区服务产业公司提取利润、爱心企业捐赠、社区爱心人士捐赠、网络募集善款、活动义卖等,2018年7月已募集到公益基金14.6万余元。簧门居民服务有限公司在弥补亏损和提取法定公积金后,所余税后利润,由股东按照实缴出资比例进行分配。其中,社区居委会持有股份(51.1%)所得收益,根据居民代表大会决议,全部投入社区公益基金用于开展公益服务。簧门宜邻居民服务有限公司在弥补亏损和提取法定公积金后,所余税后利润,提取20%投入社区公益基金。基金用于社区开展扶贫帮困、助老、助残、社区居民及子女教育等公益项目。

第三,建立一套制度,推动公司健康发展。完善资金监管制度,在社区居委会中设立社区监督委员会,由社区纪委成员和居民代表组成,专门对社区居委会依法取得的股份收益分配资金进行监管。同时,通过居民代表大会,在社区自治性管理规约如"居民公约""居民会议议事规则"中明确社区股份收益分配资金的使用权、用途、监管和定期公示制度。完善内控和公开制度,充分发挥公司监事会的作用,对公司经营决策进行监督;建立完善社区服务公司的内控制度,加强对重点岗位、重要部门、重要环节的风险监督和防控;加大社区信息公开力度,实现社区财务信息、公司企务信息、居委会居务信息"三公开"。建立公益资金使用监管制度,完善定期审计、票据管理等制度,严格规范基金收支管理,定期公开基金年度财务预决算报告、公益项目设立和开展情况等重要信息,自觉接受捐赠人、受益人及其他社区居民的监督和评价。

图 15-9　簧门街社区召开居民议事会会议

(三) 社区服务公司亮点项目

社区服务公司坚持"公益化+市场化"运营模式,紧盯当前社区服务中的难点、痛点、堵点,通过整合资源、战略合作等方式,填补当前社区服务的空缺和盲区,在兼顾公益的同时,反哺社区发展,为社区发展治理注入源头活水。

第一,建强"奶奶厨房"品牌,解决居民"就餐难"问题。"奶奶厨房"是簧门街社区长期开展的一项公益服务项目,由社区低龄老人根据老年人的口味特点,为高龄空巢老人提供少添加、易消化的营养餐。社区服务公司为"奶奶厨房"注册了商标,并将原来10平方米的供餐点位升级为1600余平方米的社区智能中央厨房,一方面为华西医院附近就医、上班的人群提供健康美味的用餐服务,另一方面继续为辖区高龄老人提供订制餐饮和送餐上门服务。

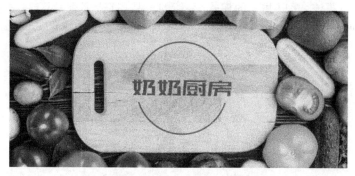

图 15-10　簧门街社区"奶奶厨房"品牌

第二,建立社区健康服务中心,解决居民"看病难"问题。社区服务公司紧抓"环华西智慧医谷"建设机遇,充分利用辖区丰富的医疗资源,与驻区各医疗单位和四川省全科医师协会合作,建立社区居民健康服务中心,将医疗资源下沉到社区,为居民提供专业的居家诊疗服务和健康管理服务;建立社区康养中心,整合养老和医疗两方面资源,为辖区老年人提供治疗期住院、康复期护理、稳定期生活照料和临终关怀为一体的"康养+医疗"服务,实现"老有所养、老有所医"。

第三,畅通华西片区交通微循环,解决居民"出行难"问题。社区服务公司针对华西医院周边停车难、出行堵等难题,积极开展"畅行停"项目,与华西片区各驻区单位、小区物管、居民院落、交通协管员进行合作,通过单位、居民提供闲置车位,物管公司调配车位,交通协管员引导分流的方式,提供"共享停车"服务,解决华西医院周边停车难问题。同时,社区服务公司积极与华西医院进行合作,拟开展华西医院诊疗直通车服务,通过新能源班车将华西医院和地铁站、公交站、主要交通路口等点位串联起来,解决群众看病就医最后500米的问题,缓解华西片区交通压力。

第四,社区服务公司携手草堂文化公司,共同打造共享书屋项目,致力于打造老百姓家门口的图书馆。目前,项目已在成都主城区布设130个智能共享书屋,并辐射至北京、杭州、武汉等城市,受到广大市民欢迎,初步探索形成了全民阅读、书香城市建设成都模式、成都品牌,为建设高品质和谐宜居生活社区注入新内涵新动能。另外,首创"智能共享书屋+APP(小程序)+大数据"的智能共享阅读平台,把书送到居民身边,打通图书馆到居民的"最后一公里",还在社区定期组织诵读活动。这一智能共享书屋真正实现了闲置图书的共享与漂流,是以共享的模式、智能的产品,打造书香社区、书香城市、书香中国,开启全民阅读新时代。

图 15-11　社区"共享书屋"

（四）案例链接：一位普通社区居民的身份

在社区公司化运行之后,一位普通居民的身份是怎样的呢？他们既是社区公司的股东,又是社区公司的消费者,同时还是社区志愿者。

黉门街社区居民王有蓉以 2 万元认购了四川黉门宜邻居民服务有限公司 0.2% 的股权,成为公司股东。她之所以坚定入股,一方面是对公司发展有信心,更重要的是对公司"以为民服务为第一宗旨"的高度认同。

王有蓉不仅是社区公司的股东,她身处黉门街社区,还是公司的客户和消费者。比如,她是公司的亮点项目"奶奶厨房"的顾客,能够享受到"奶奶厨房"的便利和服务。

除了是社区公司股东、社区公司消费者,她还有第三个身份——社区志愿者。王有蓉退休后加入了社区志愿者队伍,作为交通畅行协会负责人,她带领众多志愿者积极开展"畅行停"项目；作为社区文化团队建设负责人,她组织社区老人参加舞蹈队、书画班；作为"奶奶厨房"的一员,她为社区行动不便的老人做做饭、送送餐。

三、公众参与助力街区更新
——北京市东城区朝阳门街道东四南历史文化街区[①]

东四南历史文化街区是北京市第三批历史文化街区之一,位于东城区朝阳门街道办事处辖区内,如图 15-12 所示。朝阳门街道办事处和英国王储慈善基金会(中国)以东四南历史文化街区内的史家胡同为试点开展了公众参与的"社区工作坊",在收集居民意见的基础上,将史家胡同 24 号改造为胡同博物馆。2013 年,史家胡同博物馆建成并对外开放,成为北京第一个植根社区的胡同文化博物馆,被称为"文化的展示厅、居民的会客厅、社区的议事厅",受到社会的关注和居民的喜爱,也提升了当地居民的文化认同和自豪感。

(一)整体思路

在改造过程中,东四南历史文化街区把居民、产权单位、政府、社会力量团结到一个组织平台上,促使各方共同参与历史街区保护更新。2014 年 9 月 24 日,朝阳门街道办事处与北京市规划院共同成立了社会组织"史家胡同风貌保护协会",如图 15-13 所示。

图 15-12 东四南历史文化街区区位

图 15-13 史家胡同风貌保护协会成立

---

① 本篇案例由北京市城市规划设计研究院高级工程师赵幸撰写。赵幸长期在北京开展历史街区保护和名城保护规划的公众参与工作,同时兼任北京历史文化名城保护学术委员会秘书长、西城区历史文化名城保护委员会青年工作者委员会牵头人、史家胡同风貌保护协会秘书长。

史家胡同风貌保护协会成立之初,社区居民尚未拥有完全的自治能力,因此,北京市规划院规划师以协会顾问和责任规划师的身份,承担了协会项目组织和策划的牵头工作。一方面,以协会为平台,将保护规划理念融入政府日常工作,推动规划实施落地;另一方面,通过各类参与式项目开展社区营造,集结社会资源,调动社区居民内生力量,共同参与街区保护更新。

历史街区的保护更新包含物质环境提升和人文环境复兴两个方面,东四南历史文化街区从两方面同步入手,以社区营造理念和参与式工作方法开展试点项目,探索多方协同的街区更新模式。在物质空间改造项目中贯彻公众参与理念,以项目推动建立社区自治机制;同时,通过文化活动凝聚居民家园意识,为居民共同参与街区保护更新奠定基础。

在物质环境提升方面,东四南历史文化街区选择以关乎公共利益的院落公共空间和街区公共服务设施为切入点,开展大杂院院落公共环境提升和朝内南小街菜市场提升试点项目,探索社会力量与社区居民共同参与改善街区环境的实施机制。在人文环境复兴方面,东四南历史文化街区持续推动社区公约、胡同口述史的编制,连续三年开展"为人民设计"展览等项目,并长期在地运营史家胡同博物馆,尝试以文化活动凝聚社会资源、培育居民力量,为街区更新提供多元动力。

(二)以参与式设计推动街区物质环境改善

1. 大杂院公共环境提升

为了探索多方参与的历史街区保护更新路径,东四南历史文化街区尝试以小微公共空间为切入点,开展大杂院院落公共环境提升试点项目,通过对院落公共空间的设计提升落实保护规划中对于风貌保护、民生改善的相关要求;同时,以公共空间的参与式设计调动居民讨论身边的公共事务,形成长期自主维护公共环境的良性循环。

在改善院落硬件条件的基础上,通过全过程的多方协同参与逐渐建立起居民自主参与公共空间维护的自治机制。首先,组织设计师针对每个院落开展参与式设计,数十次深入院内与居民逐户沟通,并多次召开各利益相关方共同出席的讨论会(见图15-14、图15-15),开诚布公地讨论各方意见、寻求共识,促使居民适应对公共事务进行公众讨论的工作方式。

图 15-14　规划师主持项目启动会：宣讲、与居民面对面沟通

图 15-15　设计工作营：设计师给居民讲解方案

其次，带领居民寻找院落内现存的各类问题的根本原因，使大家认识到许多公共空间的环境恶化是由于居民在院内堆放废物、杂物造成的。公共环境的提升需要"有舍才有得"，居民必须牺牲一定的个人利益，清除院内杂物，才能实现公共环境的提升（见图 15-16）。在达成共识的基础上，向各户居民明确改造内容并签订改造确认书。在扎实的前期工作基础上，居民亲自动手清理院落杂物，为施工队正式进场创造了良好条件（见图 15-17）。

图 15-16　各方参与的实施动员会

图 15-17　居民自发清理院内杂物

在施工过程中遇到问题时，同样通过各利益相关方参与的现场协调会及时调整方案，达成共识（见图 15-18）。改造完成后，在居民家中召开项目总结会，共同制定小院公约、选举小院管家并集资建立院落公共环境维护基金，形成院落自治机制，为长期保持良好的院落环境建立导则准则和制度保障（见图 15-19）。

图 15-18　施工现场协调会

图 15-19　在居民家中召开的总结会

施工完成后，居民自发制定了小院公约、选举小院管家、建立小院公共维护基金，形成环境维护的长效自治机制（见图 15-20、15-21）。

2. 传统菜市场改造提升

为进一步推动各方参与街区物质环境的保护提升，东四南历史文化街区选取朝内南小街菜市场开展街区公共服务设施提升的创新实践。朝内南小街菜市场是一处由厂房改造而成的传统菜市场，已超过 10 年未开展任何升级

图 15-20　小院公约

图 15-21　小院管家

改造工作,存在硬件设施老化、垃圾处理不及时、消防安全隐患、引发交通拥堵等各类问题(见图 15-22)。由于经营模式单一,该菜市场的经营受到附近超市的巨大冲击,亟待进行空间更新和经营模式转型。传统菜市场在社区内不仅承担了生活服务功能,更是社区居民重要的社会交往空间,具有社区情感纽带作用。因此,东四南历史文化街区期望通过硬件设施的整体提升彻底解决菜市场给周边地区带来的负面影响,使之成为承担更多社区服务职能的综合体和社区文化空间的"生活美学院",并在此基础上探索形成此类城市存量空间活化利用的创新模式。

图 15-22　朝内南小街菜市场改造前

朝内南小街菜市场由东城区商委和菜市场产权方共同投资改造,由朝阳门街道办事处出资委托北京市规划院与文创机构"熊猫慢递"共同进行整体策划设计。为调动社会力量共同参与搭建协作平台,东四南历史文化街区还邀请中央美术学院与北京林业大学团队担纲总设计,并邀请独立艺术家、设计师共同参与立面改造与视觉设计。同时,街区也与"下厨房""穷游网""不是美术馆"等机构及社区居民、菜贩合作,共同策划了富有创意的文化内容,试图用新的功能给菜市场带来活力。

在菜市场改造中,首先针对硬件设施与视觉环境进行改造。通过设施、设备的改造解决菜市场存在的设施老化、安全隐患等问题。同时,对菜市场内外空间进行了视觉美化提升,邀请艺术家在菜市场绘制了老北京韵味浓厚的二八自行车、冬储大白菜、蜂窝煤等装饰画,更对菜市场内部摊位招幌进行了统一的艺术设计,利用居民拍摄的菜市场照片创作朝内南小街菜市场独有的招幌(见图15-23)。

图 15-23　菜市场改造后的空间效果

在空间环境提升的基础上,对菜市场的功能进行升级,补充了为社区居民服务的洗染、缝补、保洁、按摩等生活服务业态,同时专门策划了售卖菜谱、历史文化书籍、文创品的"小饭碗书店"和展示艺术家、居民创作的菜市场画廊,丰富了菜市场的文化属性(见图15-24、15-25)。同时,还策划了"菜市场博物学课堂""菜市场探访"等活动,向小朋友、年轻人介绍食材知识与菜市场改造理念。此外,对菜市场自身的管理制度进行升级,设定专门的自行车停车棚,严格管控门前三轮车、货车停放,并在菜市场内设置24小时全覆盖监控摄像头,规范市场经营环境。

改造后的朝内南小街菜市场从一个趋向衰败的基础民生服务设施,变成便利实用且充满魅力的文化吸引点。在提升其公共服务能力的同时,用创意文化内容吸引以年轻人为主的服务群体,调动人们在菜市场内产生更多的互动和交往行为,不仅使菜市场能够在不提升摊位租金、不涨菜价的基础上创造更大收益,而且也使之发挥出更强的社区情感纽带作用,激发街区发展的活力(见图15-26)。

图 15-24　小饭碗书店

图 15-25　菜市场画廊

图 15-26　改造后菜市场吸引了新的人群

（三）以人文教育活动凝聚社区精神

在开展物质环境提升试点项目的同时，责任规划师与街道、社区共同推进社区人文教育，组织开展了胡同口述史调查、胡同茶馆—社区居民公约制定、"为人民设计"展览等品牌活动，并在地运营史家胡同博物馆，尝试通过多种多样的文化活动带领居民认识社区、挖掘共同记忆、塑造家园愿景、建立公民意识。通过人文教育活动实现历史街区的文化复兴，同时也以其为媒介与居民建立更为亲密的伙伴关系。

1. 胡同口述史调查

依托史家胡同风貌保护协会和史家胡同博物馆开展胡同口述史调查工作，试图通过口述史的收集与整理强化居民共同记忆，发掘社区能人。项目设立之始，组织史家胡同年轻居民和大学生志愿者共同在社区内采访老人，收集院落口述史（见图 15-27）。在文字记录的基础上，组织举办口述史成果展览和"胡同故事会"活动,发动居民共同参与讨论、分享生活记忆。

图 15-27　社区居民张屹然及北京林业大学志愿者采访史家胡同小学前校长及史家胡同居民

2. 胡同茶馆—社区居民公约制定

责任规划师与社区合作举办居民议事的胡同茶馆活动,引导居民探讨身边事务。在轻松的氛围下邀请居民谈谈胡同中的现存问题和改进建议,经过几次讨论,居民自发提出"制定胡同公约"动议,并通过多次讨论形成草案,在征求全部居民意见后,由居民代表撰写成文并翻译为中英文双语(见图15-28)。公约出台后,不仅举办了隆重的签约仪式并将公约在胡同内正式贴出,还组织社区内的小朋友画公约年历,组织居民演出公约宣传片,通过各种形式的活动进一步加强居民对社区的归属感、自豪感,使其深入人心(见图15-29、15-30)。

图 15-28　召开胡同茶馆会议

图 15-29　社区居民公约签约仪式

图 15-30　小朋友绘制社区居民公约年历

3. 史家胡同博物馆运营

在长期跟踪东四南地区保护更新的基础上，2017 年起北京市规划院与朝阳门街道办事处签订合作协议，共同运营史家胡同博物馆。具体来说，利用博物馆长期在地的优势，策划丰富的临展和文化活动调动居民参与，与中央美术学院合作举办微花园展览、旧物改造工作坊，带领居民共同利用废物美化环境、改造自家门前的"微花园"（见图 15-31）。同时，也邀请艺术家在胡同内绘制公共艺术作品、开设北京老电影工作坊、举办胡同音乐会（见图 15-32）。此外，尝试用艺术讲述胡同故事、挖掘共同记忆、提升居民文化品位，吸引越来越多的居民围绕博物馆文化活动聚集起来，与责任规划师形成伙伴关系，成为朋友。

图 15-31　居民旧物改造工作坊

图 15-32　胡同博物馆七夕音乐会

不仅如此，博物馆的运营也为北京市规划院积累了越来越多的社会合作资源，目前已经搭建起包含两百多家各类机构的合作方平台，为社区营造和文化活动提供了丰富内容与服务。同时还开设了一日馆员项目,招募社会上关心胡同保护和社区文化复兴的有识之士共同参与博物馆的运营。

四、技术创新缔造平安社区
——上海市闵行区马桥镇飞碟苑社区等[①]

马桥镇位于上海市闵行区西南部、黄浦区上游北岸、上海市市级工业区莘庄工业园和国家级工业区闵行经济开发区之间,镇域面积49.5平方公里。马桥镇于1990年和1995年两次荣获"全国最佳乡镇称号",获得了代表全国乡镇最高荣誉的"大地杯"。镇内有一百多家工业企业,也有代表都市型农业的现代化园艺场。同时,马桥镇是国家建设部小城镇建设试点镇,是全国造林绿化百佳镇,还连续三次被评为上海市"双拥"模范镇。

近几年,在作为超特大城市的上海(根据2017年国务院批复的《上海市城市总体规划(2017—2035年)》,到2035年,上海市常住人口控制在2500万左右),大多数人都住在郊区。由于人口相对分散,城市治理面临天然的挑战。通过社会治理机制的提升,以及借助智慧城市等新兴技术,近年来马桥镇的社会治理水平显著提升。数据显示,2017年马桥镇"110"偷盗类警情同比下降近23%,入农宅类偷盗报警同比下降超过一半,扒窃拎包偷盗25件,同比下降超过三成。2017年,马桥镇的群众安全感指数从前一年位居上海市闵行区第三名跃升至第一名。

然而,马桥镇面临的挑战也颇具代表性。在马桥镇保留农村形态的4个村中,常住人口有2.5万人,其中本地户籍人口仅为3200人,占比不到1/8。在马桥镇,居住人口密度越来越高、人口严重倒挂,种种不文明行为和安全隐患也相当普遍。这也是我国城镇化进程中所经常出现的问题,导致社会管理和社区治理要承受沉重的压力和负担。

为马桥镇智慧社区建设与社区治理成就做出巨大贡献的技术支撑体系由如下几个系统组成:

(一)高空抛物视频监控系统

智能视频监控系统是智慧社区安防系统(图15-33)的一部分,可以对社

---

① 感谢上海市闵行区马桥镇飞碟苑领导和工作人员阮晶晶为本书提供参考资料。

区的公共区域、电梯轿厢、停车场主要车道实现实时的视频采集,并与消防联动,实现分区分时管理。例如,通过对车辆识别出入登记,使开车出入更加便捷。2017年10月,一个从高层掉下的烟蒂点燃了楼下住户的窗帘,引发了一场小型火灾,但是事后却找不到肇事者,由于此类事件抛物时间短,少有目击者,甚至有人在抛物时故意隐去身影,使得执法部门很难追究抛物者的法律责任。2009年12月26日通过的《侵权责任法》第87条规定:"从建筑物中抛掷物品或者从建筑物上坠落的物品造成他人损害,难以确定具体侵权人的,除能够证明自己不是侵权人的外,由可能加害的建筑物使用人给予补偿。"这条规定虽然保护了受害者的权利,但也使得无辜者受到了牵连。

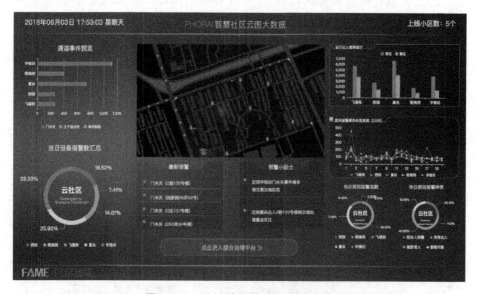

图 15-33 马桥镇智慧社区安防系统

2017年12月,马桥镇的飞碟苑在马桥镇网络中心的牵头下引进了高空抛物视频监控系统。根据社区保安介绍,在这之前飞碟苑小区发生过几次高空坠物事件,高层掉下来的苹果核砸坏汽车引擎盖,或者有从天而降的垃圾严重影响到了小区的环境;另外,此前飞碟苑小区还常常发生盗窃事件,曾经仅半年的时间发生了二十多起盗窃案,而且往往很难抓到盗窃者。

现在,飞碟苑小区在每幢高楼建筑下都装上了高清摄像头,视觉覆盖整个建筑立面,并且画面可以实时传送到后台,一旦有高空坠物的情况,无论是白天还是晚上,程序都会自动分析报警,都能清晰地捕捉到每个画面,甚至可以识别出是从哪个地方抛下并能追溯到它的抛物轨迹。改造之后,248个各类监控摄像头,16台大容量储存器,1200米红外感知电子围栏,加上后台的服务器,为小区织起一张安全防护网。可以说,在智慧社区布控高空视频监控不仅保护了无辜者的权益,更加提升了社区的居民基本素养。

(二)人脸识别门禁系统

具有人脸识别功能的门禁系统比一般的门禁系统安全很多。在飞碟苑小区,原先的感应卡任何人持有都可以通过,还有遗失和忘记携带等问题频繁出现,人脸识别技术则能轻松避免这些问题的发生。简单来说,此项技术使用的是区域特征分析算法,它融合了计算机图像处理技术与生物统计学原理于一体,利用计算机图像处理技术从视频中提取人像特征点,利用生物统计学的原理建立数学模型,形成人脸特征模板进行分析。利用已建成的人脸特征模板与被测者的画像进行特征分析,并根据分析的结果给出一个相似值。通过判断相似值便可确定是否为同一个人,同时系统还可以识别得出摄像头前的是真正的人还是一幅照片。人脸识别门禁系统为提升智慧社区的安全性提供了高标准的技术支持和质量保证。

巡警接收并显示报警截图
远程处理更新状态

网格中心

社区监控中心接收并
显示报警截图与视频

图15-34 门禁监控识别布控系统

安装人脸识别门禁系统后,当居民刷卡时,会采集刷卡者的面部信息,并与系统信息进行对比,采用独特的无感式人脸识别技术,让居民进出没有任何违和感,在未改变居民进出习惯方式的同时,却大大提高了社区安全管理以及人口管理的精准度,实现了社区治理的合理化和人性化。当系统发现刷卡者与之前采集好的面部信息不符合时会自动报警,这样一来就杜绝了卡丢失后被他人捡到冒名进入小区的可能性,从而大大减少了盗窃事件的发生。总之,智慧社区的建设使得社区民警管控的盲点越来越少,社区治安环境得到了有效的改善。

对于租赁房屋比较普遍的小区,马桥镇普及了智能门禁卡。数据显示,在已安装智能门禁卡的小区内,人口管理信息的准确率和注销率都达到95%以上。智能门禁系统不仅可以录入居住者的信息,还可以对出入的人进行记录。目前,马桥镇20个小区、109个出入口安装了人脸识别门禁系统,可以与上海市公安局8000万人口数据库进行即时比对,让不法分子无处藏身。在技术层面上,人脸识别门禁系统已成为安全防范技术升级进入新一代生物识别智能化时代的重要标志。在管理层面,人脸识别技术管理手段极大地精简了管理流程,提高了社区管理效率。

(三)网格化综合管理平台

在推行网格化综合管理平台的大趋势下,管理手段的数字化、精准化和智能化,保障了智慧社区的管理对象、过程和评价的数字化,实现了管理的敏捷、精确和高效,以及社区硬件设施和软件服务的智能化。社区网格化管理系统依托统一的城市管理与数字化的平台,将城市管理辖区按照一定的标准划分成为单元网格。通过加强对单元网格的部件管理和事件巡查,建立了一种监督和处置互相分离的形式。对政府而言,该系统的主要优势是政府能够主动发现,及时处理,有效地加强了政府对城市的管理能力和处理速度,可以赶在居民投诉之前将问题解决。

2018年3月,马桥镇飞碟苑小区发生入室偷盗,当天下午警方就锁定了犯罪嫌疑人。能达到这种治安管理效率,离不开网格化综合管理平台的相关技术对智慧社区的布局。对此,马桥镇镇党委书记陈振华介绍,马桥镇依托网格化综合管理平台,突出基层治理,打造了一套行之有效的"网格化＋民房租赁管理新模式"(见图15-35),形成了维护美丽乡村建设成果的新机制。借助现代化的智慧城市设备,马桥镇基本建成了"天罗地网",不仅保证了居民的安全,而且有效地震慑了不法分子。网格化综合管理平台将社区从"传统、被动、定性和分散"升级为"现代、主动、定量和系统",将问题控制在"发现、立案、派遣、结案"四个科学管理的闭环内,形成了一整套规范、统一的管理标准和流程。

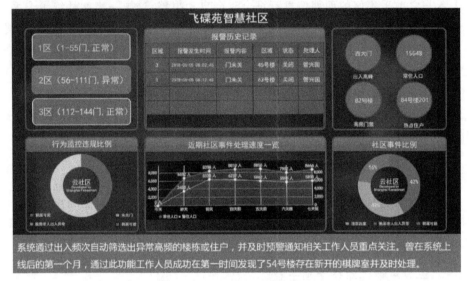

图 15-35　云社区的网格化管理

(四)房屋租赁管理信息系统

房屋租赁管理系统的设计主要包含了基本信息管理、租赁过程管理、费用收取管理、租赁合同管理、数据维护、系统维护功能等六个基本功能模块。马桥镇的各生活小区,及时采用了此种单元管理、房屋管理、人员管理及信息的采集、变更、查询,以及利用房屋管理信息系统对小区房屋租赁情况和小区人员情况进行数据分析和运用的方法。例如,马桥镇智慧社区通过微信公众号的扩展功能,智能管理了业主、租户、业主委员会的相关信息。社区自身和周边商业的相关信息、通知都从公众号发布,一键传达到各个业主的手机终端。业主还可以在公众号上进行缴费,物业管理员也能清楚看到业主的缴费情况,或即时发送催缴提醒给业主,管理极为方便。此外,小区管理员通过公众号平台,可以发布快递领取通知、户主房屋出租信息,为户主提供便捷的服务。在家政和家电维修上,业主同样可以通过公众号的扩展服务进行报修和问题提交,管理员可实时通过后台管理维修订单,提供上门服务和问题解决方案，使得社区的管理更加快捷、简便。

五、社区生活服务站"邻家屋里厢"
——上海市黄浦区小东门街道泛东街社区①

小东门街道地处上海市黄浦区中东部，东临黄浦江，南接陆家浜路，西毗豫园城隍庙，北邻外滩新开河。区域面积2.59平方公里，沿江岸线3.4公里，有16个居委会，户籍居民近9.8万人。辖区有著名的十六铺航运码头，老城厢大东门、小东门、小南门，以及梓园、书隐楼、警钟楼、董家渡天主堂等历史名胜，是上海海运商贸的发源地和上海城市的发祥地之一。

也正是因为悠久的历史，小东门街道二级旧里和高档楼宇并存，二元结构特别明显。以较为典型的泛东街社区为例，泛东街社区总面积20余万平方米，区域内危棚简屋多、违章建筑多、中小道路多、外来人员多，在小东门街道社区环境综合整治和旧区改造的背景下，拆除违法建筑是泛东街社区的首要任务，但是违法建筑中有大量居民生活基础设施（如厨房、浴室等），拆违与居民生活便利之间出现了矛盾。泛东街社区在解决这一矛盾时，采用了建设社区生活服务站——"邻家屋里厢"的方式，将居民最需要的生活服务、为老中心等综合起来。

（一）整体思路

"邻家屋里厢"是小东门街道泛东街社区居民家门口全天候的社区生活服务站，设施面积近1300平方米，共分为两层：

一层是社区生活服务站，集家庭式生活服务和开放式活动场所于一体，建有家庭式灶间、公共厨房、公共餐厅、家庭式卫生间、独立助浴间、公共洗衣房、公共晾晒区、便民服务、助老驿站、亲子活动室、全科医生工作室、流动式菜点、接待休息区等13个功能区，为社区居民提供无偿、微偿的公共服务，是开启老城厢乐惠生活的公共服务载体。

---

① 感谢上海市黄浦区小东门街道泛东街社区邻家屋里厢工作人员高佳珍为本书提供参考资料。

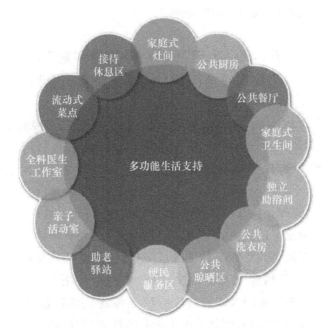

图 15-36 社区服务站多功能生活支持

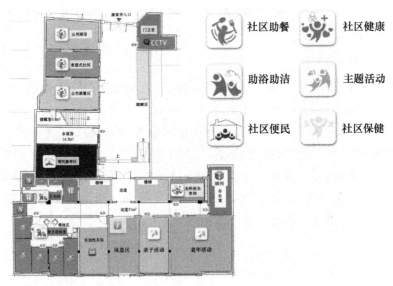

图 15-37 社区生活服务站六大服务主题

二层是综合为老服务中心,以健康、友好、宜居、人文为理念,提供面向健康老人和需要照护支持老人的多功能综合服务。功能区配有互动体验区、老年信息咨询室、心理舒缓室、休闲吧、老年俱乐部、乒乓室、健身房、舞蹈室、多功能厅等。

"邻家屋里厢"的管理实行家庭自助、邻里互助、志愿服务、社会组织运作相结合,推行"美化家园行动"和志愿服务的积分激励制度,热心社区公益的居民组成志愿者团队,共同参与维护社区环境和服务站的场所设施,共建共享老城厢的乐惠生活。

（二）社区生活服务站

"邻家屋里厢"一层社区生活服务站总面积达 640 平方米,涉及社区助餐、社区健康、助浴助洁、主题活动、社区便民、社区保健等六大服务主题（见图 15-37）。

（1）社区助餐服务,设有组合式家庭式灶间,供有特殊困难且有助餐需求的居民作为家庭日常厨房使用。公共厨房和公共餐厅可预约使用,如开办厨艺课程、举办主题活动（见图 15-38）。

图 15-38　社区公共厨房

（2）助浴助洁服务,设有 5 间家庭式卫生间和 5 间独立沐浴间,主要为高龄老人、残疾人、行动不便的居民提供助浴助洁的服务。同时,设有公共洗衣房,配备多台洗衣烘干设备,供居民自助洗衣,并备有晾晒场地（见图 15-39、图 15-40）。

图 15-39　社区公共浴室

图 15-40　社区公共洗衣房

（3）社区便民服务，引入"上海工匠"方明祥的家电维修站，同时提供钟表、鞋类维修和应急用品出租服务，另外，设置早晨流动式菜点，便利居民购买蔬菜。社区生活服务站还通过信息化系统平台提供家政、照护等十余项居家个性化服务（图 15-41）。

（4）社区健康服务，设立"全科医生工作室"，社区全科医生定期为周边居民开展医疗保健咨询服务、家庭医生和养老合作签约服务以及健康跟踪服务；帮助居民查询医疗服务办理的相关信息，协助整理相关医疗办理资料（图 15-42）。

图 15-41　社区便民服务区

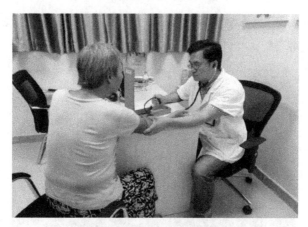

图 15-42　社区健康服务

（5）社区主题活动，开展专业公益性组织提供的自助式、互助式、支持式的社区老年人活动、亲子活动；通过志愿者积分激励制度，鼓励社区居民共同参与维护社区环境和服务站设施；通过引入社会力量参与社区各类公益活动。社区生活服务站推行"美化家园行动"和志愿服务积分激励制度，居民可以通过在站内积累志愿服务以换取所需要的生活服务。此外，鼓励热心社区公益的居民组成志愿者团队，协同参与"邻家屋里厢"服务设施和场所设备的运营管理（图 15-43）。

（6）社区保健服务，开办健康讲座，提供社区各类与健康知识相关的讲座服务；开办社区义诊，提供社区各类医院的义诊服务；推动健身锻炼，开设

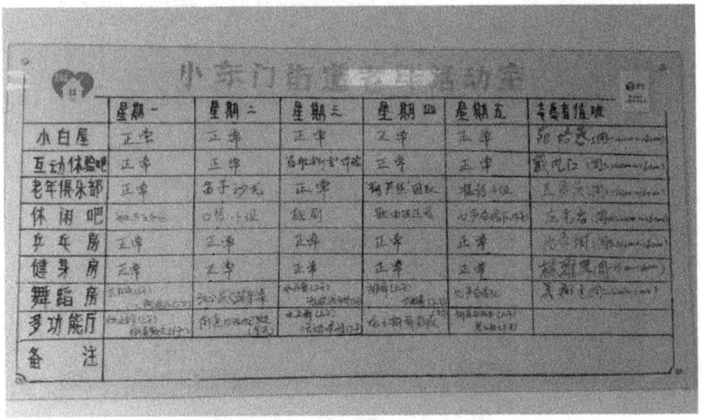

图 15-43 社区主题活动

各类健康锻炼课程,举办健康竞赛;推行中医保健,安排专业服务人员提供中医保健相关服务(图 15-44)。

图 15-44 健身锻炼

(三)综合为老中心

"邻家屋里厢"二层综合为老中心总面积达 660 平方米,分为三个区域:橙色色调的社区活动区域(多功能教厅、舞蹈教室)、绿色色调的活力健康区域(健身室、乒乓室、老年俱乐部、休闲吧)以及蓝色色调的社区照护支持区域(互动体验中心、心理舒缓室以及老年信息咨询室)。

舞蹈教室用来开展室内便民活动以及拳操、舞蹈活动;健身室设有运动器材,可以帮助老人恢复活力;乒乓室内设乒乓桌、乒乓板、乒乓球;布景舒适

第十五章 城市社区治理案例

图 15-45 综合为老中心功能设计

的心理舒缓室能帮助老人改善认知功能、缓解疲劳；老年俱乐部用来开展由老年人自发组织的各类主题活动，如合唱团、书法班；多功能厅用以举办大型社区讲座活动、召开社区会议等。

更为重要的是设置了互动体验中心。互动体验中心设有两个区域，即产品展示区与体验互动学习区，主要是希望老年人在购买康复辅具之前，能够充分地使用、体验。产品展示区在展架上会陈列各家供应商的产品，一般展示周期为 4 个月，每个产品边上会放上产品的介绍信息与二维码。在体验区，上述产品将接受百位以上老人的体验与评分，主要从价格、效果与是否便利等方面进行打分。为了展示产品的特征，中心也会设计各种活动、课程，让居民尽可能地了解这些产品的功效。

六、山地社区的环境更新与文化改造
——重庆市渝中区上清寺街道嘉西村社区[①]

（一）社区概况

重庆市渝中区嘉西村社区属于上清寺街道辖区，地理位置优越。社区面积 0.23 平方公里；现有住户 2347 户，常住人口 7348 人，流动人口 3215 人；辖区单

---

① 感谢重庆市渝中区上清寺街道嘉西村社区书记吴中兰为本书提供参考资料。

位754个,其中机关单位2个,学校2个,医院2个,非公有制经济党组织12个,个体商业网点120个;社区内设有14个居民小组,居民住宅楼42栋75个单元。

图 15-46　嘉西村区位

资料来源:李和平、肖洪未、黄瓴:《山地传统社区空间环境的整治更新策略——以重庆嘉陵桥西村为例》,载《建筑学报》2015年第2期。

嘉西村社区坐拥优越的地理位置和丰富的抗战历史文化资源。这里有鲜英公馆("特园")和宋子文公馆("怡园")等文化遗迹,是重庆老街巷的优秀代表。社区先后获得全国五一巾帼标兵岗、全国科普文化示范社区、重庆市文明社区、重庆市民主法治示范社区、重庆市十佳特色文化社区、重庆市环境友好型社区、重庆市文明交通宣传示范社区、重庆市社区科普大学优秀教学点、重庆市人口和计划生育十佳示范社区、重庆市巾帼文明岗、重庆市十佳妇女之家、"海选最美街道"之最美小巷十强、最美宜居小巷社区、AAA国家级旅游景区等荣誉,并连续八年被渝中区委、区政府评为"五星级社区"。[①]

(二)社区治理经验总结

1. 打造漂亮"面子":脏乱差环境改造

嘉西村社区地处有重庆"母城"之称的渝中区,由于建设年代较早,设施缺乏维护管理,同时一些住户私自改造房屋,乱搭乱建,社区里的阳台变棚户,庭院变垃圾场,四处电线交错,污水横流。居民无法忍受日趋恶劣的环

---

① 资料来源:http://yz.cq.gov.cn/org?id=402881e55b23e4a3015b2405f6c60043,2018年7月23日访问。

境,纷纷搬离,社区只剩下一些老人和租住的外地民工。垃圾、废弃物任意堆放,地面铺装、台阶、栏杆及围墙等破损严重,架空电力线任意穿越,变压器裸露,部分居民在室外任意搭建晾衣设施,甚至有院落绿化被居民多年垃圾堆积,对居民生活造成了严重影响。①

(1) 社区环境绿化

区内绿化覆盖率较高,但整体绿化环境差,绿化建设缺乏规划。"一轴四环"线形交通的绿化整治以改善居民生活环境和提高社区形象为目标。在保留原有较好乔木的前提下,结合休闲座椅设置花池、树池,通过不同季节花草、乔木和灌木高低错落搭配,使文化旅游线路和生活线路充满宜人的清新环境氛围。②

(2) 社区景观立面美化

社区景观界面主要表现于线性交通步道的两侧,是社区旅游或居民生活能感触到的界面,包括围墙、建筑界面等。嘉西村的卫生环境状况使景观界面和建筑物外立面整治成为社区治理的首要环节。具体来说,通过对破旧围墙进行修补、更换新的材质等,如将围墙表面替换为青砖饰面,局部地段引入园林假山石,或通过张贴社区宣传栏,充实界面的趣味性和景观的丰富性;通过对围墙进行局部镂空来虚化界面;通过对围墙的艺术化、软化、美化处理来提升界面的空间品质,其中围墙的艺术化是在不同线路段,结合各线路主题文化进行了不同的艺术处理,而界面的软化则通过种植爬藤植物来实现,绿色能打破空间的压抑感,产生一种亲切感和舒适感。③

(3) 社区硬件设施完善化

老旧社区设施年久失修,补齐基础硬件设施短板是老旧社区更新的重要抓手。总的来说,社区硬件设施主要是水电气、公共卫生、生活休憩等生活设施。考虑到嘉西村作为历史文化街区的定位,社区更新过程中也加入了社区导引系统和社区标识标牌等社区形象元素。

---

① 李和平、肖洪未、黄瓴:《山地传统社区空间环境的整治更新策略——以重庆嘉陵桥西村为例》,载《建筑学报》2015年第2期。

② 同上。

③ 李和平、肖洪未、黄瓴:《山地传统社区空间环境的整治更新策略——以重庆嘉陵桥西村为例》,载《建筑学报》2015年第2期。

图 15-47 嘉西村改造前后

资料来源：刘敏：《嘉西村变美，还成立了"自治委"》，http://news.163.com/11/1217/04/7LES8CEM00014AED.html，2018年7月27日访问。

表 15-1 硬件设施类型综述

设施类型	描述	构成要素
社区导引系统	为城市旅游者进社区旅游给予方向上的引导；加强社区的可识别性	在文化旅游轴的道路铺装上设置红色地砖形成红色指引线；在社区出入口、道路转折处等设置社区文化地图
社区生活设施	文化旅游线路也是居民日常生活出行的主要道路，兼顾生活功能，在阳光较充足、景观视野较好的路段上设置休闲座椅、观景亭等。在生活线路上居民活动较集中的区域，如单元入口缓冲区域，设置休闲座椅	步行交通组织以山城步道为主干，步道局部地段坡长较大，且区内老年人较多，生活设施的配置充分考虑到老年人的步行特点和行走疲劳，在步道横向和竖向转折处设置休闲座椅等

(续表)

设施类型	描述	构成要素
社区标识标牌	增设反映社区重要信息的其他标识标牌	社区 LOGO；在道路转角处设置社区文化地图；在居住建筑单元入口增设邮报箱和单元门牌号；镶嵌在地面铺装上的市政管道井盖可标注"P嘉陵桥西村排水"

资料来源：李和平、肖洪未、黄瓴：《山地传统社区空间环境的整治更新策略——以重庆嘉陵桥西村为例》，载《建筑学报》2015年第2期。

2. 涵养文化"里子"：挖掘人文旅游要素

嘉西村位于渝中半岛西部，毗邻周公馆、鲜英公馆、宋子文公馆等文物建筑，社区内坐落着抗战时期爱国民主人士鲜英、美国五星上将马歇尔故居，但这两座故居长时间被占为他用，几乎被人遗忘。随着嘉西村社区更新，这些埋藏在历史和现实深处的文化资源得到了修缮，重新焕发了光彩。

嘉西村社区对历史文化遗产的挖掘主要有两条经验：一是文化复兴和社区治理协同。民盟元老鲜英的公馆修建于1931年。抗战时期，重庆成为战时首都。时代潮流的因缘际会，使鲜英公馆成为中国共产党及各民主党派活动的重要场所，成为中国民主同盟和三民主义同志联合会的成立之地，成为中共中央南方局贯彻抗日民族统一战线政策的历史见证，也是中国政治协商制度创立和实践的历史见证。毛泽东在重庆谈判期间，曾三顾鲜英公馆，与民盟主席张澜等民主人士会见，共商国是，因此，鲜英公馆被誉为"民主之家"。

经过整治，鲜英公馆成为社区居民议事厅和自治管委会办公区，既优化了公共空间，也传播了社区文化。鲜英公馆里设立了嘉西村市民学校和社区服务站的办公室，还设立了嘉西村居民议事会所。鲜英公馆的外墙上，图文并茂地"讲述"着鲜英夫妇一生恩爱扶持、严格育子、勤俭清廉的故事，已然成为今日社区的"民主之家"。

二是社区空间和政策规划协同。怡园（原宋子文公馆）位于渝中区上清寺，现上清寺派出所内，是重庆市级文物保护单位（见图15-49）。抗战时期，宋子文居住于此，并利用该处开展外交工作，接待社会名流及外宾。周恩来、董必武曾多次进出怡园，与宋子文探讨时局形势。1945年底，美国总统特使马歇尔到重庆后曾居住于此。1946年初，国共两党的停战和整军谈判在这

图 15-48 鲜英公馆及其内景

里进行,其协定也在这里签订。与鲜英旧居修复策略不同的是,怡园在"修旧如旧"的原则下恢复了历史原貌,作为重庆历史文化景点的一部分向公众开放。

嘉西村社区对历史文化因素的挖掘,通过空间布局和旅游线路的设计得以体现。其中主题文化的塑造通过 L 型文化旅游线路上历史文化元素的植入和历史文化的展示,以达到塑造和展示社区特色的目标。根据 L 型文化旅游线路和不同节点的空间关系,可以将主题文化分为三段进行打造,分别为历史生活文化展示段、爱国民主运动展示段、重庆谈判历史展示段。

图 15-49　怡园

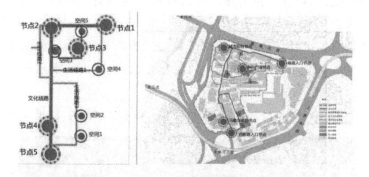

图 15-50　嘉西村社区文化线路与社区生活线路图

资料来源：http://www.sohu.com/a/203229908_656518，2018 年 7 月 27 日访问。

表 15-2　嘉西村人文要素空间的展示形式

展示段	空间位置	文化意涵
历史生活文化展示段	邮政公司入口—"城市阳台"（星光广场）	介绍社区建设和发展历程，在围墙上张贴嘉西村社区有历史生活场景和空间特色的水墨图画，让居民和旅游者对嘉西村社区的历史和空间环境建立整体印象，形成"历史悠久、山地空间特色、嘉陵江畔"的社区特色

（续表）

展示段	空间位置	文化意涵
爱国民主运动展示段	"城市阳台"—鲜英旧居客房	以鲜英为代表的爱国民主人士参与爱国民主运动为主题;以鲜英旧居为中心,通过立像、刻碑、张贴历史图片,或举行爱国主义教育活动等方式,开展爱国主义教育宣传,充分展示民主同盟的爱国热潮
重庆谈判历史展示段	鲜英旧居—怡园	以重庆国共谈判为主题,以抗战历史文化展示为核心,介绍重庆国共谈判的人物和事件;通过围墙雕刻抗战历史人物和历史事件,宣传抗战文化和红色文化

资料来源:李和平、肖洪未、黄瓴:《山地传统社区空间环境的整治更新策略——以重庆嘉陵桥西村为例》,载《建筑学报》2015年第2期。

3. 体现温情"里子":丰富社区院坝活动

嘉西村社区属于建设时间较早的老旧社区,由于没有物业公司,嘉西村开展"社区自治物管",由退休居民组成物管委员会,实行柔性管理,成为居民和社区之间加深认同的黏合剂,是老社区活化、可持续发展的动力。加上重庆特有的以社区内小型广场("院坝")为中心的活动形式,嘉西村社区通过社区委员会和志愿团体组织的院坝活动,展现出城市水泥森林下的温情"里子"。

截至2016年,嘉西村社区注册志愿者人数有1479人,注册志愿者人数

图 15-51　重庆的坝坝电影

占社区常住人口的 20%，年均开展志愿服务 130 多次，如"四点半课堂""周末影院"、文明劝导活动、"民悦社工"志愿服务系列活动、"杨开玉"红袖章自治物管志愿服务队系列活动。① 依托社区"院坝"，在嘉西村社区游走，能够感觉到与钢铁城市不一样的风貌。邻里间不再陌生，只是一个经过，也能顺带着拉拉家常。房子围成的空坝里，总有几个石材桌椅；桌上，摆着几壶普洱茶，这是居民们聚集休闲地；而修建搭建幕布的固定支架，社区就有了露天影院。②

七、以社区党建引领和促进社区营建
——重庆市渝中区大溪沟街道人和街社区③

（一）社区概况

人和街社区隶属重庆市渝中区大溪沟街道，辖区面积 0.1515 平方公里。现有居民楼 52 栋，居民小组 4 个，居民 2490 户，总人口 7442 人；社区有商业服务网点 130 余个，各类驻区社会单位 78 个，其中市级单位 10 余个。

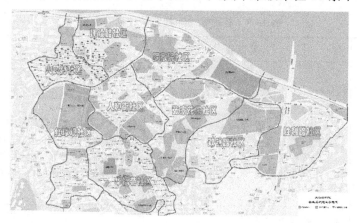

图 15-52　人和街社区区位

---

① 《重庆市渝中区上清寺街道嘉西村社区》，http://www.wenming.cn/specials/zyfw/4g100_39622/zmzyfwsq/201611/t20161104_3865581.shtml，2018 年 7 月 27 日访问。
② 《嘉西村 看老重庆独有的院坝文化》，http://travel.sina.com.cn/china/2013-10-11/0936221908_2.shtml，2018 年 7 月 27 日访问。
③ 感谢重庆市渝中区大溪沟街道人和街社区书记陆远秀为本书提供参考资料。

1926年1月,重庆最早的党支部在人和街成立。以党的建设带动社区建设是人和街社区的突出特色。社区先后被评为全国文明社区、全国和谐社区建设示范社区,社区党委于2006年11月、2011年7月两次被中共重庆市委表彰为先进基层党组织,2012年6月被中组部表彰为全国先进基层党组织。①

(二) 社区治理经验总结

1. 以党建制度完善社区管理制度

党的建设是社区管理的一面旗帜。人和街社区管理的一条重要经验就是通过完善各项党建制度,作为社区管理的制度蓝本,引导建立与之对应的社区管理制度,以党的建设带动社区建设。人和街社区党委制定了《渝中区大溪沟街道人和街社区党委年度党建工作计划》,严格党内组织生活,落实党支部"三会一课"等制度,切实抓好党员教育管理。社区和街道也制定精确到月的工作目标和计划时间表。在党建层面,推行党务公开、党内财务公开;在社区层面,推行社区管理账目公开、社区服务公开、政务公开。

表15-3 社区党建和社区管理公开项目

公开项目	公开内容	示例
党务公开	(1) 党组织决议、决定和执行情况 (2) 党的思想建设情况 (3) 党的组织建设情况 (4) 班子建设情况 (5) 联系和服务党员、群众情况 (6) 党风廉政建设情况	2018年5月4日下午2点,人和街社区各延伸支部组织开展支部主题党日活动 2018年5月11日,人和街社区召开纪律监督小组工作会议,社区书记陆远秀同志强调了社区纪律监督小组工作职责、检查内容、检查方式方法等
财务公开	(1) 社区财务公开 (2) 社区服务群众专项经费公开	

---

① 《人和街社区》,http://yz.cq.gov.cn/org? id=402881e55b23e4a3015b23f9a3de0029,2018年7月23日访问。

(续表)

公开项目	公开内容	示例
服务公开	(1) 居委会任期规划、任期目标和年度工作计划及进展情况 (2) 居民会议或居民代表会议的决定和实施情况 (3) 居委会职能职责或成员分工情况 (4) 在职党员社区报到、志愿者组织和民间组织等服务组织建设情况 (5) 平安稳定服务:防洪、防火、地质灾害、治安巡逻、外来人口管理、人民调解、刑满释放人员及解除劳教人员安置帮扶 (6) 民主评议居委会干部情况 (7) 其他需要公开的服务活动情况	组织开展交通文明劝导、帮扶空巢老人、社区卫生整治等志愿者活动5次,参与人数达100余人次 治安巡逻46次;安置帮教新增0人;刑事解矫新增0人 2018年5月3日,人和街社区摄影班到重庆鹅岭印刷二厂开展摄影户外采风课堂 2018年5月4日,人和街社区社工室开展"不忘初心,党员连心"社区活动 2018年5月11日,人和街社区召开自主物业工作会议
政务公开	(1) "人生关怀"等惠民政策执行情况 (2) 低保、计生等社会管理政策执行情况 (3) 有关居民其他政策执行情况	出生礼包6人,600元 离世慰问1人,200元 重病礼包12人,2400元 百岁寿星礼包1人,500元

资料来源:本书作者根据调研资料整理。

2. 以党建服务带动社区服务体系规范化

在管理机制方面,人和街社区将党建和社区建设深度融合起来,构建了"八联"社区共建机制,即党建联抓、民生联保、文明联创、城管联动、治安联防、发展联促、阵地联建、活动联办。本着"社区共建、资源共享"的原则,2002年11月,人和街社区建立了重庆市首个由社会单位和居民群众共同组成的协调性群众组织——人和街社区协调理事会,确定"人为本,和为贵"的工作思路,联合营造了"同创共建,人文和谐"的良好氛围。协调理事会的职责包括:协调商议社区重大建设和活动,安排任务并征求意见;协调社区和社会单位,每年为社区办一批实事;动员、引导社会单位参与社区共驻共建。

由社区党委、居委会、便民服务中心构成的"两委一中心"体系是人和街社区党建和社区建设深度融合的具体载体。其中,便民服务中心主任由社区党委书记、居委会主任兼任,从而将社区领导、自治、服务三大功能有机整合,分别由社区党委、居委会、便民服务中心负责实施。根据社区服务功能的需要,建成一站式服务大厅、党员标准化活动室、党员谈心室、公安警务室等,设立低保、就业等13个办事窗口,成为党委政府联系群众的桥梁纽带。设立

"3+5"自治组织,切实发挥作用。充分发挥社区办公服务用房在构建幸福和谐社区中的作用,成立社区议事会、管委会和评议会,在社区党委领导下开展社区工作;在管委会下,组织有一定工作能力、热心社区事务的居民成立精神文明、群防群治、物业管理、爱心互助、助商扶商等5大专业委员会,成立党员活动中心、便民服务中心、居民议事中心、信访接待中心、教育培训中心和文化娱乐中心。① 精心打造党建示范点,凸显品牌效应。融合历史积淀、人文精神、党建文化,高品质打造了人和街社区"红岩家园"党建示范点,成为社区党员群众的党建高地、和谐家园、幸福港湾。

3. 以社区党建凝聚邻里真情

在人和街社区,不仅社区党建是社区建设的制度底色,党员也是联系社区各项事务、连接社区居民的情感纽带。以人和街社区离退休党员为例,这群平均年龄已有76岁的党员志愿者,每天在社区里巡逻,查找治安隐患、维护环境卫生,同时也对不文明的行为进行劝导。社区不少离退休党员都加入了志愿服务队,主动认领政策宣讲、环境卫生、社会关爱等志愿服务岗位。81岁的离退休党员陈尚淑是人和街华福巷30号科普大厦的楼栋长,居民们在生活中遇到什么困难,常常会找她。陈尚淑也非常乐意帮忙。之前,陈尚淑因为要搬去渝北区和子女住在一起,居民们都担心她会不再做楼栋长。结果,陈尚淑主动向居民们承诺,搬家后会继续做好楼栋长的工作,为居民服务。② 对于人和街社区这样的中心城区中的老社区来说,以热心公益又德高望重的老居民作为联络人的组织形式,对于社区管理和服务更具现实意义。

另外,以社区老党员先进事迹为引领,开展"红旗下的故事"——听老党员讲党课等社区党建活动,有助于提振社区居民精气神,凝聚邻里关系。在老党员讲党课活动中(见图15-53),主讲人是社区的三位离退休党员。他们和年轻党员围坐在一起,讲述着自己的入党故事与工作经历。64岁的田亚军是一名有着42年党龄的老党员。他在党课上讲述了自己在西藏当兵,以及从警30多年的故事。"我在西藏当兵时,条件很艰苦,必须要有坚定的信念,才能把事干好。"田亚军说,几十年来,他一直提醒自己,一名合格的党员

---

① 《重庆渝中:"三项措施"推进社区党建活动阵地建设》,http://jiaoliu.12371.cn/2013/06/06/ARTI1370486123496874.shtml,2018年7月27日访问。

② 《这群老党员平均年龄76岁居民爱听他们讲故事》,http://news.sina.com.cn/c/2017-08-07/doc-ifyiswpt5721567.shtml,2018年7月27日访问。

要勇担责任,要有敬业奉献的精神。离退休党员罗长文和蔡艾芳则结合自己的工作经历,讲述了几十年来不忘初心永远跟党走的故事。三位老党员的故事感动了很多年轻党员,不少年轻党员还在听课过程中积极与老党员互动。①人和街社区的党建活动不仅丰富了离退休党员的晚年生活,也作为重要连接纽带,凝聚起新老居民的邻里关系。社区离退休党支部开展的活动每次都能吸引很多年轻党员和普通居民参加,在言传身教中丰富了社区活动形式。

图15-53 社区老党员讲党课活动

此外,社区组织社区党员开展了"红岩党员志愿服务日""党员分片联系走访日""党员雷锋日"等特色服务活动,充分发挥党员在社区建设中的先锋模范作用。"四同五百"活动,是指"同社区、同生活、同发展、同受益""进百家门、知百家情、帮百家富、解百家难、暖百家心"。②在"四同五百"活动框架下,人和街社区党委坚持进行"敲门日",即新住户搬来了,邻居会主动上门拜访;新入驻了社区单位,居委会工作人员会在7天内上门与负责人交流;对患重病的居民,邻居要经常上门看望;对残疾居民和孤寡空巢老人,居委会工作人

---

① 《重庆这位居委会主任给社区捧回两项国家级荣誉》,http://www.cq.xinhuanet.com/2017-08/28/c_1121552427.htm,2018年7月27日访问。

② 《渝中:社区党建演绎邻里真情》,http://roll.sohu.com/20130712/n381399530.shtml,2018年7月27日访问。

员要每周上门走访一次。① 通过发挥社区党务人员、基层党员、离退休党员的积极性,解决了社区管理中缺编制、缺人才的问题,通过党的旗帜,提振社区精神,促进邻里真情。

图 15-54 社区党员联系活动

八、打造少数民族特色的"四民"服务品牌
——内蒙古自治区呼和浩特市赛罕区人民路街道兴康社区②

(一) 社区概况

内蒙古自治区呼和浩特市赛罕区人民路街道兴康社区位于内蒙古师范大学西侧,东起前进巷,西至呼伦贝尔南路,南依鄂尔多斯大街,北到新建西街。辖区面积 0.38 平方公里,现有居民 2758 户,总人口 7224 人,驻区单位 5 家。社区设有 7 个网格党支部。社区党委有在册党员 132 名,有社区工作者 14 名,其中正式人员 2 名,聘用人员 7 名,公益性岗位人员 5 名。社区办公活动服务场所建筑面积 1581 平方米,设有心理咨询室、青少年社会服务中心、少数民族之家等功能室。社区先后荣获自治区级"先进基层党组织"、市级

---

① 《重庆渝中区大溪沟人和街社区党委:做老百姓的贴心人》,http://www.wenming.cn/ddmf_296/dx/201206/t20120605_690986.shtml,2018 年 7 月 27 日访问。

② 感谢内蒙古自治区呼和浩特市赛罕区人民路街道兴康社区书记李宜珊为本书提供参考资料。

"先进基层党组织"、自治区级"群众体育先进单位"、自治区级"民族团结进步创建活动示范单位"、市级"民族团结进步模范集体"等荣誉称号。

兴康社区是一个典型的多民族聚居社区,少数民族居民 625 户共 1775 人,少数民族占总人口的 24.57%。社区现居住有蒙古族、满族、回族、达斡尔族、维吾尔族、藏族、朝鲜族、土家族、鄂伦春族和苗族共 10 个少数民族,其中蒙古族 1464 人,占少数民族人口数的 82.48%。

近年来,在党委的统一领导下,兴康社区坚持"主动服务,超越群众期待;换位思考,感悟百姓需求"的服务宗旨,全面推行"四民"(即便民、安民、乐民和育民)服务模式,努力打造"同心安达,文化兴康"少数民族特色服务品牌社区。社区初步构建了养老服务中心、易客居家、社工服务站、老年大学、合唱团等完善的社区服务组织体系和文化生活活动。

(二)特色服务内容

1. 社区电商平台服务

2014 年底,兴康社区引入电商平台,成立了民办非企业性质的服务机构——易客居家,面向社区从事非营利性社会服务活动。易客居家主要开展

图 15-55　社区便民生活缴费

三个方面的社区服务：一是通过易支付平台，绑定居民个人银行卡，为社区居民开展电费、燃气费、公交充值等便民缴费业务；二是实施积分打卡服务，设立爱心商店，面向登记在册的通过参与公共活动攒足一定积分的社区百姓，提供生活日用品置换服务；三是面向社区和城区的家庭，提供家庭的适老化改造服务，使家庭设施和布局更加适宜于老年人的起居和日常生活照料（见图15-55、15-56、15-57）。为了保持电商平台能够稳定经营，持续地提供社区服务，当电商平台出现财务亏损时，作为回馈社区的重要措施，社区物业管理公司会以其他项目的盈利，向电商平台注资，平衡可能出现的财务缺口。

图 15-56　社区便民生活服务　　　　图 15-57　社区社会服务项目

2. "及人之老"健康理疗服务

社区引入医疗服务机构，以免房屋租金作为条件，换取医疗机构的服务补偿。医疗机构的服务主要包括三个方面：一是方便社区居民，开展挂号、体检、理疗等便捷的医疗服务，在社区层面解决社区就医难问题；二是开放绿色通道，保障优先向社区老年居民提供医疗服务；三是保证以较低的收费，向社区老年人提供中医针灸、理疗、艾灸、推拿等医疗服务项目（见图15-58）。为了提高社区的医疗服务能力，扩大社会服务价值，未来社区还将推出远程理疗、健康宣传等服务项目。为了更好地帮助社区老年人，社区还设计和提供了为方便老年人就餐的营养配餐和送餐服务。目前，社区按照16元/人的标准，尝试提供30份的营养餐送餐服务，将来拟将此项服务以社区为基础向外辐射。

（三）"四三三四"党建工作法

1. "四级"立体党建架构——纵向扎实党组织根基

经过前期积极的摸索，兴康社区形成了"社区党委—网格党支部—楼栋

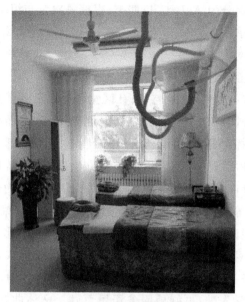

图 15-58　社区医疗服务设施

党小组—党员中心户"的四级立体党建架构。党组织由此延伸到社区的每一个楼栋和每一户家庭。针对辖区内老年人较多、老年人行动不便的实际情况,社区党组织先后设立了七户党员中心户,通过为党员中心户授牌、订购党报党刊、送电脑教具等形式,使得行动不便的老党员可以足不出户或就近参加组织学习,实现了党员中心户带动党员,党员带动群众的模式,营造了良好的社区学习氛围。针对兴康社区老党员多、流动党员学习难的实际情况,在学习方式上,社区开展了线上线下相结合的学习形式。关于十九大精神、"两学一做"等学习教育内容,都通过送学上门、邮寄上门的形式使很多党员足不出户地参与党组织学习。通过搭建党员 QQ 群、微信晒笔记等沟通方式,保证了党组织在第一时间了解到党员的学习进度。

在党员管理上形成了党员组织关系排查与党员管理积分制的双合力。在开展党组织关系排查时,通过"三查三核"(一是查信息核失联党员,二是查组织关系核空挂党员,三是查收缴党费核流动党员)理顺了党员组织关系。对个别不在社区居住长期不能参加党组织活动的党员,社区党委建议其将组织关系转走。通过精细的梳理排查,社区党委准确全面地掌握了社区党员队伍的基本情况。进一步,社区根据党员的工作性质、身体状况、居住地等情况综合评定,将党员划分为A、B、C、D四类;根据每次参与组织活动的学习情况给予相对分值,每季度汇总一次,年底考评一次,并将考评结果在党组织大会上通报,严格规范党员管理。

2."三支"功能性党支部——横向优化组织设置

依据党员的兴趣爱好、专业特长,社区党委分别设立了志愿服务党支部、文体曲艺党支部和同心党支部"三支"功能性党支部。功能性党支部创建以来,各支部充分发挥自身特长优势,组织开展丰富的特色活动,积极发挥党支部服务社区和服务居民的作用。志愿服务党支部主要由辖区内退伍军人党员、大学生党员、社区干部党员组成,服务内容主要包括:为辖区内空巢老人、独居老人、残疾人等弱势群体提供帮扶;开展义务清扫,维护社区环境卫生等。为了更好地激励党员发挥表率作用,社区将"一亮四比"(亮身份比践诺、亮身份比服务、亮身份比担当、亮身份比奉献)的工作模式,纳入社区日常工作。在一站式服务大厅,通过开展"亮身份、比服务"活动,评选出党员示范岗,激励全体同事学先进,更好地服务居民百姓。文体曲艺党支部由社区内喜爱跳舞、唱歌、书画、棋牌的在册党员和离退休老党员组成,通过定期在活动室、居民小区等地开展交流、演出等方式,丰富居民业余文化生活,维护社区稳定发展。支部组建以来,已自创、自编、自导、自演四十多个文艺曲目,义务演出六十多场,不少社区居民踊跃参与演出活动,成为民意传达和交流的重要渠道,无形中增加了党组织在居民中的影响力和号召力。同心党支部全部由辖区内的少数民族党员组成,该党支部充分发挥少数民族党员的构成特色,有针对性地为蒙、回、满三类少数民族居民提供翻译,讲解办事流程,协助少数民族居民开展民族特色活动等。为了更好地服务这一宗旨,同心党支部特别成立了一个少数民族之家,作为贯彻落实民族政策,实现民族和谐的重要活动阵地。

3."三个联动"——充分发挥党员志愿服务水平

党员积极参与是社区建设和发展的重要保证。针对如何发挥党员积极带动作用的问题,兴康社区逐步摸索出一套行之有效的"三个联动"的方法:

一是党员志愿者与社区联动。社区组建党员志愿者服务队,紧紧围绕社区服务事项、紧贴居民生活需求开展各类活动。例如,力求通过开展铲除辖区内小广告、节日里慰问需要帮助的家庭、为老年残疾人家庭打扫卫生、做各类宣传等活动,将党组织服务常态化、长效化。

二是党员志愿者与社会组织联动。2012年7月,青少年社会工作服务站正式入驻兴康社区。入驻后,工作服务站结合社区老年人、青少年居多的特点,结合社区实际需求,确定了青少年服务、老年人服务和社区综合服务三大社区公益服务项目。青少年服务的主打项目是"阳光天使四点半托管课堂"。其主要的服务形式是,每天下午四点半,志愿者到小学门口把孩子们接到工作站,提供课后托管、学业督导、偏差行为矫正等服务,家长们下班后再把孩子们接回家。托管课堂一方面解决了文化程度有限的父母难于管教和指导孩子的难题,另一方面为早早放学的孩子们提供了一个安全、健康的学习环境。"老来乐"公益服务是深受老年人喜欢的服务项目。该服务项目每两个月会为老年人过一次集体生日,让老年人在社区大家庭中感受关爱与被关爱的互动氛围,增进居民对社区的归属感。此外,根据兴康社区少数民族居民聚居的实际需求,社区专门设置了少数民族特色志愿服务岗。社区综合服务的项目主要包括:结合不同节点、纪念日开展综合性的服务活动。社区工作服务站四年的工作经验表明,科学合理的规划、因地制宜的措施、自成体系的活动内容,以及服务工作的可持续性,对社区的健康发展至关重要。为了更好地提供专业化的社区服务,2016年3月,作为内蒙古自治区的首个案例,人民路街道出资正式购买了专业化的社工服务项目,这对兴康社区的服务与工作质量提升具有里程碑式的意义。

三是党员志愿者与专业机构联动。引入的专业社会机构,依托社区实际,紧密结合社区居民需求,为社区居民提供专业化服务。当前兴康社区常驻的专业机构包括易客居家、奥亿阳艺术培训中心等。此外,社区还不定期地特邀专业眼科医院、体检中心的医务人员在社区提供公益性的专业服务。

社区是群众工作的主阵地。充分提升党员志愿者的服务水平是为了更好地发挥党员的引领、示范、带动的作用,以调动更多社区居民参与和互助合作的热情。基于"三个联动"的多种形式的互动模式,既缩小了社区与居民之间的距离,增强了居民的归属感,更夯实了党群关系。社会工作取得的积极效果,进一步为社区志愿者要去哪里、服务谁、怎么服务等重要问题指明了方向。2017年,由街道党工委牵头,并在社区党委协作下,兴康社区又引进了凤翮·筑梦书屋、人之老社区养老服务中心等多家新的社会服务组织。另外,社会工作服务站联合开展了"中秋齐欢聚,情浓千万家""九九重阳节,浓浓敬老情"等多场活动,进一步增强了"社区—社会组织—社会工作专业人才"的三级联动机制。

图 15-59　社区网络问题处理流程

图 15-60　社区文化娱乐活动设施

4."四民"服务——提升居民满意度

社区是与居民面对面接触的重要平台。为了进一步做好社区服务工作,兴康社区全面推行"四民"服务模式:一是推行"便民"工程,服务群众面对面。建立集行政管理、社会事务、便民服务为一体的"一站式"便民服务大厅,实现"进一扇门、找一个人、办全部事"的服务模式,开通服务热线,制发便民服务卡,建立来访接待、首问负责、限时办结等制度,为群众提供"一站式"服务,让居民不出社区就能享受到相关的社区服务。二是推行"安民"工程,解决困难实打实。针对辖区内小学生比较集中的现象,社区与自治区团委合作,建立青少年训练基地,探索建立每天的"阳光天使四点半托管课堂",形成学校、家庭、社区、社会"四位一体"的青少年教育新模式,每逢学校放学,组织辖区内、青少年复习功课、阅读课外书刊,从根本上解决辖区内双职工工作繁忙无暇教育子女的实际问题。三是推行"乐民"工程,文化凝心手牵手。社区以文体曲艺党支部为基础,建立健身活动室、舞蹈室、书画室;依托社区人才组建书法、绘画、舞蹈、健身等社团组织,定期举办各种娱乐活动,吸引居民参加,为社区居民打造活动健身、交流互动、文化娱乐平台。四是推行"育民"工程,促进和谐心连心。社区以提高居民的文化素质为切入点,积极建设少数民族之家和民族文化长廊,利用LED屏、宣传栏和楼门文化等载体,大力开展少数民族文化宣传活动,引导广大社区居民了解少数民族文化,尊重民族习惯,自觉和睦相处,形成爱城市、爱社区,齐心协力共建和谐美好家园的良好氛围。

"四三三四"党建工作法像一个立体网架,将在职党员、在册党员、社区、群众、社会组织编织在一起,使群众感受到党组织的关怀与温暖,使党员找到了归属与方向,极大地促进了兴康社区的安定和谐。

后　记

完成最后一轮修改工作后，撰写后记是本书出版之前我的最后一项任务。回顾本书的诞生，掩卷之余，不得不提到其中的必然与偶然。自斐迪南·滕尼斯1887年出版《共同体与社会》开始，"社区"一直是社会学理论研究领域的重要主题之一。而我关于社区的经济学的启蒙意识则来自查尔斯·蒂伯特（Charles Tiebout）经典的社区研究和"用脚投票"模型。我逐渐认为，基于社区单元的微观视角、局部均衡、小规模群体差异化、集体行动与基础政治、需求驱动、以消费者体验评价公共政策等一系列新理念与假说，行将成为未来城市经济学研究的核心内容，至少可以极大地弥补城市经济学的公共政策分析体系一直缺乏空间基础的不足。天作之合，一直萦绕于怀的思考，很快迎来了实现的机遇。2018年，作为民进中央社会和法制委员会的委员，我参与了委员会副主任萧鸣政教授组织的"民进中央基层社区问题与创新研究"的调研工作，相继赴江西、河北、内蒙古，对三个省份的核心城市的重点社区进行了细致的实地走访和调查研究。2018年，我还相继主持了住房和城乡建设部的"中国超大特大城市治理体制研究"和"中国特大型城市精细化管理与治理体系研究"两项重要的课题，当年与住建部城市管理监督局的王显车副局长、许建元处长等一同认真、翔实、细致地调研了上海、成都、重庆、杭州、南京等中国超特大城市的城市精细化管理与社区管理。本书从上述省份、城市的智慧的、创新的、成功的经验与案例中，汲取了丰富养分。在此，向给予我们无私指导和关怀的各位师长和朋友致以衷心的感谢。

本书由我形成思路、确立主题、制定提纲、提出主要观点、统稿审核，并独立和联合地撰写了一些章节。其他几位撰写者均为北京大学政府管理学院城市经济与城市管理研究团队成员，按照年级的高低排列，他们是高晗、丁凡琳、毛文峰、雷渌瑨、杨浩天、张健、马楷原、钟林睿。本书是我们团队的集体成果，也是我们治理研究系列的首部作品。

本书"城市社区治理案例"一章，涉及当前我国社区治理的八个经典案例,这是在2018年我们实地调研、采撷现场材料的基础上完成的。在调研和写作过程中,我们得到了所在社区负责人的大力襄助,他们无私地提供了大量材料、图片,并为我们解疑释惑。在此,我们要特别感谢:四川省成都市武侯区玉林街道张瑞琴书记、玉林东路社区杨金慧书记,上海市闵行区马桥镇飞碟苑领导和工作人员阮晶晶、上海市黄浦区小东门街道泛东街社区邻家屋里厢工作人员高佳珍,重庆市渝中区上清寺街道嘉西村社区吴中兰书记、重庆市渝中区大溪沟街道人和街社区陆远秀书记,以及内蒙古自治区呼和浩特市赛罕区人民路街道兴康社区李宜珊书记。北京市城市规划设计研究院赵幸高级工程师为本书撰写了北京市东城区朝阳门街道东四南历史文化街区更新案例。在此,我向以上各位社区领导和研究专家,在百忙之中给予的无私支持致以诚挚的谢意,并衷心祝愿中国城市社区健康成长。

  最后,衷心感谢本书的责任编辑尹璐老师,感谢她在本书撰写、编辑和出版过程中,为本书投入的高效率高质量的辛勤工作,这些工作是本书出版质量的重要保障。

陆　军

于北京大学廖凯原楼

2019年5月